书山有路勤为径,优质资源伴你行
注册世纪波学院会员,享精品图书增值服务

# 私域流量营销

## 私域+爆品，
## IP时代营销方法论

极光 胡希琼 著

电子工业出版社
Publishing House of Electronics Industry
北京·BEIJING

未经许可，不得以任何方式复制或抄袭本书之部分或全部内容。
版权所有，侵权必究。

**图书在版编目（CIP）数据**

私域流量营销：私域+爆品，IP时代营销方法论／极光，胡希琼著．—北京：电子工业出版社，2021.7
ISBN 978-7-121-41552-4

Ⅰ．①私… Ⅱ．①极… ②胡… Ⅲ．①网络营销 Ⅳ．① F713.365.2

中国版本图书馆 CIP 数据核字 (2021) 第 137313 号

责任编辑：王　斌
印　　刷：涿州市般润文化传播有限公司
装　　订：涿州市般润文化传播有限公司
出版发行：电子工业出版社
　　　　　北京市海淀区万寿路173信箱　邮编100036
开　　本：720×1000　1/16　印张：23　字数：451千字
版　　次：2021年7月第1版
印　　次：2023年8月第7次印刷
定　　价：88.00元

凡所购买电子工业出版社图书有缺损问题，请向购买书店调换。若书店售缺，请与本社发行部联系，联系及邮购电话：（010）88254888，88258888。
质量投诉请发邮件至zlts@phei.com.cn，盗版侵权举报请发邮件至dbqq@phei.com.cn。
本书咨询联系方式：（010）88254199，sjb@phei.com.cn。

# 前 言

**未来，一切竞争都是认知竞争！对"私域流量"，你怎么看？**

可以说，我们永远赚不到超出我们认知范围的钱！的确，未来的竞争，就是认知的竞争！关于"私域流量"，这些问题你应该知道！

- 私域流量到底是什么？
- 私域流量背后的商业模式是什么？
- 私域流量为什么会火？
- 私域流量的红利有多久？
- 所有的企业都需要构建私域流量么？
- 关于私域流量，最重要的是什么？
- 私域流量就是微信营销，就是微信个人号矩阵么？

**当下，"私域流量"正在各个细分领域全面突围！你的行业，如何嫁接私域流量？**

- 我是一个有沉淀的知识工作者；
- 我是一个有情怀的产品匠人；
- 我是一个在路上的创业者；
- 我是一个想转型的企业经营者；
- 我是一个连锁门店的老板；
- 我是一个面向C端消费者市场的企业；
- 我是一个面向B端企业级市场的服务商；

- 我是一个有特定销售渠道的工业生产企业；
- 我是一个大型国企；

……

各行各业的"我"们，究竟应该如何理解私域流量背后的逻辑，让我们风口取势，让私域流量为"我"所用？

从百度竞价到淘宝直通车，从微信公众号求关注到抖音求"粉丝"，从平台流量到私域流量，下一站风口在哪里？作为企业，要永不停歇地追逐流量热点么？

从IP到社群、从爆品到新零售、从个人品牌到"粉丝"经济，新思维、新经济、新营销、新媒体、新品牌，到底"新"在哪？

**我们看问题要看本质，所谓"本立而道生，行在道中，术可万千"。**

什么是经营？经营就是"创造顾客价值"！什么是营销？营销就是构建"企业—客户"的关系！什么是管理？管理就是"修己安人"！

所谓构建私域流量，就是自建流量池（用户鱼塘），留存用户（"留"量池），本质上是用户关系的运营，就是构建"企业—客户"的关系，就是营销！

**从营销的角度来看，私域流量"火"起来，是时代趋势和节奏使然。**

我们都知道，企业要存续下去，就必须有现金流；而要有现金流，就必须有客户；要有客户，就必须有流量！我们必须想尽一切办法，出现在目标客户的面前，不出现=不存在！证明你的优秀很容易，难的是证明你的存在！那么，如何获取流量？

其实，流量是天然存在的！做生意有3种流量——平台流量、门店流量、私域流量。私域流量之所以"火"起来，一是平台流量获客成本高企（推力），二是消费者行为变迁（拉力）。在移动互联时代，每部手机背后都是一个活生生的人，移动互联网放大了分享的价值，重构了消费者行为，这样一推一拉，私域流量走到了台前。

通俗地讲，私域流量是一种"粉丝"经济的新思维，一种用户运营的新模式，一种自建流量池的方法论。那么，私域流量的第一步，从哪里开始呢？

**找到你的"大流量"入口，然后构建私域流量池！**

未来，流量只会越来越紧缺，大品牌优先享有流量红利！在创业成本激增、互联网流量红利尽失的今天，并没有多少创业"星光大道"摆在眼前，任君挑选！

# 前言

中小企业如果想要自救，首先，要找到你的"大流量"入口，并用微信与用户建立联系；其次，就是要把客户圈到自己的私域流量池里，自建用户鱼塘，并进一步通过运营深化与用户的关系；最终，在企业—客户一体化关系的基础上来构建商务关系，是为"社群商务"。

那么，有没有"一招鲜，吃遍天"的"武功秘籍"，能让我们一招搞定私域流量呢？所谓秘籍，就是大多数人都知道，但只有少数人做到的那个道理！为什么少有人去执行、少有人做到？是因为——缺乏细节！那么，布局和架构企业级私域流量池，都有哪些细节？

**思维、系统、流程、工具，这是一套关于企业级私域流量营销新打法的方法论。**

- C-IP-C-P[1]私域流量动销方程式；
- IP打造的"人-货-场"打法；
- 个人品牌四面体模型；
- 社群运营的SSOOC-P架构；
- 企业级私域流量"六脉神剑"方法论；
- 私域流量爆品打造的七种武器；
- 私域流量九力模型；
- ……

本书提到的这些实操打法，都是极光近三年在项目、咨询、培训一线，所总结提炼出的最新实践心得，是一套完整的系统方法论，一套经过验证的价值创造流程，并且具有可落地的执行细节！

在相应的内容规划上，第一章"战略篇"，谈到了私域流量的商业模式和企业级私域流量的布局架构。第二章"IP篇"，谈到了如何构建品牌的IP势能，以连接"粉丝"和用户。第三章"社群篇"，谈到了如何通过社群来沉淀和运营用户。第四章"运营篇"，则着重分享了爆品的价值包装和微信直营零售技术，告诉大家如何进行私域流量的商业变现。

通常，根据二八原则，20%的渠道，带来80%的流量！无论是平台流量还是私域流量，你必须找到对你有效的那20%的重点渠道！如果你花了很长时间，都没有找到对你有效的那个渠道，那么，请看看极光提供的这套来自营销咨询实战一线的

---

[1] 全称为Content-IP-Community-Product，即内容-IP-社群-爆品。

私域流量方法论，有机会帮你找到突破口！

**总之，与时俱进，变，才是唯一的不变！无论如何，做，就好了！**

我们说，人在哪，生意就在哪！客户在哪儿，我就在哪儿！作为一家企业，我们必然要根据消费者使用的连接工具的变化，来改变企业的集客方式。

在手机都快成为我们一个身体器官的今天，我们已经知道，绝大多数的流量都跑到微信上了，当下理想的连接工具，就是微信这个超级连接器！

可以说，凡是能改变人们生活方式的事物，一定会改变人们的工作方式，以及企业的经营方式与管理方式。具体而言，在营销上，就是从平台流量向私域流量迁移！

对于传统企业营销转型来说，绝不仅仅是在天猫开个店、在微信开个公众账号、搞个微信个人号群控矩阵那么简单，而是基于移动互联网影响下的产业发展、消费者行为变迁，对整个企业商业模式的重新思考，对内部管理体系及业务流程的再造和升级。这是一项系统工程，也是一场新商业与旧商业的博弈。

无论如何，对于踏踏实实做生意的企业，挽起袖子动手去干就好了。这个世界上评论家多于实干家，如果我们能用实干的态度来对待移动互联网时代，我们的未来是可以展望的！私域流量，正当时！

## 序 一

2020年，突如其来的疫情让我们措手不及，外贸、餐饮、旅游、酒店、娱乐、影视、教育培训等行业均受到冲击。后疫情时代，面对新的挑战，我们该如何通过互联网做生意？另一方面，我们正迈向科技爆发的年代，人工智能、大数据、云计算、区块链、5G通信，都孕育着社会的一次次变革，5G时代的营销新打法，将会是什么？

在这样的背景下，一方面，一批批传统企业加速倒下，危机与恐慌遍布四周；另一方面，新商业模式的探索方兴未艾，O2O、新零售、社群经济、私域流量等新商业形态接连出现，企业该何去何从？

在过去数十年中，上海交通大学继续教育学院新儒商国学与管理中心，培养了数以万计的企业经营者及高层管理人员。在和大量的企业主打交道的过程中，我们清晰地看到：正确的结果来自正确的行为，正确的行为来自正确的思想，正确的思想生发的源头，就是我们的"心"！

"心"是什么？其实就是心法，就是认知！决定你命运的，不是你所拥有的资源，也不是你的人脉圈层，而是你自身的认知！古人云：行有不得，反求诸己。现代人说："我"是一切的根源。其实，二者讲的是同一个意思，即你要努力提升自己对事物的认知！

所以，新形势下，作为企业家的我们，究竟该何去何从？答案是：努力学习，提升认知。但是，我们不是为了学习而学习，学习是为了促进思考，还需要加以实践，练就自己的心法。回到极光老师的这本新书《私域流量营销——私域+爆品，

IP时代营销方法论》，我认为，这本关于新模式、新媒体、新零售的书，正好可以填补你对新营销的认知，用私域流量的心法，给你以新经济下的新思维！

就上海交通大学新儒商中心而言，我们把中心的国学总裁班、工商管理总裁班、新媒体与网络营销总裁班等项目历年沉淀下来的社会资源整合为"新儒商总裁校友会"，使其成为学员们的人脉平台和精神家园，这不就是极光老师所说的"私域流量"么？同时，校友会举办的各类活动，如大型年会、迎新晚会、海外游学、校友论坛等，络绎不绝，热火朝天，这不就是本书中所谈到的"激发参与感、打造归属感"么？

所以，私域流量并不神秘，就在你我日常的工作和生活中！只要努力经营好你的用户关系，你就已经走在了构建私域流量的路上！

最后，也希望极光老师"不忘初心，砥砺前行"，继续为我们带来更多关于新经济、新营销领域的前沿认知！

新儒商书院院长 海述

2021年5月

# 序 二

在过去几年，作为极光老师的好友，我参与了他组织的有关私域流量的很多学习交流与线下活动，既是理论学习的受益者，也是实践效果的见证人之一。我很荣幸能收到极光老师的邀请，为本书写上几句。

**私域流量是什么？和谁有关？**

私域流量这个概念是最近两年才逐渐火起来的，我想，对有些人来说，可能是第一次听到这个概念，那么，他们首先会想到一个很现实的问题：这事和我有什么关系，对我有什么价值和用处？

我的感受是，私域流量肯定和我们有关系，尤其是对广大中小微企业主，以及规模庞大的创业者群体，因为现在竞争压力太大，赚钱不容易！

企业不分大小，生意无论哪行，都受困于流量难题。利润本已越来越薄，获客成本却日渐高企，企业为了生存，必须找到解决办法！像本书中提到的，通过3种不同的流量形态，找到大流量入口，甚至精准流量的入口，然后想方设法将其转变为自己的私域流量，这就是极光老师给出的对策。

这样一来，流量就变成随时可链接，时时可触达的可变现资源，再结合后续的"运营及转化""留存与裂变"等一整套用户经营的"组合拳"，一定能帮助企业缓解竞争压力，提升盈利能力。

所以，只有做到"拿来就用"，当你发现本书时，才会"拿起就看"，这就是"有用"带来的价值！

### 关于本书，我的读后感

接下来，作为读者估计又遇到了第二个难题：这本书，我能读下去吗？

随着社会飞速发展，移动互联网早已渗透我们工作和生活的方方面面，人心因此变得更浮躁。人们很容易地就能获取很多书籍，通常人们只会看上一眼，想让人们读上一会儿都难，更别说让人津津有味地读上一阵儿，除非这本书有趣还有料！

极光老师写的这本书视角独特且非常有趣，通过书中很多案例、故事的讲述，时不时蹦出的幽默，绝对会让你会心一笑！

所以，本书不枯燥、不单调，跟着极光老师的广角镜头，透视各种私域流量实战玩法，精彩纷呈中触到你的痒点、撞到你的笑点、击中你的痛点，我想，这就够你好好读上一阵子了！

### 我对私域流量的理解

然后，我们可能会再认真思考一个问题：不错，私域流量的确是当下热点，需要学习和了解，可这个热点，到底会"热"多久呢？

借用极光老师书中的观点，想要看清一件事，我们还是要回到事实层面，看看事情原本是怎样开始的。

如果用人类社会文明发展的视角，可能会找到更多线索，帮助我们做出更接近事实的判断。

在农业文明时代，家庭作为社会的一种基本组织形态，它帮助人们更好地找到各自的定位，更好地发挥自身力量，获取更佳的生存空间与条件。

进入工业文明时代后，人们发现企业作为新的组织形态，很大程度上替代了家庭的部分社会功用。一个人只有获得了一份工作，有了比较正式的职业，才更容易受到别人的尊重。

那么，进入全面互联网时代后，在数字经济大背景之下，随着"超级个体"的纷纷崛起，传统组织的功能与价值，也必然会被新型"组织"所取代。

那会是什么呢？有人说是社群，有人说是节点形态，其实不管最终是什么，它都应该是和你密切相关的"私人空间"，关乎你的生存、发展，关乎你能做出怎样的贡献和体现怎样的价值。

因此，从"他组织"到"自组织"，从企业到社群，从客户到"粉丝"，从员工到合伙人，从"公域"到"私域"，私域流量绝不仅是当下热点，它一定是面向未来的，关系到我们每个人的未来！

最后要说的是，收到极光老师为本书作序的邀请，我实在诚惶诚恐，由于水平有限，担心辜负好友一片苦心。但转念一想，这几年同极光老师的交往过程，也是从普通相识，到更多共识，到成为他的"粉丝"，再到交心的好朋友，我想我一定是他私域流量的一分子，反过来，他也进入了我的私域流量池。

"长风破浪会有时，直挂云帆济沧海"，我相信，只要我们互相帮助、彼此成就，终能到达成功的彼岸。出入相友、守望相助，结成"共同体"，这就是私域流量的意义所在！

聚焦组织化赋能的企业教练 陈彬

2021年5月

## 目录

### 第一章 战略篇：私域流量，你的营销新选择

私域流量的本质和底层逻辑是什么？

如何架构和布局企业级私域流量？

1.1 社群商务，私域流量的商业模式　/ 001

1.2 传统企业的营销模式创新之道　/ 006

1.3 如何从0到1，打造私域获客流量池？　/ 027

本章小结　/ 058

### 第二章 IP篇：私域流量的"粉丝"从哪里来？

打造你的IP，构建你的品牌势能，

连接你的"粉丝"，从这里开始！

2.1 IP全揭秘　/ 059

2.2 三个步骤，轻松打造个人IP　/ 069

2.3 实战分享　/ 096

本章小结　/ 139

## 第三章　社群篇：私域流量的"粉丝"到哪里去？

> 创建你的社群，创新你的模式，
>
> 在这里，沉淀并运营你的客户！

3.1　社群思维，"粉丝"经济这样玩　/ 141

3.2　SSOOC-P模型，六点五力落地社群运营　/ 152

3.3　实战分享　/ 265

本章小结　/ 276

## 第四章　运营篇：私域流量如何进行商业变现？

> 打磨你的爆品，做好价值包装；
>
> 优化你的运营，创造商业价值！

4.1　爆品价值包装　/ 281

4.2　微信直营零售　/ 310

4.3　运营实战分享　/ 320

本章小结　/ 349

## 后　记　/ 351

# 01

## 第一章

## 战略篇：私域流量，你的营销新选择

私域流量的本质和底层逻辑是什么？如何架构和布局企业级私域流量？

## 1.1 社群商务，私域流量的商业模式

凡成大事者，必与道合。暗合道妙，则成；明合道妙，则昌。

——海述

"形而上者谓之道，形而下者谓之器。"为了探讨私域流量的本质，我们把镜头拉远，回到事情最开始的地方，谈谈"社群商务"这件事。

有这样的一家公司，2010年4月成立，没有分销商、不做广告、没有工厂、零库存，2012年达成销售额127亿元、2013年316亿元、2014年743亿元……它是全国第三大电商公司，是全球创业公司最快达成市值10亿美元的公司，也是全球创业公司最快实现销售额100亿美元的公司，创业不到5年即跻身"百亿美元俱乐部"，名留世界工业史！

这家公司就是小米科技（以下简称为"小米"）。那么，小米4年近800亿元的销售额背后的秘密是什么？

故事还没结束，小米2017年收入1146亿元，于2018年7月9日在香港主板上市，IPO估值543亿美元，跻身全球科技股IPO前三名。小米向5500名员工发放了500亿

元的优先股，人均近1000万元，预计诞生100个亿万富翁和1000个千万富翁！

2019年7月22日，2019年《财富》世界500强正式发布，小米如愿上榜，也是首次上榜，排名第468位，在上榜的全球互联网企业中排名第7位，在上榜的中国企业中排名第112位。

回到我们的问题：小米4年近800亿元的销售额，其背后的核心要素是什么？

小米的成功，当然也有时代的背景，小米的创始人雷军也说过：风来了，猪都会飞！如果不考虑智能手机爆发式增长的时代大背景及创始团队的个人背景，小米还做对了什么？

我们都知道，小米有"铁人三项"：硬件、软件和社区（社群），如图1-1所示。

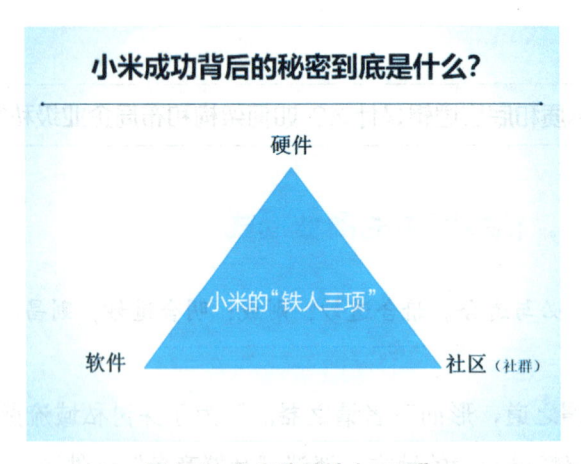

图1-1 小米的"铁人三项"

小米成功的核心要素是硬件么？当时，国产手机有所谓的"中华小酷联"，即中兴、华为、小米、酷派、联想，它们的硬件都很不错。是软件么？小米有手机操作系统MIUI，华为的Emotion UI也挺棒，魅族也有Flyme……

所以，小米成功的一个核心要素，应该来自当时其独特的社群商务方式！

实际上，今天我们可以看到，几乎所有的国产手机厂商，都纷纷和小米一样，建立了"粉丝"社群！小米的"粉丝"称为"米粉"，华为的"粉丝"是"花粉"，魅族的"粉丝"是"煤油"，锤子手机的"粉丝"是"锤粉"……

### 1.1.1 社群商务方式的组织架构

为了让你更深刻地理解这个问题，我们再行深一步。一般而言，企业基本活动有生产活动和商务活动两大领域，人民大学博士生导师包政教授经过数十年的研究，提出了商务活动领域的3个阶段：大量销售方式、深度分销方式、社群商务方式（社区商务方式），如图1-2所示。

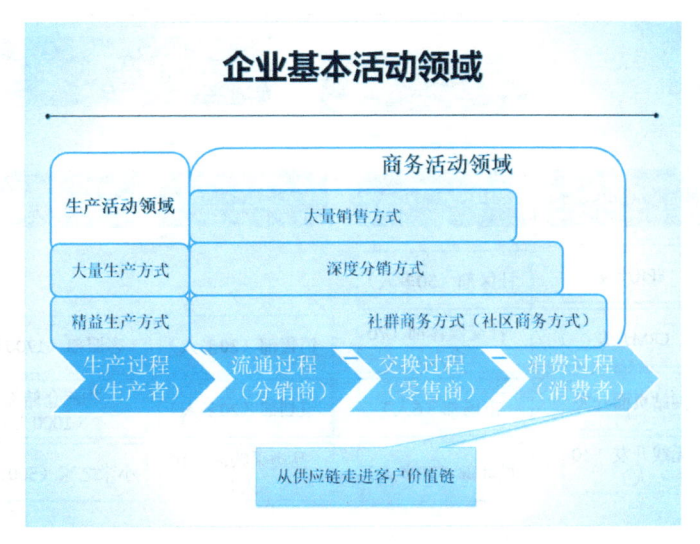

**图1-2 企业的基本活动领域**

包政教授指出，在移动互联时代的今天，我们已经进入消费者主权时代，随着供求关系的改变，现今的营销和商务领域，从大量销售的方式转向深度分销的方式，正在大踏步走向社群商务时代！

我们来看看，在社群商务方式下，小米的组织架构是怎样的？小米有7位联合创始人，其中，副总裁黎万强负责IT中心、营销中心、电子商务管理中心和运营中心。

从图1-3中，我们可以看到，小米的社区部（负责小米论坛）有50多人，社交媒体部（负责微博、微信等渠道）有70多人，小米在社群（社区）的运营上投入了大量的人力资源。

特别地，小米的销售部门仅有20多人，比对一下传统的组织架构，你会发现：过去历史上没有任何一家公司，其与销售相关联的部门，如市场部、营销部、公关部等，其人数能超过销售部；别说小米一年800亿元的销售额，就是销售额10亿元的企业，可能销售部门人员就要过1000人了，这是我们过去的主要认知。

再来看小米的设计部，有50多人，这说明，在新的营销模式下，团队中的设计人员十分重要。在社会化媒体的传播中，很多事件都要求快速响应，为了保证内容的输出速度和质量，内部设计团队的配备很关键。

**社群商务方式下，小米的组织架构**

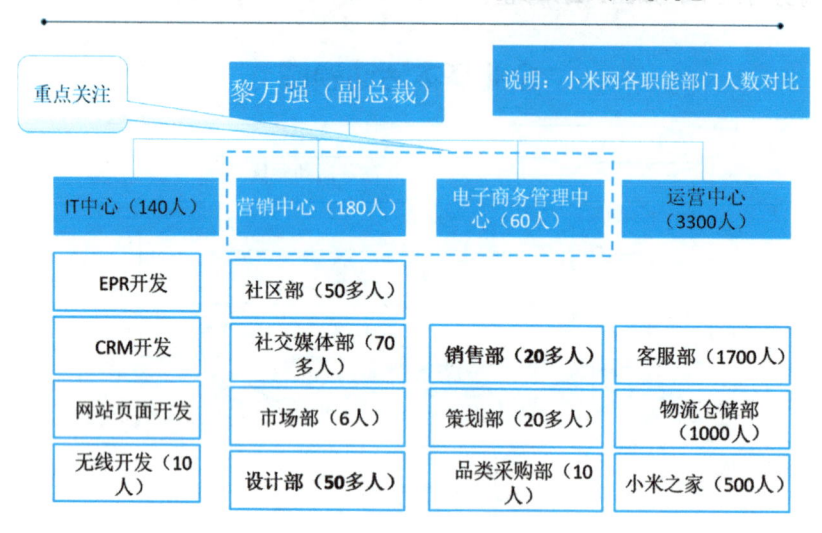

```
                              黎万强（副总裁）          说明：小米网各职能部门人数对比
   重点关注
          ┌──────────┬──────────────┬──────────────┬──────────────┐
      IT中心（140人） 营销中心（180人） 电子商务管理中心（60人） 运营中心（3300人）

      EPR开发         社区部（50多人）
      CRM开发         社交媒体部（70多人）   销售部（20多人）    客服部（1700人）
      网站页面开发    市场部（6人）         策划部（20多人）    物流仓储部（1000人）
      无线开发（10人） 设计部（50多人）      品类采购部（10人）  小米之家（500人）
```

图1-3　小米的组织架构

### 1.1.2　社群商务的商业模式

在这样的组织架构下，小米究竟要做一件怎样的事情呢？

其实，我们都知道，小米有很多产品，如小米手机、小米电视、小米手环、小米蓝牙耳机、小米移动电源、小米路由器、小米手表、小米空气净化器、小米盒子、小米代步车……可见，从产品经营到顾客经营，小米正在围绕用户的生活方式提供解决方案！

雷军说，要通过小米模式复制100家小米！什么是小米模式？就是互联网思维（专注、极致、口碑、快）+社群商务！

这种模式的效果如何呢？举两个例子：

- 小米生态链企业"紫米科技"，销售小米移动电源，第一年销售额就突破10亿元；
- 2015年，小米宣布其活塞耳机销量已经突破1300万个。

所以，小米商业模式，就是通过社群连接起1亿左右的用户，然后引导小米社群的力量，逆袭上游供应链。依靠社群的市场力量，完成供应链的"互联网+"。

通俗地说，这种商业模式就是：小米通过社群连接了1亿左右的用户（私域流量），他们是一种市场的力量，而通过这种力量，即可挟用户以令"诸侯"！实际上，小米已经显示出他们有这种整合上游的谈判地位和实际操作能力。

小米的经验告诉我们：同质化的数字化消费人群及其社群，是一种资产。我们要先去寻找数字化生存的人群，本着成人达己的原则，与他们结缘，与他们交朋友。你要获取的是一种资产，是一种市场的力量，一种可以逆袭供应链的市场力量！

雷军也说过："小米要和用户交朋友，只要我们服务好用户了，他们是不会让小米饿着的！"

### 1.1.3　社群商务方式如何打造爆款

我们一起来看看，这种市场的力量，究竟有多厉害呢？

- 2012年11月，小米与新浪微博合作，5分14秒，5万部小米2手机被抢空，预约人数达130万！
- 2013年8月12日，小米与QQ空间合作，90秒内，10万部红米手机售罄，745万人预约！
- 2013年11月11日，小米与天猫合作，开场3分钟，交易额突破亿元，33万部小米手机销售一空！
- 2013年11月28日，与微信合作，9分55秒，15万部小米3手机被抢购一空，193.8万人预约，公众号"粉丝"数超过500万！
- 2014年4月8日"米粉"节，小米通过官网单日售出130万部手机、52万个活塞耳机、17万个米兔玩偶……

可见，小米通过社群商务的方式，与"粉丝"合谋打造了一系列的爆款！其实，这种市场的力量，就是"粉丝"经济，就是"私域流量"；而这种商业模式，就是"社群商务"！

小米的成功正应了本节开头的这句话："凡成大事者，必与道合。暗合道妙，则成；明合道妙，则昌。"

总结一下本节内容，究竟什么叫社群商务呢？如果下一个定义的话，那就是：和用户（消费者）构建和深化关系，成为他们的代言人，并为其生活方式做贡献；

在良好的"企业—客户"一体化关系的基础上，来构建规模化经营的商务机会！

阿里CEO张勇说：社群商务是新经济的三驾马车之一。

人民大学博士生导师包政教授说：社群商务，下一站风口。

极光认为：社群商务是传统企业互联网转型和营销模式创新的方向！

## 1.2　传统企业的营销模式创新之道

*物有本末，事有终始，知所先后，则近道矣！*

——《大学》

### 1.2.1　一个鞋店如何通过私域流量年赚300万元？

为了把"社群商务"这件事讲得再清楚些，下面和大家分享一个接地气的小故事吧！

这个小故事，我们用SCQA的结构来讲述。所谓SCQA，指的是：

- S—背景（Situation）；
- C—挑战（Challenge）；
- Q—疑问（Question）；
- A—解决方案（Answer）。

#### 1.2.1.1　背景（Situation）

曹姐新开了一个鞋店，是位于繁华商业街的一间30平方米的店铺，定位为女鞋专卖，客单价为150～300元。曹姐做生意的风格是明码标价，谢绝还价，简单直接；鞋子的款式和价格有吸引力，不追求暴利，走薄利多销路线。

由于曹姐有15年的经商经验，选址选品、待人接物都没有问题，开业的第二个月即创造了20万元的销售额。

#### 1.2.1.2　挑战（Challenge）

好景不长，半年后，同一条街上又新开张了4家类似的鞋店，其定位和做法几乎与曹姐的店相同，曹姐的鞋店生意开始下滑。

其实，所有的行业都会经历"红利期、成长期、成熟期、衰退期"，核心原因就是"竞争"。

这条街仅有曹姐一个人开鞋店时，曹姐显然享有这条街的"流量"红利。而随着越来越多的竞争对手入局，流量红利逐渐消失。

### 1.2.1.3 疑问（Question）

面对竞争，怎么办呢？一般有3种方式，一是换地域，二是换行业，三是换模式！

比如一家奶茶店，在一线城市经营竞争激烈，那么换到三四线城市经营，对当地而言可能是新鲜事物，这就是"换地域"。

再如，你所在的行业产能过剩，不符合国家的环保趋势，面临"关停并转"，那就需要嫁接新兴行业，如"互联网+""三高六新"（高科技、高成长、高附加值及新商业模式、新农业、新服务、新能源、新材料、新生物医药）、ABCD（人工智能、区块链、云计算、大数据）等行业，这就是"换行业"。

做生意，有3种流量：门店流量、平台流量、私域流量。门店流量的核心是地段，除了地段，还是地段！而平台流量是指淘宝、百度、美团等互联网平台的流量；从实体店经营（门店流量）转战到电商经营（平台流量），这就是换模式。

那么，在现在这样一个竞争激烈又充满不确定性的时代，曹姐的这家实体小店，应该怎么办呢？是苦苦支撑？还是转让关店？是换地域、换行业，还是换模式？

实际上，对曹姐而言，换地域、换行业都不太现实。继续支撑，实在难以为继！转让关店，既有库存需要处理，还要协商装修费、门店转让费！如果更换新的营销模式，比如转战电商，能否解决曹姐面临的问题呢？

我们都知道，电商要有一定的团队运营能力和广告投放能力，动辄需要数十万、上百万元资金投入的淘宝、京东等电商平台，对曹姐而言有非常大的难度和挑战，而且同样面临红利期不再、竞争激烈的局面！

最终，极光为曹姐设计了一套私域流量的打法——换模式，困扰已久的曹姐竟然高兴得"失眠"了！

### 1.2.1.4 解决方案（Answer）

解决方案是什么呢？一共5个步骤：

- 第一步，建立一个微信群；
- 第二步，找老客户入群，每人收费300元；

- 第三步，让老客户持续在本店消费；
- 第四步，让老客户带新客户来本店消费；
- 第五步，让所有群内用户全家、终生来本店买鞋。

看到这里，你一定会说：凭什么？难道客户疯了吗？且听极光慢慢道来。先问大家几个问题。

第一个问题：当下，是一个怎样的时代？圈地的时代？圈钱的时代？还是"圈人"的时代？

现在，手机几乎成了我们的一个身体器官，每一部手机的后面，都是一个活生生的、有血有肉的人！所以，在移动互联网时代，符合时代发展趋势和节奏的选择，当然是"圈人"！

正所谓"存地失人，人地皆失；存人失地，人地皆存"。互联网时代以人为中心，产品只是入口，构建以人为中心的社群商务，才是顺应这个时代的商业模式！

那么，用什么形式"圈人"呢？比如曹姐，成立一个政党（鞋子党？）、一个宗教（拜鞋子教？）显然都不太合适，一个合规合法的方法，就是建立"社群"！

第二个问题：确定了用社群这种形式来圈人，那么，选择哪种载体来承载社群呢？

正如家和房子的关系，家是一个虚拟的概念，而房子是家的载体！社群是一个虚拟概念，我们需要选择一个载体来承载社群。

谈到载体，我们可以选择QQ群，也可以选择BBS论坛，还可以选择百度贴吧，甚至自建一个App来连接"粉丝"、承载社群。那么，选择载体的标准应该是什么呢？

实际上，我们应该秉持"最短路径、双向互动"的标准，结合自己的实际情况来选择最合适的载体。通常，建议使用微信群来沉淀"粉丝"，因为每个人都有微信账号（路径最短），而且可以在微信群内实时多对多地交流（双向互动）。

第三个问题：如果用微信群来承载社群，那么应该是收费群还是免费群呢？

正在阅读本书的你，是否创建过微信群、当过群主？其实，一个群的生命周期是很短的，新建一个群的话，通常在短暂的热闹后，就会迅速走向沉寂！

一个免费的微信群，大体有3种归属，一是变成一个"万年沉默群"；二是变成"垃圾广告发源地"；三是最好的一种情况，就是变成一个"消息通知群"！

回想一下，我们初进一个群，第一步的操作是什么？有人说是发红包，有人说是群内忙加人，还有人说是在群内自我介绍，和群主搞好关系……都没错，但是据调查，人们做得最多的一个动作，就是设置"消息免打扰"！

在这样一个信息爆炸、信息过载的时代，怎样才能让大家在一个微信群存续期间置顶并关注这个群？现在比的不就是注意力经济、眼球经济么？

对策是什么呢？就是设"门槛"！比如：

- 某个合伙人群，入群时每个人都需要发88元的红包；
- 某个针对高净值人群的微信群，必须证明你拥有的资产达到一定水平，才能入群；
- 想加入"王氏宗祠群"？只有姓王，才能入群；
- 还可以是一个微课群，支付19.9元，或者完成一个转发朋友圈的任务，才具有入群的资格。

门槛可以前置，也可以后置，比如，一个微课群，入群免费，但是需要群员在每天18:00之前提交不少于50字的学习心得，否则会被清退出群。

而最简单的门槛，当然就是收费！

第四个问题：如果曹姐需要建一个收费群，为什么所收的费用是300元？

首先，设计一个回馈老客户的VIP优惠政策：交300元入VIP群，即可永久享受8.5折。由于老客户都知道曹姐从来不打折，所以能享受折扣大家都很高兴。但是，是否先交300元的真金白银来入群，大家倒是开始犯嘀咕！

经过统计，曹姐的忠诚老客户一年平均消费约2000元，按8.5折计算，省下来的钱正好是300元，投资一年回本！

梳理一下我们的思路：从圈地到圈钱再到"圈人"的时代，在当下，当务之急是把用户圈到一起，构建新型客户关系！而圈人最好的方式就是社群，社群最好的载体就是微信群；而对于微信群，我们要玩就要玩有门槛的微信群，300元就是门槛，这样入群者才会重视，才会置顶关注！

第五个问题：你愿意交纳300元，进入曹姐的VIP群，永享8.5折优惠吗？

调查下来，有些人愿意，有些人不愿意。

要成交，就要逐一解决客户的疑虑、抗拒、困惑，在构建营销信息时，应当理解消费者不愿轻信、害怕上当的心理！

如果把玩法（营销方案）进一步迭代升级到下面这样，你觉得效果如何？能否顺利收到这300元入群费呢？

- 推出回馈老客户的优惠政策：交300元入VIP群，永享8.5折优惠；
- 送出价值500元的代金券，每张券50元，共10张；
- 每购买一双鞋可以用1张代金券，并且可与8.5折优惠同时享受。

玩法剖析：重新设计盈利模式，前端让利（倍增客户人数），后端赚钱（倍增复购次数）

### 1.2.1.5 私域流量营销方案的成果

方案成果1：门店变成了私域流量的拉新入口。

因为前半年积累下来的老客户的信任关系，很快就招募了50个种子用户。

从消费心理学上来说，消费者对待代金券的心理，一是急于使用，二是用起来不心疼！这样，种子用户又带闺蜜、妈妈、女儿、姐妹、同事过来买鞋，其中又有一部分人转化为曹姐的VIP用户。不到4个月，一个200人的微信群就招募满了。

我们都知道，一个微信群可以容纳500人，为什么说200人就满了呢？其实，微信群的问题在于其信息的呈现方式。在这种不能发帖开话题进行分层交流、无法只看某人信息的瀑布式对话交流中，只要群成员超过一定数量，持续交流就会失效。

所以，微信群要保持合理的规模。极光也曾尝试用做"大群"的方式来做社群，结果发现当群员超过350人时，就会自动分出大大小小的派别。人越多，价值观就越不统一，群内争论就越多；人越多，信息交流就越杂乱，就越容易导致信息过载，真正有效的信息就会被稀释，最后结果就是大家都不看群了！

同时，一个微信群的人数过多，与之对应的运营维护成本也越高！在这里，要讲一个非常重要的观点，就是社群运营要有成本意识！

与PC互联网时代高企的流量成本相比，搭建社群的成本已经低到不能再低，几乎趋近于零，但运营和维护社群的成本却在不断拉高。

比如，如何获取用户的信任，如何获得群体的持续认可，如何营造去除杂音的圈子和社群氛围，如何让用户愿意自动帮你传播和转发？这种信任背后的隐性投入，是不容忽视的。

所以，微信群的人数不是越多越好，而是越精准越好！经过多次摸索发现，

40~200人是微信群比较合理的规模。

方案成果2：线下门店拉新，转至线上微信群进行客户关系的维护和深化。

在微信群内，曹姐是怎么深化与客户的关系的呢？

- 红包：新人进群发红包；
- 仪式感：新人进群亮相，发照片、做自我介绍，群友列队欢迎；
- 活动：有计划地搞活动，如组织聚餐；专门拍些活动及美食的照片，并在群里直播，让没去的人也心动；让大家相互认识，不做任何推销动作，秉持"成人达己，正念利他"的心，为大家的生活做贡献；
- 礼品：成本控制在三四十元，比如端午节，在群里发红包（普通红包，每个人都一样的金额），同时给一个指定链接，让大家下单去买粽子、咸蛋等。

就这样，大家开始慢慢地认同曹姐，在微信群内的聊天逐渐变得轻松和随意了。

方案成果3：构建了良好的一体化用户关系，后端成交水到渠成。

问大家一个问题，请思考：曹姐这个鞋店，能卖男鞋么？童鞋呢？运动鞋呢？

极光在各大高校总裁班授课时做过调研，有的学员说能，有的说不能！到底能不能呢？实际上，这里有一个定位的问题！

定位就是战略地图，决定我们从哪里来、到哪里去、分几步走；定位就是做什么、不做什么，有时候，不做什么更重要！

对于曹姐这个鞋店而言，如果什么鞋都有，这个30平方米的小店会不会给人以一个"鞋城"的感觉？

所以，从定位出发，曹姐店内鞋的品类最好要聚焦，不太适宜销售其他种类的鞋品！那么，曹姐到底能不能卖其他种类的鞋呢？答案是肯定的！

曹姐进了几款爆款的男鞋、童鞋、运动鞋，每个品类，在店内都放了大码、中码、小码三个尺码的SKU[1]，但是不在店里销售，毕竟是女鞋专卖店。

曹姐在VIP群里告诉大家，这几款鞋是今年的爆款，如果谁有意向购买，可以带你的丈夫、男朋友、父亲、儿子、同事来店里试穿，然后会组织统一团购，用最低价向厂家拿货，给大家最大的优惠。

---

[1] Stock Keeping Unit，库存量单位。

这种预售团购的方式，让曹姐彻底感受了一次"私域流量"的独特魅力！

在这里，我们编成一句顺口溜，大家看看是否贴切：

**展示不在门店，商品不在货架，收银不在柜台，无库存不押款。**

故事到这里还没有完。曹姐有位朋友，是开童装店的，因为生意不好，店铺关门了，手里还剩了一批童装，想处理掉。于是曹姐在群里告诉大家，有这样一批质量上乘的尾货，原价138元的儿童套装，现在60元就卖。结果怎么样？一售而空！

那么，我们再进一步地畅想一下，除了在群内卖男鞋、童鞋、运动鞋、童装，能不能卖进口水果？能不能卖大别山老母鸡？能不能卖武夷岩茶？

在商业上，一方面要做减法，另一方面要做加法。减法就是聚焦，少就是多。做减法，越精准、越轻松。而加法是为已有的客户提供新产品、新服务，而不是为已有的产品和服务不停地找新客户！

### 1.2.1.6 案例小结

新零售这一概念的提出，对互联网环境下的全新零售业态进行了重新定义。

电商从2010年起开始高速发展，到2015年线上平台开始布局线下，以及微商群体的崛起，再到2016年年底马云提出新零售的概念，线下渠道也经历了被冲击、再发现、再崛起的过程。

那么，以后的实体店究竟应该怎么做呢？答案是：店长经营货，老板要经营人！实体店有什么用？有几个方面的作用：服务，聚会，体验，交流，培训，增加信任度，顺便卖卖货！

结合曹姐的案例，我们可以看到，这种新零售的打法分为3个步骤：

- 第一步：从线下到线上，门店变成了拉新的入口，前端让利，圈人到微信群；
- 第二步：从线上到线下，转战线上，在群内通过持续互动深化顾客关系；必要时，把用户从线上引流回线下，构建高质量、有温度的连接；
- 第三步：做加法，引入后端关联产品，在群内持续价值变现。

也就是说，玩转私域流量，构建好顾客社群，形成口碑裂变，虚实结合，才是当下实体店应该做的！

回到曹姐的这个案例，一个小鞋店如何通过私域流量年赚300万元？极光想问大家：是曹姐还是李姐，重要么？是鞋店还是水果店，重要吗？或者说在这个案例里面，是哪个行业重要么？年赚多少利润重要么？

这个案例结合企业的经营实践，我们又能得到什么启示呢？我们一定要理解企业经营背后"赢"的道理，理解它的底层逻辑！那么，这个案例对我们究竟有什么启示呢？私域流量的本质，又到底是什么呢？

### 1.2.2 私域流量的本质

为了回答以上的问题，我们先来看一个故事：台湾前首富王永庆，早年开过一间米铺……

王永庆小时候家境贫困，他只能出去做买卖。16岁的王永庆，从老家来到嘉义开米店。当时，嘉义已经有30多家米店，竞争十分激烈，而王永庆手中只有200元，只能去偏僻的小巷中开了一家小米店。王永庆的米店规模最小，没有任何知名度，刚开张的时候生意十分冷清。

最开始，王永庆卖米只能挨家挨户推销，人累得半死，米还卖不出多少。如何打开销路呢？王永庆决定在每一粒米上做文章。当时，台湾的稻米加工技术落后，小石子、秕糠等经常掺杂在米中，做饭的时候需要淘很多次米，十分不便。

王永庆和弟弟一起动手，将米中的石子、秕糠等杂物挑出，然后再卖出去。一段时间之后，镇上的主妇都说王永庆卖的米质量最好，都不需要淘米，一传十、十传百，米店一下子红火起来。

王永庆在卖米的时候注意到，很多家庭只有老人在家，买米非常不方便，于是推出送货上门服务，此举大受欢迎。王永庆卖米，不仅送货上门，还帮助顾客将米倒入米缸，如果里面有陈米，就把陈米倒出，将米缸擦拭干净，然后再把新米倒入米缸，最后将陈米放在上层。王永庆精细的服务让顾客大受感动，一下子赢得了很多顾客。

王永庆在卖米过程中，还细心记住每一户米缸的容量，问清楚家里几口人，饭量大小，估算下次送米时间，到时候主动送米上门。

王永庆以其细致、踏实的服务，口碑一下子传遍嘉义，生意做得红红火火。仅仅一年就完成了资本积累，在最繁华的地方开了一个碾米厂，王永庆也拉开了问鼎台湾首富的序幕。

我们来总结一下王永庆是怎么经营的：

- 每天晚上，王永庆都会挑灯夜战挑拣大米中的小石子，坚持每天卖干净的大米；
- 提供送货上门服务；
- 到顾客家，倒出米缸内的陈米，将米缸擦拭干净，然后倒入新米，再倒入陈米；
- 会拿出小本，记录顾客家人口数量和米缸大小，估算下次送米的日期；
- 甚至会记下顾客发薪日，约定收账日期……

现在问题来了，王永庆做的这些事汇总起来，下个定义，是一件什么事情呢？有人说是服务，有人说是体验创新，有人说是诚信和用心，还有人说是追销……都对！但在本质上，这究竟是一件怎样的事情呢？

在企业的商务活动领域，共有3项职能，分别是销售、市场、营销，为了回答关于王永庆的这个问题，我们先对这3项职能做个讨论。

#### 1.2.2.1 什么是销售？

销售就是实现"产品—货币"的转换。比如，本书价值100元，书（产品）给你，100元（货币）给我，就完成了一次"产品—货币"的转换，也就是实现了一次销售。

我们都知道，货币的信用由国家提供。那么，产品的信用由谁提供呢？是企业？是市场监管部门？是消费者？其实都对，不同的时代，产品的信用有不同的来源。

电视媒体"标王"盛行的时代，产品的信用显然由电视媒体的公信力以及由此塑造的企业品牌来决定，大家还记得中央电视台的那句"相信品牌的力量"么？

电商时代，信用的来源变成了客户评价，还记得那句"亲，给个五星好评"么？实际上，互联网上的销售，80%的时间都在构建信任，你必须证明你是一个好人，没有信任，就没有购买！

那么，进入移动互联网时代后，产品的信用由谁提供呢？答案是IP[1]和个人品牌！美国学者汤姆·彼得斯说："在当今的商业社会里，我们最重要的工作，就是打造那个叫作'你'的品牌！"

---

[1] 全称为Intellectual Property，原意为"知识产权"。

### 1.2.2.2 什么是市场

极光认为，市场就是通过广告推广，刺激消费。所谓"天网、地网、人网"，在广告实践中，"地网"是终端地推，"人网"是销售团队，而"天网"是市场投放，属于"空中轰炸"，力求进入消费者的心智。

AIDMA是消费行为学领域很成熟的理论模型之一，在互联网时代，消费者行为被重构，可用AISAS模型来描述如图1-4所示。

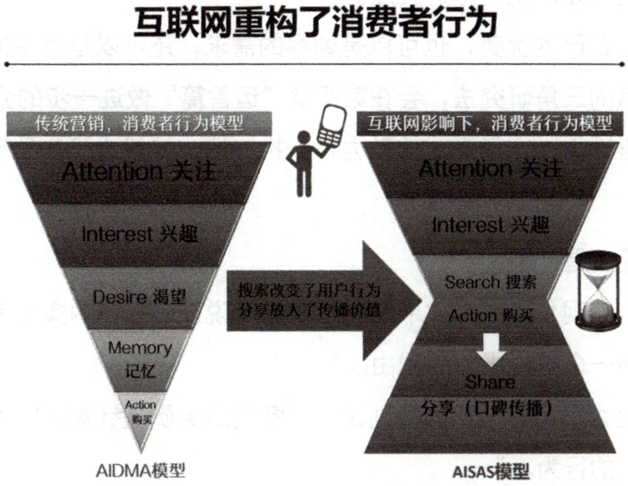

**互联网重构了消费者行为**

图1-4　AIDMA营销模型

引起注意、引起兴趣、唤起欲望、留下记忆，都是为了进入消费者的心智，希望当消费者在需要做出购买行动的那一刻，能影响消费者的购买决策！

为什么需要抢占消费者的心智？理论研究表明，每个消费者能记住的每个品类的品牌数，最多不超过7个，通常是3个。举例说明，最高的山峰，显然是珠穆朗玛山峰，请问第二高的是？最长的河流是尼罗河，第二长的是亚马孙河，请问第三长的是？

我们都知道，宝马主打的卖点是运动，奔驰主打尊贵，奥迪主打科技，沃尔沃主打安全……那么请问，难道奔驰不安全么？显然不是的，从抢占消费者心智的角度出发，我们在做市场时，都会聚焦一个主打卖点来宣传，我们称之为唯一销售卖点（Unique Selling Proposition，USP）。

当年，乐百氏在行业内率先推出了"27层净化"的概念，成功地从众多饮用水品牌中脱颖而出。27层净化是什么？是其他纯净水厂家达不到的工艺吗？非也，是USP啊！所以，对手能做但没有说，我们先说，这就是提炼卖点，抢占心智！

在实践中，我们还需要区分卖点和亮点。亮点是说产品怎么怎么好，是厂商思维；而卖点是从用户需求出发，不是你有啥优势，而是满足了你的目标消费者的哪些需求！

总之，人们是基于自己的理由而非你的理由进行购买的，所以，首先要找出他们的理由。他们的理由就是你的卖点。

卖点可以是自己的优势，也可以是顾客的需求，还可以是对手的不足。有一个寻找差异化卖点的三角研究法，会在第四章"运营篇"做进一步的介绍。

销售形成推动力，市场形成拉动力，一推一拉，就促成了产品动销。那么，营销是什么呢？

### 1.2.2.3 什么是营销？

营销是什么？现代营销之父菲利普·科特勒说："营销的实质是对顾客的需求管理，给消费者一个有说服力的理由。"

而定位理论之父杰克·特劳特则说："营销的实质是针对同行的竞争管理，营销是创造差异化的行为。"

两位大师说的都对！但时代在进步，当下是移动互联时代，移动互联网以"人"为中心，极光认为，包政教授给出的"营销"定义更合时宜。

包政教授在《营销的本质》一书中指出，营销就是构建"企业—客户"的关系。

回到我们的问题：王永庆做的这件事，是一件什么事情呢？从商务领域的3项职能来考虑，是销售吗？可并没有实现"产品—货币"的转换；是市场么？王永庆也没有投放广告，占领用户心智；所以，这其实是营销，王永庆在构建"米店—客户"的关系！

同样，前面提到过的曹姐做的又是一件怎样的事情呢？实际上，也是在构建"鞋店—客户"的关系！现在，我们已经知道，这件事情就是"营销"！

总结一下，销售的本质是实现"产品—货币"的转换；营销的本质是构建"企业—客户"的关系。有句话说"要想富，先修路"，类比一下，营销和销售的关系是不是也可以这样看：

- 销售是开车，营销是修路；
- 先修路，后开车，路修通了，车跑起来就顺畅了！

既然营销的本质是构建企业和客户的关系，是用户运营，那么，从营销的本质出发，我们来了解一下什么叫"网络营销"，什么叫"社群营销"。

网络营销的本质是营销，网络是营销的平台，网络营销就是借助互联网这个通道，来构建"企业—客户"的关系。

同理，微信营销，就是借助微信（公众号、个人号、微信群）这个通道，来构建"企业—客户"的关系。社群营销，就是借助社群这种形式，来构建"企业—客户"的关系。

需要特别指出的是，在互联网行业有一个说法：用户比客户更重要！比如，对百度而言，购买竞价排名服务的企业，是它的客户；而免费使用百度搜索服务的网友，是它的用户。而在传统行业，企业的客户就是企业产品和服务的用户。所以在下文中，连接客户就是连接用户，是指用户运营。

### 1.2.2.4 什么是私域流量

了解了什么是营销，我们再回来对曹姐的鞋店案例做一个复盘。实际上就是3个词、6个字，极光把它称为私域流量的"连接—关系—价值"营销模型：

- 连接（建立连接）：以微信群为载体构建社群（私域流量）；
- 关系（深化关系）：通过持续互动深化"企业—消费者"的关系（营销）；
- 价值（价值变现）：在社群信任关系的基础上构建商务关系（销售）。

在实践中，以短视频平台为例，让观众关注、加"粉丝"，就是建立连接；持续更新视频，就是构建信任，深化关系；通过直播带货，就是价值变现！

放大到私域流量层面，以短视频平台作为大流量入口，将流量沉淀到个人账号，就是建立连接；将流量导入微信群，高频互动并持续进行价值输出，就是深化关系；通过群内秒杀、团购等活动来拉动销售，就是价值变现！

可以看出，这套营销打法不再是以货为中心，而是以人为中心。先有"人"，后有"商务"，在"人"的基础上，形成"商务"关系，是为"社群商务"！

在移动互联时代，我们正在从以商品为中心变为以用户为中心，用户正在成为零售商最重要的资产和变现的基础！对于商家来说，从经营实物到经营用户，实物是手段，用户才是资产，产品只是入口，以人为中心的社群商务才是顺应时代的商业模式！

我们现在谈到很多新模式，如社群营销、"粉丝"经济、圈层消费、部落经济、族群经济、网红经济、移动电商、分享电商、社交电商、社群电商、内容电商、IP电商，甚至微商，其实，它们的核心都是"人"！

用一句话来总结：社群商务本质上就是"粉丝"经济，是以"人"为核心的，是"用户关系"的运营，话语体系是"构建信任关系"，是"信用飞轮"，在营销载体上，表现为构建私域流量。

而所谓构建私域流量，就是把门店流量、平台流量（公域流量）沉淀在自己的鱼塘（社群）来做用户运营，来构建"企业—客户"的关系，这就是"营销"。

从这个意义上来说，构建代理商网络、发展合伙人、建立会员制、打造"粉丝"体系、鼓励客户转介绍等行为，都属于构建私域流量的行为范畴。如果用本质和表象的关系来说明的话，那么，创造顾客价值是"本"，社群商务是"道"，本立而道生！而社群商务是"道"，私域流量是"术"，行在道中，术可万千！

那么，究竟要如何连接并沉淀用户呢？这就涉及私域流量的连接器战略！

### 1.2.3 私域流量的连接器战略

在今天这样一个移动互联网时代，你会发现，在新的互联网经济和旧经济的博弈之下，传统的营销玩不转了，传统的战略规划玩不转了，传统的组织体系玩不转了，传统的商业模式玩不转了。互联网时代，究竟应该怎么玩？

我们说，乱纪元，新常态！变，是不变的唯一法则！传统企业在数字化时代的出路是什么？简而言之，就是一个目标、两个关键：

- 一个目标：数字化生存；
- 关键之一：成为互联网公司，进行降维打击；
- 关键之二：用好连接器战略，转型社群商务。

所谓降维打击，是指从高势能领域向低势能领域的跨界打击，如物联网（Internet of Things，IoT）、虚拟现实（Virtual Reality，VR）、人工智能（Artificial Intelligence，AI）、大数据、区块链、新零售、互联网+、社群商务……你未必都懂，但是你可以把这些工具引入自己的行业，借助高维工具实现对低维生态的打击，即降维打击，例如：

- 微信借助移动互联网对运营商的打击；
- 京东借助互联网对大卖场的打击；
- 优步借助关系模式对出租车行业的打击；
- 特斯拉借助智能汽车对功能汽车的打击；
- 小米借助社群商务方式对手机行业的打击。

在战略层面，我们要用好降维打击；而在模式层面，我们则需要用好连接器战略，来构建私域流量，转型社群商务。

连接器战略，是指一家企业必然要根据消费者使用的连接工具的变化来改变企业的集客方式；而且，凡是能改变人们生活方式的事情，一定会改变人们的工作方式，以及企业的经营方式与管理方式。

回到我们本书最开始所讲到的"小米4年实现销售额800亿元的秘密"的案例，我们来看看小米是如何用连接器战略连接起近1亿客户（用户），来构建它的私域流量池的。

在这里，我们考虑3个问题，如图1-5所示。

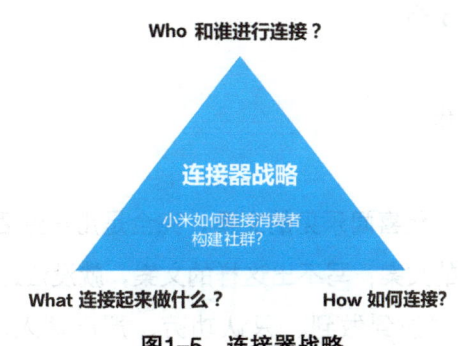

图1-5　连接器战略

- 第一个问题：Who，和谁进行连接？
- 第二个问题：What，连接起来做什么？
- 第三个问题：How，如何连接？

### 1.2.3.1　和谁进行连接（Who）？

小米构建用户社群，都和谁进行连接呢？研究小米的产品发布会、小米的"爆米花"活动、"米粉"节可以看到，小米构建用户社群，连接的是具有相同价值主张的人。小米将年轻人聚在一起，帮助他们结识志同道合的新朋友，并且分享知识、资源和支持。小米支持他们的价值观、仪式与实践，并且鼓励更多的年轻人参与进来。

◆ 01 连接同频，同频才能共振

构建社群，就是连接同好、连接同频！比如，为了推出最新的米兔玩偶，如图1-6所示，小米推出的文案是这样的：

图1-6 米兔玩偶

兔妹：听说出了一款24K土豪金限量版的帽子。

兔哥：想要我这帽子吗？

兔妹：想……

兔哥：亲一下就给你。

兔妹：哼！

你看，这就是年轻一代喜闻乐见的文案，完全是用户生活中的某个场景。不了解他们，就写不出这样的文案；写不出这样的文案，就没法连接他们！

极光的QQ签名是"说到做到、只认功劳、严己宽人、敢当责任、艰苦奋斗"。这样的文案一看就是"70后"的风格，难以与年轻一代愉快玩耍、快速连接。怎么办呢？变，才是唯一的不变！我们要适应新生代的风格，同频话语体系，与时俱进！

◆ 02 秉持"榴莲精神"，无同频、不成交

其实，互联网玩的就是一种"榴莲精神"——喜欢的会爱到骨髓，不喜欢的会完全没有感觉。找到与你同频共振的人，正是构建私域流量的关键！

所谓"幸福的人基本相似，痛苦的人各有不同"，同一社群的人，都有两个基本特征：

- 都具有某种"共同的东西",如共同的兴趣、爱好、地域、价值观念、意识、利益;
- 这些人具有"亲密的伙伴关系",是较密切交往的社会群体。

可见,社群的本质特征,就是人与人之间结成的生活圈。如同古时候自然村落的人群,祖祖辈辈都在一起生活,相处久了,就有了共同的生活方式,以及共同的生活理念、生活态度和生活规矩。

社群的最高境界是什么呢?极光认为,是共同体!《孟子·滕文公上》说:"出入相友,守望相助,疾病相扶持,则百姓亲睦。"也许,这就是社群的最高境界吧,用今天的话来讲,就是"自组织"。

总之,和"团伙、团队"的区别一样,我们也要分清楚"群体、社群"的区别,不是拉几个人建一个微信群,就能叫社群!你得持续构建和深化"企业—客户"的关系,这就是"营销"。

基于"榴莲精神",如果把私域流量的构建总结成一句顺口溜的话,极光认为应该是这样的:

- 无体验,不营销;无粉丝,不活动;
- 无同频,不成交;无服务,不落地!

◆ 03 微信裁员思维和数据清洗

同频的另一个意思,就是数据清洗。问大家一个问题:微信加好友,是重"质"还是重"量"?

一个微信号可以加5000个好友,想象一下,你的微信号就是一个微公司,而你,是这家微公司的总裁,现在,你需要做什么?是继续增加微信好友,还是删除好友?

实际上,你应该具有"裁员思维",你的地盘你做主,你的微信号你是主人,你的微公司里你是决策者。作为微公司的总裁,你要为你的微公司导航,开始招聘新生力量。

也就是说,想要把你的微信号运营成一个微公司,必须大刀阔斧地裁员,而不是增员,要给其他真正需要你的客户腾出空间。如果一开始你就有这个意识,就不会因为加与被加好友而"盲(目)、忙(碌)、茫(然)"。

先进行微信好友的裁员,然后再吸引真正的"粉丝",通过几个、十几个精准

"粉丝"再进行裂变，是一个完整的流程。而你的微公司里的人员，才是真正创造效益的、同频的伙伴，才有可能会建立一辈子的合作关系。总结一句话就是：秉持"榴莲精神"、裁员思维，只跟同频共振的人建立一体化关系！

#### 1.2.3.2 连接起来做什么（What）？

通过前文的论述，我们已经知道，小米的商业模式是通过社群连接起了近1亿用户（私域流量），他们是一种市场的力量，而通过这种力量，即可挟用户以令"诸侯"！

可见，连接用户是为了获得一种市场的力量！这种市场的力量有多大呢？这要从一个关键理论说起，就是号称互联网三大定律之一的迈特卡夫定律，如图1-7所示。

$$S_{网络价值} = N^2_{用户数}$$

N 个连接可创造出 N×N 的效益 S

图1-7 迈特卡夫定律

迈特卡夫定律告诉我们，N个连接可创造出N×N的效益S，即网络的价值等于网络节点数的平方，网络的价值与互联网用户数的平方成正比。

也就是说，一个企业连接的用户越多，企业就越有价值。未来，连接一定能打败不连接，多连接一定能打败少连接。

连接起来做什么呢？总结一句话：走进消费者的生活，了解、体会他们的需求，通过为社群的消费者及其生活做贡献，由此形成规模化经营的商务机会。

总之，从商业模式创新的角度来说，未来，谁能率先践行社群商务，玩转私域流量，从供应链走向需求链，从B2C走向C2B，走进消费者的生活，谋求市场的力量，和消费者结成一体化关系，谁就能赢得未来！

当然，社群也分种类，不同的社群连接的对象不一样，其价值主张也会有一定的差异。举例说明，小米社群连接的对象是目标消费者，其价值主张往往是感性的，如参与感、炫耀、娱乐、社交等，我们称这类社群为"B2C商务社群"。

而西安杨森的医生社群连接的对象是其关键伙伴、客户中的关键人，其价值主张多是理性的，如工作效率、职业发展、事业成功等，我们称这类社群为"B2B个人商务社群"。

再如，丰田全产业链社群（协力会、协丰会）连接的对象是能带来协作竞争优势的关键伙伴、客户，其价值主张是成为产业价值链的组织者或管理者，我们可以称这类社群为"B2B产业社群"。

#### 1.2.3.3 如何连接（How）？

解决了和谁连接、连接起来做什么的问题，下一个问题是：究竟该如何和用户构建连接呢？

大家想一想，世上最亲密的关系是什么？是亲子关系吗？从出生到入学，从牙牙学语到青春叛逆，从成家到立业，在孩子成长的过程中，有多少事情发生啊！同样的道理，你必须通过一件又一件的事情，用互联网的手段让你和用户去共同经历。

这件事可以是产品的开发或使用（产品连接），也可以是一次又一次有趣的活动（营销连接），甚至是共同开启一项事业（金融连接），但都必须建立在互联网的技术基础之上（技术连接），从而和用户"低成本、大范围、高效率"地直接建立连接！

总结起来，就是四大连接策略：

- 技术连接；
- 产品连接；
- 营销连接；
- 金融连接。

生活中，经常有人说他身边有多少朋友，认识多少人，其实极光认为，你的微信人脉，号称有5000位好友，有可能都是假人脉！

你需要做测试，也就是说，你得有事情发生！日久不一定生情，但一定见人心！这件事，可以是一个产品的购买、一次营销活动的参与、一次小的金钱交易，这些实际上就是产品连接、营销连接和金融连接！

### ◆ 01 小米的技术连接

实际上，小米用技术连接的手段，通过微博、微信公众号、QQ空间、小米社区连接起了近1亿用户。

通常，移动互联网下常用的技术连接手段有微信订阅号、服务号、微信群、朋友圈、App、H5移动版网站、QQ空间、百度贴吧，等等。

### ◆ 02 小米的产品连接

小米用性价比极高的产品作为入口来连接用户，并从互联网思维（专注、极致、口碑、快）出发，靠产品的持续改进来提升顾客体验，从手机、电视到手环均是如此。

小米的产品连接策略是：微利、海量、单品！

- 微利：用接近原材料的成本价格定价，一开始不赚钱；
- 海量：卖得多，成本自然就降下来，最后赚得很多；
- 单品：每年只做一款产品，保证做到单点极致，以供应海量需求！

产品连接虽然是标准化、规模化地构建关系，但开发周期长、风险大，投入也大！比如，三星电子用一年的时间来研发Galaxy Note7手机，希望借助这款旗舰手机来连接用户，可是才发布一个多月，就在全球范围内发生三十多起因电池缺陷而造成的爆炸和起火事故，最后不得不暂停生产。

### ◆ 03 小米的营销连接

相比产品连接，营销连接能快速响应，也可以在运营中试错，然后标准化，它有强大的用户参与感，"消耗"用户的时间更多，还可以变低频连接为高频连接。

我们来看看小米的营销连接是怎么做的：

- 小米产品发布会；
- 小米高校技术俱乐部；
- 小米最强音K歌大赛；
- "米粉"特长征集（我们需要有故事的你）；
- 小米"爆米花"活动；
- 同城会（全国"米粉"活动发布平台）；
- 小米上的中国（2013延时摄影大赛）；
- "米粉"节（盛大的聚会）。

这些都是小米官方组织的大型线下活动，自2012年至今，小米已在国内举办过50多场"爆米花"活动，每场规模为300~500人，有抽奖、游戏、才艺、互动等多个环节，小米的联合创始人也会到现场与"米粉"们一起互动。

小米通过一系列的互动活动来构建有温度的营销连接，总结下来，其打法就是：先有让人惊叹的好产品，再是极致的互动体验。其运营逻辑是：首先成员是"粉丝"，其次是互动，进而产生社群信任。

《社交红利》一书提到，每个人的时间是有限的，他们在你的社区里消耗的时间越多，就没有时间去想别的事情、到别的社区（社群）去了。

小米也是这么想的，努力去占有社群消费者的时间。让你用小米的手机，让你看小米的电视，让你看小米提供的片子与节目，吸引消费者在小米的社交空间中交流，吸引大家参加"爆米花"活动、同城会活动……

除了线下的营销连接，小米还做了很多线上的活动，比如"我们的150克青春"的营销活动。这个活动是在小米青春版手机上市发布前做的市场预热。活动分为两轮，第一轮，发布微电影《我们的150克青春》，由小米的7位联合创始人出演，面向青春版的受众（主要是年轻人），力求和大家产生情感上的连接和共鸣！活动的第二轮，主要是激发用户的参与感：小米的7位联合创始人摆出一个造型，引导消费者创作属于自己的"小米青春体"，其中最受欢迎的创意，将赢取青春版手机！

我们知道，网络上有甄嬛体、凡客体、舌尖体（舌尖上的中国）等表达风格，每种"体"的流行都是一次网络狂欢。小米的这次活动后，"小米青春体"面市了。

活动的效果如何呢？3天送出36台小米手机，微博转发203万次，"粉丝"增加41万。活动结束时，有用户说想要林斌（小米公司联合创始人之一）手中的《金瓶梅》封皮的笔记本，小米立刻做了5000本放到网上销售，一上午即一售而空；KK（小米科技联合创始人黄江吉）穿的"Adiaos"的衣服做了一万件，至今都是畅销品。

#### 1.2.3.4 案例小结

我们来对小米的连接器战略做一个小结。

◆ 01 建立连接层面

第一，不能只靠产品来打造连接，还要用有温度的营销构建用户关系。也就是说，要用营销将你和用户连接起来，进而靠此建立关系。

我们不能仅靠产品建立连接，你得有事情发生，这样才能深化与顾客的关系，变成强关系。同时，也不要以为单单用互联网技术手段把用户连接起来，就大功告成了，没有了营销连接的加持，没有了互动信息的流动，其连接也只会是"僵尸"连接。

### ◆ 02 深化关系层面

第二，小米构建社群的主要手段，是小米与成员、成员与成员之间的持续互动！这些持续互动都是围绕某个核心展开的，这个核心就是共同的价值理念和生活方式，小米品牌就是这种共同价值观和生活方式的象征和图腾！

### ◆ 03 传播裂变层面

第三，社群成员的发展，是一个循序渐进的过程。先从发烧友切入，取得认同后，产生口碑效应，然后有组织地促进口碑效应沿着"粉丝"的圈层向外围传播。总之，在持续互动中，建立"粉丝"对品牌的认知，粉丝带动新用户，新用户进一步口碑宣传，从而产生裂变式传播。

小米的"粉丝"圈层是怎样的呢？荣组儿、"米粉"、普通用户……

- 荣组儿：荣誉开发组成员，能参与新产品的开发、试用和决策；
- "米粉"：小米"粉丝"圈层的中坚成员，小米的主要利润来源，雷军也说过：因为"米粉"，所以小米！

最终，形成中层仰慕顶层，底层追随中层的良性循环。对小米而言，"粉丝"是小米最得意的作品，远远超过一部手机、一台电视的价值。

总之，我们要知道，互联网时代的核心是"连接"，连接本身不是目的，目的是和用户建立并深化一体化关系！

用技术连接抓取用户（建立连接），用营销连接深化关系，让品牌有组织地沿着"粉丝"的圈层向外围裂变。因为社群的力量，通过整合价值链去匹配消费者的生活方式，从而使产品连接得以跟进。这就是小米的连接器战略，如图1-8所示。

目前，大部分企业都没有真正建立起面向用户的"连接管理"能力。这个能力的建设需要真正把内容生产和自媒体矩阵、粉丝和社群、社群电商和分销裂变等环节全流程打通，并综合数据分析、全面更新面向用户的工作流程，才有可能有效地实现连接管理，进而做好基于私域流量的"用户运营"工作！

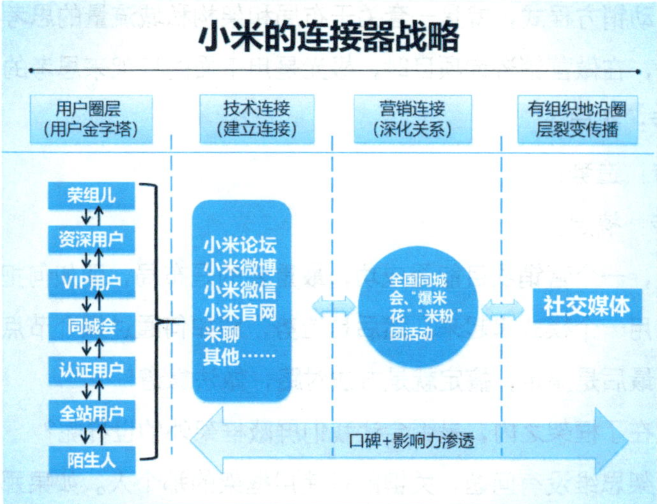

图1-8　小米的连接器战略

那么，这样的一个面向用户的工作流程，应该是怎样的呢？下一节，我们将进一步地展开，与大家分享私域流量的布局架构和执行流程。

## 1.3　如何从0到1，打造私域获客流量池？

有道无术，术尚可求；有术无道，止于术！

——《道德经》

### 1.3.1　营销系统的搭建

这一节我们来谈谈私域流量的运营流程。我们常说，这个人做事有思路，有套路，有路子！那么，什么是思路？什么是套路？什么是路子呢？

◆ **01 经营方向靠模式（想法）**

极光认为，所谓思路，就是想法、模式。经营企业要选对模式，模式不对，努力白费！所以，我们要找风口，抓红利，创新模式。比如，本书1.1节所谈到的"社群商务"的新模式，就是传统企业的营销模式创新。

◆ **02 思考问题靠框架（方法）**

所谓套路，就是方法、公式、框架。思考问题需要框架，运用框架可以帮助我们破解谜思，化繁为简、拨云见日，极大地提升效率。比如，本书1.3.2小节即将谈到的私域流量动销方程式，就是一套关于布局和架构私域流量的思考框架。

举个例子，在做营销咨询项目时，极光是用下面的框架来思考的：

- 第一步：布局；
- 第二步：造势；
- 第三步：搞定。

具体而言，一个营销项目能否成功，最重要的是布局，即如何把价值链上的所有利益相关者用一个模式串起来。然后是造势，即如何通过媒介节点，把信息传达给更多的人！最后是搞定，搞定就是方法对路，做法靠谱！

把思维放在了框架之内，是否会让我们屏蔽框架外的世界呢？

其实，框架思维没有问题，关键的是使用框架的那个人。如果那个人是自我设限、思想僵化、不知变通的，他当然就把自己局限住了。如果那个人是开放的、拥抱变化的、可自我迭代和进化的，那么就没有问题！

有效使用框架能快速提升我们的工作效率！比如：

- 自上而下布局私域流量，有"C-IP-C-P"私域流量动销方程式框架；
- 有效运营私域流量池，有SSOOC-P框架；
- 策划社群活动，有5W2H框架；
- 撰写营销提案，有SCQA框架；
- 做竞争策略，有SWOT分析；
- 做产品分析，有波士顿矩阵；
- 提炼营销卖点，有FABV公式。

（以上提到的部分框架，本书会详细介绍，参阅相关章节即可）

◆ **03 落地变现靠流程（做法）**

最后，谈谈路子。所谓路子，就是做法、流程、系统。做企业其实就是做系统，系统就是标准操作流程（Standard Operation Procedure，SOP），也称为企业的"价值创造流程"。

"价值创造流程"讲究内部的通过性、外部的适应性，凡是有这个流程的，系统跑得通，你就相当于打造了一部自动化赚钱机器；凡是没有这个流程的，系统跑不通，哪怕你才高八斗，想赚钱恐怕也是无比艰难的！

特别需要指出的是，建立流程、系统，是一个连续的、正向积累的过程。

通常，基于决策人的单点效率，也许能做出95分的决策，但是犯起错误来，往往也没底线；而基于团队和流程的系统决策，几乎都是60~80分，一般不会做出不及格的决策，这样，就可以保证连续正向积累。所以，对于企业经营者而言，一定要追求系统效率，而非单点效率。

另外要理解，无论你做什么行业，卖什么产品，所有的营销架构，都要遵循"模式、框架、流程和系统"的逻辑。从最开始的建立连接，到获得信任感，到解决客户的疑问，最后到引导客户成交，这都是需要整体布局的。

所以总结下来，我们搭建营销系统，要有模式、框架、流程和系统。

- 【经营方向靠模式】模式是想法，高层要着眼于想法，想法要聚焦和守一。
- 【思考问题靠框架】框架是方法，中层要着眼于方法，方法要多元和创新。
- 【落地执行靠流程】流程是做法，执行层要着眼于做法，做法要有结果，并持之以恒！

### 1.3.2　动销方程式，私域流量的布局框架

事实上，随着移动互联网的兴起和"90后"群体的崛起，传统行业的营销渠道和策略已经式微，因为消费者变了，商业环境变了，消费者行为也发生了变迁。

◆ 01为什么说消费者变了？

随着互联网的发展，BAT[1]创造了一个数字星球，并且经过它们的努力，这个数字星球上已经有了近10亿人口正乐此不疲地依靠手机进行查询、学习、联络、社交、购物、导航、出行和美食……

"90后"是和中国互联网同步成长起来的一代人，这代人可谓数字星球的"原住民"，他们对互联网的敏感性，和"50后""60后"这代数字星球的"移民"相比，可是完全不一样的！

◆ 02商业环境发生了怎样的变化？

之前，企业如何做市场？第一，做电视广告；第二，扩张开店。

现在变化出现了！随着互联网，特别是移动互联网的发展和智能手机的普及，消费者看电视的时间越来越少，花在手机上玩游戏、看小说、看短视频的时间越来

---

[1] 指百度（Baidu）、阿里巴巴（Alibaba）、腾讯（Tencent）三家互联网公司。

越多。所以说，消费者的注意力平台发生了变化。

因为消费者的注意力平台发生了变化，所以电视广告的效果就大不如前了。同时，随着供求关系的变化（从供不应求到供大于求），扩张开店，也从一线城市一路开到四线城市（深度分销），所以，市场扩张的空间已经十分有限了。

### ◆ 03消费者行为发生了怎样的变迁？

当"90后"成为消费主体的时候，他们的文化、他们的个人追求表现为个性化、自主独立。他们生怕跟别人一样，所以，消费导向走到了和过去完全相反的方向。比如穿衣服这件事，当消费者足够个性化、足够追求自我的时候，每个人都生怕自己穿某一件衣服的时候和别人撞衫了。

甚至有报告指出，"00后"向往有信念且在专注领域有独到见解的品牌，他们会了解品牌和偶像背后的理念和故事，喜欢深刻的见解，用创造来定义自我，并愿意为兴趣投入时间和金钱，他们，不只是要跟别人不一样。

同时，消费者纷纷通过电商平台下单，对传统渠道也形成了冲击；而移动互联网更是方便地放大了分享的价值，进一步重构了消费者的行为。

### ◆ 04新形势下，如何用新思路做营销？

实际上，未来的商业机会在于，只要定位一个细分人群（重度垂直，做到一公分宽、一公里深，构建私域流量池），并服务好这些细分人群，在这个族群（社群）中形成你的品牌理念，它就可以是一个非常好的商业模式（社群商务），而你，也会变成一个非常小而美的优秀企业！

具体如何做呢？方法是3个步骤、9个字：

- 【做内容】用内容来塑造IP；
- 【造IP】用IP来连接"粉丝"；
- 【玩社群】将"粉丝"沉淀到社群，通过爆品进行价值变现！

我们说，PC互联网以货为中心，移动互联网以人为中心。与之相应，新营销的玩法，也从PC互联网时代的"定渠道、拉流量、做转化"，变成了移动互联网时代的"做内容、造IP、玩社群"，如图1-9所示。

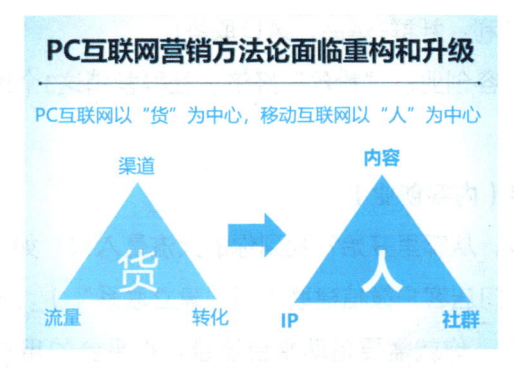

图1-9　互联网营销的重构和升级

我们把这种打法提炼成一个方程式：动销=内容+IP+社群+爆品，简称"C-IP-C-P私域流量动销方程式"，如图1-10所示。

### 极光·私域流量动销方程式

@极光老师
私域流量第九课，心法秘籍之底层动销方程式！

图1-10　私域流量动销方程式

这个方程式就是我们布局企业级私域流量的思考框架，也就是说，在架构企业级私域流量时，我们要考虑"内容、IP、社群、爆品"这4个要素。

- 内容：如何定位并持续生成优质内容？
- IP：如何选择并塑造企业IP代言人？
- 社群：如何架构并运作企业的粉丝社群？
- 爆品：用什么产品引爆社群，做价值变现？

极光将这个打法的内在逻辑，编成了5句顺口溜：

- 社交媒体做入口：以内容塑造IP；
- 个人品牌魅力体：以IP聚拢粉丝；
- 社群运营是关键：以社群沉淀粉丝；
- 匠人精神磨产品：以爆品进行价值变现；

- 顺势而为抓红利：社群+爆品，风口取势！

下面，分别从内容创业、"粉丝"经济、社群营销这3个维度，逐一为大家做具体解读。

#### 1.3.2.1 做内容（内容创业）

私域流量第一步，从哪里开始？找到你的大流量入口！如果你有门店流量，那么恭喜你，只需引导门店客户微信建联（指"建立联系"），把门店流量变成你的私域流量即可；否则，你就需要借助平台流量，把平台的用户变成你的私域流量用户。

具体而言，首先，定位好你的细分市场（找到你的亚文化标签）；其次，去建设公众号，去使用微博、知乎、豆瓣、果壳、贴吧、百家号、头条号、大鱼号、搜狐号、抖音、快手等渠道构建你的自媒体矩阵，表达你的观点，把内容变成流量的入口，以内容来塑造IP。

当然，只做出好的内容还不够，还要学会全渠道、矩阵化发布你的内容，并进一步运营因内容而聚集的粉丝。

总之，好的内容是流量获取的重要手段！内容、IP、"粉丝"和社群，这是私域流量的营销制高点！

◆ 短视频创业

在这里特别谈谈短视频创业。我们常说"两微一抖"（微博、微信、抖音），如果你错过了微博，错过了微信公众号，那么，短视频是你"弯道超车"的机会么？

其实，随着智能手机发展势头的放缓，移动互联网的市场红利时代基本已经结束！整个移动互联网的体量就是：手机数×App数×使用时长。用户的总注意力是有限的，而内容是不断增加的，那么，如何争夺有限的注意力？

在信息大爆炸的今天，每个人都面临着信息过载，能看短视频就不看图片，能用表情包就不用文字，能看微博就不看博客！所以，短视频创业实际上打的是一场注意力争夺之战！

按照腾讯创始人马化腾的说法，微信很难被替代，要想发明替代微信的技术，至少需要25年时间。但是，随着移动互联网发展速度的变缓、5G时代的来临，巨头互联网企业之间或有一战，一旦开打，必有流量红利和流量补贴！

相对于成本高企的平台流量获取，内容市场的确是一个重新分配流量池的机会！借助优质短视频内容，圈定你自己的优质用户群体，这实际上就是在构建你的私域流量！

### 1.3.2.2 打造IP（"粉丝"经济）

◆ **01 IP的核心是独特内容**

"粉丝"、会员、老客户转介绍、合作渠道，都可以是你的私域流量。那么，流量从哪里来？

PC互联网时代，流量的来源主要是搜索引擎或者各大门户网站，但是在移动互联网时代，你看：微博求关注、公众号求关注、头条号求关注、百家号求关注、抖音个人号求加"粉"……这时，内容变成了流量的入口，"粉丝"变成了流量的源泉。那么，怎样才能获得"粉丝"呢？答案是：打造IP！这时，IP变成了一面旗帜，我们要通过IP来聚拢"粉丝"！

IP，是英文Intellectual Property（知识产权）的缩写，后来变成影视、游戏、动漫、小说的泛娱乐表达，再后来，IP扩展为新商业模式的组成要素。

总之，内容原创、独具特点就可以是IP！比如，姚明是IP，因为篮球打得好；郎朗是IP，因为钢琴弹得好；刘德华是IP，因为影视歌三栖；天下霸唱是IP，因为小说《鬼吹灯》写得好！所以，IP的核心是独特内容！

延伸开来，小说《鬼吹灯》是IP，剧本《甄嬛传》是IP，明星是IP，网红是IP，达人是IP，KOL[1]也是IP，可以说：未来，一切商业皆内容、一切内容皆IP！IP，是你必须要知道的互联网"新物种"！

◆ **02 内容需要被表达**

内容需要被表达，也就是向外输出才有价值！

在任何一个领域，输出能力最强的那些人都会拿走最大的流量红利。无论是写作还是演讲，你一定要尽最大努力培养其中至少一种输出能力！并且长期坚持向外界输出自己的思考和观念，直到成为市场中那最强的20%！

这个过程，就是IP打造的过程！用内容来塑造IP，用IP来连接你的"粉丝"，这是新营销的新思维！

◆ **03 IP打造的核心是构建势能**

IP打造的核心，是构建IP的势能！势能是什么？势能是一个物理名词，特指储

---

1 全称是Key Opinion Leader，意为关键意见领袖。

存于一个系统内的能量,也可以释放或者转化为其他形式的能量,比如动能。势能越高,动能越强!

极光观点:对于一个IP来说,构建势能是特别重要的一件事情。在一个不确定性时代,你的势能高(能量强),人们就会主动与你发生连接,你的认知成本就会下降,你的连接成本也会下降!所以,势能越高,连接成本越低。

### 1.3.2.3 玩社群(社群营销)

IP连接的"粉丝",沉淀在哪里呢?答案是:社群!具体的玩法是:"粉丝"沉淀在社群,社群通过运营,先和"粉丝"形成一体化关系;进而,在良好关系的基础上,用爆品做商务层面的价值变现。

其实,社群的本质就是人和人之间结成的共同体。如图1-11所示,社群有三大属性。其中,内容是媒体属性,社群是关系属性,商业是交易属性。所以,要用内容做流量导入,用社群做流量沉淀,用商业做流量变现。

**图1-11 社群的三大属性**

通常,社群的"粉丝"越多(包含数量、质量、互动频度、复购率、推荐转发率等要素指标),社群动销越高(包含销售额、利润、市值等要素指标),则社群的势能越高!

而社群领袖个人IP的势能与社群的势能是相互帮衬的。你的个人IP势能越大,就越能拉高你社群的势能,如罗辑思维、吴晓波频道、樊登读书会;反过来,社群的势能越大,也越会拉高社群领袖个人IP的势能。

总之,从产品运营者进化为用户运营者,才算真正迈出移动互联网营销的第一步!

### 1.3.3 六脉神剑：私域流量的执行流程

我们已经知道，经营方向靠模式，思考问题靠框架，落地变现靠流程。我们从"做饭"的角度再来理解一下这句话。

俗话说：巧妇难为无米之炊。也就是说，做一桌可口的饭菜，首先需要有材料。对于私域流量来说，所谓的材料，就是内容、IP、社群、爆品。也就是说，我们应该从这几个维度来布局和架构企业的私域流量！

那么，有了材料，具体如何做出成品菜肴？这时，就要靠菜谱了！菜谱，就是制作流程，就是生产步骤。

对于私域流量来说，所谓的菜谱，也就是落地执行环节的具体操作流程，包含定位、拉新、养熟、成交、裂变、留存6个步骤，这6个步骤主要基于微信这个超级连接器来展开，我们称之为私域流量的"六脉神剑"打法，如图1-12所示。

图1-12 私域流量的"六脉神剑"打法

"六脉神剑"是私域流量的武功秘籍么？其实，所谓秘籍，就是大多数人都知道，但只有少数人做到的方法和步骤！为什么少有人去执行，少有人做到？因为缺乏细节！下面，逐一为大家做每个步骤的拆解！

#### 1.3.3.1 定位IP

六脉神剑第一式，就是定位和规划你的IP！

用内容塑造IP，用IP拢聚"粉丝"，IP是连接用户的原点。那么，如何定义你的IP呢？极光认为，不要执迷于自己的品牌、自己的产品，它们都是冷冰冰的企业形象！

要知道，移动互联网玩法的核心是人！在移动端，你要呈现的一定是一个活生生的人，一个有生活、有情怀、有事业、有追求、有意思、正能量的人，他们个性鲜明、招人喜欢、富有价值！

具体如何规划IP呢？可以从名称、性别、头像、年龄、角色、性格、爱好、状态等8个方面来进行IP的形象定位，从目标用户、商业目标、商业模式等3个方面来进行IP的商业定位，在本书2.2.1小节"定位你的IP"中有详细说明。

#### 1.3.3.2 拉新（抓潜）

所谓拉新或抓潜，是指找到你的大流量入口，并把用户导入和沉淀在IP的微信个人号或者你的企业微信号中。一个微信个人号最多加5000个好友，超过这一数量的话，就需要多个微信个人号来操作，我们把这称为"个人号矩阵"。

要知道，微信私聊、朋友圈、微信群，甚至微信直邮、分销裂变等私域流量的玩法，都是从微信号加好友开始的！

微信加好友，一共有4种主要途径：

- 第一，自己主动去加好友；
- 第二，把自己的微信号发布到网上，给一个让别人加你的理由，也就是设置好"诱饵"，从而让别人主动加你；
- 第三，在线下让别人主动扫码加你；
- 第四，通过借力或裂变的方法，来增加好友的数量。

一般而言，主动加好友时，每天每个微信号最多加30个好友；而被动同意加好友申请，每天每个微信号最多可以加200个好友。超过以上这些阈值，你的微信号就有可能因为"频繁操作"而被微信封号！（数据仅供参考，随微信政策调整而随时变动。）图1-13总结了11种拉新的具体途径。

拉新的手段多种多样，流派众多，除主动通过手机通讯录、微信群、"找附近的人"加好友外，还有内容流、网红流、技术流、"诱饵"流、门店流、O2O流、人脉流、渠道流，真是八仙过海、各显神通！

第一章 战略篇：私域流量，你的营销新选择

图1-13 11种拉新途径

- 【内容流】在微博、QQ空间、公众号、今日头条等自媒体上发表内容来引流。
- 【网红流】做直播，去抖音、快手、掌门、花椒、映客、荔枝微课、千聊、喜马拉雅等各大音频、视频直播平台"吸粉"。
- 【技术流】通过SEO[1]从PC互联网导流，称为"一词一文一码"，即每个可能被搜索的长尾关键词，都有一篇文章来对应，而每篇文章内，都放置微信号的二维码，引导访问者添加好友。
- 【"诱饵"流】撰写电子书、电子报告，作为超值赠品发到朋友圈或微信群中，来扩散引流。
- 【门店流】门店是一个得天独厚的引流途径，你可以直接送小礼品，让客户扫码"加粉"。
- 【O2O流】通过展会、线下活动、论坛、DM直邮广告、地推等方式展示二维码，让"粉丝"主动扫码"加粉"。
- 【人脉流】借圈子、建圈子、混圈子、换圈子，频繁参加各种线上、线下社群活动，借力圈子来加好友；或者借力好友互推来"吸粉"。
- 【渠道流】设计活动方案，通过异业合作来拉新引流。

下面，具体聊一聊微信群、到店扫码、展会活动、渠道合作这4种拉新方式。

---

[1] Search Engine Optimization，搜索引擎优化。

### ◆ 01 团队配合，微信群主动加好友

如何通过微信群来加好友呢？可以分成3组人、8个步骤来执行。

- 第一步【准备账号】

注册5~10个微信号，并且进行实名认证。对个人而言，一张身份证，在同一个运营商处，最多可以申请5个手机号。

- 第二步【完善信息】

根据你的行业完善一下账号信息，主要包括名称、头像、签名和朋友圈类型的定位。

- 第三步【导入资源】

如果你在一个行业时间较长，一定会有一些行业的精准资源，比如微信群、电话号码、客户名单等，把这些资源整理一下，导入你的微信营销号里面。

- 第四步【私聊、资源推荐】

一开始每个人负责2~3个号，和刚加进来的人或者微信群里比较活跃的人聊天。可以聊他们是做什么的、爱好什么，聊一些生活上、工作上的事。

聊上一段时间，感觉铺垫到位、时机成熟之后，可以给对方发一个6.66元或8.88元的小红包，红包可以快速增进感情，记得附上一句话："感谢你的时间，非常高兴认识你。"

当别人领取你的红包后，对方一般都会说"谢谢"。这时，你可以说："你有没有本地的微信群，不是乱发广告、正常聊天的那种，有的话邀请我一下，我想认识更多的朋友哦！"

- 第五步【群内互动】

进群之后，你需要做的第一件事情就是观察，而不是一开始就发广告，观察群里面哪些人比较活跃，每天聊的话题是什么，都有些什么规则，群主对群的管理和安排是怎样的。搞清楚之后，你可以先加群主为好友，然后加群里比较活跃的人，继续和他们互动聊天。

对于群主，你可以聊一下这个群的规划，以及如何为这个群做贡献等，目的就是和群主搞好关系，一是万一你犯错误他不会轻易踢你出群，二是为下一步做准备。

经过前面5个步骤，有了微信好友和微信群之后，接下来要做的就是筛选精准

客户，然后成交、转化。转化渠道无外乎朋友圈、公众号、微信群。

- 第六步【朋友圈，信任互推】

当你和群主、和活跃成员聊得差不多的时候，可以和群里一些比较积极的人进行互推，简单来说，就是你把他推荐到你的朋友圈，他把你推荐到他的朋友圈。

- 第七步【公众号推文，红包求转发】

在你和群主、和活跃成员比较熟悉之后，你可以准备一篇干货文章发布到公众号，文章的最后放上你的广告，然后发送到群里请求大家帮你转发。为了达到较好的效果，你需要提前和群主及活跃分子搞好关系，有了他们的带动，效果会更好。

- 第八步【微信群，二次筛选】

在群内传播公众号文章，是"一次筛选"；然后对感兴趣的好友，可以进一步拉入微信群，用微课来调频，做"二次筛选"，以进一步成交转化。

对于企业级微信营销团队而言，通常，极光都会建议成立3个小组，分别是拉新组、内容组、社群组。其中，拉新组专门负责拉新的工作，内容组负责内容生产，社群组则负责社群运营、用户维护。

以上这8个步骤如果用3组人来分工完成的话，各组具体工作分别是：拉新组负责逐一沟通，加好友、加群、加群主；内容组要准备相关沟通话术、公众号的文章、微信群的微课、朋友圈的更新；社群组负责在群里与群员互动交流。我们把这种分工合作的组队打法称为"团队化拉新之天龙八部"。

◆ 02 设计流程，到店扫码加好友

那么，门店又该如何拉新呢？主要是设计流程，引导到店用户现场扫码加好友。当然，也可以辅以"主动向附近的人打招呼"来加好友（注意加好友的频率，防止微信被封号）。还可以向门店周边3公里区域内的人群定向投放朋友圈广告或抖音广告，然后在客人到店后，引导其扫码加好友。

## ✉ 案例：射箭馆的门店应该如何拉新

老郎是网赢研习社的会员，经营着一家射箭馆，位于上海繁华的徐家汇商圈。

我们都知道，做生意有3种流量：门店流量、平台流量、私域流量。我们来逐一分析一下，老郎的射箭馆，有门店流量么？这家店开在一幢写字楼的高层，显然没有门店流量。有平台流量么？有，老郎每个月都花费数万元，从大众点评网进行引流。那么，私域流量呢？

所谓私域流量，就是通过微信建立联系，自己可控制、可触达的用户鱼塘，包括会员、"粉丝"、转介绍、合伙人、渠道等，都算私域流量。老郎的射箭馆，到底有没有私域流量？

这家店之前主营城市CS，后来又增加了密室逃脱的项目，但是老郎发现消费者的兴趣是瞬移的，复购情况并不理想。经过一番折腾和尝试，老郎最后发现射箭这个项目不错。

为什么呢？因为这个项目可以开发后端服务！比如，射箭显然不是来消费一次就能练好的项目，你得多来练习几次吧？这样老郎就可以卖月卡、年卡，同时，还可以开发私教等增值服务。

上了新的射箭项目，怎么扩大消费群体呢？老郎之前通过大众点评付费引流，每月到店有2000人左右，5年下来，积累了近10万个客户名单，以Excel表格的形式存放在电脑中。

为了推广新的项目，老郎招聘了6个电话销售人员，按照公司提供的名单给数万名老客户打电话："您好，请问是××先生（女士）么，我们是城市猎人CS店，您之前在我们店消费过，现在我们推出了新的射箭项目，活动期间有促销，请问是否有兴趣来体验下？"

3个月下来，一是电话经常被运营商以骚扰电话为由封号，二是钱没赚到，人工、办公等开支累计下来，还倒亏了十几万元。

老郎找到极光，请教该怎么办。说到10万个客户名单时，极光笑了，说道："这些都只是冷冰冰的客户数据。你并没有在用户身上牵一根绳子，否则，有事的时候，你一拉，客户就回来，就没有现在的麻烦了！"

怎么在用户身上牵一根绳子呢？答案是：微信建联，在线上运营客户，以建立有温度的连接。所以，与这10万个用户用微信建联后，可控、可触达，就是你的私域流量；否则，就只是冷冰冰的客户名单。

然后，极光问了老郎5个问题，我们一起来思考和回答一下。

第一，如果用微信个人号和客户建联，那么是该用客服自己的手机和微信号，还是公司的手机和微信号？

老郎的门店，一个月会有近2000人到店，一年下来，大概有2万人，一个微信号按3000个好友来计算（单个微信号最多可以加5000人，但是建议加到3000人即可，留有余量供后期裂变），那么，一年下来会加满6个微信号。

前台有3位客服人员——小张、小李、小王，正好每人管理两部手机，那么，这些手机应该是客服自备，还是公司统一提供？

第二，6部手机上微信号的头像，是让客服人员各自用自己的头像，或是用私教各自的头像，还是用一个统一的头像对外运作？

第三，如果用一个统一的头像来对外建联，应该用其品牌的Logo还是门店店招，还是真人头像？如果决定用真人头像，那么该用经营者老郎自己的头像还是找一位年轻帅气的"私人教练"的头像？用漫画来做统一的头像行不行？

第四，思考一下，客户为什么要加你的微信？在哪个时点让客户加上微信最顺利？如何提供后期的持续价值，以保证持续建联？

第五，如何让员工有效执行微信门店拉新的动作，而不是敷衍了事？是加一个给"五毛钱"，还是有其他的利益机制？我们都知道，员工只做你检查的事，而不做你要求的事，所以，你考核什么，就检查什么！那么，究竟该设计怎样简单而有效的激励机制，让大家在拉新这件事上干劲十足呢？

以上，是极光向老郎提出的关于门店拉新及IP商业定位的5个问题，请大家也一起思考一下，看看通过阅读本书的后续内容，这些问题在你的心目中，是否有了相应的答案。

◆ 03 组织赋能，展会活动加好友

有位朋友在购物中心开了家女包专卖店，他问极光如何做营销。的确，随着新零售的出现，线下渠道经历了被冲击、再发现、再崛起的过程。如果有门店的话，把门店拉新搞定就好了！

问题是，那些有购买力的用户不会每天都进店，很多人一两个月也逛不了一次商场。那么，如何快速沉淀用户呢？

很简单，和商场沟通，在客流的集中爆发期，如在"五一""十一"这样的节假日，租下商城的中庭做活动，比如卖包包的，就做个"拎包模特秀"；卖童装的，就做个"萌娃风采大赛"；开宠物连锁店的，就做个"世界名猫展"……

就这样，选取节假日人气最旺的几天做短期活动，策划用户最愿意参加的互动场景，设计无缝连接的加好友环节，再加上为用户提供有吸引力的小礼物，就可以一次把整个商场的流量拿到手里，变成自己的微信好友、自己的私域流量。

以团队运营的方式，通过举办活动、打造主场，来一次性、规模化地集中拉新；而不是让销售人员单兵作战，一个地方一个地方去地推拉新。这就是组织赋能！

当然，如何策划活动并设计有趣的细节、如何设计创意二维码以吸引眼球、如何快速加上好友、如何设计标准话术和客户有效沟通、如何引导客户扩散裂变、如何持续跟进互动，这些都是具体执行层面的细节了，在此，就不一一展开。

总而言之，一个实体店一定要有足够的预算来获得用户，也就是说，要想办法把方圆3~5公里内的用户，都圈进你的微信个人号里。一家店铺如果能有5万~10万个周边区域的用户做支撑，那么生意一定会兴旺。

◆ 04 异业合作，借力渠道来裂变

极光的一位朋友胡总，经营某款代餐粉，该产品是由36种原生态的五谷杂粮和药食同源的食材，经科学配比而成的一款绿色安全、高营养、低热量、高膳食纤维的代餐食品。

这款产品针对便秘、肥胖、三高等都市白领，具有清肠养肠、美颜排毒、纤体瘦身的功效，不仅是一种素食代餐粉，还代表一种健康的生活理念、一种极简的生活方式。

如果想通过私域流量的方式来运作该款产品，首要任务就是拉新，用微信和潜在客户建联。

怎么做呢？老胡的"加粉"之路，堪称坎坷：先是雇人地推，20多个人在小区商业街请别人扫码，费时费力，转化效果还差；接着找大V做公众号推广，从百余个公众号里精心挑选了10多个匹配度较高的账号合作，结果推文发出去后，虽然有上万的阅读量，但应者寥寥。

那买"粉丝"吧，一上线聊天才知道都是"僵尸粉"。最后实在没法，老胡找到推广公司做"粉丝"裂变，一番折腾下来，并没有什么明显增长，账号还因此被封掉不少……

这时候该怎么办呢？极光给老胡出了个主意：在有鱼的地方钓鱼！什么意思呢？就是客户在哪儿，我们就要在哪儿！

客户在哪儿呢？结论是：线下素食餐厅！因为其用户画像和代餐粉的用户画像是比较重合的。那么，怎么把这些素食餐厅的门店流量转变为老胡的私域流量呢？答案是：设计一个"消费满额、扫码领奖"的活动。

具体流程如下：

- 和商家沟通，店内放置老胡公司产品的易拉宝或宣传海报；
- 在指定时段内，客户消费满300元，即可扫描海报上的微信二维码，加客服的工作微信（微信号由公司提前准备好），然后将账单拍照，并通过微信发送给客服审核；
- 客服给客户推送产品宣传文案和海报（例如，我在大蔬无界素餐厅，我为××代言，食之以素、善之以心！）；
- 客户分享至朋友圈，可到餐厅前台核验，并免费领取一份价值135元的7天代餐粉体验装。

这个方案的具体实施有赖于线下地推人员的积极拓展和商务洽谈，如果活动以一周为单位，那么可以洽谈7家，每晚开放一家餐厅做活动。那么，合作的商家可以得到什么好处呢？一是可以通过赠品拉高其客单价；二是在产品宣传文案中含有餐厅品牌信息，所以餐厅也愿意配合执行。

同时，活动期间，线上客服需要在线值守，快速响应，这一点非常重要。特别地，客服人员还需要告知客户，后面还有一个配套的7天瘦身在线训练营，会有专家分享健康养生的知识，稍后会将其拉入相应的微信群。

这样一来，通过提供后端的增值服务，可以有效降低客户拿到奖品后就立马屏蔽朋友圈、删除微信的概率。要知道，持续的价值才能带来持续的关注。

关于拉新的方法还有很多，极光的建议是：要结合你企业的实际情况，找到一两个对你而言"简单、有效"的方法，用心执行，做到极致！总之，二八法则永远存在，即20%的渠道为你带来80%的流量，找到这20%的有效渠道就好！

#### 1.3.3.3 养熟（培育）

定位和规划好IP，并加到足够多的新好友后，就要开始在微信上向他们销售产品了么？答案当然是——No！

◆ **01 没有信任，就没有购买**

从关系链到传播链，再到生意链；从没关系，到弱关系，到强关系，再到"钱关系"，这中间有一个最关键的词——信任。

移动互联网营销的核心是人，没有信任，怎么能达成销售呢？所以，六脉神剑第三式——培育信任和养熟你的好友！

信任来自哪里？来自微信好友在情感上对企业IP的喜爱，这需要高频次的互动沟通和持续的价值输出来实现和维持！

◆ 02 持续的价值，才能带来持续的关注

用什么来养熟？通过持续的价值输出获得信任，从而养熟好友。输出的价值，可以是：

- 持续更新的抖音短视频或喜马拉雅音频；
- 微信朋友圈的持续互动；
- 微信群的阶段性微课；
- 许可性微信直邮群发。

关于如何培育信任和养熟好友的具体细节，本书2.3.1.4小节"朋友圈IP打造的四力模型"中将进行详细讲解。

### 1.3.3.4 成交（转化）

培育信任和养熟好友后，"六脉神剑"第四式，就是成交和转化。

成交环节涉及几个要素：产品（Product）、价格（Price）、渠道（Place）、促销（Promotion），其实就是从4P的角度来做成交准备。

◆ 01 产品梯度设计和价格设计

我们说，90%的利润在后端，所以在成交时，要构建你的盈利模式，也就是我们常说的"A–B–C"成交结构（也叫产品梯度、产品金字塔，详见本书3.2.2.3小节"产品框架"的相关内容）。

- A是前端产品，用来低门槛、大规模地引流、成交。
- B是核心产品，带来核心利润。
- C是延伸产品，带来关联销售。

◆ 02 成交渠道的选择

- 可以在朋友圈，一对多成交；
- 也可以通过私聊，一对一成交；
- 还可以在微信群，多对多成交。

这里面有些技术要点：

- 一对一私聊成交，涉及农耕思维、微信直邮、提问操控等实操要点；
- 多对多微信群成交，涉及培训思维、价值输出、线上微课等实操要点。

◆ 03 促销策略的拟定

我们可以通过促销活动来引爆成交，常用的促销策略有多人拼团、砍价0元购、好友瓜分券、团购返现、优惠券、限时折扣、降价拍、秒杀等。

总之，以上要点构成了私域流量的直营零售技术。关于私域流量直营零售，极光观点是：相比动辄百万资金投入的淘宝系、实体店、代理制微商，基于私域流量的"深度社交＋适度推销＋SaaS[1]系统支撑"的打法，依然是目前门槛最低、收益最大、性价比最高的创业途径。

关于农耕思维、培训思维，可以参阅本书3.2.3.1小节"农耕思维"和3.2.4.2小节"培训思维"的相关内容。

关于微信直邮的打法，可以参阅4.2.1小节"如何用微信直邮引爆销售"的相关内容。

### 1.3.3.5 裂变（传播）

我们说：私域流量的落地执行环节有6个步骤，即定位、拉新、养熟、成交、裂变、留存。"六脉神剑"第五式，是裂变和传播。

◆ 01 三种裂变形式

具体而言，私域流量的裂变可分为以下几种：

- 荣誉裂变，通过精神鼓励，如给予荣誉来激发裂变；
- 利益裂变，通过利益机制，如三级分销来激发裂变；
- 合伙人裂变，通过发展合伙人，并为其创造事业机会来激发裂变。

未来，你也许再也雇不到优秀的人才，除非你跟他合伙，即未来商业的核心，有可能不再是如何竞争，而是如何更好地合作！

所以，面对未来，极光的观点是：我们要经营系统化、员工合伙人化、用户"粉丝"化，如图1-14所示。

---

[1] 称为Software as a Service，软件即服务。

图1-14  面向未来的三大经营创新

当然，合伙人也是分级别、分阶段的，从利益共同体到事业共同体，再到命运共同体，需要时间来检验！

### ◆ 02 裂变四要素

通常，裂变和传播有4个要素，总结下来就是：

- 产品要过硬：产品一定要好，否则，在口碑裂变式传播的时代，你不会有第二次机会；
- 用户要满意：要能让用户产生价值认同，这是硬功夫，满意度和你的产品、服务、沟通能力等要素息息相关，私域流量以"人"为中心，要把用户关系做到极致；
- 转发要方便：要方便用户转发到他自己的朋友圈，需要专门备好内容，让用户出于良好的切身体验而自发地传播品牌，核心是把分享变得更简单，不要让用户去思考如何拍照、做图、写文案；
- 分享有好处：要设计出灵活的返利机制，可以是返利、返优惠券或者积分兑换。

总之，裂变的核心就是用"分名、分利、分资源、分价值"这4种做法，穿透关系链和信用飞轮，让成交带来成交，让用户带来用户，让口碑赢得口碑！

- 分名：荣誉裂变；
- 分利：利益裂变；
- 分资源：共享流量池；
- 分价值：合伙人裂变，共创、共享、共有。

关于更多裂变的实操打法及合伙人机制的设计，可以参阅3.2.5.1小节"裂变思维"的相关内容；关于分销体系的搭建，可以参阅3.2.6.2小节"分销思维"的相关内容。

### 1.3.3.6 留存（运营）

如何通过对内有效地运营，以留存用户并深化用户关系、增加复购、展开追销、激活静默用户？这时，就要用到六脉神剑的第六式——团队化运营和用户留存了，其中运营是过程，而留存则是运营的结果。

运营是简单的事情重复做，日复一日地按照标准流程做！运营包括流程化管理、数据化运营两大模块，涉及团队架构、人员配置、KPI制定、工具和软件的使用等要点。

◆ 01 流程化管理

管理就是计划、组织、执行、控制，可进一步拆解为12个流程化管理子模块，如图1-15所示。

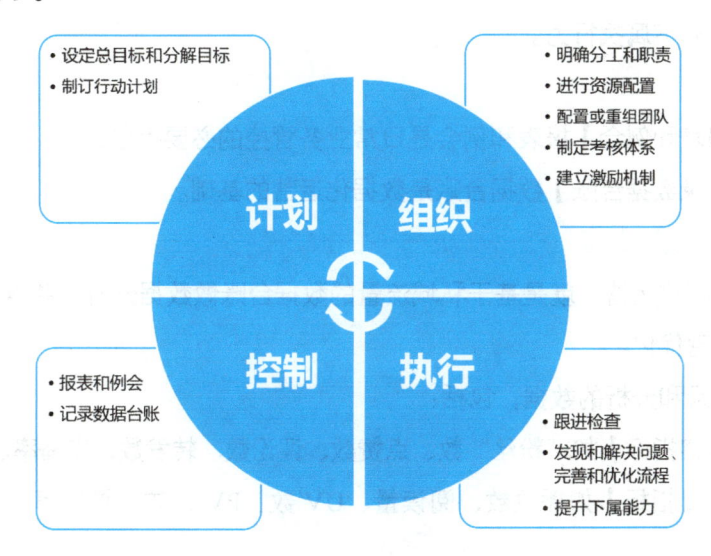

图1-15 流程化管理

计划：

- 【设定总目标和分解目标】可采用SMART原则制定目标；
- 【制订行动计划】行动计划上墙宣示，并取得团队成员的承诺。

组织：

- 【明确分工和职责】职责必须和考核挂钩；

- 【进行资源配置】人、财、物匹配到位；
- 【配置或重组团队】建立私域流量运营团队，包括拉新组、运营组、内容组（策划、文案、编辑、设计、摄像、视频后期制作）；
- 【制定考核体系】制定KPI，其中，团队整体目标达成率需要占考核的一定权重；
- 【建立激励机制】高绩效来自激励所产生的自主性/授权所产生的成就感、文化认同所产生的使命感，总体来说，就是左手大棒（KPI）、右手胡萝卜（激励机制）。

执行：

- 【跟进检查】管理者需要亲力亲为，抓关键要素，进行过程管理；
- 【发现和解决问题、完善和优化流程】用迭代思维持续优化操作流程；
- 【提升下属的能力】通过日常模拟训练、陪同辅导、面谈辅导等环节，有效提升下属执行力。

控制：

- 【报表和例会】报表和例会是日常业务管控的必要手段；
- 【记录数据台账】数据台账是数据化运营的基础。

◆ 02 数据化运营

所谓数据化运营，就是基于私域流量的数据台账做数据分析，并以此为依据进行持续的运营优化。

可供记录和分析的数据，包括：

- 【内容指标】如"粉丝"数、点赞数、评论数、转发数、完播率、赞播比；
- 【流量指标】如播放数、阅读量、UV[1]数、PV[2]、访问跳出率、平均访问时长；
- 【转化指标】如询盘数、询盘转化率；
- 【财务指标】如月广告投入、月销售收入、流量成本、订单成本、客单价、投资回报率等。

以内容指标为例，我们需要记录并分析微信公众号、微博、抖音等自媒体的相

---

1　全称为Unique Visitor，意为独立访客数，指1天内访问某站点的人数，1天内同一访客的多次访问，只计为1个访客。
2　全称为Page View，意为单页点阅率。

关后台数据。内容指标反映了文章、音频、视频等内容受欢迎的程度，也叫互动指标。

比如抖音，你拍的任何一个视频，都会有一个基础播放量，抖音会根据该视频的点赞量、评论量、转发量、完播率，决定是把你的作品放到更大的流量池推送给更多人，还是就此打住。所以，内容有价值、完播率高、正向反馈好，你的视频就有可能火！

那么，抖音的点赞率、评论率、转发率、完播率，就是需要记录并做数据分析的内容指标。

总体来说，在私域流量的运营执行环节要遵循以上6个步骤，编成口诀的话，就是：

- 载体打造：模板化定位；
- 用户归集：简单化拉新；
- 用户维系：规模化养熟；
- 用户转化：递进式成交；
- 用户裂变：病毒式裂变；
- 用户留存：企业化运作。

### 1.3.4　认知升级，私域流量的常见问题

#### 1.3.4.1　私域流量为什么逐渐走到台前？还能火多久？

平台流量获客成本高企，成为企业不可承受之痛：

- 淘宝：2012年，某品类投资1元能获得5元收入；2018年，投资1元仅能收入1元；
- 外卖平台：平台抽成从15%逐次上涨到20%；
- 搜索引擎：想获得更好的排名，就需要竞价，以K12[1]教育培训行业为例，每单获客成本从200元逐年递增到500元。

可以预见，未来，流量只会越来越紧缺，大品牌优先享有流量红利！

同时，移动互联网放大了分享的价值，重构了消费者的行为。在这样的背景下，私域流量走到了台前，成为中小企业营销破局的新选择。

---

[1] 全称为Kindergarten Through Twelfth Grade，幼儿园至第十二年级。

我们来看看，企业营销如果只布局平台流量，把"鸡蛋"都放在一个"篮子"中，一旦出现问题，会怎样？

## ✉ 案例：格兰仕、天猫之争

在2019年"双11"大促来临之际，格兰仕称，天猫要求公司进行"二选一""选边站"，在格兰仕拒绝从其他网络零售平台下架后，格兰仕在天猫被"搜索降权、限制流量、技术屏蔽、下架产品"，致其天猫渠道销量出现断崖式下跌，消费者无法正常选购格兰仕相关商品。

同时，天猫旗下的"双11"活动，所有格兰仕的入驻店铺全部无权参与，这意味着，这家家电企业将错过一年中流量最大的一波消费狂潮。

事件回放：

- 2019年6月18日，格兰仕天猫旗舰店被天猫搜索限流，格兰仕改为加大"苏宁易购天猫旗舰店"的营销力度；
- 2019年10月25日，天猫将"苏宁易购天猫旗舰店"的格兰仕产品全部下架；
- 2019年10月28日，格兰仕向广州知识产权法院就天猫涉嫌滥用市场支配地位等提起诉讼；
- 2019年11月4日，该诉讼得到法院受理。

## ✉ 案例：神舟电脑、京东之争

2020年2月20日，神舟电脑在官方微博上宣布，由于京东拖欠货款3.383亿元，已于2月18日在北京第二中级人民法院提起诉讼。

京东马上在微博上回应，称是神舟电脑违反了双方签署的产品购销协议条款，导致未结算货款被暂缓支付。

事件回放（据深圳神舟电脑总经理史俞馨采访实录整理）：

- 2019年"双11"，天猫发放优惠券给消费者，神舟电脑也参加了这个活动。
- 11月4日，天猫优惠券在网上露出后，京东立即找到神舟电脑，要求神舟电脑不要参加天猫的活动，神舟电脑当时拒绝了京东的要求。京东提出，如果神舟电脑参加天猫的活动，那么天猫让利给消费者的优惠券，在京东平台也要执行，并且这部分费用由神舟电脑承担。如果京东自己让利给消费者，神舟电脑同意，现在却变成了本该是京东给的优惠却要由厂商承担。因此，神舟电脑断然拒绝了。

- 11月11日，神舟电脑在京东上卖出近3万台电脑，一直以来，京东销量最好的电脑品牌依次是联想、惠普、戴尔、神舟，这一次，神舟电脑的销量超过了惠普和戴尔。
- 11月下旬，京东向神舟电脑索要2500多万元的返利，神舟电脑断然拒绝。
- 11月29日下午，京东自营把神舟电脑所有的产品全线下架了。
- 12月2日，神舟电脑跟京东沟通，京东给出的回复是，因为财务要求一定要神舟电脑支付返利，所以才下架了所有产品。经过沟通后，京东再次将神舟电脑的产品上架，但是神舟电脑的搜索权重降低了，"双12"的活动京东也没有让神舟电脑参加，后来经常把神舟电脑的库存状态设置成"没有库存"。
- 12月底，结算的日期已经到了，但京东迟迟不结算，所有活动不让神舟电脑参加，搜索降权，从12月到次年1月也一直没有订过货。（据悉：神舟电脑在天猫、苏宁、京东等平台都有自己的渠道，也包括一些线下店面，全国各地也有自己的经销商渠道，每个省至少有一家，个别省有两三家，京东渠道占总销量的30%~40%，2019年，神舟电脑在京东的销售额近25亿元。）

从以上两个案例我们可以看出，一方面，品牌方要积极拓展多元化渠道，进行全网全渠道布局，尤其要善于借助平台的力量，获得流量曝光和流量加持；另一方面，也应该未雨绸缪，不要把鸡蛋都放在一个篮子里，而要自建用户"鱼塘"，构建私域流量池，以应对未来的不确定性！

实际上，平台流量（公域流量）是私域流量之源，我们应该把平台流量有效地沉淀在自己的私域流量池。离开平台谈私域流量，实际上就是"死域"流量；但是，如果不经营私域流量，就只能向平台购买流量，结果是花钱就有流量、不花钱就没有流量，甚至一旦被平台认定违规或者与平台交恶，就有可能被平台降权、商品下架、账号封号、资金冻结……

原则上来说，平台上的流量用户还不完全算企业的数字资产，只有将其沉淀到自己的私域流量池，做到可控、可随时触达，才能算企业的数字资产。

从经营实物到经营用户，一旦用户成为企业的一种资产沉淀下来，它就是一种市场的力量！也就是说，用户，正在成为零售商最重要的资产和变现的基础！营销大师西奥多·莱维特也提到："一名顾客就是一份资产，它通常比资产负债表上的有形资产更加珍贵。"

◆ **知识工作者，同样需要构建自己的私域流量**

2020年4月底，腾讯旗下阅文集团换了新的CEO，同一时间，阅文向其平台上810万名网文作者推出的"新版合同"遭到了网文作者群体的集体抵制。

**阅文作者合同大改，810万名网文写手心态崩溃**

我们来看看，被810万名网文作者群情激奋冠以"奴隶合同"、引发争议的签约条件到底是啥样的？

第一，IP版权之争。按照合同约定，阅文平台上的网文版权全归阅文，作者只是委托创作，阅文甚至有权运营作者所有的社交账号。

合同约定："甲方阅文聘请乙方并不意味着甲方与乙方之间存在《中华人民共和国劳动法》上的劳动关系或雇佣关系。甲方不必为乙方提供任何劳动及社会保障方面的福利条件，除本协议约定的报酬外，乙方不享受加班费、节假日补贴及其他医疗、交通、通信补贴等待遇。"

这让不少作者吐槽，说"我不是作者，只是阅文聘请的枪手，阅文才是原作者"，而且作为枪手，还是被免费聘请的，自己只是给文章"代孕"。

第二，收益分配之争。作者的全部收益来自"净收益"的分成。所谓净收益，就是扣除销售渠道及运营费用、第三方分成款等成本后的收益。

在影视行业，"净利润提成"是不少片商招兵买马时惯用的手法。所谓的"净利润提成"，即与参与电影制作的演员、编剧、美工、摄影甚至导演等人签署协议，规定影片净利润提成作为其薪水的一部分。但是，这种财务数据往往是不透明的，如果影片的净利润为负，影片制作者期盼的所谓"净利润提成"，自然也就不存在了。

举个例子，影片《哈利·波特与凤凰社》在全球获得了高达9亿3800万美元的票房收入，并跻身史上最高票房收入排行榜单的第9位，但该片的净利润为负的1亿6700万美元。

第三，免费模式之争。按照以前的模式，作者主要的收入来源是读者订阅和打赏。而新合同约定："甲方阅文有权根据实际情况就协议作品自行选择传统销售模式或新型销售模式，包括但不限于'点击观看广告、浏览指定页面、完成互动任务'等形式以代替购买作品章节。"

也就是说，阅文可以随时把作品免费开放给公众看，广告分成规则掌握在平台手中，不再透明。作者彻底与读者失去联系，成为仰人鼻息的"枪手"。

砸掉饭碗，让网文作者"用爱发电"，是腾讯不伟大？资本太贪婪？还是阅文只要业绩、杀鸡取卵、太短视？

其实，"新合同"的背景是免费阅读的兴起，多家互联网公司推出了免费阅读App。在互联网行业，免费意味着流量，而谁拥有了流量，谁就可以用"互联网+"的战略去连接更大的空间。免费阅读来势汹汹，靠付费阅读打天下的阅文，自然不可避免地受到了冲击。

所以，极光认为，说到底，是互联网的"免费魔咒"彻底撕裂了平台与作者之间的关系。平台与作者因此避免不了一场"血战"，合作共赢不再是共识！也就是说，为了流量，网文行业成为焦土也在所不惜，网文作者只是最微不足道的一环，只不过是"阅文在与盗版大战、在资本市场重新讲故事中"被殃及的池鱼。正所谓："毁灭你，与你何干？"

而对于作者而言，写作是很私人的事，没有了傲气傲骨，为了几斗米被"委托创作"当枪手，估计也就写不出挥洒自如的文字了吧！因此，网文作者们纷纷表示"心态已崩、太寒心、处于至暗时刻"，有人四处发帖抗争，有人发起"五五断更节"来抗争，有人众筹自建平台来抗争！

极光认为，面对平台的强势和"霸凌"，不如自建社群，运营你的私域流量！凯文·凯利说：任何创作艺术作品的人，只需要1000个铁杆"粉丝"，便能糊口！这就是著名的"1000个铁杆'粉丝'"理论。

各位网文作者作为IP，有没有1000个"粉丝"？"粉丝"看得高兴，愿不愿意付费和打赏？这里面缺的是什么呢？缺的是私域流量的思路和"粉丝"运营的能力！

◆ 私域流量还能火多久？

2019年伊始，以私域流量、IP打造、场景营销等为代表的各类新营销概念被提出来，至今还在持续发酵。

所谓构建私域流量，就是把门店流量、平台流量（公域流量）沉淀在自己的鱼塘（社群），来做用户运营，来构建"企业—客户"的关系，而这就是营销。

私域流量作为一个新鲜名词，是新在其连接手段、新在其运作载体，也就是说，在移动互联网时代，用户关系运营+微信+社群，就等于私域流量。

所以，私域流量这个概念本质上并不是新生事物，作为企业，只要持续构建和经营"企业—客户"关系，私域流量就将持续存在！当然，随着时代的发展，私域流量本身也将进一步自我完善和自我迭代。

#### 1.3.4.2 构建私域流量最重要的是什么？

构建私域流量本质上是做用户运营，或者说是流量的精细化运营，从"定位、拉新、养熟、成交、裂变、留存"的角度来看，最重要的就是拉新，以构建企业自己的流量池。作为企业，必须找到你的大流量入口，尽可能多地出现在你的目标用户面前。要知道，不出现=不存在！

举个例子，如果你的商品在淘宝搜索结果的第10页，你觉得搜索者会点击你的产品详情页么？所以，我们虽然出现在商品搜索结果页，但是并没有出现在目标用户的眼前，你对他来说，就是不存在的。因此，我们说：不出现=不存在！证明你的优秀容易，难的是证明你的存在！

大流量入口，要么是门店，要么是平台。

例如，拼多多之所以能活下来，可以说是吃了微信的红利，是腾讯给了拼多多发展的机会！想象一下，如果腾讯限制拼多多的链接传播，它怎么拼、怎么裂变呢？拼多多哪里会有今天！实际上，腾讯就是拼多多的股东，微信上有巨大的用户和流量资源，微信就是拼多多的大流量入口。

再如，天猫能发展得好，是因为有淘宝这个大的流量池！淘宝这个大流量池，是大鱼塘，是养鱼的；鱼养大了，就拉到天猫！淘宝是给天猫提供流量和输送优质商家的流量池。

再说说苏宁易购。为什么苏宁易购最近两年发展得也不错？它的流量池在哪里？答案是：在线下的苏宁全国连锁门店！

总之，持续而有效的拉新，是从0到1；有了用户之后，我们可以通过用心经营（养熟、成交、裂变、留存），实现从1到$N$！

### 1.3.4.3 所有的企业都需要构建私域流量么？

如果：

- 我是一个面向B端市场的服务商；
- 我是一个有特定销售渠道的工业生产企业；
- 我是一个规模以上的大型国企；

……

我们都有特定的行业对象和销售渠道，我们这样的企业，需要构建私域流量么？

讲个故事吧：曾几何时，奔驰发现，宝马不是它的敌人，大众也不是，它们有一个共同的产业敌人——以优步为代表的打车软件！同样，中国移动、中国联通、中国电信发现自己并不是彼此的竞争对手，而是合作方，它们被微信逼得不得不联手一致对外。

## ✉ 案例：微信语音聊天，可以像系统电话一样接听

此前，苹果手机推出一项名为CallKit的功能，它可以让第三方应用软件的语音通话直接在苹果手机锁屏界面接听，就像平时接听电话一样方便。随后，微信在推出的6.6版本中，支持了这项功能。

之前的微信版本中，语音聊天只能在App内接听，锁屏的手机需要先解锁，然后再打开微信接听，很多用户在锁屏状态下会错过微信好友的呼叫。而此次更新之后，手机在收到微信语音提醒时，即使在锁屏状态下，也如同电话呼入的界面一样，消息提示窗口会显示在最前端，而且还会像来电话那样响铃。

更棒的是，微信语音的通话记录，也出现在手机通讯录的通话记录中，点击"回拨"按键，会自动调用微信音频回拨你的微信好友，接通后即可语音聊天，这和普通电话几乎没有区别。（在后续的版本更新中，微信取消了对CallKit框架的支持。）

### 案例点评：门口的"野蛮人"跨界而来

试想，如果CallKit技术得到普及，运营商会怎样？运营商也许会说，没事，我们还有网络，还有渠道！其实，最要命的是，你和用户之间，隔了一个微信！我们

称其为OTT[1]。

即使还有网络，还有渠道，但是，一旦被OTT，进而导致用户被隔离，后果就是，无法感知用户还有哪些未被满足的需求、未被解决的问题及未被重视的尊严。而在这个供大于求的消费者主权时代，企业如果不了解用户的"痛点、痒点、兴奋点"，就会被用户抛弃！

所以，跨界竞争者不受行业思维局限，敢于求变，往往出其不意一动手就颠覆你的商业模式！打败我们的，往往是那些门口的"野蛮人"！

如何防住门口的"野蛮人"？答案是：抓住用户！未来，谁离消费者近，谁就有话语权；谁掌握的用户数据多，谁就有话语权。而运营用户不就是构建私域流量么？

所以，我们的结论是：谁能率先践行社群商务、构建私域流量，谁能走进用户的生活方式或生产方式、谋求市场的最终扎根，谁能和用户结成一体化关系，谁就能赢得未来！

此外，按照你所在的企业、行业，私域流量"用户"的概念范畴：

- 可以是C端的消费者；
- 可以是B端"关键伙伴、客户"中的关键人；
- 还可以是产业价值链上的合作伙伴。

按不同的对象所构建的私域流量，分别表现为连接消费者的"B2C商务社群"，连接客户关键人的"B2B个人商务社群"，以及连接产业价值链的"B2B产业社群"。是否需要构建私域流量，最终取决于你的用户战略！

#### 1.3.4.4 私域流量就是微信个人号群控矩阵么？

在手机几乎成为我们一个身体器官的今天，我们已经知道，绝大多数的流量都跑到微信上了，当下的连接工具，就是"微信"这个超级连接器！

所以，构建私域流量，目前首选微信作为运营载体。微信规定，一个微信个人号最多添加5000个好友。基于微信个人号的规模化用户运营，可以通过运营多个微信个人号，构建个人号矩阵来操作。比如，通过100部手机，管理30万~50万个好友。而为了提升管理效率，可以借助基于SaaS的云控软件，在PC端对好友、朋友圈、微信

---

[1] 全称为Over The Top，是指互联网公司越过运营商，发展基于开放互联网的各种视频及数据服务业务。

群进行统一操作管理。

这样看来，微信可以说是私域流量的主要载体，但是，私域流量绝不仅仅表现为微信好友。我们应该从更高的维度来辩证地看待私域流量。

以百度竞价排名为例，中小企业通常并没有能力搭建流量系统，那么就按照百度平台的规则加入竞价体系，花钱获取百度的平台流量即可。而百度作为互联网公司，完全有能力自建流量系统，百度的流量，对你来说是平台流量，对百度自己来说就是私域流量。仅2018年，百度就从自己的私域流量池收获超过1000亿元的收入！

因此，我们说：私域流量是一种"粉丝"经济的新思维，一种用户运营的新模式，绝不是做个微信个人号群控矩阵那么简单；个人号矩阵只是外在表象，而社群商务才是内在的本质。

### 1.3.4.5 从百度、淘宝到公众号、抖音，再到私域流量，企业要一直追逐流量热点么？

从BAT到TMD[1]，反映了中国移动互联网的迅猛发展。我们说，人在哪，生意就在哪！客户在哪儿，我就在哪儿！作为一家企业，我们必然要与时俱进，根据消费者使用的连接工具的变化，来改变企业的集客方式。

雷军说：风来了，猪都会飞！作为企业，当然应该风口取势，抓住平台红利期，实现快速发展！比如，2000年的百度、2006年的淘宝、2009年的微博、2012年的天猫、2013年的公众号、2016年的抖音，莫不如此。

但是，经营的本质是"创造顾客价值"，营销的本质是构建"企业—客户"关系。从这个角度来看，构建私域流量、进行用户运营更接近营销本质！

关于企业是否要追逐营销热点，极光的看法是：要追，但是也要会沉淀和运营因"红利"而得来的用户，否则，终是"镜中花、水中月"，白忙活一场！

所以，追逐并抓住各大平台的流量红利，以获得源源不断的新用户（拉新），然后通过有效的用户运营（养熟、成交、裂变、留存）来沉淀用户，这应该是移动互联时代的营销新思路、新打法！

---

1 指头条（Toutiao）、美团（Meituan）、滴滴（Didi）三家互联网企业。

## 本章小结

未来，我们应该怎样做好企业的数字营销呢？答案是：公域获客，私域运营！

公域，是指各大网络平台的用户群体；平台流量，是指百度、头条、抖音、知乎、豆瓣、小红书、京东、天猫、拼多多等平台的流量。我们既可以通过付费广告的方式获取平台流量，也可以通过做自媒体内容的方式来获取平台流量。

而私域，是指在微信生态或自己的App中的用户群体，可触达的私域流量要满足4个条件：私有、免费、精准、反复。

极光认为，未来的新营销打法，是"公域+私域"的二元论打法，即从公域（平台）获取用户，然后沉淀到自己的私域做运营。也就是说，平台流量是你的"倚天剑"，让公域成为你的大流量入口；而私域流量是你的"屠龙刀"，通过做好用户体验和用户运营，来有效承接公域流量！

无论如何，通过以下5个步骤，我们即可做好企业级私域流量的落地布局：

- 通过门店或公域的触点布局，实现大范围出现、简单化拉新；
- 通过朋友圈和微信群的高频互动，实现高精度筛选、规模化养熟；
- 通过线上梯度产品的设计，实现低门槛连接、递进式成交；
- 通过极致用户体验的创新，来让你品牌的口碑有组织地沿着私域用户的圈层向外围进行人格化传播、病毒式裂变；
- 最终，实现你私域用户的高价值运营、复购式留存！

其中：

- 大范围的传播渠道＝流量入口；
- 高精度的筛选工具＝核心用户；
- 低门槛的连接手段＝转化可能；
- 高价值的用户运营＝私域爆品。

最后，一句话总结：公域为王，私域为皇，未来已来，要积极应对！愿所有独具慧眼、锐意进取的企业家，都能未雨绸缪、与时俱进，搭建起你自己的私域流量池，从而能面向未来，构建起你在IP时代的营销护城河！

# 02

## 第二章
## IP篇：私域流量的"粉丝"从哪里来？

打造你的IP，构建你的品牌势能，连接你的"粉丝"，从这里开始！

## 2.1 IP 全揭秘

在当今的商业社会里，我们最重要的工作，就是打造那个叫作"你"的品牌！

——汤姆·彼得斯

### 2.1.1 什么是品牌？

提到IP，就不得不先谈谈品牌的概念。IP和品牌有什么区别呢？

通常，企业的采购有4类利益相关者：采购者、使用者、影响者、决策者。决策依据通常是5个要素：技术、服务、质量、产品、品牌。

极光认为，品牌是商品的一种信用背书，它能使商品转化为货币的过程变得容易，使交易的机会增加，使销售（商品—货币的转换）更容易。

品牌有3个维度：知名度、美誉度、忠诚度。通常，传统行业的品牌路径是，先打造知名度，再营造美誉度，最后维护忠诚度。而互联网企业由于产品即品牌，一般先营造美誉度，再打造知名度，在强调工具化价值的互联网产品中，忠诚度基本很难建立。

而社群的玩法是从核心种子用户的忠诚度开始的，先形成口碑效应（美誉度），然后有组织地沿着用户的圈层向外围进行人格化传播，以扩大知名度。

总之，建立品牌只是一种单方面施加影响的过程，这个过程并没有产生对消费者的生活或生产方式做贡献的内涵，也没有与消费者进行互动与互惠。因此，建立品牌只是一种投资或成本投入。

### 2.1.2 什么是IP？

IP是什么呢？在1.3.2.2小节我们谈到，凡是内容原创、独具特点就可以称其为IP。也就是说，IP的核心是独特内容！

关于IP，在这里提两个概念：人格化IP、超级IP。

#### 2.1.2.1 人格化IP

随着中国经济及移动互联网行业的迅猛发展，我们的生活和组织管理方式都发生了巨大的变革，让生活在这个时代的每个人都感受到了强烈的冲击。我们以前必须依附于某个企业、某家机构，听命于某个或英明神武、或平庸无趣的领导者；而现在，正如B站[1]青年宣言《后浪》所言："我们拥有了，上一辈曾经梦寐以求的权利——选择的权利。我所热爱的，就是我的生活，我们有幸，遇见这样的时代！"

的确，我们拥有了更多自主，有选择及发声的权利和自由，从这个角度而言，每个个体都拥有了崛起的机会，超级个体和个人品牌时代，已然来临！

所以我们说：在移动互联时代，每个人都可以成为这个时代的IP！

我影响的是亲子，我影响的是瑜伽，我影响的是跑步，我影响的是美食，我影响的是美妆，我影响的是滑雪和潜水，我影响的是武夷岩茶，我影响的是宜兴紫砂……

为什么会这样？因为这个万物互联的时代，其基础设施，包括5G时代的来临、智能设备的普及以及以"两微一抖"为代表的各类自媒体平台、直播平台的崛起，已经具备了孵化个体IP的所有要素！

如今，只要你定位一个细分人群，用IP和"粉丝"进行连接，并在这个族群（社群）中形成你的人格化IP，它就可以形成一个小而美的商业模式！根据"1000个铁杆'粉丝'"理论，保持这种介于名人和普通人之间、"微名人"的中间状态，难点在于必须与这1000个铁杆"粉丝"保持直接联系。好在通过互联网的技术

---

[1] 指Bilibili（哔哩哔哩），是一个中国"年轻世代"高度聚集的文化社区和视频平台，该网站于2009年6月创建，其前身是视频分享网站Mikufans。

连接手段，让"粉丝"社群的建立成为可能！

总之，作为普通人，只要在某个细分领域有原创内容的开发能力和资源，能对特定人群构成影响力，就可以成为该领域的个人IP。

再谈谈人格化这个概念。移动互联网以人为中心，移动互联网时代商业模式的核心是"人"！当下，企业级移动营销的玩法，从IP和运营的角度来说，应该尽可能弱化"用员工各自的形象去接触客户"，而是主推一个"人"的形象，对外做客户服务和形象展示。这个"人"要能代表企业品牌的定位，能够将个体形象和企业品牌形象融为一体；这个"人"就是企业打造的专属IP。这，就是企业组织的"人格化"。

谈到人格化IP，极光认为它不再局限于公众号、社群、自媒体，更多表现为诸如张天一的伏牛堂、李善友的混沌大学、刘文文的创业黑马营、黎贝卡的异想世界、林依轮的饭爷辣酱，等等。人格化IP正在以更加多元的方式，在各个垂直和细分领域全面突围！

◆ **不想当厨师的歌手做不出好辣酱**

林依轮作为一名歌手，1993年以一首《爱情鸟》红遍大江南北，之后，转型成为一名美食节目主持人。从2006年起，林依轮开始在中央电视台主持《天天饮食》栏目，先后录制了1000多集节目；2015年，他与优酷合作，推出美食节目《创食记》。

2016年5月11日，林依轮推出了自己的辣酱品牌——"饭爷"。产品上架2小时即售出3万瓶，两个月的销售额超过1000万元。8月，"饭爷"完成B轮融资8300万元，估值3.6亿元。

同年6月26日，林依轮在优酷直播"揭秘饭爷辣酱的$N$种吃法"，邀请了法国大厨安闹闹亲临直播现场，一同用饭爷辣酱烹制普罗旺斯炒饭、麻辣小龙虾等美食，在线观看直播人数峰值高达180万人。这次2小时的直播带动其淘宝店销售额破百万元，12小时后全网销售额暴增至300万元！

这些数字充分说明了人格化IP的魅力所在！用户认可了林依轮这个人，认可其对于厨艺的热爱和追求，从而认可其推荐的品牌和产品。

实际上，人格化IP的商业价值在于其"情感的不对称"。

我们都知道，做生意赚钱，通常是由于信息的不对称！亨利法则告诉我们，可以把信息划分为4个象限：开放区、盲目区、隐藏区和未知区。

- 开放区：包括了你自己和别人都知道的信息；
- 盲目区：包括了那些别人很清楚，而你自己却不知道的事情。这种情况是由于别人没有告诉你，或由于你的自我防卫机制拒绝接受这些信息而造成的；
- 隐藏区：其中的信息你自己知道而别人不知道；
- 未知区：是那些自己和别人都不知道的情感、经验和信息。

很多人运用信息不对称在盲目区赚钱，也有人运用信息不对称在隐藏区赚钱。但是，随着互联网技术的发展，信息会越来越透明，赚钱的模式将从"信息不对称"逐步变为"情感不对称"。

什么是"情感不对称"？就是"粉丝"对人格化IP的认同和追捧。举个例子：

著名的互联网餐饮品牌黄太吉，一个煎饼果子的单价高达二十几元，比一般路边的煎饼果子贵了不少。顾客对这一点也心知肚明，但是仍然有很多人去买皇太吉的煎饼，这是为什么？因为在黄太吉煎饼的售价里，除了包括产品成本和正常利润，还包括其通过"互联网思维"所制造的情感价值。

#### 2.1.2.2 超级IP

超级IP，你必须搞懂的互联网"新物种"！我们已经知道，凡是"内容原创、独具特点"就可以是IP，那么，超级IP是什么？我们来讲个小故事，你就知道了！

雷殿生，徒步丈量中国第一人，自1998年10月20日至2008年11月8日，连续10年零20天自发自费徒步走访中国，总行程8.1万余公里；他是世界上连续徒步距离最远的人，是历史上只身徒步穿越"死亡之海"——罗布泊无人区的第一人！

雷殿生徒步到达的最高海拔是7000米的珠穆朗玛峰，最低海拔是负的154米的艾丁湖；经历的最高温度是西北沙漠的74摄氏度，最低温度是东北大雪原零下53摄氏度。

雷殿生先后走掉19个脚指甲，双脚共计打了233个水泡、血泡；穿烂了50双鞋、历经19次抢劫；经历过迷失神农架，徒步柴达木盆地，穿越罗布泊的危险。1999年，在湖南罗霄山中，雷殿生遭遇巨蟒追赶，他拼命地跑了2小时，回头一看，蟒蛇不见了，总算没有葬身蟒腹！2002年，在西藏阿里无人区，他夜遇狼群围攻，烧光了身上所有的衣物，和狼群对峙一夜……

我们说，读万卷书不如行万里路，行万里路不如名师指路，雷殿生把他的徒步经历持续发布到天涯论坛，在天涯建了一个第一"高楼"（指论坛主题帖及其回复帖）。

那么，极光问大家3个问题。

第一，这个故事里，有没有独特的内容？

雷殿生10年行走8万多公里，本身就独具特色，那么他就是IP！这时，内容已经变成了流量的入口，内容成了一个和"粉丝"连接的独特连接器了！

第二，这个故事中，有没有自带流量，或者说是否存在自传播属性？

曾经有一种说法："内事不决问百度，外事不决问谷歌，情事不决问天涯。"可见天涯论坛在当时的影响力！雷殿生在天涯有超过百万名"粉丝"，可谓自带流量，登高一呼，应者如云！

第三，这个故事里面，有没有人格化特征呢？

当然有，雷殿生把他的10年经历提炼为7个关键词：信念、梦想、行动、细节、专注、坚持、敬畏。这7个极具人格化特征的关键词，激励了一大批徒步爱好者，让他们懂得敬畏和良知、利他和感恩，给他们以知行合一的坚定力量。

总结一下，具备以下3个特点，你就可以是"超级IP"，如图2-1所示。

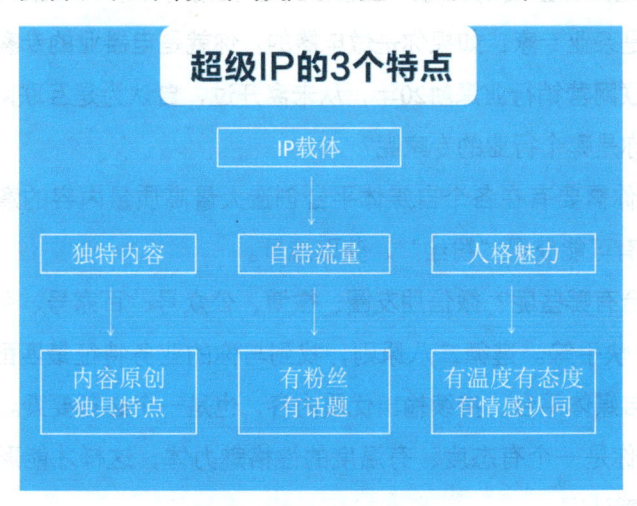

图 2-1 超级 IP 的 3 个特点

- 独特内容：内容成为连接"粉丝"的流量入口；
- 自带流量：有"粉丝"，有话题，有生命力；
- 人格魅力：有温度，有态度，能形成情感认同。

一句话，超级IP就是有内容和自流量的魅力人格。换句话说，要想打造超级IP，打造你的个人品牌，如果你拥有如下3个要素，更容易成功，如图2-2所示。

**图2-2 打造个人品牌三要素**

- 第一，你必须在某个领域是专家，或者有独到认知和体验，这样才可能提供独特内容。

例如，如果你是K12教育培训行业的从业者，你就应该是青少年教育领域内的专家；如果你是开珠宝店的，你就应该是珠宝领域的专家；如果你是做茶叶生意的，你就应该是茶业专家；如果你是做电器的，你就是电器业的专家……

极光在互联网营销行业深耕20年，从未离开过，自认为是互联网营销的专家。请你想一想，你是哪个行业的专家呢？

- 第二，你需要有在各个自媒体平台创造大量高质量内容的意识和行动力，这样才有可能获得"粉丝"，获取流量。

这样的平台有哪些呢？微信朋友圈、微博、公众号、百家号、头条号、喜马拉雅FM、抖音、快手等。遵循二八原则，找到与你的业务特征最匹配的那20%的平台，通过这些自媒体平台，持续输出优质内容，也是一个必备要素。

- 第三，你是一个有态度、有温度的性格魅力体，这样才能形成人格魅力，获得情感认同。

用一句比较文艺的话来说，就是"做自己"！当你的外在和内在统一，并且做到知行合一的时候，你会发现，你就是人群中闪闪发光的那个人，你的温度和态度，形成了一个有性格的魅力体，受到人们的认同和追捧！例如，锤子手机的罗永浩、聚美优品的陈欧都是领袖营销（CEO Marketing）的典范，他们为自己的品牌代言，而且他们性格鲜明，容易获得认同感。

当你拥有了这3个要素时，加上你的认知和行动力，相信你的个人品牌也将逐渐丰满。

#### 2.1.2.3 超级IP的商业价值

跟大家分享一个超级IP的商业案例——黎贝卡的故事。

黎贝卡是《南方都市报》前首席记者，2015年开始运营微信公众号，创办时尚类公众号"黎贝卡的异想世界"，第三篇文章就斩获"10万+"的阅读量，2016年3月，订阅用户达到80万。

黎贝卡被称为"买买买圣经""花钱明灯""熟悉着装技巧、深谙造型死穴的买神"。黎贝卡推广一款围巾，文章刚发送1分钟，该围巾品牌的网站就崩溃了，甚至3天后"粉丝"还在排队购买；黎贝卡推荐某款减肥果汁，该果汁品牌的网站系统又被挤爆了！

黎贝卡与故宫文化珠宝合作推出联名系列珠宝"故宫·猫的异想"，正式开售不到1秒钟，100件"趣味搭配项链"就已售罄！400件联名珠宝，20分钟就被抢完！后续订单紧急追加了3000多件，销售额超过200万元。

黎贝卡推荐的产品都成为爆品，请问，爆的到底是什么？极光认为，爆的哪是什么产品，爆的是黎贝卡这位超级IP的势能，爆的是超级IP黎贝卡所做的"信任代理"这件事情啊！

超级IP在商业上表现为信任代理模式，通过产出优质内容来输出价值观，通过价值观来聚拢"粉丝"，"粉丝"认可了价值观，实现了身份认同和角色认同，才会信任其产品。

这种基于人格信任的营销模式正在颠覆传统电商的流量和转化法则。总之，人格化超级IP的商业模式底层是信任关系，持续经营信任，而不是消耗信任，是人格化超级IP生命力得以持续的关键！

超级IP不仅可以是活生生的人，还可以是人格化的虚拟形象，比如，Hello Kitty、米老鼠、漫威动画、熊本熊等。

熊本熊是日本熊本县的吉祥物。在熊本熊诞生之前，熊本县只是九州岛一个以农业为主的小县。2011年，贯通九州岛的新干线全线开通，熊本县为了吸引游客前来旅游，找来本县知名作家小山薰堂，其与著名设计师水野学合作，共同设计了熊本熊的形象。

大脑袋、大眼睛、圆圆的腮红、粗短手、水桶腰、表情呆滞，是熊本熊的真实写照。县政府聘任熊本熊为临时公务员，其中一项任务就是在大阪派发一万张名片，提升熊本县的知名度。不料在执行任务的过程中，贪玩的熊本熊被大阪的繁华所吸引，竟然失踪了！为此，熊本县紧急召开记者发布会，通过推特平台发动全城寻"熊"！一下子，就成功引起大阪人的好奇，全城上下都在留意有没有一头熊出没。终于，在全城大搜索中，熊本熊一炮而红！

据统计，熊本熊这个IP在2年内创造了1244亿日元的经济收益，约合人民币76.3亿元。

我们再举几个超级IP的商业案例：

- 雕牌的"雕兄"，其微博2天的阅读量超过4亿；
- MC天佑，YY平台的金牌主播，以2500万元的价格代言某品牌；
- papi酱，2200万元的贴片广告拍卖会；
- 同道大叔，打造"星座"超级IP，用3000万"粉丝"套现1.78亿元。

这些都是超级IP创造的商业价值。当我们面对这样的商业现实，尚在惊叹并求索答案时，超级IP们已经一路狂飙猛进，推动着新经济的商业模式，经历一轮又一轮的重构！

#### 2.1.2.4　IP和品牌的区别是什么？

极光认为，品牌是工业时代企业的标识，而IP是移动互联网时代企业的人格化表达。内容和IP、"粉丝"和社群，这是移动互联网时代的营销新打法。

品牌跨界会面临挑战，而IP不会。举个例子，有一个品牌叫"霸王"，我们都知道它主打"霸王"牌洗发水。假如霸王出了一个新产品——"霸王"牌凉茶，你会不会有满口洗发水的感觉？那么这个新品会不会"凉凉"？再比如"农夫山泉"，如果出一个新品"农夫山泉"牌电视机，你会不会感觉电视机中荡漾着满满的纯净水，随时会"短路"？

但如果是IP呢？例如，姚明是一个IP，如果出一个新品"姚明"牌T恤，会怎样？如果是"姚明"牌网游呢？"姚明"牌网红餐厅？好像"粉丝"都会认账，毫无违和感。

宏观地说，IP包含基于产业价值链的IP顶层设计和IP产业运营，如迪斯尼的IP授权、小熊维尼的IP授权等；微观地说，实际上是基于个人品牌的IP打造，这一点其实和我们每个人都息息相关，后文中关于IP打造的内容，也将聚焦到个人品牌打造上。

在移动互联网时代，打造个人品牌，核心要点就是构建你的势能。把内容变为流量的入口，用内容来塑造IP，用IP来连接"粉丝"，最后把"粉丝"沉淀在社群做运营！详见1.3.2小节"私域流量动销方程式"的相关内容。

### 2.1.3 为什么要打造IP？

在移动互联时代，证明你的优秀是很容易的，难的是证明你的存在。在当今的商业社会里，最重要的工作是打造那个叫作"你"的品牌！理由是什么呢？这里列举3个。

#### 2.1.3.1 打造IP可以提升个人价值

为什么要打造个人IP呢？之前，我们提到过"势能越高，连接成本越低"。打造好你的个人品牌，可以提升你的势能。

通俗一点来说，就是在你有了个人品牌打造的觉知以后，你会逐渐对自我有认知，让你的自我和本我统一，然后知行合一。你把自己呈现出来，人们可以用更低的认知成本去了解你和你的个性，以及你能输出什么样的价值，同时，你也将拥有更好的信用度。

如果你是企业家、创业者，更要着力打造个人IP，企业品牌是冷冰冰的，而个人IP自带温度，可以连接"粉丝"，为企业带来巨大的商业价值。

**打造个人品牌，木秀于林，风必"助"之**

科技的进步，让工作工具化、智能化，许多企业采用了"精英制"的雇佣策略，就是聘用更少的人，支付更高的酬劳，去做更复杂的工作。

Facebook公司有这样一条办公室标语，令人印象十分深刻："Go Big or Go Home！"翻译过来就是"要么当牛人，要么回家！"它反映了当代企业对于优秀人才的渴求。同时，国内的许多企业也逐步接受及借鉴了这样的价值观，在企业内部进行宣传和践行。

可以预见，企业越来越渴求优秀人才，普通人会发现自己的发展空间越来越有限，而那些拥有一技之长、在某细分领域具备更多经验和技能的人将逐渐成为自己专业领域的明星！换句话说，能够在这个时代脱颖而出的人，必将是那些对自己有期待的、有才华的"普通"人。

然而，我们不得不面对一个问题，那就是，你认为自己是高手不算数，还必须让他人认为你是高手，那才行！如果你是一个很有才华的人，你可以通过多个自媒体渠道发声，将你输出的内容传播到更加广阔的范围！这就是个人品牌打造。你的个人品牌打造得越好，你就会得到更多的关注和机会！

三国时期魏国文学家李康在《运命论》中有句名言"木秀于林，风必摧之"，比喻人会因为才能、品行出众，受到排挤、嫉妒和打压。诚然，受到中国儒家文化的熏陶，我们认为做人需中庸低调、明哲保身。但是，在当今的IP时代，我们不得不说："木秀于林，风必'助'之！"

#### 2.1.3.2　IP是微信带货的必要条件

打开微信朋友圈，你会发现，几乎所有人都在卖货！其实，卖货没有错，未来，我们每个人都会在社交网络上销售商品和服务，从渠道扁平化的大趋势来说，无论是何种何样的东西，你总会选一样，在网上卖！

那么问题来了，请问我们在微信中卖的到底是什么？是货么？是你的产品和服务么？还是客户对你的情感和信任？

- 梅州柚子妹，在3天内卖出10000斤柚子；
- 杭州吉鲜生，仅仅通过一个拥有5000名好友的微信号，年销水果上千万元；
- 淘宝网红张大奕，在2小时内创造2000万元的销售额。

这些，都是个人品牌IP打造的商业价值所在！那么，在整个微信带货体系中，个人品牌打造位于哪个环节呢？

通过1.3.3小节"私域流量的执行流程"的相关内容，我们已经知道，把别人的鱼塘（平台流量）变为你自己的鱼塘（私域流量），我们要经历6个步骤：定位、拉新、养熟、成交、裂变、留存。个人品牌打造在养熟环节，也就是所谓的培育信任的环节实施。其实，基于互联网的销售，80%的时间都在构建信任，证明你是一个好人！我们说：没有信任，就没有购买！一句话，IP带货（IP电商），你卖的不是货，而是情感和信任。IP打造，你值得拥有！

#### 2.1.3.3　IP是微信社群动销的关键

微信有三大"牧场"，四大流量载体。所谓"牧场"，是把用户比喻为奶牛，通过连接用户，并深化和用户的关系，让用户源源不断地贡献现金"牛奶"！三大"牧场"指的是公众号、个人号、微信群，通过它们来构建一对多、一对一和多对多的连接，形成立体传播。

微信四大流量载体及其主要作用总结如下，如图2-3所示。

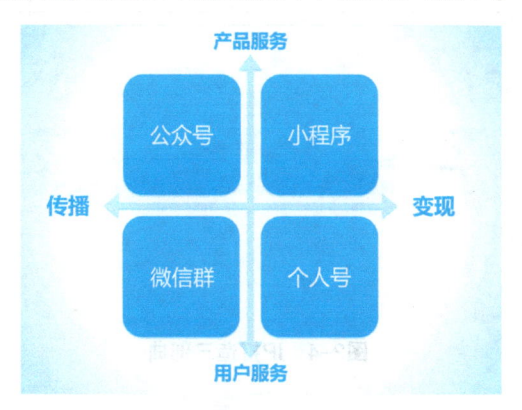

图2-3　微信四大流量载体

- 【公众号】品牌传播、产品服务；
- 【微信群】品牌传播、用户服务；
- 【个人号】商业变现、用户服务；
- 【小程序】商业变现、产品服务。

那么，问大家一个问题，如果我们通过微信来做销售，应该从这4种载体中的哪一种切入呢？答案是：

- 公众号："做内容"是流量入口；
- 个人号："造IP"来连接"粉丝"；
- 微信群："玩社群"来沉淀用户；
- 小程序：在群内用秒杀、拼团等活动来促成商业变现和裂变传播。

实际上，这就是我们在1.3.2小节所讨论的"私域流量动销方程式"：动销=内容+IP+社群+爆品。对照公式可知，打造IP是承上启下、拉动社群动销的关键点！

## 2.2　三个步骤，轻松打造个人IP

IP势能越高，连接成本越低！

——极光

既然IP有这么大的商业价值，那么究竟该如何打造你的专属IP呢？3个步骤，如图2-4所示。

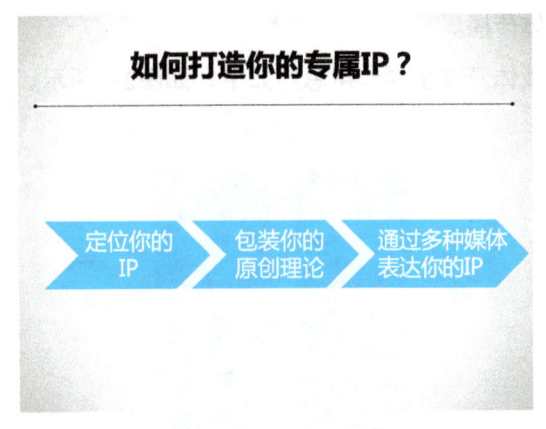

图2-4　IP打造三部曲

- 定位你的IP；
- 包装你的原创理论；
- 通过多种媒体表达你的IP。

### 2.2.1　定位你的IP

一个企业只有两项创造核心价值的职能：营销和创新！老板是营销和创新的第一责任人。在经营和管理中，老板要把握方向，做好定位，带领团队做正确的事！

定位就是方向，从哪里来，到哪里去，分几步走，要基于定位形成自己的战略地图。定位意味着取舍，做什么，不做什么。有时候，不做什么更重要。

创业有3种途径——做项目、做产品、做平台；中国有3类市场——消费市场、创业市场、资本市场；竞争有3种策略——成本领先、差异化、聚焦。选择哪个人群，切入哪个渠道和终端，用什么竞争策略，这就是定位。

具体到IP而言，我们可以从IP的商业定位、IP的形象定位、基于微信的IP定位、基于抖音的IP定位这4个角度来做具体的规划。

#### 2.2.1.1　IP的商业定位

如何进行IP的商业定位呢？我们可以从以下3个方面来考量。

- Who：目标用户是谁？
- Why：要实现怎样的价值？达成怎样的目的？

- How：商业模式是什么？

比如，以雕牌推出的IP"雕兄"为例，其商业定位如下：

- 目标用户：年轻女性；
- 商业价值：作为IP代言人，实现雕牌品牌传播的商业目的；
- 商业模式：塑造雕牌年轻化品牌形象，在年轻女性群体中传播，扩大知名度，赢得消费者。

定位目标用户，就是选择细分用户群！也就是要明白你的受众是谁，这个受众群体大概有多少人。比如，爱看段子、笑话的人群，全国可能有几亿人；而喜欢钓鱼的群体，全国可能只有几百万人。

选择受众就是选择你的内容创作方向和调性。不过在做选择时，你完全不用担心自己选择的领域太窄，因为即使再小众的爱好，放在全国十几亿、甚至全球几十亿的人口范围内，也至少有数以十万或百万计的爱好者。

下面，我们谈两个案例，看看在进行IP的商业定位时，都需要注意哪些问题。

## 📧 案例：IP的商业控制权之争

如果你常刷抖音的话，也许你看到过这样的短视频：一个博主，总带一个马头的头套出场，拿着锤子暴躁地砸东西，号称"不好用的东西和人，统统砸掉砸掉！"他就是"陈泥玛测评"，抖音关注人数超过350万！

2020年3月10日，抖音账号"陈泥玛测评"发布了一条视频，内容如下。

真的是气死了，公司员工擅自占用公司账号，私自发布露脸视频来蹭流量，这样的骗子，还想代表正义？

陈泥玛测评账号是公司团队一手经营的IP，无论从整体账号风格、定位到脚本、再到选品等，整个团队都付出大量的心血，该员工擅自利用公司拥有300多万"粉丝"的账号，私自发布露脸视频为自己转化流量，严重损害公司利益。

公司如今面临倒闭，经过长期交涉，该员工却迟迟不肯归还账号，一而再、再而三地为自己运营小号做铺垫！

这件事的真假只有当事人自己清楚，我们且不去管它。事实是，露脸真人账号"我是陈泥玛"从0起步，在两个月的时间内，"粉丝"数迅速涨到254.3万。（以上数据截止到2020年5月10日。）

看到这里，你对IP的商业控制权，有怎样的想法呢？

#### 2.2.1.2 IP的形象定位

除了IP的商业定位，我们还要思考IP的形象定位。

移动互联网以"人"为中心，每一部手机背后都是一个活生生的人。同样，IP呈现的也一定是一个活生生的人，他们个性鲜明、招人喜欢、富有价值！只有这样，才能和用户、和"粉丝"交朋友，进而产生情感认同。

这里谈一个概念——人设，这是影视行业的一个专业名词。人设是什么呢？就是对一个人物在某些方面的设定，是一个人物在他人心中的形象，也可以把它看作一个人物的标签，包含人物造型、身高年龄、服装样式、眼神表情、外貌特征、性格特点等。人物有了人设，才能演出有层次的剧情。

比如，2019年热映的国产电影《哪吒》受到了无数好评。剧中哪吒的外形、性格、喜欢说什么样的话，都设计得非常丰富。以至于哪吒喜欢把两手插在裤腰里的样子，大家也觉得非常酷，哪吒穿的同款裤子也卖得十分火爆，淘宝上叫"纸袋裤"，成为网红商品。这就是IP的人设，这就是IP的形象定位。

所以，IP人设是一个人物内在和外在的统一，是通过文字、声音、视频传达的一种印象和感知。具体而言，我们可以从以下8个方面来进行设定：

- 【名称】尽量拟人化；
- 【性别】清晰可辨识；
- 【头像】形象可视化；
- 【年龄】决定语言和行为；
- 【角色/职业】确定沟通身份（是社会名片，体现行业属性）；
- 【性格/个性】符合品牌价值观（体现情怀和追求）；
- 【爱好/兴趣】凸显个人特色（体现生活状态）；
- 【状态】正在做的事（尽量体现正能量），或者特别的"超能力"（体现有趣的一面）。

总之，IP的人设打造，秉持"有事业、有情怀、有追求、有生活、有意思、正能量"这"五有一正"的原则就对了！

这里特别说一说"正能量"。闭环的私域流量并不意味着可以随心所欲，IP

人设要呈现正能量状态，不建议展示负能量状态。IP及其推荐的产品、服务是合一的，没有人愿意购买负能量状态的产品。在营销中，我们要谨记：营造健康向上的舆论环境，合法合规，始终是所有营销打法得以生存的第一要务。

下面以雕牌IP"雕兄"为例，分析其IP形象定位：

- 名称：雕兄（人格化昵称）；
- 性别：男（暖男，讨女王喜欢）；
- 头像：一只雕；
- 年龄：25~30岁；
- 角色：纳爱斯职员、代言人、暖男；
- 性格：机智、幽默、自黑耍贱；
- 爱好：做家务、撩妹子。

在这里，我们把IP人设给标签化了，一共8个标签：名称、性别、头像、年龄、角色、性格、爱好、状态。

标签是互联网内容的一种组织方式，它帮助人们描述和归纳内容，便于检索和分享。在进行定位时，你要给IP贴上恰当的标签，以便让互联网上千千万万的人都能够通过这些标签来认识你。

现在，我们来重点谈谈其中的后4个标签：角色、性格、爱好、状态。

◆ **第一个标签：角色（职业/行业）**

人是社会动物，我们在社会中生存，就需要从事某种职业。职业，就是我们特有的标签，当我们定义好自己的职业/行业标签时，就拥有了与他人产生连接的基础。职业标签的设计与自身的经历、经验及职业定位高度相关。

职业标签遵循长板理论，即从你的强项出发，在一个细分领域深耕，并坚持下去，就能形成你独特的职业标签。例如，K12教育专家、珠宝饰品专家、茶业专家，这些都是职业标签，越是细分垂直，越能凸显你的独特性和差异性。你要不断地强化你的职业标签，力求让人一想起你，就能想到你做的事情。

◆ **第二个标签：性格（个性）**

在移动互联时代，有个性的人更受欢迎。个性是一个人特质的体现，同时，你的所有经历和沉淀，也可以通过一些个性化的标签来呈现。个性标签如同一个品牌一样，独特、鲜明，很容易被周边的人感知到，譬如，非常幽默、有正能量、坚强、淡泊……

◆ 第三个标签：爱好（兴趣）

想让自己与众不同，最简单的一个方法就是找到你的兴趣爱好标签，用一项技能提升自身的个人魅力。

例如，美食类头部大号"菜菜美食日记"的创始人爱好美食，做得一手好菜，也熬得一手好"（心灵）鸡汤"。自从她发现了自己的美食爱好可以"发扬光大"后，便开启了自媒体之路，一路走来，最终被"粉丝"们称为"百万吃货追捧的吃吃吃和买买买教主"，她的自媒体也被称为"中国最有温度的菜谱"。这便是由兴趣爱好进化为自身标签的典型案例。

那么，你是一个运动达人还是一位摄影爱好者？抑或是位热爱琴棋书画的淑女？从现在开始，就挖掘你的兴趣爱好，放大你的独特魅力吧！

◆ 第四个标签：状态

现在的你是什么状态？是工作狂人？还是正在为了梦想而奋斗？抑或是在工作中异常忘我，具有非凡专业精神，并且值得信赖？这样的状态，表达出来，就是你的独特标签。

图2-5展示了IP人设标签设计的一些可选元素。

## IP人设的标签设计

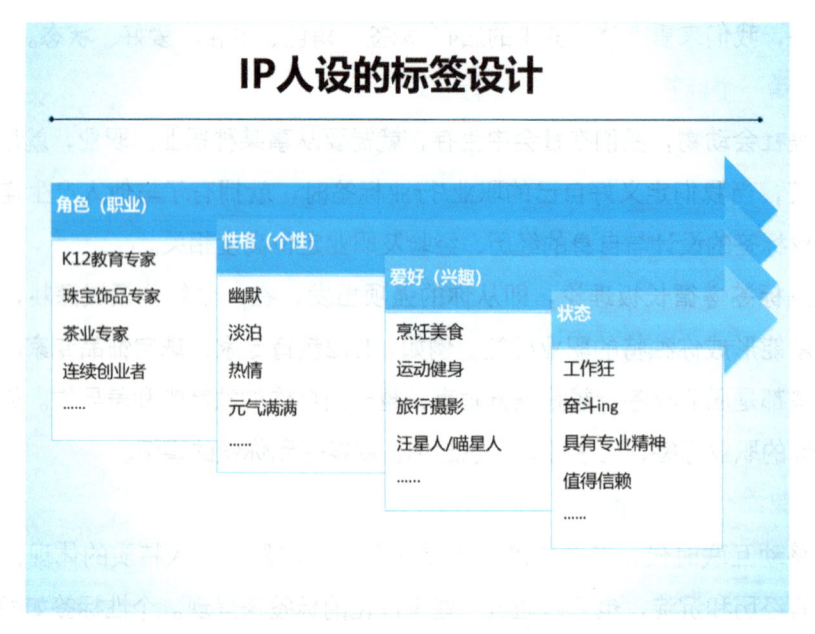

| 角色（职业） | 性格（个性） | 爱好（兴趣） | 状态 |
|---|---|---|---|
| K12教育专家 | 幽默 | 烹饪美食 | 工作狂 |
| 珠宝饰品专家 | 淡泊 | 运动健身 | 奋斗ing |
| 茶业专家 | 热情 | 旅行摄影 | 具有专业精神 |
| 连续创业者 | 元气满满 | 汪星人/喵星人 | 值得信赖 |
| …… | …… | …… | …… |

图2-5　IP人设的标签设计

## 📧 案例：磊哥小裁缝的IP人设

磊哥的公司开创于2009年，以时尚女装销售为主营业务，有一定的设计能力和生产能力，主要销售渠道为电商天猫店。2012年，这个品类投资1元"淘宝直通车"，能带来5元收入；到了2018年，投资1元"淘宝直通车"，仅能带来1元收入！流量成本的高企，让磊哥将视线转向私域流量。

IP、"粉丝"、社群、爆品，打造私域流量的第一步就是设定IP，用IP和"粉丝"建立连接！

打造IP，磊哥具体面临的问题是：

- 如果用微信个人号作为IP载体来连接"粉丝"，微信头像是用品牌Logo还是真人照片，或者是漫画形象？
- 使用微信的这个人应该是何种角色？是客服？售后？还是老板？
- 他有什么爱好，他是什么个性，他会干什么？他能带给用户什么好处？（或者说，用户为什么要加他？加了以后又如何进行商业变现？）

那么，IP的角色究竟该如何设定呢？

客服？——不行，客服工作太琐碎，也不利于后期卖货。

老板？——也不行，用户会把老板当成砍价的对象，还会不断向老板投诉店铺服务。

设计师？——是个不错的想法，几经推敲，一个名叫"小裁缝"的IP人设，终于获得大家的一致认可！

于是，这个IP人设就这样诞生了：小裁缝，男，35岁左右，专业人士，性格表面温和，内心不妥协，突出设计师的身份，走男闺蜜的路线，为时尚女装用户解答关于风格搭配，色彩款式等方面的问题。情感上走温暖路线，充分利用微信沟通比较私密这一特点，让每个女生在微信里都拥有一个自己的"小裁缝"。

小裁缝的IP人设定位具体如下：

- 名称：磊哥小裁缝；
- 性别：男（居家好男人，懂女人）；
- 头像：真人出镜；
- 年龄：35岁左右；
- 角色：裁缝、老板；

- 性格：憨厚老实、小幽默；
- 爱好：看书、设计、喝茶。

IP人设定位清晰以后，以IP为核心的后续私域流量玩法，也就顺理成章地展开。

- 拉新：磊哥选择微信个人号作为沉淀粉丝的渠道，设计好拉新流程后，微信好友从淘宝店和天猫店源源不断地涌过来，这样就把平台流量的用户沉淀到了自己的私域流量池内；
- 客户分层：根据活跃度把好友分为沉睡静默客户、一般客户、忠实客户、铁杆"粉丝"4种类型，对"粉丝"用标签进行分组管理。通过不断地淘汰、分层，最终留下来的都是真正有购买需求的客户；
- 养熟：小裁缝的角色毕竟是设计师，通过社交媒体（朋友圈、微信群、微博等）发发设计图，让"粉丝"挑选自己喜欢的款式（参与感），通过投票、预售、团购等方式和"粉丝"互动起来；
- 成交："粉丝"自己选出来的设计款式，"粉丝"当然会买账，这样销量自然也不会太差。之后，小裁缝开始在微信上尝试推行会员制，VIP会员卡售价99元，享受全年8.5折，一经推出就卖出上万张。

通过这个案例，我们可以理解什么是人设。简单地说，小裁缝、单亲妈妈、破产老总、营销专家、情感导师等，这些都是人设！

## ✉ 案例：水产品加工企业的IP人设

记得有一次，在培训课堂上讲完小裁缝的案例，极光和学员张总展开了一次有趣的对话。张总是江苏连云港水产品加工企业的副总经理。连云港东濒黄海，素有"山海连云，大圣故里"之称，张总公司生产的蝴蝶鱼片单品（速冻半成品，直接油炸后即可食用）很受欢迎，在国内市场占有率一直名列前茅。

极光和张总的对话记录摘要如下：

张总：极光老师，你看我们这样的集水产品收购、加工、冷藏及进出口贸易为一体的企业，也需要打造IP么？

极光：你们现在的产品，主要卖给谁呢？

张总：出口的话，主要是日本、韩国及东南亚等国家；国内的话，主要是各地大型批发市场、酒店专供；当然，商超也有，不过主要针对零售客户。

极光：你们的产品有什么优势和卖点呢？

张总：我们所选原料全部来自中国商检出口备案100海里以外的安全海域，100%野生海捕原料，而且所有产品的加工全部按照出口流程规范化操作，每批原料都必须经过微生物化验……

极光：嗯，挺棒的！关于IP，我们可以这样来看。首先，未来渠道扁平化将是一个趋势，谁能率先和终端消费者建立连接，谁就能赢得市场；而为了和消费者建立连接，你需要打造IP作为连接的载体。其次，有了"粉丝"，又可以提升品牌在批发渠道层面的话语权。所以，布局IP要未雨绸缪，宜早不宜迟啊！

张总：那从哪里开始呢？

极光：找切入点。咱们所有的销售渠道中，哪个渠道和消费者联系最直接？

张总：当然是To C（面向终端消费者）的业务，商超这一块啊！

极光：那么，就从商超开始，我们需要设计一个IP人设，让顾客加这个IP的微信就好！具体执行层面，可以先找一两家合作关系好的大型超市进行试点，效果好的话就逐步铺开。

张总：我懂了，可是顾客如果不愿意加我们在超市的试吃促销员的微信，怎么办？

极光：张总，你还是不懂，首先，IP要统一形象。我课堂上也讲过，尽量弱化"用员工各自的形象去接触客户"，要主推一个人的形象，对外做客户服务和形象展示。这个"人"要能代表企业品牌的定位，能够将个体形象和企业品牌融为一体。这个人，就是企业打造的专属IP。

张总：哦，那IP的形象究竟该如何确定呢？

极光：张总，逛超市买咱们速冻食品的，是不是很多都是家庭主妇？想象一下，如果你是一个妈妈，你的微信好友里有一个人和食品行业相关，那么这个人每天发什么样的朋友圈，你会觉得有价值？

张总：……（思考中）

极光：中国的妈妈，最信赖的角色是什么？

张总：是……老师么？

极光：对的，这不就成了么？我们设计一个烹饪老师的IP形象怎么样？

张总：嗯，不错不错！选料是每个厨师的首要技艺，更是能否做好一道菜肴美食的基础，在这方面我们很专业！

极光：的确，在心理上，烹饪老师站得高一点，顾客也更容易接受。总之，角色有高势能，品牌才会势不可当。你看，IP形象的设定，不就呼之欲出了么？

张总：这个设定真的很棒！但是，极光老师，我还有一个疑问啊，就是商超渠道还好说，如果是批发渠道的经销商，他们最讨厌有人动他们的奶酪，我们如果也这样一弄，把顾客都加走了，还不得和我急眼啊！

极光：确实是有这么一个问题，甚至还有人主张，厂家发货时，要做到"无痕"发货，也就是说不允许放厂家的二维码、联系方式。这背后的核心诉求，还是利益之争。其实，现在的微分销系统已经非常成熟，谁扫了谁的码进来，谁点了谁分享的链接购买，谁是谁的顾客，都分得很清楚，系统能够做到自动溯源、终生绑定、自动分账。通过这个系统，经销商的利益就能得到有效保证了。

张总：极光老师，不好意思，这分销系统究竟该如何运作，您能再具体解释一下么？

极光：比如，你可以在发货时，随箱放一张该经销商的分销二维码，顾客扫码后，即和该经销商终生绑定关系；然后，在扫码弹出的页面中，引导顾客加上IP的个人微信就好。

张总：明白了，这样倒是解决了利益平衡的问题。但是，厂家直接和顾客微信建联，经销商又有什么好处呢？

极光：张总，要知道，顾客还是经销商的，该分给经销商的佣金也一分都不会少。但是经销商通常不具备大规模用户运营的能力，我们通过规模化的运营来帮助他们增加留存量、提升复购率，这不是很好么？

张总：你是说利益机制不变，经销商在前端拓展市场拉新，我们在后端集中运营，彼此配合把市场维护好？

极光：就是这样，IP、"粉丝"、社群、私域流量，是新营销的发展趋势！时代趋势不以我们的意志为转移，总不能因为怕这怕那，干脆就保守得啥也不做吧？当然，在实际操作的过程中，还是要分阶段、有策略地来稳步推进的。

张总：好的，极光老师，你成功说服我了！那么，有了IP，让消费者加了微信之后，我们下一步该怎么办呢？

实际上，和客户建立了连接之后，后续的跟进玩法有很多种，比如：

- 促销通知；
- 通过线上微课持续构建品牌影响力；
- 组建社群做秒杀、拼团、社区团购等活动；
- 还可以招募分销合伙人（从体验者到消费者，再到传播者）；
- 也可以举办线下活动，构建有温度的连接，等等。

张总的公司，后来的确举办了一系列的美食品鉴会之类的线下活动，极大地增进了品牌和消费者之间的情感联系！

张总公司的第一季活动，有3家超市参加，定在周日下午3点，统一命名为"蝴蝶鱼片制作大赛"。每个超市邀请10组家庭，都带着孩子来参加，"烹饪老师"现场教大家如何制作出可口的蝴蝶鱼片，成品可以现场吃掉，也可以带回家。做得最好的家庭可以获赠一套公司的畅销产品。

在活动期间，公司安排了专职摄影师，全程拍摄孩子的笑脸特写，随后启动最美笑脸比拼活动，进行点赞评比大赛。而家长拼命地为自家孩子拉票，又进一步在顾客的朋友圈扩大了宣传，可见打造参与感是至关重要的！

其实，超市的活动只是一个营销触点，最终目的是借助点赞活动快速裂变，让口碑带来口碑，让用户带来用户，让销售带来销售！

### 2.2.1.3 基于微信的IP定位

当下，微信已经成为拥有超过10亿用户的"国民App"，微信理所应当地成为个人品牌打造的首站。作为企业，学会利用微信进行IP化生存和社群化运营，至关重要！那么，如何在微信中进行IP定位呢？

通常，我们可以通过微信的4个常见触点的设置来打造微信个人品牌视觉锤。这4个常见触点分别是微信头像、微信名字（昵称）、个性签名、朋友圈相册背景图，如图2-6所示。

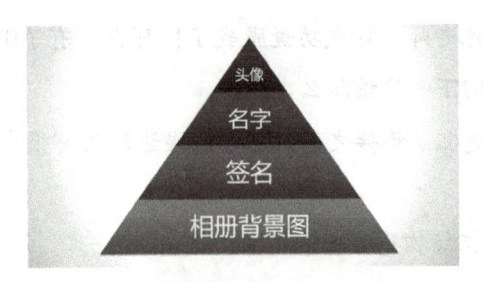

图2-6　微信的4个常见触点

- 【微信头像】体现真实的、活生生的人，可使用真人头像，漫画头像也可。
- 【微信名字】名字要干净，前面不要加英文字母、后面不要加广告语。
- 【个性签名】一句话表明身份，如中国神秘营销第一人、背影哥、女神范CEO、艺人经纪人、混娱乐圈等。
- 【朋友圈相册背景图】不要用来打广告，主要用来传递个人IP调性或展示团队风采。

下面，逐一讲解一下微信设置的具体要点。

◆ 01 微信头像

好的头像是成功的开始。在微信上，你的头像是展示形象的窗口，也是传递信任的基础工具。希希老师是网赢研习社COO（首席运营官），专注于IP打造和社群运营，我们来看看她的头像设置，经历了怎样的历程？希希老师如是说：

与大家分享一下自己6年内用过的几个头像。在没有打造人设之前，我的头像用的是风景图，这张照片是我在国外一个非常著名的城市拍的。当时我觉得在这样一个城市里，从制高点望下去居然没有高楼大厦，放眼望去，都是不高的精致的建筑，太神奇了！于是用了这样的一个头像代表自己，相信很多朋友也和我一样，使用过风景照作为微信头像吧。

但实际上，这样一张风景照（如图2-7中的左图）并没有什么特色，对吗？没有辨识度，它被淹没在了微信通讯录里。后来，当我领悟到个人品牌的重要性时，我马上换了一张露脸照（如图2-7中的中图），微信聊天时就像在和本人对话一样了。再之后，为了宣传课程，我们学院组织所有老师拍摄形象照，我也拍了一套（如图2-7中的右图）。

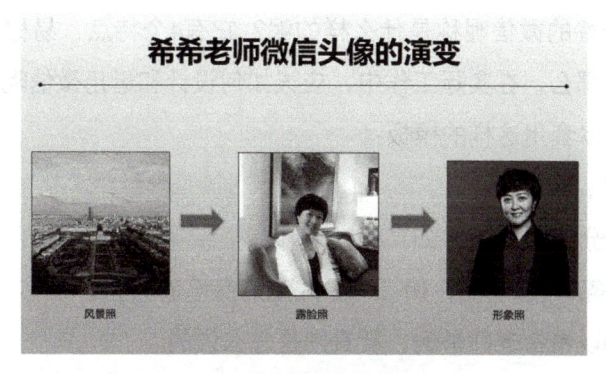

第二章　IP篇：私域流量的"粉丝"从哪里来？

图2-7　希希老师微信头像的演变

我的3个微信头像从风景照到现在的真人露脸照，从略显呆萌到成熟范儿的正式形象照，你是不是也有这样的感觉，这样的形象照会让你显得更专业、更靠谱，也给人更值得信赖的感觉。

如果你有兴趣，可以打开微信，试着将个人号中的朋友头像，选取几个罗列并比较一下，看看是将企业Logo、风景照、动物照、宝宝照、明星照、家庭合照、卡通照、产品照作为头像的效果更好，还是那些真人出镜的头像更值得信赖呢？你更喜欢与谁进行交流呢？你发现差距在哪里了吗？

一般而言，从打造IP的角度来说，微信头像建议用真人头像。

◆ 02 微信名字（昵称）

微信昵称和微信头像同等重要，一个成功的微信昵称，等于一个成功的个人品牌名称！微信昵称从某个角度来看，甚至可以称之为行走的广告，下面以几个例子来分析。首先，我们看一下昵称的禁忌，如图2-8所示。

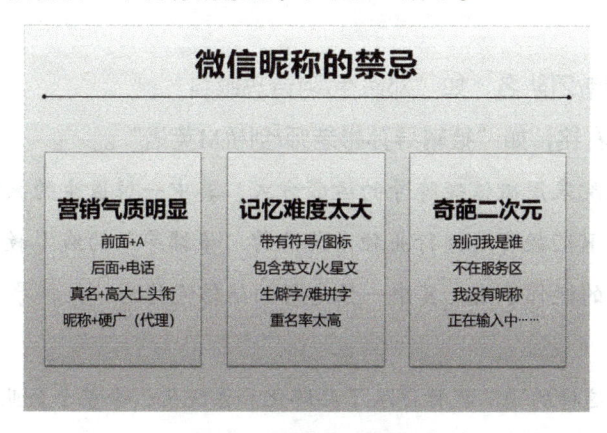

图2-8　微信昵称的禁忌

081

那么，一个好的微信昵称是什么样的呢？它有4个特点：易称呼、易记忆、易搜索、易传播。那么，在实际工作中，应该如何设计和运用微信昵称呢？如果要打造个人品牌，可以套用这样的模板：

- 真实姓名；
- 昵称+身份/个人标签，如"极光老师"；
- 昵称+服务/产品/功能，如"××儿童财商培训"。

同样，我们以希希老师举例，看看她是怎么说的。

我的姓名叫胡希琼，我的微信昵称在原名上进行了简化和调整，使用了名字中间的一个"希"字，于是使用电影《茜茜公主》的谐音，昵称设计为"希希宫主"，非常方便记忆和称呼。朋友们亲切地称呼我希希或宫主，无意中还增进了友情。

再如，有位我很喜欢的时间管理老师叫叶武滨，他的个人微信号昵称就叫"叶武滨时间管理"，采用了昵称+个人标签的表现形式，既便于记忆，又易于搜索。

如果你的企业需要通过微信个人号矩阵来做品牌的微信运营，往往容易陷入的一个误区，就是使用品牌名或企业名作为微信的昵称。这样做的弊端是，极易让用户认为其微信账号是广告号，从而产生天然的抗拒心理并屏蔽之。

还有一个常见的误区，就是直接使用员工的姓名作为微信昵称，人设也是该员工的人设，如果该名员工离职，接管该微信号的员工还需要延续这样的人设，又尴尬又费力。

那么，如何才能既保留员工的独特个性，又保证品牌上的相对统一呢？如果团队都采用下面这样的模板来设计微信昵称，注重品牌化、系统化和统一化，效果会更好：

- 昵称+品牌/团队名，如"邓医生/阿诗玛眼科"；
- 昵称+座右铭，如"猿辅导孙彬老师/剑桥M英语"。

某家眼科医院采用微信矩阵号的运营方式，其中一位医生的微信昵称为：邓医生/阿诗玛眼科。K12教育培训行业独角兽品牌"猿辅导"的线上教师团队，也采用了团队品牌矩阵的操作手法，其中一位老师的微信昵称为"猿辅导孙彬老师/剑桥M英语"。

可以看到，这样的团队昵称遵从了品牌化和系统化，令整个企业团队的昵称都实现了统一，同时还能为个人保留展示个性的空间，实现独特性，实在是一举多得。

◆ 03 个性签名

点击你的微信头像，可以进入你的个人相册，在这里，大家可以看到你微信朋友圈的所有内容。个性签名的位置是在头像的下方，用纯文字的形式描述，大约30个字符，我们可以将它当作昵称的补充。

虽然曝光率没有昵称大，但信息容量却比昵称更大，尤其是很多新朋友在加你为微信好友之后，会通过你的个性签名来判断你的身份、喜好，甚至性格。因此，我们可以将它看作企业品牌或个人昵称价值的补充表达。

值得注意的是，大部分人都没有设置个性签名的习惯，如果你设计了一个合适的个性签名，相信你就迈出了"你"的个人品牌打造的一小步。

在个性签名处，可以有以下几种内容选择。

- 【身份说明】例如，希希老师的个性签名是"网赢研习社COO，互联网营销人"，作为对于当下身份的概括说明。
- 【价值、愿景说明】例如，有一位朋友是某少儿英语培训机构的CEO，他的个性签名是"专注于4~12周岁少儿英语"；另一位朋友是健康管理师、营养师，他的个性签名是"让每个家庭都有一个懂食疗的人"。这样的个性签名往往彰显了企业家精神，或是心系天下的大爱，看到这样的个性签名，我们怎么能不为其打动呢？
- 【态度说明】例如，有些朋友的个性签名表达了他的价值观"厚德载物，自强不息"，有些朋友写的是"用力、用心的人永远没有失败，只有成长"。这样的个性签名往往反映了他积极乐观、不断进取的精神，当我们看到这样的个性签名时，对这个人也有了些许肯定和信赖。

◆ 04 朋友圈相册封面

微信的4个常见触点的最后一点，就是朋友圈相册封面。很多人都不知道它的价值，其实它更像一个巨大的广告位，对于新加好友来说，他们如果想要了解我们的信息，那么我们相册封面就是占据最大版面的广告位！

从头像、昵称、个性签名到相册封面，如果能一步一步设计好，它们能够传达的信息量是逐步递增的。对于信息容量最大的相册封面，我们要好好利用起来。可实际上，很多人要么完全不设置，一片空白，这个触点的作用完全没有运用上；要么用它来打广告，引起别人内心抵触，对你敬而远之。这样的案例很多，在此就不

——列举了。

那么，相册封面到底该怎么处理才好呢？一般而言，人们添加一个人为微信好友时，会下意识地看一下对方的朋友圈，此时，人们就会看到这张封面图。同时，我们在朋友圈发布新的内容时，也会吸引一部分好友点进我们的相册，这时，人们也会看到这张封面图，所以，朋友圈的相册封面非常值得重视。这里给出一个模板，如图2-9所示，供大家参考。

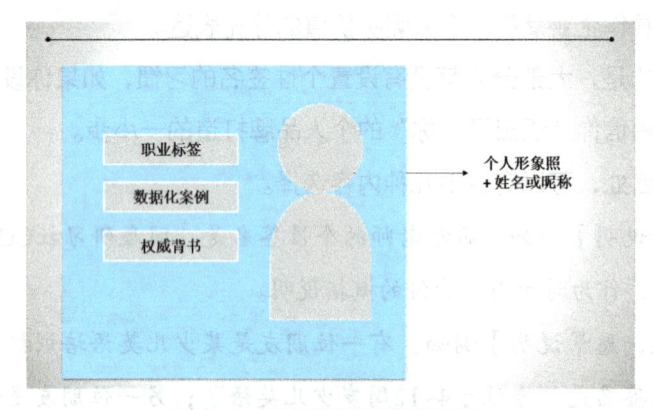

**图2-9 朋友圈相册封面示例1**

例如，一个牙医平台负责人的朋友圈相册封面的内容为：

- 【职业标签】大众点评、美团精准获客专家，某牙医平台华南区总经理；
- 【数据化案例】策划执行参与1000场市场活动；
- 【权威背书】某书作者。

当然，朋友圈相册封面也可以包含团队的相关元素，比起个人信息，团队信息更能给人信赖感。同样，这里给出一个模板，如图2-10所示，供大家参考。

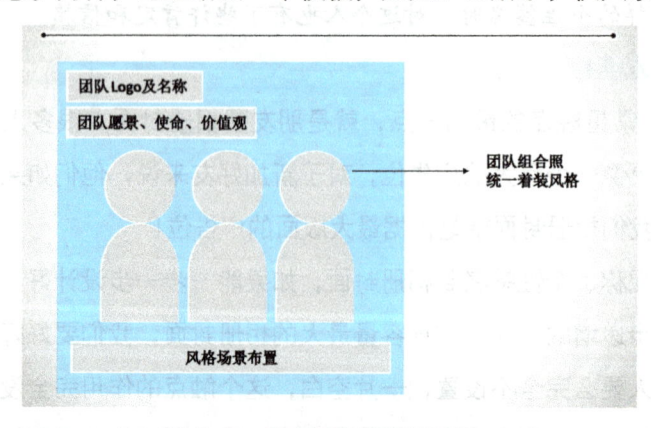

**图2-10 朋友圈相册封面示例2**

例如，某青少年教育品牌的微信号朋友圈相册背景内容，除了团队Logo和名称及团队使命，还特别注重团队合影，统一颜色、风格的服装（和Logo色系一致），现场场景还结合其重点业务做了风格布置，显得亲切自然，特别吸引人。

有的朋友谈图色变，表示自己根本不会修图，也不会处理图片，这可如何是好？别着急，这里推荐几个智能做图网站给你，里面有很多丰富的图片模板，操作简单高效，马上去试试吧！

- 【创客贴】chuangkit.com，极其简单的平面做图工具；
- 【图怪兽】818ps.com，做图神器；
- 【搞定设计】gaoding.com，各种海报、H5，应有尽有。

微信个人品牌视觉锤的4个触点，你掌握了吗？影视明星成龙说过：不做第一，只做唯一。希望你成为世界上唯一的那个自己！马上行动起来吧！期待你新的微信头像、昵称、个性签名和朋友圈相册封面，以及全新的你！

#### 2.2.1.4　基于抖音的IP定位

截至2020年1月，抖音日活跃用户数已经突破4亿。据说，抖音是继微信之后，中国移动互联网行业成长最快的产品，没有之一！而且这个数据还在继续增长，完全没有放缓的趋势！

在这样的背景下，企业入驻抖音，其IP人设该如何定位呢？首先，和微信一样，需要设定抖音账号的头像、名字、签名、主页背景图。其次，除此之外，还需要特别考虑5个要点：视频内容由谁来讲？讲什么？怎么讲？讲给谁听？传递怎样的价值观？

- 【谁来讲】是IP问题，个人风格要鲜明，观点要原创、表达要个性！
- 【讲什么】是内容问题，定位到哪个垂直领域，聚焦到颜值、笑点、泪点还是知识？
- 【怎么讲】是形式问题，是真人出镜、Vlog[1]还是情景剧？
- 【讲给谁听】是对象问题，切入哪一个细分人群，他们又喜欢听什么？
- 【传递怎样的价值观】是变现问题，通过价值观来聚拢"粉丝"，"粉丝"认可了价值观，有了身份认同和角色认同，人们才会信任这个IP所推荐的产品！

通常，针对同一人群，如果用多种相关内容去匹配，其账号黏性可能会更高。

---

1　全称是Video Blog，视频播客。

也就是说，内容既要有垂直属性，也要有适当的复合属性。比如，账号定位企业级营销，那么账号的主体内容可以是营销实战，还可以兼顾涉及管理心得、创业感悟、运营手札等方面的内容，这就是内容的复合属性。

复合属性还有一个好处，就是平台给账号打的标签会更多元，这样一来，账号的推送受众也会更多！

另外，说到变现问题，其实，我们在抖音上打造IP，是为了获取一个出现在目标人群面前并持续构建信任的机会！之前我们提到过：不出现=不存在！证明你的优秀很容易，难的是证明你的存在！

那么，如何通过抖音做流量变现呢？

第一，品牌代言、直播带货，比如美妆、水果。

第二，作为获客渠道，获得销售线索，比如出国移民、海外留学等。

第三，沉淀到私域流量池，通过后端产品变现，比如会员、课程等。

总之，正如凯文·凯利所言，目光聚集之处，金钱必将追随！在正式做IP运营前，先想好IP的商业变现路径是非常有必要的。总结下来，关于抖音账号的IP定位，要考虑如下5句话：

- 谁来讲：个人标签要鲜活；
- 讲什么：内容标签要垂直；
- 怎么讲：表现形式要合适；
- 讲给谁听：细分人群要找准；
- 如何变现：变现模式要清晰。

### 2.2.2 包装你的原创理论

在定位好你的IP之后，IP打造的第二个步骤就是"包装你的原创理论"。

我们想一想，历史上有名的个人IP都有哪些？孔子、老子、李时珍……他们背后都有一套思想体系，比如，孔子有《论语》、老子有《道德经》、李时珍有《本草纲目》。因此，打造IP的核心，是要有一套你的思想体系，而打造你的思想体系的过程，我们称为"包装你的原创理论"。

有人说，孔子是圣人，中国几千年都出不了一个，作为平常人的我们，能行吗？

## 第二章 IP篇：私域流量的"粉丝"从哪里来？

美国作家格拉德威尔所提出的"一万小时定律"告诉我们：人们眼中的天才之所以卓越非凡，并非天资超人一等，而是付出了持续不断的努力。一万小时的锤炼是任何人从平凡变成世界级大师的必要条件。要成为某个领域的专家，需要一万小时，按比例计算就是：如果每天工作8个小时，一周工作5天，那么成为一个领域的专家至少需要5年。也就是说，你也许是个普通人，但是在你的工作领域努力工作，经过经年累月的积累和沉淀，你就可以成为专家！

也有人会说，我这点"小经验"，如果说出来，会不会贻笑大方？其实，担心自己"不专业"，怕被"行家"嘲笑而不敢分享，这是常见的误区。"行家"毕竟是少数，你用时间沉淀下来的"经验"，永远有更多的行业新进人员和行业"小白"需要。有时候，内容越基础，受众范围反而越广，你的分享就是为他们而做的！而有些专家讲得太高深、太专业，让人听不懂、够不着，反而不接地气，曲高和寡。

况且，对于行业内司空见惯的事情，行内人往往熟视无睹，而对行业外的人而言，可能仍然觉得新奇无比，可能兴趣盎然，可能受益匪浅！要知道，他山之石可以攻玉，所以，你的分享也是为他们而做的！

如果还是不好意思，不能突破自我，那就是你太在乎你自己了！极光送给你一句话："在这个时代，打造IP不要在乎自己的颜值，不要在乎自己有没有才，请把脸面放在包里；你以为你活得举足轻重，每个人都在意你，那是你想多了；其实你活得可有可无，别以为每个人都在乎你，这不是真的，你在乎你自己就行了！"正如那句话说的："再小的个体，也有自己的品牌。"加油，干就完了！

总之，作为普通人，只要在某个细分领域有原创内容的资源和开发能力，能对特定人群构成影响力，你就是IP，你也有必要来"包装你的原创理论"。

以极光为例，由于专注于私域流量、微营销的研究和实践，提出了微信社区理论的框架，从"道、法、术、器"4个层面，来指导企业进行私域流量的架构和运营！

该原创理论体系的框架设计思路，具体阐述说明如下，供大家参考。

说有两个人开车从上海去广州，一个开奥迪，一个开奥拓。请问，谁先到广州？就现有条件，不考虑其他变量，一般而言，当然是奥迪先到啦，奥拓开再快也快不过奥迪的速度。这就是强调"器"的重要性！

那么在微营销中,"器"可以理解为推广物料,也就是用价值包装策略,来做出有成交力和高转化的竞价着陆页、网络销售信、公众号文案、电子书、营销型微视频、高"颜值"海报等,这些就是我们微营销的秘密武器!具体来说,打造私域流量有7种武器,如图2-11所示。

### 器篇:私域流量之"七种武器"

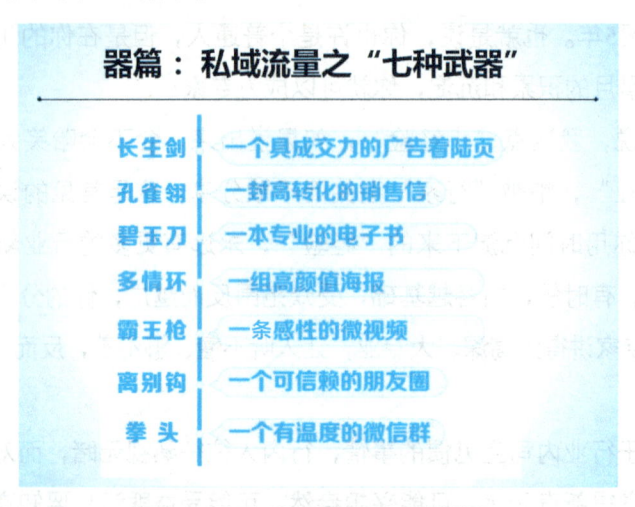

|  |  |
| --- | --- |
| 长生剑 | 一个具成交力的广告着陆页 |
| 孔雀翎 | 一封高转化的销售信 |
| 碧玉刀 | 一本专业的电子书 |
| 多情环 | 一组高颜值海报 |
| 霸王枪 | 一条感性的微视频 |
| 离别钩 | 一个可信赖的朋友圈 |
| 拳头 | 一个有温度的微信群 |

图 2-11 私域流量之"七种武器"

当然,"器"还可以理解为各种微营销工具。在微营销中,对工具的高效使用也非常重要,比如:

- 用于图片处理的美图秀秀;
- 用于视频剪辑的剪映;
- 上微课,会用到小鹅通、荔枝微课、千聊等App;
- 开微店,会用到有赞、微店等App;
- 群管理,会用到小U管家等。

再来,说两个人开车到广州,一个人开奥迪,车虽然好,但司机是新手,战战兢兢只能开到80千米/小时;而另一个人开着奥拓,他是老司机,技术娴熟,可以开到120千米/小时,请问谁能先到广州?显然,这就是"术"层面的问题了。

在实操层面,极光总结出一个"三三打法",即三大牧场,三个小组,三大技能!三大牧场就是公众号、个人号和有门槛的微信群,用来构建一对多、一对一、多对多的连接,从而形成立体传播!

与之对应,在公司营销部门,设立三个小组:拉新组、内容组、社群组。拉新组源源不断增加和沉淀个人号好友;内容组持续创造价值,用于养熟好友;而社群组用于沉淀用户，做好客户关系的运营和管理，建立一体化关系，用于成交。

相应地，拉新组要掌握"'粉丝'倍增"的技能，内容组要掌握"价值包装"的技能，社群组要掌握"微信直邮"的技能！

还是这个案例，再行深一步：两个人开车到广州，一个人开着奥迪，车好，司机驾驶技术也好，但是他走了国道，一个镇一个镇地穿过；另一个人开奥拓，司机是新手，车不如奥迪好，驾驶技术也差，但是全程走高速，请问：谁先到广州？这就是"法"的不同！

法是"人"取的，不同的做事方法，最终导致了不同的结果！极光把企业级微信营销的方法论分解为6个步骤，分别是：定位、拉新、养熟、成交、裂变、运营。如果给每个词加上一个定语，那么就是：模板化定位、简单化拉新、规模化养熟、递进式成交、病毒式裂变、公司化运营。这6个步骤，也称为私域流量之"六脉神剑"，如图2-12所示。

**法篇：私域流量之"六脉神剑"**

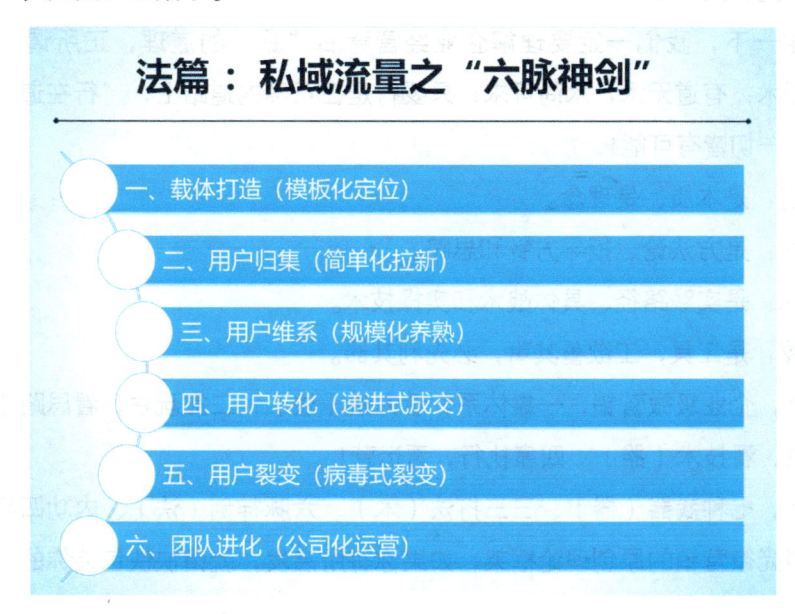

一、载体打造（模板化定位）
二、用户归集（简单化拉新）
三、用户维系（规模化养熟）
四、用户转化（递进式成交）
五、用户裂变（病毒式裂变）
六、团队进化（公司化运营）

图2-12　私域流量之"六脉神剑"

最后，我们来谈谈"道"，即企业经营背后"赢"的道理。同样，俩人去广州，一个人开奥迪，车好，开车技术好，走高速，但是走错路了，开去北京方向了；另一个人开奥拓，车要差点，技术也不怎么样，走国道，但是一路开向广州，请问谁能先到广州？这就是所谓的"道"，道属于方向性的问题。

如果方向错了，南辕北辙，你再怎么折腾也是错的。但是，如果路对了，再远的路也终有到达的一天！通常，我们90%的时间都在思考如何把一件事情做好，做得更好！要知道，做得更好是"术"层面的问题！但是做得正确，是方向问题，是"道"层面的问题！也就是说，做事、做好、做对，这三者根本就不在一个层面！

就微营销理念层面，极光提出了微信社区理论，即微营销的"内功四经"，核心要点是"连接—关系—传播—价值"模型，也就是说我们要：

- 【建立连接】通过拉新手段，来和用户建立连接；
- 【深化关系】通过养熟环节，来深化和用户的关系；
- 【圈层传播】通过裂变环节，来进行病毒式的传播；
- 【价值变现】通过成交环节，来进行社群的价值变现。

微营销的最终目的是通过微信和用户结成信任关系，并构建社群/社区，然后在社群的基础上展开商务活动，是为社群商务！（详见本书1.2.2.4小节"什么是私域流量"的相关内容。）

总结一下，我们一定要理解企业经营背后"赢"的道理，正所谓：有术无道，止于术；有道无术，术尚可求！只要行走在正确的道路上，"行在道中，术可万千"，一切皆有可能！

- 道：是本质、是理念。
- 法：是方法论、指导方针和思路。
- 术：是实践路径、具体战术和实操技术。
- 器：是工具，工欲善其事，必先利其器。

总之，企业级微营销，一靠体系，看方法（法）；二靠玩法，看思路（术）；三靠工具，看技术（器）；四靠执行，看运营！

以上，七种武器（器）、三三打法（术）、六脉神剑（法）、内功四经（道）构成了极光微营销的原创理论框架，如果你有所启发，就请快快包装你的"原创理论"吧！

### 2.2.3 通过多种媒体表达你的IP

定位了IP，包装了原创理论，下一步，就是要构建自媒体矩阵，持续地向外传递你的声音，对外表达你的IP！俗话说：好酒也怕巷子深，IP要被表达才有价值！

IP的表达可以有多种内容和形式，具体如图2-13所示。

## 第二章　IP篇：私域流量的"粉丝"从哪里来？

**图 2-13　IP 的表达形式**

IP表达的载体可以是文字、图片，还可以是声音、视频，甚至直播。以下对常见的自媒体平台做了一个梳理，一共10个大类、61个平台。

- 【主流自媒体平台】微博、微信公众平台、微信朋友圈、今日头条；
- 【其他自媒体平台】企鹅号、UC大鱼号、搜狐号、网易号、新浪看点、东方号、一点资讯、趣头条、360快传号、来往公众号、易信公众号、凤凰大风号、美篇；
- 【百度权重平台】搜狐号、百家号、百度经验、百度文库、百度知道、360个人图书馆（在百度搜索相应的关键词，这些平台发布的内容在搜索结果中排名较为靠前）；
- 【社区类平台】豆瓣、果壳、简书、小红书、百度贴吧、QQ兴趣部落、天涯社区；
- 【问答平台】知乎、百度知道、悟空问答、搜狗问答、360问答；
- 【视频平台】爱奇艺、优酷视频、腾讯视频、B站；
- 【音频平台】喜马拉雅、荔枝FM、蜻蜓FM、企鹅FM；
- 【短视频平台】抖音、快手、微视、西瓜视频、火山小视频、好看视频、全民小视频、美拍、秒拍；
- 【直播平台】斗鱼、虎牙、映客、花椒、YY直播、一直播（抖音、快手等短视频平台也内置直播功能）；
- 【知识付费平台】千聊、荔枝微课、喜马拉雅、知乎Live、在行、得到。

特别提一下短视频平台，互联网独角兽企业字节跳动公司旗下有3款视频产品：抖音、火山小视频、西瓜视频。其中，西瓜视频的前身是头条视频，在2020年1月初，火山小视频正式更名为抖音火山版，这样，头条系视频的三驾马车，最终只剩下抖音和西瓜视频，分属短视频（15~60秒）和中长"短视频"赛道（3~5分钟）。

而好看视频和全民小视频，均为百度旗下的视频产品。好看视频主打节目视频，多为影视视频的剪辑，时长较长，可以认为对标西瓜视频；而全民小视频主打平民化的短视频，多为用户自己拍摄上传，时长稍短，对标抖音、火山小视频。

不同的短视频平台所针对的用户人群、用户场景，均有一定的差异化。例如，抖音启动于一线城市和短视频场景，自上而下进行渗透、迅速发展；而快手发源于下沉市场，虽然进入短视频领域较早，但主要靠直播场景占据用户心智，产品定位更加偏重视频化社区。

另外，如果你是专业人士，比如，你在互联网、科技、媒体、创投、创业等领域有自己独到的见解，就可以在以下平台开通专栏，来构建自己的行业影响力：

- 【影响力专栏】知乎专栏、36氪、钛媒体、梅花网等。

除此之外，我们还应该知道，不同的群体有不同的聚集地。比如，招聘文案人员我们往往会去"豆瓣"找，招聘互联网技术人员会去"落伍者"或"站长之家"，招聘美工会去"蓝色理想"，找兼职写手会上"猪八戒网"，找淘宝店长会上"派代网"，猎聘高层会用领英。

所以，如果你面向的是宝妈群体，可以在一些头部的母婴平台做社区互动；如果你面向的是购车群体，可以在一些主流的汽车媒体平台发表意见；如果你面向的是3C电子领域的消费群体，可以在各大知名的IT数码平台发声。总之，用户在哪儿，我就在哪儿！要通过社区互动来成为意见领袖，来影响目标群体，比如：

- 【母婴平台】宝宝树、育儿网、妈妈网；
- 【汽车媒体平台】汽车之家、太平洋汽车网、爱卡汽车网。

明晰了IP表达的载体及自媒体平台的分类，那么在实践中，具体该怎么做呢？我们再来谈谈几个重要的观点，关键词是：全局性、有效性、持续性、出发点。

◆ 01 全局性：如何做全渠道自媒体矩阵布局？

关于IP表达，一个重要的观点是：这些渠道是不是都要布局，以构建全网全渠道自媒体矩阵呢？

在PC互联网时代，我们在搜索引擎上搜索某个关键词，搜索结果第一页一般有10条结果，这10条结果中可能有6~7条都是你的信息，有的可能是你的网站，有的可能是你在百度知道、百度文库或百度经验上发布的相关信息，还有的可能是你

第二章　IP篇：私域流量的"粉丝"从哪里来？

在招聘网站上发布的招聘信息，或在视频网站上传的视频等，总之，基本上看到的都是你的信息，我们称之为"搜索引擎霸屏"。

在PC互联网时代，搜索是流量的入口，而搜索结果第一页的流量，通常占全部搜索结果访问流量的80%，所以，搜索引擎霸屏的本质是占据流量的入口。

这不禁让我想起一个冷笑话：

房间里的地漏堵了，从小区里抄了几个通下水道的号码。心想货比三家，选了一家打过去，说明情况、问了价格后，又打了另一家。结果对方对我说了一句话：小伙子你别打了，都是我的号！

在移动互联网时代，内容变成了流量的入口。所以，组建内容团队，进行全网全渠道自媒体矩阵的布局，以占据流量入口，是非常有价值的！

想象一下，当人们在手机上的各类App中就某一主题进行搜索并消费时，结果70%~80%的信息都是你的，也就是说，在移动互联网中，呈现出来的状态是"你所在领域=你的IP"，这本身就能让你具有极高的商业价值。

当然，如果资源不足以支撑你进行全渠道自媒体矩阵的布局，那么，结合你企业的实际情况，在实践中找到一两个对你最有效且适合你的渠道进行单点突破，用心做到极致，也是可行的。

要知道，二八原则永远存在，总是20%的渠道，为你带来80%的流量，找到这20%的有效渠道就好。

◆ 02 有效性：信息爆炸的时代，该如何有效表达？

现在的人们，通常能看视频就不看图片，能用表情包就不用文字，能看微博就不看博客。背后的原因用5个字来说，是"时间碎片化"；用4个字来说，是"信息爆炸"；用1个字来说，就是"懒"！

如果谁能像搅拌机一样，把信息粉碎后进行碎片化传播，还能让对方在一段时间后，在他的脑海中把碎片化的信息完整地重构和感知，这才是表达的高手！

其实，信息爆炸的背后是信息过载。大家有没有觉得，信息愈爆炸，内心往往愈空虚？有时，垃圾信息太多，有价值的有效信息反而被稀释。

内容的核心是价值！如果你的内容不能让受众有所收获，即使你再用心，依然不会有出路！什么是有价值的内容？是知识么？是经验和感悟么？还是成体系的方法论？你所讲的，百度一下就能知道的，算不算有价值的信息？

李永乐老师很红，他传播的是各种知识。"陈翔六点半"很火，他传递的价值是消遣娱乐。与之相反，有些营销号利用平台规则可能短暂获利，但是长期来看，其发展空间是极其有限的。

另外，你的IP能够提供价值还不够，还要让用户感受到价值，而且是快速感受到价值！为什么短视频会受欢迎？因为观众能在短短15秒内，快速感受到这个视频是否有价值。这也对内容创作提出了更高的要求，如果创作者在3秒钟内抛不出"梗"，抓不住人心，观众就会马上滑到下一个视频。

以上这些，都是在进行有效表达时需要特别注意和思考的要点。但是，即使能做到有效表达，还远远不够，还需要持续提供价值。

◆ 03 持续性：IP需要持续地表达

我们都知道，持续输出价值才能带来持续关注！但恰恰是持续输出，才是最难的。写一篇公众号推文可以有超过10万的阅读量，发一个视频可以有几百万的播放量，但是能做到成百上千个作品（文章或视频）都受欢迎的人寥寥无几。

2019年10月17日，福布斯中国富豪榜公布2019年中国30岁以下精英榜。其中，来自江西九江的28岁小伙陶勇祥赫然在列。据悉，陶勇祥目前是一名有声书主播，在喜马拉雅FM上拥有大量"粉丝"，"有声的紫襟"是他的网名。

如今，在喜马拉雅FM这个音频平台上，"有声的紫襟"拥有902万"粉丝"，作品播放量高达105亿，在整个有声界堪称"第一大咖"。到2019年年底，其在喜马拉雅平台上获得的月收入超过了200万元。从一名学习计算机专业的理工男到月入200万元的有声书主播，跨越行业之大、收入之多，让不少年轻人将他视为偶像甚至追逐的榜样。

在谈及成功原因时，他说最重要的就是坚持，一是克服事情本身的困难，二是耐得住寂寞！陶勇祥谈到："任何事情在没有取得成就前，都是黑暗和不知道长短的过程。我是一直在坚持，坚持了4年后才有起色。"

那么，持续输出要保持怎样的频率呢？一般来说，在保证质量的前提下，频率越高越好。比如YouTube大佬Casey，他"涨粉"幅度最大的时候，正是他坚持每日更新Vlog 500多天的那段时间。

"在Youtube上成为网红并不难，你只需要一直坚持下去，频繁产出就行了。"这句话来自Youtube上最火的网红之一Casey Neistat。

现在，这位老兄的"粉丝"数已经超过500万，他在国外的名气堪比好莱坞明星，去过Met Gala（纽约大都会艺术博物馆慈善舞会），走过奥斯卡红毯，而这一切，只是因为Vlog！在国外，也有很多人在做Vlog，但为什么脱颖而出的是Casey？

因为他把Vlog做到了极致：记录每一天的生活。是的，你没看错，Casey每天都会上传一个8~10分钟的视频，来记录他的一整天。

◆ **出发点：想清楚IP表达的初心和原点**

好多人在抖音上说："抖爸爸，让我火吧！"极光想问，火了以后呢？有人从10万"粉丝"开始，5天"涨粉"到170万，激动得数夜未眠！

《大学》说：修身齐家治国平天下。第一要义是修身！我们要问自己，我修行够了吗？我准备好了么？会不会德不配位，"粉丝"来了，自己反而承受不住？因此，极光认为，想清楚IP表达和创作的出发点是非常重要的！

有些人做内容、打造IP，是为了"薅羊毛""割韭菜"，有些人是为了出名，而有些人是为了事业，还有些人是为了兴趣和快乐。做内容的动机会体现在你的每一次输出中，当你用心认真做内容时，用户会感受到，他们会逐渐喜欢你的内容，并和你成为朋友！当你和几万、几十万、几百万的受众建立起朋友般的关系以后，这其中的价值会大到你无法想象。

所以，关于IP的表达，结论就是：以积极的动机为受众持续输出他们能感受到价值的内容！

总之，在任何一个领域，输出能力最强的那些人都会摘走最大的流量红利。无论是写作、演讲还是直播，你一定要尽最大努力培养其中至少一种输出能力！并且长期坚持向外界输出自己的思考和观念，直到成为市场中那最强的20%！

## 2.2.4 个人品牌四面体

为了让大家更好地理解IP打造的3个步骤，我们按照PDCA循环[1]的方法论，将其提炼为一个理论模型——个人品牌四面体，如图2-14所示。

---

1 又称戴明环，由美国质量管理专家休哈特博士于1930年提出。PDCA是英语单词Plan（计划）、Do（执行）、Check（检查）和Act（处理）的第一个字母，PDCA循环就是按照这样的顺序进行质量管理，并且循环不止地进行下去的科学程序。

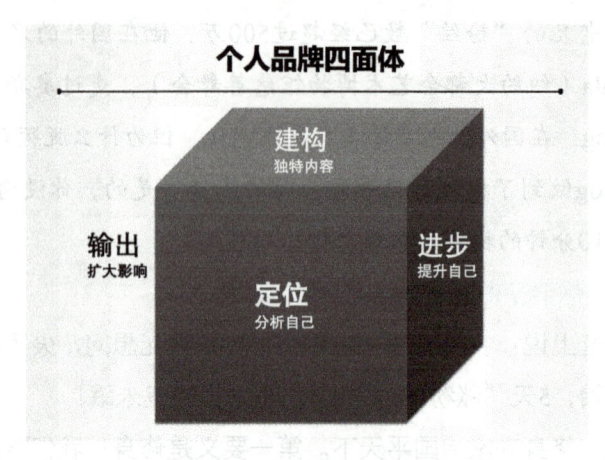

**图2-14　个人品牌四面体模型**

- 【定位】定位你的IP：即分析和认知自己，明确自己的优势和资源，找到自己的独特性和差异点；
- 【建构】提出你的原创理论：定位完成后，进一步构建自己的知识体系和原创理论，并确定如何输出自己的高质量内容；
- 【输出】用内容来表达IP：不出现=不存在，你要发出自己的声音，在多个平台、多个渠道持续分发自己的内容，连接更多的"粉丝"，也可以理解为我们要持续扩大影响力和突破人际的边界；
- 【进步】持续迭代：我们不能停留在原地，这样内容会枯竭，要不断进取、迭代，通过学习、交流、实践、写作、演讲，更新自己的知识储备和认知体系。

这样的一个个人品牌四面体，使我们得以不断进化和迭代，螺旋式上升，从而找到和认知最新的自己。

## 2.3　实战分享

知行合一，做我所讲，讲我所做，真实不虚！

——极光

不同的平台有不同的营销作用，如果用快问快答来表达，应该是这样的：

- 提问——回答！
- 天猫——卖货！

- 微信社群——沉淀私域流量！
- 小红书——种草！
- 知乎——解惑！
- 朋友圈——熟人社交！
- 陌陌——陌生社交！
- 钉钉——企业社交！
- 抖音——打造IP！

下面，我们从微信朋友圈、抖音短视频、直播这3个方面来聊聊IP打造的实践。

## 2.3.1 朋友圈营销和自明星IP

我们都知道微信可以加5000位好友，我们可以通过在微信朋友圈发布信息进行熟人社交。那么，问大家一个问题：你觉得发朋友圈的目的是什么？

### 2.3.1.1 朋友圈营销的目的

正如"一千人心目中，有一千个哈姆雷特"，对于"发朋友圈的目的是什么"这个问题，不同的人，有不同的答案：

- 标记：有人说是标记，比如和男朋友一起吃浪漫法式大餐，发个朋友圈，记录下此刻；
- 炫耀：有人说是炫耀，就像看电视时，我们活在电视台构建的正能量世界中；刷微信时，我们活在朋友圈构建的人人都很好的世界中；
- 互动：有人说是和好友互动、互相点赞和评论；
- 卖货：有人说，发朋友圈就是为了卖货；
- 分享：有人说是分享，分享好的新闻，甚至有数据表明，朋友圈占到订阅号流量的80%；
- 见证：还有人说是让新加的好朋友"回溯我的朋友圈，让他最快地了解我"！

其实，作为个人而言，怎么发朋友圈都可以，没有特别的讲究，你高兴就好！但是，一旦上升到朋友圈营销层面，或者到企业级层面，在发朋友圈时，首先就要确定你的出发点，也就是明确你的目的是什么。

实际上，企业级朋友圈营销就是用私号做公事！那么，如果不是个人的自娱自乐，而是把朋友圈运营当作营销来对待，你觉得发朋友圈的目的是什么？

在第一章，我们提到一个观点：销售是实现"产品—货币"的转换；营销是构建"企业—客户"的关系。我们也提到：销售是开车，营销是开路，先开路，后开车，开通了路，车跑起来就顺畅！（详见1.2.2.3小节"什么是营销"的相关内容。）

所以，朋友圈营销，实质上就是通过微信朋友圈这个双向沟通渠道，来构建我们和客户的关系。从这一点上来看，朋友圈营销的目的显然是"互动"，因为只有双向的互动才能深化关系。

举个例子，微商刚开始很火，后来却演变为暴力"加粉"、暴力刷屏，在朋友圈就很难再推动了，那是因为，朋友圈营销卖的不是货，卖的是情感和信任啊！所以，企业级朋友圈营销，卖货不是首要目的，深化关系才是第一位的！

讲到这里，极光不禁想到两个小段子，分享给大家。

段子一：小明在朋友圈卖东西，开始的时候完全没人搭理他，但功夫不负有心人，他每天坚持上货、拍照、修图、发到朋友圈，坚持了整整两个月，终于有了回报！你猜他得到了什么回报？答案是——所有人都把他拉黑了。

段子二：如果你发现朋友圈有人长期做一件事，你观察他几年，如果他还在做，你也刚好有需求，你就找他吧！因为：

- 如果没有实力，他早就出局了；
- 如果他不专业，他早就不做了；
- 如果他是骗子，他早就消失了；
- 长期做下来的，都是靠谱的！

段子一告诉我们，朋友圈里卖的是情感和信任，而不是货品；段子二告诉我们，坚持的背后，是信任的构建。

总而言之，通过互动来深化关系，最终成为朋友圈中的自明星IP、成为朋友圈中的KOL，这就是企业级朋友圈营销的终极目的！

#### 2.3.1.2 如何打造自明星IP

那么，成为朋友圈中的自明星（微明星、微星），到底难不难呢？

根据《2018微信年度数据报告》的数据，60%的微信用户是年轻人（15~29岁），这些年轻人平均有128个好友。

而在2020年1月9日公布的《2019微信年度数据报告》中，微信官方并没有提到平均好友数这个数据，但是，微信创始人张小龙在当天的微信公开课PRO演讲中称,微信限定一个人最多添加5000个好友,现在有将近100万人已经拥有近5000个微信好友。

极光做过一个调研,如果不是营销号,大部分人微信号的好友数为150~200,而且,这些好友也不是天天都发朋友圈。所以,成为某位微信好友朋友圈里的微星、成为最亮眼的那一个人,你面对的不是10亿人,而是区区的200人!以此类推,打造你的朋友圈自明星IP,实际上是在打一场有限范围的阵地战!

极光认为,只要有方法、有步骤,成为客户朋友圈中更好玩、更有人格魅力、最闪亮的那个人,一点也不难!

其实,在朋友圈卖货本质上是一种推荐销售,需要信任背书。而客户信任的积累,从陌生到熟悉,也是靠慢慢培养出来的!信任来自微信好友在情感上对企业自明星IP的喜欢,当然,这需要高频的互动沟通来达成和维持。

每一次推荐、卖货,都会消耗长期积累下来的情感和信任,当信任卖完了,就再也卖不动了,所以,不加节制的推荐最终会"失血过多"而枯竭。

怎么办呢?结论是,需要更加用心地付出,建立"补血"和"造血"机制!也就是说,拿出更多诚意和朋友们交流互动,玩在一起,分享快乐,让售出的情感和信任重新获得积累!一旦这种新型客户关系确立下来,便是稳固的,能够形成持续交易的基础!

在这里,极光提出一个概念:社交货币。整个打造自明星的过程,实际上就是一步一步把你的"情感账户",从蓝卡升级到银卡、金卡、白金卡直至黑卡的过程。

如果把互动效果数值化的话,那么:

- 每一次朋友圈点赞,相当于给自己情感账户存了0.1元;
- 每一次朋友圈评论互动,相当于存了0.5元;
- 每一次推荐销售,相当于消耗了1元;
- 每一次微信广告骚扰,相当于立减10元!

大家想想,如果一个微信好友给你发广告信息,你是怎么做的呢?是不是多半会拉黑或者删掉此人微信?那么,为什么有的人发了广告却不会立即被删除呢?那是因为,此人多半在你的"情感账户"上还有余额,当他在你这所存的余额为零甚至为负时,也就是你的微信号被好友删除之时!

最后,给出两组公式,大家看看有没有道理:

- 第一组公式：生意链=传播链=关系链；
- 第二组公式：营销=沟通和互动=信任=利润。

总结一下，移动互联网玩法的核心是"人"，我们要通过朋友圈呈现出一个有生活、有情怀、有事业、有追求、有意思、正能量、活生生的人！要通过持续的互动来深化关系，使得企业的专属IP成为客户朋友圈中的自明星IP、成为好友中的KOL！你想，都成为KOL了，你的产品也就不销而销了吧！

本小节提到了4个关键词——信任、互动、社交货币、自明星。用一句话表达，就是：通过互动来构建信任，储蓄社交货币，最终成为朋友圈中的自明星IP。

#### 2.3.1.3　朋友圈IP呈现的4种形式

前面提到过，凡是内容原创、独具特点就可以是IP，也就是说，IP需要靠内容来表达。在实践中，极光接触到大量的企业，发现一个通病，就是在移动互联网时代，大家都不太会把自己的产品和服务变成文字信息、图片信息、声音信息和视频信息。

其实，在IP时代，具备优质内容制造能力至关重要。就极光个人而言，在朋友圈中打造IP，大体上经历了4个阶段，对应使用了4种内容呈现形式，分别是：图片、图文、声音文字视频、真人出镜视频。

◆ **第一阶段：图片呈现**

图片呈现很简单，就是一张真人实景图片加上一小段文字感悟，合成一张图片，然后分享到朋友圈即可，如图2-15、图2-16所示。

图2-15　极光朋友圈IP打造实例1（图片呈现）

有人会说，我不会图片处理技术咋办？或者，处理图片需要用到图片处理软件，可软件太复杂，我也不会操作啊！其实，移动互联网时代讲究的就是"快"，讲究的是"每有所感，即时生成，即时表达，即用即抛"。我们完全可以使用一些如美图秀秀之类的App，用等公交、等地铁的碎片化时间，在几分钟内快速生成图片内容，快速表达！

图2-16 极光朋友圈IP打造实例2（图片呈现）

◆ **第二阶段：图文表达**

极光会定期把工作中一些感悟，以"运营手札"或"极光感悟"的形式发布在朋友圈中。2018年，极光发布了50多条"极光微营销运营手札"，既是对自己工作中思维火花的记录，又是对自己IP专业形象的持续塑造。好多合作的机会就是在此过程中无声出现的。

只要有观点、有态度，就能收获认同！部分"极光运营手札"的文稿展示如下，呈现形式如图2-17所示，供大家参考。

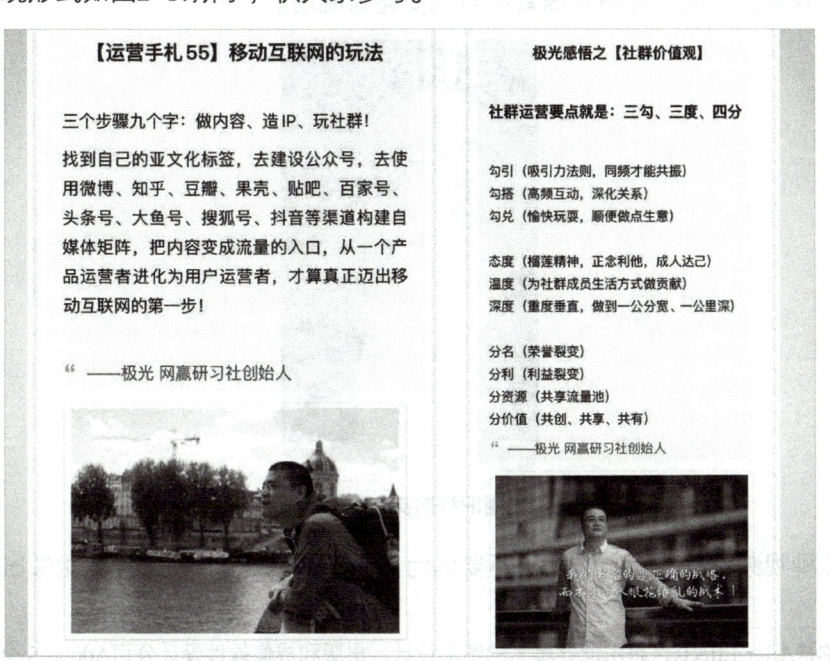

图2-17 极光朋友圈IP打造实例3（图文呈现）

### 【极光运营手札36】再谈微创业

当下进行轻资产微创业，极光认为必备四大思维：流量思维、"粉丝"思维、内容思维、培训思维。如果用靶点图来图示化，那么就是以内容为核心，以流量为引领，以"粉丝"为基石，以线上微课、线下沙龙为左臣右相！

### 【极光运营手札52】免费社群玩不转

互联网产品为什么可以免费？是因为基于海量用户，边际成本趋于零；同时，羊毛出在猪身上，让狗去买单，要找到那个买单的狗！而对于社群而言，我认为免费模式行不通，通过付费，筛选出愿意为价值买单的同频人群，这才是"真爱"！

### 【极光运营手札54】为什么要坚持做付费社群？

首先，付费才有商业价值；其次，认同才会付费，付费才是"真爱"，所以，付费就是为了筛选出同频的人！要相信吸引力法则！刚开始可能会很艰难，但是只要坚持你的价值主张，从忠诚的种子用户开始，社群一定会沿着"粉丝"的圈层向外裂变的。

◆ **第三阶段：声音文字视频呈现**

常刷短视频的朋友会在抖音、快手等平台看到很多如图2-18这样的文字翻转视频，视频里的文字会随着语音内容的变化而跳动。

图2-18 极光朋友圈IP打造实例4（声音文字视频呈现）

这种视频到底怎么制作呢？不要以为只能在电脑上用AE[1]软件才能做出好玩的

---

1 全称是After Effects，是由世界著名的图形设计、出版和成像软件设计公司Adobe Systems Inc.开发的专业非线性特效合成软件。

动画，其实，用一张真人实景背景图、一段15秒语音，用"美册""字说"之类的App即可快速合成文字视频。

正常语速下，一分钟能说200字，10~15秒的语音为40~60字。如果想要打造IP，在平常的工作中可以做个有心人，随时记录下工作的感悟，整理、提炼为"金句"。下面是极光声音文字视频的部分脚本，每一条都配有一个15秒的文字视频，供大家参考。

- "互联网+"的核心是连接和体验，连接一定能打败不连接，多连接一定能打败少连接！
- PC互联网时代的流量和转化法则正在被颠覆，学会IP化生存和社群运营至关重要！
- 销售是开车，营销是开路，先开路，后开车，开通了路，车跑起来就顺畅！
- 无体验不营销、无"粉丝"不活动、无同频不成交、无服务不落地！
- 社群，玩的就是"三勾四分"，即"勾引""勾搭""勾兑"，分名、分利、分资源、分价值！
- 社群的玩法：梯度产品、梦想阶梯、会员清单、价值输出、重度垂直、多方互动！
- 不出现=不存在，证明你的优秀很容易，难在证明你的存在！
- 人们总是基于自己的理由而非你的理由进行关注，所以，首先要找出他们的理由！
- 跨界竞争者，不受行业思维局限，敢于求变，一动手就颠覆你的商业模式，往往出其不意。
- 未来，一切商业皆内容、一切内容皆IP、一切环节皆体验、一切关系皆渠道！
- 移动互联网时代玩法的核心是"人"，你需要把你的关系链变成传播链，再变成生意链！
- 社交电商，卖的不是货，卖的是情感和信任，卖的是解决方案，卖的是生活方式！
- 关注背后是想获得持续价值，持续价值才能带持续关注！

其实，用这些"金句"来录制声音文字视频，每天只需花上几分钟就可以快速生成一个，效率很高，效果还不错。

这些声音文字视频不仅可以在朋友圈进行展示，用于打造个人IP，还可以在许可订阅的前提下，每天定时私信给微信好友，这种互动和价值输出的方式，我们称为"微信直邮"（又称"序列发售"），这对微信端的信任构建有较大的帮助。

◆ 第四阶段：真人视频打造IP

显而易见，真人出镜更直观，更立体，对打造IP更有冲击力！大家可以使用抖音扫描图2-19中的抖音码，查看极光真人出镜的相关短视频案例。

极光老师
网赢研习社创始人，实战营销专家
聚焦私域流量、社群商务、IP产业运营

使用最新版抖音扫抖音码，加我好友

抖音 记录美好生活

图2-19　极光老师抖音码（真人出镜视频呈现）

说到生产工具，同样不需要用到专业的PR[1]软件，用剪映之类的App即可快速剪辑短视频。所以，在移动互联网时代，无关工具的专业程度，你只要有内容、有创意、敢于表达，然后选择合适的App，即可在手机上快速生产内容，快速打造你的IP。

有了真人出镜，是不是就不需要图片、图文展现的形式了呢？其实不是这样的，正如有了第三产业服务业，但是第一产业农业对我们而言仍然是必要的。每一种表达的载体和形式都有其侧重点，我们可以根据自身的情况，将各种载体和形式结合起来，灵活穿插使用，从而打出IP打造的组合拳！

---

[1] 全称是Adobe Premiere，是由美国Adobe公司开发的一款非线性编辑的视频编辑软件，可用于图像设计、视频编辑与网页开发。

有人会说，我的真人出镜视频发到抖音、快手中，没有流量，没有人看，发到朋友圈中进行展示会有用么？

其实，同一个商品出现在不同的渠道，给人的价值感知是不一样的。正如你在自助餐中可能不想喝可乐，但是大夏天走在户外，可能又特别想喝可乐。同样，微信用户对小视频的感知力和抖音用户也是不一样的。第一，微信主打熟人社交，对方是你认识的人；第二，正因为是熟人关系，好多人不好意思真人出镜，所以在微信朋友圈中，真人出镜小视频这种形式也是不多见的；第三，抖音有4亿日活跃用户，而微信日活跃用户10亿，还是有很多人不看抖音的。所以，即使一个人在抖音上刷视频刷麻木了，但如果在微信朋友圈中看到类似的内容，仍然会觉得很新鲜、很好玩！

那么，下一阶段，人们会用怎样的载体来呈现IP呢？一个可能的方向是"多人情景剧"的形式，就某个情景进行多人剧情演绎，这样更有场景感，大家更容易对号入座，更容易理解和接受。在2.3.2小节"抖音和短视频IP打造"中，我们会进一步来聊聊如何用抖音短视频来打造IP。

### 2.3.1.4 朋友圈IP打造的四力模型

这一小节，聊一聊如何通过微信朋友圈来打造个人IP，极光总结为四力模型，分别是：内容力、服务力、互动力、文案力，下面逐一展开聊聊。

- 内容力：内容创造；
- 服务力：用户维系；
- 互动力：互动激活；
- 文案力：收钱文案。

◆ **01 内容力：内容创造**

首先，我们谈谈内容创造的问题，也就是说，我们究竟应该如何持续创造优质内容呢？除了在上一小节中我们谈到的"朋友圈IP呈现的4种形式"，打造内容力还和如下4个要素相关：

- 内容规划（内容定位）；
- 内容储备（素材收集）；
- 内容创造（内容生产）；
- 内容发布（内容触达）。

第一点，内容规划：我们在朋友圈中打造自明星IP时，可以发布哪些内容呢？

通常，企业级朋友圈营销所发布的内容，可以从"个人相关度、产品相关度、用户相关度"这3个维度来进行规划：

- 【个人相关度】人生态度、学识学养、格调品位、情绪感想；
- 【产品相关度】每日一答、秒杀互动、产品信息、市场活动；
- 【用户相关度】晒单、晒好评、用户见证、效果对比。

在做内容规划时，我们要明白一点，即使你企业的产品和服务再好，也不能一次性、一股脑地把信息全部都塞给客户。如果强塞，会被全部"吐"出来，因为客户会"消化不良"。

所以，我们在规划内容时，一方面，要考虑信息传递的有效性，要变"疾风骤雨"式的信息流轰炸为"润物细无声"式的持续传递。另一方面，在信息的传播过程中，发送方固然重要，而接收方也许更加重要。要知道，在信息爆炸和时间碎片化的今天，我们在好友脑海中是怎样的人，有可能不是由我们决定的，大概率是这样的：他用碎片化的时间，通过刷朋友圈接收到我们发布的碎片化信息，再经过其大脑日积月累的重构，最终形成对我们的拼图式的认知！

因此，认知到这些规律以后，我们在做朋友圈内容规划时，要学会把企业品牌的完整信息给主动打碎，巧妙地融进自明星IP的生活和工作轨迹之中。

也就是说，如同喝豆浆一样，黄豆再好、再有营养，如果不用豆浆机把黄豆打碎，变成豆浆，我们就很难吸收。同样的，企业也需要一台"信息豆浆机"，来"打碎、发布、重构"信息，这是朋友圈营销的一个重要秘诀！

第二点，内容储备：规划和定位好朋友圈的内容范围后，要做好内容的储备和素材的收集整理工作。

该如何准备素材呢？在这里，我们可以把素材分为5类：

- 【品牌故事】通常以软文的形式来展现，是一篇一篇的小文章，要求主题明确、内容精简，有吸引人的核心内容；
- 【产品素材】产品功效、功能、介绍、用途；
- 【知识素材】用法、注意事项、产品成分、小常识；
- 【反馈素材】用户和渠道的真实反馈；
- 【市场素材】团队成员的成长、市场的现状、行业前景的分析。

素材不光可以分类整理，还可以分级授权，比如，可以细化到哪一个素材，适合哪个级别的合伙人、分销员、代理来使用。

在实践中，我们要做个有心人，一方面，平时在浏览自媒体、看新闻、刷动态时，就要养成随时随地收集素材、创意、内容、故事的习惯；另一方面，还需要进一步按照类别进行整理、归纳，以便在产品宣传时，随时调取、随时分享。

关于素材的收集，有3个小技巧。

第一，要注意图片的拍摄和收集，图到用时方恨少，很多时候我们发朋友圈，可能就少那么一张合适的配图，所以，平时看到合适的场景就要随手拍下来，以备不时之需。

第二，要学会激发团队小伙伴的智慧和创造力，要知道，人人都是运营者、人人都是内容创作者。

第三，可以在电脑上建个文件夹，随时把看到的有趣、有创意、有想象力的句子、图片、视觉设计等素材收进来，定时进行整理，如笑话库、语录库、标题库、选题库、图片库、版式库等。

此外，素材是需要处理和加工的，所以，会灵活使用一些小工具是必要的。比如，使用锤子便签App来随时记录任何灵感和想法；用印象笔记来做云存储；用幕布来做思维导图；用美图秀秀快速处理图片；用快剪辑或剪映来剪辑小视频；用视频下载王来下载视频；用Cloudconvert.com网站在云端来做格式转化，等等。

第三点，内容创造：对于企业级朋友圈而言，优质内容的生产能力至关重要。

总的来说，在创造内容时，我们要力求做到以下6点：

- 【激发兴趣】多发客户感兴趣的话题；
- 【调动参与感】不给结论，多提问题；
- 【号召行为】让好友行动起来；
- 【植入广告】巧妙植入品牌、产品信息；
- 【简单娱乐】一起玩，玩出简单快乐；
- 【捕获眼球】在1秒内，用信息捕获好友注意力。

我们逐一来讨论一下。

第一，发朋友圈，是发你感兴趣的话题，还是客户感兴趣的话题呢？我们说，发朋友圈的目的是互动，是通过互动来深化关系，所以，从这一点出发，应该发送客户感兴趣的话题，以引发互动。

第二，如何调动参与感呢？答案是：尽量以问号结尾，不给出结论，通过提问题的形式来激发起参与感。

举个例子，如图2-20中的左侧案例所示，这条朋友圈的文案是："一碗米饭每天得到夸奖，一碗每天受到责骂，还有一碗被置之不理，问最先坏掉的是哪一碗？"这条信息发到朋友圈后，得到的关注和好友互动就比较多。

第三，如果能调动好友行动起来的话，就更好了！行动可以是要求点赞、评论、报名等。

举例说明，如图2-20中的右侧案例所示，这条朋友圈的文案是："诚邀大家今晚到浴场一起头脑风暴！"再比如这一条："女神节转发我的朋友圈，点赞8个，送蜂浆纸体验装一份！"这些，都是调动行为、号召行动！

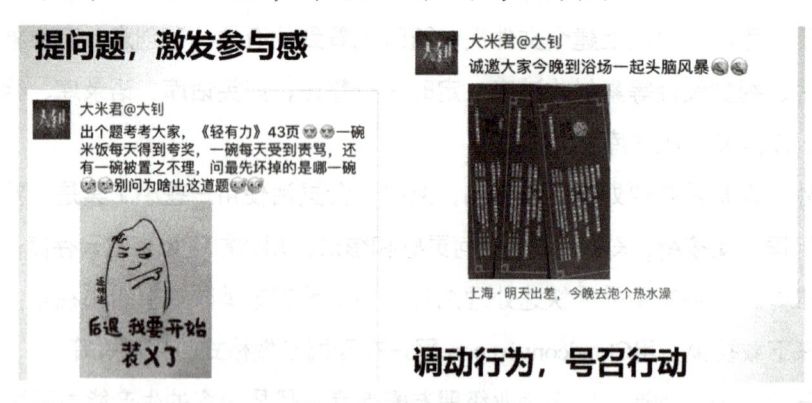

图2-20 朋友圈示例1

第四，要学会巧妙植入品牌信息。

如图2-21所示，这条朋友圈的特点是用漫画传达信息。大米君是卖五常大米的，他用大家喜闻乐见的手绘插画形式，创造出了一个大米的可爱形象，然后发朋友圈，让好友眼前一亮！我们仔细看看这些插画，有没有发现"逐味迹"三个字？这就是品牌信息植入。

第五，简单娱乐。在碎片化的时间里，好友可没工夫听你的长篇大论，更没有兴趣听你讲太多的大道理，他们需要的仅仅是简单娱乐，一起玩，玩出简单快乐，这就够了！

但是，很多人恰恰喜欢长篇大论，动辄发一段文字就成百上千字，恨不得写成一篇社论。其实，在平时我们就要多留心，不放过任何让人会心一笑的各种素材，然后进行快速创作发布，跟你的好友互动起来！这样日积月累，你的朋友圈内容就会变得越来越精彩！

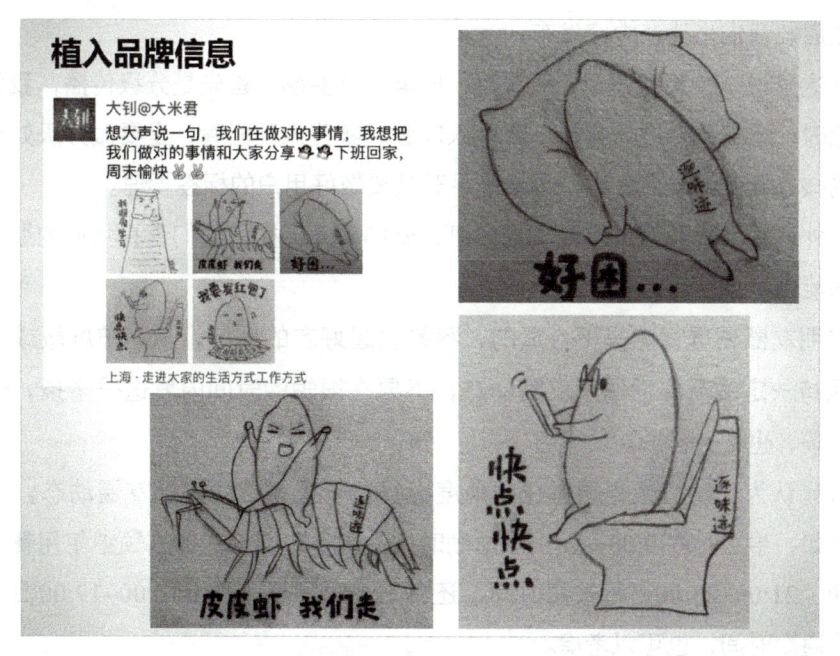

图2-21　朋友圈示例2

第六，捕获眼球。要知道，每条朋友圈动态都是只有一小时生命周期的信息类快消品。假如一屏4条朋友圈动态，1秒刷过一屏，一条朋友圈动态出现在对方眼中的时间，可能只有1/4秒，也就是说，你需要在1/4秒的时间内，用文案捕获好友的注意力！

在做内容创造时，除了以上提到的6个要点，你还需要学会如何把产品变成图片信息、文字信息、声音信息、视频信息，对于企业级微营销来说，这是一项基本功！

而对于这一点，我们在2.3.1.3小节"朋友圈IP呈现的4种形式"中，已有详尽论述，不再赘述。

需要特别提一下的就是，在发布信息时，建议文字尽可能简略，一句话比一段话要好，配图比转发链接要好。

为什么这样说呢？因为链接需要点开，会跳转。还记得我们发朋友圈的目的么？对的，是互动！你说他都点开链接跑走了，还怎么和你互动呢？所以一般来说，如果不是推广你自己的公众号推文，配图比转发链接要好。

另外，图片也不建议多发，简单就好，一条动态就说一件事，不要把好几个观点、好几件事混在一起说，一句话加上1~3张图就可以了！

第四点，内容发布：关于内容力，我们谈到了内容规划、内容储备、内容创造，最后，我们来谈谈内容发布。

在这里说几个关键词，分级传播、刷屏、节奏感。首先是分级传播，我们在发布信息时，要把用户进行分组，哪些人能看，哪些人不能看，是要做分级处理的。这里的核心要点是用户分组，也就是平时就要做好用户的标签管理。

另外，每次发微信朋友圈，最多可以@10个人，提醒他们查看我们的朋友圈，这个功能也建议使用起来！

在朋友圈刷屏肯定是不合适的，容易引起好友的反感，从而被屏蔽或拉黑！建议保持一定的节奏发送朋友圈动态，不要在很短的时间内发送很多条，一天发一二十条，也不太合适。

极光认为，从打造自明星IP的角度出发，一天发三四条朋友圈动态，就可以了。比如，早上7:00~9:00占领上班通勤时间，中午11:00~13:00占领中午用餐休闲时间，晚上21:00~23:00占领被窝时间，还有一个时间点，晚上17:00~19:00白领下班路上的通勤时间，也可以考虑。

当然，如果通过朋友圈卖货的话，发动态的频率也可以略高些，比如，从7:00到23:00，每两小时发一次，这样算下来，每天要发9条之多。

◆ 02 服务力：用户维系

朋友圈营销，内容力靠"撩"，而服务力则靠"聊"，一"撩"一"聊"，就形成了互动，而互动是自明星IP打造的关键。

因为我们讨论的是企业级朋友圈营销，是一个团队来运维多个"个人号"组成的微信矩阵（例如，5个人的微营销团队控制100个微信账号，运营30万~50万个微信好友），内部是一定有分工的。

"聊"的工作，既可以让前端门店销售或客服人员一对一跟进（iPad和手机微信双登录，iPad下发给前端员工，手机收归公司总部监控），也可以集中交由后端互动专员或朋友圈维护专员来交流互动（互动专员通过基于SaaS的云控系统在PC端一对多地操作）。

关于服务力和用户维系，和大家聊3点：

- 看朋友圈（互动评论）；
- 信息备注（相知相伴）；

- 私聊（用户激活）。

用户维系第一点，看朋友圈。

极光想问问大家，有多少人是只顾发自己的广告信息，从来不去看别人朋友圈的？

有的人会说，老师，我有两三千个好友，看不过来啊！实际上，两千多个好友的朋友圈，一般人是没有这个时间一一看过来的；但如果是企业级朋友圈营销，有专门的人力来运营、维护，那就不一样了！

当然，如果是你自己用碎片化的时间来运营朋友圈，看不过来的话，建议你还是删除一些没必要连接的好友！在好友重"质"还是重"量"这个问题上，极光始终坚持重"质"，而不是重"量"！

看朋友圈的目的是点赞、评论、互动；而互动的目的，是深化关系。有一则阿拉伯谚语说："不管是国王还是乞丐，都需要聆听者。"也就是说，倾听，比喋喋不休地说重要，比刷屏管用，建议大家用心与好友进行互动，这样你才会被你的好友记住。

特别地，说一说回复评论。如果你发了一条朋友圈动态，好多朋友来评论和留言，那么请问，你是统一回复，还是逐一个性化回复？

从工作量上来说，当然是统一回复来得快捷，但是，逐一回复可以给每个留言的人以特别的尊重感，对互动和深化关系是有帮助的。如果是团队化运作，设有专职互动评论专员，那么一般建议逐一回复，这样可以把工作做得更细致、更扎实。

用户维系第二点，信息备注。

在微信中，可以给好友设置备注及标签，包括备注名、标签、电话、描述，在描述中还可以添加名片或相关图片。我们要用好备注功能，将用户打上标签、分好组。在日常互动中，有任何新的信息，都要及时记录，随时更新。

那么，如何设计标签呢？一般可以分为以下几类：

- 来源标签：就是该好友是从哪来的，比如朋友推荐、手机搜索、某个活动扫码添加或者从某个微信群主动添加；
- 购买标签：标注是否购买，以及购买了哪个等级的产品或服务；
- 用户等级标签：可分为一般用户、购买用户、活跃用户、资源型用户等；
- 深度互动标签：用来标注和你互动比较频繁、沟通比较深入的人群；

- 人群属性标签：可分为母婴人群、白领人群、价格敏感人群、有支付能力人群等。

当然，还可以按照A、B、C、D来给用户分级、打标签，将80%的时间用在A类好友身上，每周联系一次的是B类好友，每两周联系一次的是C类好友，每月联系一次的是D类好友，微信满5000人时，优先删除D类好友。

为什么要删除好友呢？要知道，永远是20%的重点用户，给你带来80%的销量和利润。放弃D类好友，服务A类好友，这样会有更多高质量的A类好友被吸引过来，大家同喜好、同频率，彼此都轻松。做运营，一定要有这样的"裁员思维"，否则，面对海量用户，你就会"忙（碌）、盲（目）、茫（然）"，不知如何着手来运营。

最后，我们来谈谈用户维系的第三点，私聊。

私聊是激活用户的最好手段，但是贸然打扰，会导致用户体验不好。如果发的还是广告，则很容易被拉黑或被删除！

一般来说，私聊有3个比较好的时机：一是加好友后的第一次沟通；二是通过在朋友圈里评论互动，自然转到私聊；三是在合适的时机，通过事件来触发，比如生日、节假日、突发事件等。

我们要重视第一次的私聊，最好明确对方的称呼和兴趣点，并为下一次私聊埋下伏笔。在这里，给出一个"三重信任推进术"的套路，就是：红包—语音—见面礼，你可以先发个小红包，然后发一段语音，最后送一份见面礼。见面礼可以是对其有价值的电子书，这样"自我价格低"，控制了成本，但是"对方价值高"，送礼的效果也达到了！

聊天，当然是花时间的，要付出精力的。对于企业级朋友圈来说，一般的要求的是：重要用户重度运营，一般用户一般运营。比如，一个前端门店客服人员负责3000位好友的运营，能不能做到在一个月内和每个好友自然地私聊一次？

工欲善其事，必先利其器。在互动前，必要的物料是要准备好的，比如，自我介绍的文字和照片，作为见面礼的电子书，常见问题解答库等。

### 聊天掌握这十条，业绩涨十倍

1. 不要闲聊太久：会显得松散、不专业，信任的推进只需要每天一点就好。
2. 不要长篇大论：信息过多会令人生畏，每个人的耐心都是有限的，对方如果不懂的话，可以打比方，拿常见的东西进行比喻。

3. 不要争辩或批评：聊天不是开辩论会，你说你跟用户吵，会得到任何好处吗？

4. 不要做利益交换：建立信任是关键，不要太过于直接地做利益交换。

5. 不要群发：尽量做到一对一地沟通，每个人都喜欢被重视的感觉，所以内容最好针对每个人做适当的修改。

6. 不要喋喋不休或喜形于色：不要因为自己的情绪影响到你好友的情绪，记住最重要的工作就是建立信任感。

7. 多从对方的产品或事业切入：客户不会给你太多的时间让你来介绍你的产品，但是他一定会给你时间让你来了解他的产品。

8. 朋友圈帮忙转发：可以帮用户转发一下他的产品或活动信息，有利于拉近关系，但是提前说好，只转发保留3天，因为3天前的信息基本上不会有人再刷到。

9. 主动帮好友介绍客户资源：帮他们相互介绍，可以同时获得两个人的信任。

10. 关于聊产品的切入点：分析痛点（我们做这件事的初心）、讲述故事（我们的客户产生的故事）、制造感觉（描绘美好的画面，引导向往）。

◆ 03 互动力：互动激活

我们已经知道，朋友圈营销的目的是"互动"，是通过高频的互动来深化和用户的关系。那么究竟该如何互动呢？有4种高质量的互动方式：展示型互动，选择型互动，娱乐型互动，成交型互动。

第一种，展示型互动。就是分析朋友圈中的好友都喜欢什么，然后多发好友感兴趣的话题，以引发互动。

他们爱美，就展示可以让他们更美丽的方法；他们想通过微信创业，就分享一些微创业的干货；他们向往美好的生活，就展示出行旅游的照片和心情；甚至日常生活中的小乐趣，都可以成为互动主题。

如图2-22中左侧案例所示，就是一个日常生活场景的展示："忙忙碌碌，不经意间，发现大半年都没在家里吃过饭了，其实真的要明白自己要的是什么，要专注于当下最重要的人和事啊！"配图是一盘红烧鱼。

这样的场景，就可以引发对"爱家、爱生活"这个主题感兴趣的好友来互动。当然，换个场景、换个主题，被引来互动的，可能又是另一批好友了。

总之，这样做的意义就是吸引和我们有同样爱好的人来关注我们。要知道，人们都是因共同爱好而成为朋友进而组成社群的，而和好友兴趣无关的信息，是无法抓住对方注意力的。

图2-22　朋友圈示例3

第二种，选择型互动。就是通过提问题，让好友从多个答案中去选择，可以有效增强好友的参与感。

如图2-22中右侧案例所示，互动文案是："老师分四种，有趣有料、有趣无料、无趣有料、无趣无料，第一种可遇不可求，第二种和第三种，二选一，你愿意选哪个？"结果引发了近百人的讨论和参与。

第三种，娱乐型互动。很多人喜欢在微信中消耗零碎的时间，这时，引导好友做一些简单的互动，是最容易让好友参与的。他们会很认真地针对你提出的问题去寻找答案，同时也希望你公布最后的答案，答对的人还会很乐意与你进一步互动，"炫耀"自己的聪明才智。

如图2-23中左侧案例所示，互动文案是："好吧，做个题再道晚安，答案到底是多少？"这条朋友圈发布于晚上十点半，实际上就占领好友的被窝时间，也有数百人参与了互动，互动效果也非常不错！

实际上，1=4，那么4当然等于1了，公布结果后，好多好友才恍然大悟，然后又引发新一轮的互动！关于脑筋急转弯之类的娱乐型互动，一定不能太难，否则大家就没有参与的积极性了！总之，娱乐型互动的原则就是：一起玩，玩出简单快乐！

如图2-23中右侧案例所示，互动文案是："从你的微信昵称，一眼看出你的性格，你的昵称暴露了性格吗？"

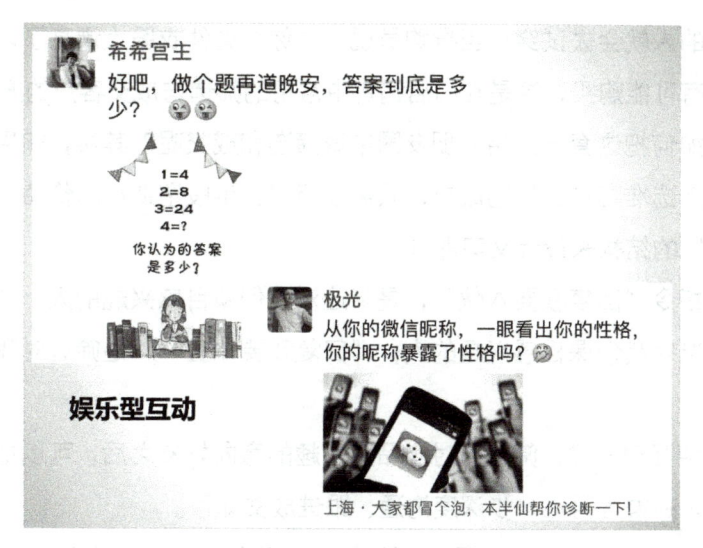

第二章　IP篇：私域流量的"粉丝"从哪里来？

图2-23　朋友圈示例4

在地址栏写的是："大家都冒个泡，本半仙帮你诊断一下！"而在评论栏，第一条自己占位的评论留言中，给出了7个参考选项。

你的微信昵称是哪一种呢？

1. 真名：真实姓名；
2. 小名：小丽、齐齐；
3. 艺术性笔名：花开花落、匆匆那年；
4. 带职业信息：××律师、××美妆顾问；
5. 纯表情：表情符号、颜文字[1]；
6. 名字+状态：写论文的××、××在纽约；
7. 英文名。

结果是，这条娱乐型互动有数百人多人参与，有人回复1，有人回复6，有人干脆直接把自己的昵称发到评论中来请求诊断……总之，大家都玩得很开心！

最后，我们来看看第四种，成交型互动。

在朋友圈中通过持续的互动来构建信任，这个过程，我们称为"养熟"。当我们仅仅去做展示的时候，好友们是很难下定决心去购买的，我们得去推动成交！

好友看朋友圈，就像逛商场，当我们逛商场时，导购员说："喜欢就穿上试试

---

[1] 颜文字是一种表情符号，是指利用计算机字符码表中特定字符的显示外观，编排其组合次序，所形成的描绘人物表情动作的图案。

115

吧！"喜欢的人就会去试穿！当导购员说："你穿这件衣服太漂亮了，它太适合你了！"你就有可能购买，这是在门店销售中常用的筛选与成交客户的方法。

那么，如何把这套方法用到朋友圈中做筛选和成交呢？其实，如果想通过一条朋友圈动态筛选准客户、推动成交，只需按照"上半段塑造产品价值、下半段给一个互动指令"的结构来设计文案即可。

比如，指令"回复我要入伙"，是筛选对我们项目感兴趣的人；"回复我要试听"，是筛选对我们课程感兴趣的人；"回复我要体验"，是筛选对我们产品感兴趣的人……

通过这种互动方式，筛选出对产品感兴趣的意向好友之后，可以把他们拉到一个微信群里，在群里再进一步深度沟通、跟进成交即可。

如图2-24所示，互动文案是："把握时代趋势，拥抱新零售，有赞+小亚通+京东仓库物流，是一套新零售且轻电商的解决方案，感兴趣的朋友回复9。"通过这条朋友圈动态，当天晚上就拉了一个30多人的讨论新零售的微信群。

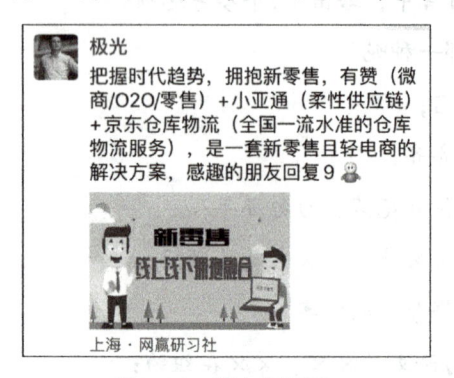

图2-24 朋友圈示例5

◆ 04 文案力：收钱文案

在私域流量中促成成交，通常有3种途径：一是直接在微信朋友圈中销售，二是通过私聊销售，三是通过微信群来达成销售。成交的载体，可以是微商城，也可是分销系统；传播的形式，可以是小程序，也可以是H5链接；促销的形式，可以是秒杀、拼团、特价促销，等等。

那么，当要在朋友圈中做销售时，如何写成交文案呢？在这里，与大家分享3个收钱模型。

模型一：吸引眼球、价值塑造、负风险承诺、暗示行动、行动指令。

让你不缺"粉丝",让"粉丝"信任你,让你自动收钱,让客户帮你推广。微信社区理论太牛了,值得每一个人学习,学费仅需1200元,学完不满意退你1201元。立刻学习,你也可以成为微营销高手。立刻长按二维码支付,报名后私信我,我先发给你一个内部教程。

我们来剖析一下这条文案的结构:

- 吸引眼球:让你不缺"粉丝",让"粉丝"信任你,让你自动收钱,让客户帮你推广;
- 价值塑造:微信社区理论太牛了,值得每一个人学习;
- 负风险承诺:学费仅需1200元,学完不满意退你1201元;
- 暗示行动:立刻学习,你也可以成为微营销高手;
- 行动指令:立刻长按二维码支付,报名后私信我,我先发给你一个内部教程。

模型二:展现结果、击中痛点、放大爽点、目标客户群、号召行动。

其中,展现结果是吸引注意力;击中痛点和放大爽点是利用了人们"逃避痛苦、追求快乐"的心理;强调目标客户群是让好友自动对号入座;号召行动则是筛选准客户,然后进一步转向私聊或微信群,促成成交。

今天我加了516个精准好友!现在可以教你一个加微信好友的方法,符合微信风控规则,不会封号!一天加几百人问题不大!不管你是做微商、电商还是教育培训,都很有帮助。要方法的请在评论区回复"9",或直接私信我!

我们来剖析一下这条文案的结构:

- 展现结果:今天我加了516个精准好友;
- 击中痛点:现在可以教你一个加微信好友的方法,符合微信风控规则,不会封号;
- 放大爽点:一天加几百人问题不大;
- 目标客户群:不管你是做微商、电商还是教育培训,都很有帮助;
- 号召行动:要方法的请在评论区回复"9",或直接私信我。

模型三:功能描述、结果呈现、价值塑造、核心需求、信任见证、结果置换、行动指令。

这种代餐产品可以帮你有效瘦身,让你在7天之内减重7斤。身边的很多同事用过都赞不绝口，连自己的老公都夸她们年轻漂亮了很多，不可思议的是半年多了都没有反弹，可以在后面的客户案例中真实地看到她们今日的风采，只要像她们那样做，你也一样可以瘦身成功，还等什么呢？快来购买一款试用吧！

我们来剖析一下这条文案的结构。

- 功能描述：这种代餐产品可以帮你有效瘦身；
- 结果呈现：让你在7天之内减重7斤；
- 价值塑造：身边的很多同事用过都赞不绝口，连自己的老公都夸她们年轻漂亮了很多；
- 核心需求：不可思议的是半年多了都没有反弹；
- 信任见证：可以在后面的客户案例中真实地看到她们今日的风采；
- 结果置换：只要像她们那样做，你也一样可以瘦身成功；
- 行动指令：还等什么呢？快来购买一款试用吧！

其实，收钱文案模型和套路还有不少，本质上都是先进行价值塑造，然后化解疑虑，构建信任，最后要求成交。我们说：没有行动输出的学习，就是浪费时间。只要多实践，你一定能举一反三，总结出你自己的朋友圈文案套路。

这一小节中，我们从内容力、服务力、互动力、文案力这4个维度讲了如何打造朋友圈IP。在本书第三章"社群篇"中，我们还会继续聊到运营社群的5个维度，分别是规则力、运营力、输出力、复制力、产品力。这两方面合起来，总共9个维度，极光称之为社群商务的"九力模型"。

我们都知道，微信朋友圈营销是在私域闭环社交环境下来打造你的自明星IP，那么，如何在流量更大的公域开放平台下打造你的IP呢？下一节，我们来聊聊如何用抖音来打造短视频IP。

## 2.3.2 抖音和短视频IP打造

有人说：短视频拉流量，最容易！真的么？还有人问：错过微博、错过公众号，是不是千万不能错过短视频风口？甚至还有人问，我的视频这么好，为什么没有火？

极光最近刷抖音，越刷越感慨，为什么？刷之前，有人说，中国的"傻子"一半在抖音，一半在快手。刷过之后则感慨，抖音真不是我们想象的那样，它是在当前的互联网环境下一次全民思维的创新！抖音上的每个人，都进行了充分的表达和天马行空般地创作！极光观点：在商业上，我们真的要去积极拥抱变化，去感知，而不是一味拒绝！

另一个感慨就是，"90后"甚至"95后"的思维特别活跃，创造力特别强，那么，"60后""70后"的大叔、阿姨们还有机会么？

现在，大家都知道抖音是最具红利的流量入口了，但问题是，随着创作者的大量涌入，以及平台内容的不断增多，在抖音上，如果在3秒钟内抓不住人心，观众就会离开！这要求创作者要绞尽脑汁去创作，去争夺有限的用户注意力。结果就是，短视频的整体质量不断提升，可以预见，短视频的门槛也将越来越高！那么，对于企业而言，把握得住短视频红利么？

#### 2.3.2.1 抖音中的互联网思维

极光认为，我们永远赚不到我们认知范围以外的钱，而未来的竞争其实就是认知的竞争！所以，在回答上面这些问题之前，我们先来了解一下抖音中的互联网思维，是非常必要的。

要想玩转抖音有几个关键思维，分别是平台思维、定位思维、用户思维、简约思维、流量思维、数据思维。

◆ **01 风口取势之平台思维**

通常，无论是经营还是创业，都要先选对方向，找对平台。那么，每有连接，必有红利，迄今为止，你都抓住过哪些平台红利呢？2000年的百度？2006年的淘宝？2009年的微博？2012年的天猫？2013年的公众号？2016年的抖音？

平台思维还有一个层面，就是在哪个平台玩，就要遵守哪个平台的规范，合规性很重要！

所以，玩转抖音第一要义：依托平台发展，抓住红利；响应平台号召，获得扶持；合规经营，不触红线！总之，找对平台，合规经营，借力平台，青云直上！

◆ **02 爆款账号之定位思维**

实际上，定位一个细分人群，做到一公分宽、一公里深（小而美、重度垂直），并想好基于这个人群的变现模式，这就是短视频定位。具体而言，我们可以从3个维度来考虑。

- 首先是"Why"，为什么要做？

据说，现在抓住短视频红利的都是之前的大V、网红、自媒体达人，所以，进入短视频行业，即使不为当下，也是为下一站风口做好准备！

- 然后是"What"，用来做什么？

当下，定位一个细分人群，并服务好这个人群，就可以是一个非常好的、小而美的商业模式。

- 最后是"How"，如何做呢？

5个关键词：颜值、泪点、笑点、新奇、知识。你定位在哪一个人群？主打哪一个点？如何让目标人群快速获得价值感？要知道，持续价值才能带来持续关注！

更多关于抖音定位的思考，详见本书2.2.1.4节"基于抖音的IP定位"的相关内容。

◆ **03 爆款内核之用户思维**

所谓用户思维，不是你有啥优势，而是你满足了目标人群的哪些需求！

比如，我是干摄影的，"粉丝"不会关心光圈和景深，也不会关心所谓的转场方法，只会关心用什么型号的机器拍摄，如何收音、如何添加视频字幕。

总之，用户要的，不是你的专业性，而是解决方案。正如患者要的不是药，而是健康。人们是基于自己的理由而非你的理由进行关注，所以，首先要找出他们的理由！转换角色，换位思考，大白话、听得懂、够得上，有共鸣，这就是打造短视频IP的用户思维！

◆ **04 爆款文案之简约思维**

随着平台的内容生产者越来越多，而用户的总时间是有限的，那么，在信息大爆炸的今天，如何争夺有限的注意力？3个关键词：简约、极致、迭代。

所谓简约，是指在账号规划上，聚焦到某一个细分领域，力求垂直、专注；在视频节奏上，力求简洁、明快，先说结论点题，或者3秒"抛梗"，抓住人心！

所谓极致思维，是指需求要抓得准，按照自检表反复调整文案，做到自己能力的极限！

当然，这些还不够，还需要快速对用户的反馈做出反应，并在后续视频中持续改进，这就是迭代！总之，谁的内容更有价值，谁就能占有更多的用户注意力！

◆ **05 爆款变现之流量思维**

有人说：生意的本质是流量。这话也没错。经营的本质是创造顾客价值，而为了达成这一目的，我们需要获取流量！

有的视频只有十位数的播放量，是被限制流量了么？其实，抖音官方已经说过，除非违规，否则不存在限流一说。视频没流量，账号没"粉丝"，99%的情况都是因为内容不到位！

那么，视频没有播放量的原因何在呢？

- 一是标签不清晰，抖音不知道推送给谁。
- 二是数据不达标，完播率低，正向反馈差，就无法突破基础播放量，进入更大权重圈。

那么，怎么解决播放量少的问题呢？

- 一是合规操作。
- 二是用心做好内容，一个小技巧就是：爆点前置，制造话题。
- 三是坚持更新、持续优化、打造爆款视频。

那么，如何制造话题呢？比如，主流意见是A，咱偏说B；或者来一个"铁口断言"！这样，认同的人会超级认同，会给你献上鲜花，不认同的人会向你扔臭鸡蛋，你看，话题性就有了！或者找个"靶点"，开启吐槽或开怼模式，彰显观点，张扬个性，人都是好奇和喜欢热闹的，你一开怼，大家一围观你，你看，流量也有了！总之，用心做内容，就是流量获取的王道！

另外，短视频流量是越多越好，还是越精准越好呢？换句话说，你认为，是"粉丝"的数量重要，还是质量重要？

据说，某公众号有"粉丝"700万，估值7亿元，这说明"粉丝"数量很重要！但是，今天你要问大家，微信加好友，关注数量还是质量？几乎所有的回答都是：质量！那么，回到抖音，加"粉丝"应该重"质"还是重"量"呢？

试想一下，一个关注了几万个账号的人关注了你的账号。由于他关注的账号实在太多，根本就刷不过来，怎么保证他能看到你的视频？那么，这个"粉丝"和"僵尸粉"又有什么区别呢？

美国汉堡王"粉丝"群有35000人，但群的活跃度不高。汉堡王做了一个活动，如果"粉丝"从群里退出去，就送他一个汉堡。退出群去还给一个汉堡，"粉丝"们纷纷退群，最后只剩下8000人。这8000人是送他汉堡也不退的人，这就是汉堡王的"核心粉丝"，结果汉堡王的社群活跃度大大提高。

所以，任你有十万"粉丝"，但是互动寥寥，又有何用？其实，在抖音平台，"粉丝"数更像一个权益指标，比如1000"粉丝"，可以开通商品分享功能（小黄车）；1万"粉丝"，可以做官方个人认证；10万"粉丝"，可以开通"星图"接广告。而互动数据更像权重指标，比如，点赞多的视频可以强化账号标签，并带来长尾推荐流量！

极光认为，不能单纯追求"粉丝"数量，一开始就要谋划和尝试商业变现的可能，否则，持续投入、坚持更新就是个坑，毫无意义！

◆ 06 爆款视频之数据思维

抖音现在是千人千面，平台会根据你的喜好来推送视频，这就是后台大数据在发挥作用！相应地，从消费视频到创作视频，你的视频播放量，也和数据高度相关！

我们要理解抖音的流量池算法：你拍的任何一个视频，都会有一个基础播放量，之后，平台会根据完播率、点赞率、评论率、转发率，决定是把你的作品放到更大的流量池推送给更多的人，还是就此打住。

那么，如何提升"完播、点赞、评论、转发、关注"这些关键指标的数据呢？我们要透过数据来看背后的真相！具体而言：

- 完播的原因，是不是视频精彩吸引人？或者视频本身就不长，很快就播放完了？所以，要点就是：爆点前置、控制时长。
- 你关注一个账号，背后的动机是不是想获得持续价值？那么，要点就是：提供持续价值。持续价值才能获得持续关注。
- 点赞背后呢？是打动还是感动？要点是：表达真情实感，取得认同。
- 评论背后呢？是赞同还是不赞同？要点是：提供独特观点、有话题性，要么有槽点，要么有爽点。
- 那么转发呢，背后是分享和扩散？观众为什么会分享，因为有收获！所以要点是：讲干货、真材实料，让对方有收获！

从数据的角度来解读，视频短小精悍，"完播率"当然会高。真情实感，引发共鸣，这样"点赞率"也不错。真材实料，观众有收获，相应地，"转发率"也搞定了。而观点鲜明，有话题性，"评论率"这个指标也拿到手了。最后，如果视频内容有独特价值，当然"关注"就多了！

因此，一个好的抖音短视频作品，总结下来，有4个要点：完播率、感染力、风格力、情景力。用4句话来表达，就是：

- 一是短小精悍，要完播；结构反转，反复看；
- 二是真情实感，有认同；真材实料，有收获；
- 三是观点鲜明，有话题；独特价值，有关注；
- 四是情景演绎，易理解；形式创新，新鲜感！

总而言之，上传短视频后，我们要关注各项数据！内容有价值，完播率高，正向反馈好，你的视频就有可能火！

### 2.3.2.2 如何把握短视频红利

以上，通过分析抖音短视频制作的六大思维，我们对抖音有了一个初步的认知，回到最开始的问题：我的视频这么"好"，为什么没有火？

要回答这个问题，我们要先思考以下问题。

- 你的视频面向的是哪些人群？
- 传达怎样的价值观？
- 为受众带来哪些价值？
- 平台倡导什么？
- 平台怎么知道你在讲什么？
- 用户喜欢听什么？

《乌合之众》的作者古斯塔夫说，希望感动群体的一位演说者，绝不能试图用推理的方式证明任何事情，他必须反复地给出粗暴的断言，夸大其词，矢志拥护自己的观点，不断重复！同时，古斯塔夫提到：对群体产生吸引力的艺术，无疑都是品位低下的（当然，它的塑造也需要特殊的才能）。那么，我们需要去迎合么？

视频火了，只是万里长征第一步，仅仅说明你搞定了大流量的入口！然后呢？怎么沉淀并运营因此而来的"粉丝"？怎么变现？产品体系如何设计？价格策略如何制定？渠道通路如何搭建？用户如何分层管理？想明白这些，是不是要先做好自己？

极光认为，身处短视频赛道，认知和心态都重要！只要在赛道上，掌握正确的方法，不抛弃不放弃，一切皆有可能！

创业，或者做企业，我们都知道要风口取势！那么面对5G短视频风口，做还是不做，这是个问题！极光的观点是：不做，风口和你没关系！做，方有一线机会！

那么，什么样的超级个体或者企业IP有这一线机会呢？3个关键要素：

- 第一是内容，能不能持续输出有价值的内容，这需要沉淀；
- 第二是网感，感觉不对，努力白费，而感觉需要去重度体验；
- 第三是商业变现的能力，要么有广告，要么能带货，或者后端有产品跟进。

什么是网感呢？就是用户喜欢什么，我们又该如何表达，网感就是对用户关注心理机制的把握！只要具备以上3个要素，在5G短视频时代，你就有机会打造你的个人IP！

以上，我们聊到了抖音中的互联网思维及如何看待和把握短视频红利，下一小节，我们将聊聊打造短视频IP的一些具体细节。

### 2.3.2.3　如何写出爆品视频文案

"工欲善其事，必先利其器"，打造短视频IP，我们先从工具来说起。短视频就用手机拍，现在几乎人人都拥有至少一部带拍摄功能的手机。额外再补充一些器材，如稳定器、三脚架、指向性麦、补光灯即可。这些器材也不贵，2000元左右就能全部搞定，这就是所有的成本了！

可是，在实践中，经常有人说：老师，我不会拍摄啊！的确，比起码字写文章，拍视频的门槛显然是低了。但是拍视频又需要脚本、拍摄、表达、剪辑，好像门槛又挺高的，怎么办？编剧摄像、灯光收音、后期剪辑、情绪表达……学起来？问一下自己，搞得定么？

那么，抖音的门槛在哪儿呢？极光认为，取决于以下4个要点：

- 【内容力】一要有话讲，生活工作、讲我所做；
- 【表现力】二要敢于讲，面对镜头、自如表达；
- 【拍摄力】三要会拍摄，即拍即剪、坚持更新；
- 【场景力】四要选场景，选对场景、高效产出。

表现力是指IP要习惯于在聚光灯下进行自如流畅的表达，不能磕磕巴巴。同时，创作者要选择合适的视频表现形式来表达，比如，到底是画外音还是隔空对话？是分饰两角还是剧情反转？是小黑板授课形式还是PPT案例拆解？是7秒完播还是类型总结？给予观众的体验，是对话感、趣味感、课程感还是获得感？

而拍摄力是指灯光、收音、拍摄、剪辑等方面的技术能力。自媒体时代，用手机拍摄、剪映App剪辑，就能轻松制作短视频。当然，如果是打造企业级短视频IP，还是应该准备相应的预算，配备专职人员、专用设备，或将拍摄工作外包给专业的团队。

场景力是指找到合适的拍摄场地，是办公室实景、咖啡店还是户外？相应的场景布置，如背景、小摆设、服装、道具等，都属于场景力。无论如何，找一个安静、不影响正常收音、不影响IP录制情绪的场地，争取录制一次性就过，是最好的。

而打造短视频IP最重要的一点，就是你要有内容力。内容力一方面来自短视频IP的积累和沉淀，同时还需要一些创作的技巧。这一小节，我们从结构、内容、标题、场景这4个维度来谈谈如何写出爆款视频文案，如图2-25所示，让你更轻松愉快地打造短视频IP。

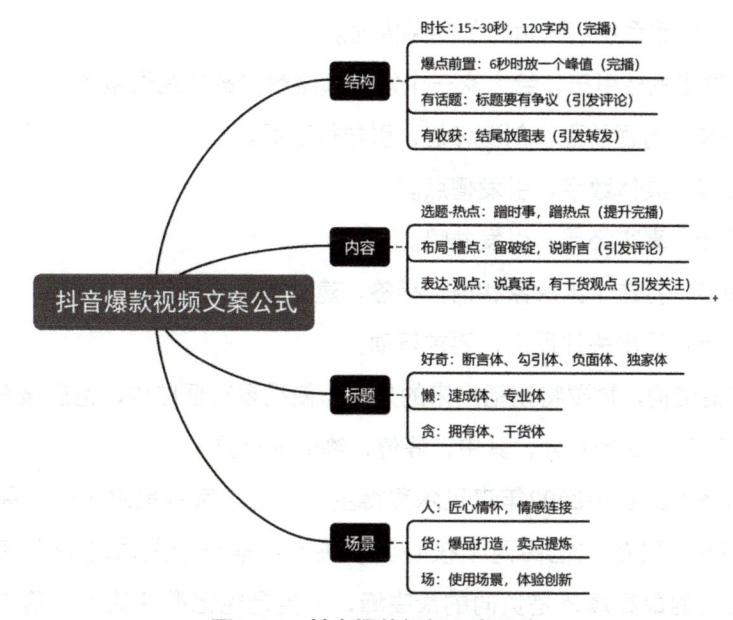

**图2-25 抖音爆款视频文案公式**

短视频IP"内容力"的4个要素：

- 【结构】爆款视频写作的万能公式；
- 【内容】热点、槽点、观点，视频内容创作三点式；
- 【标题】短视频的8种勾魂标题写法；
- 【场景】短视频"IP-人-货-场"打法。

◆ 01 结构：爆款视频写作的万能公式

现在很多人通过短视频来创业，其实，打造短视频IP的第一步，就是要写出爆款文案。如何才能写出爆款文案呢？可以套用一些公式！什么公式呢？

举个生活中常见的例子，女生常会问："你喜欢我什么？"如何回答这个问题呢？其实不用纠结，有公式可用！公式如下：时间点+一件小事+形容润色+海誓山盟+行动。

例如，4年前的一个早上，你忙碌着为我准备早餐，看着你的身影，我仿佛看到了天使，美极了！那时我便默默对自己说，这就是我要用一辈子去爱去疼的女人。（之后紧紧抱住她，不用多解释。）

你看，这就是公式！公式就是套路、就是框架！我们在第一章中提到，运用框架可以帮助我们破解迷思，化繁为简、拨云见日，极大地提升效率！详细内容请参阅1.3.1小节"营销系统的搭建"的相关内容。

极光在这里抛砖引玉，给大家一个短视频爆款文案公式供参考。

- 第一步：问题前置，创造峰值，引导往下看。
- 第二步：具体数字，引发槽点。
- 第三步：真实经历，引发共鸣。
- 第四步：打造个人形象和语言标签，建立个人识别度。
- 第五步：给出关注理由，要求行动。

关于文案结构，需要特别指出来的是，即使视频短至15秒，也应该有"龙头、凤尾、猪肚"三段式的划分，其中，峰值，终值很重要！

峰值和终值，是由2002年诺贝尔奖得主、心理学家丹尼尔·卡尼曼提出的。他发现人们对体验的记忆由两个核心因素决定：第一个是体验最高峰时的感觉（无论是正向的最高峰还是负向的最高峰，一定是能记得住的）；第二个是结束时的感觉。

这就是峰终定律（Peak-End Rule），人们体验一个事物或产品之后，所能记住的就只有在峰值与终值时的体验，而整个过程中每个点的好与不好、时间长短，对记忆或感受而言，都没有特别大的影响。

比如，大家都喜欢宜家，但宜家也有很多用户体验不好的地方。例如，只买一件家具也需要按照路线图走完整个商场；宜家店员很少，因此要自己在货架上找货物并且搬下来……

但是，宜家把顾客体验的"峰终值"设置得非常好。终值就是出口处售价为1

元的冰激凌。所以我们可以发现身边有不少朋友开心地逛了一天宜家，最后什么也没有买，仅仅喝了一杯免费的会员咖啡、吃了一个1元的冰激凌就回家了，但大多数人的心情，或者对宜家的评价都是不错的，因为体验到了宜家提供的良好终值。

而在迪士尼，顾客体验的峰值一定是某个刺激的游戏，终值则是累了一天的游客，晚上坐在地上看花车游行和城堡上空的烟火秀，大家一边休息，一边仰着头说："好美啊……"

除了设计好峰终值，设置槽点是为了引发评论，而引发共鸣是为了提升点赞量，详详细内容请参阅2.3.2.1小节"抖音中的互联网思维"的相关内容。

最后再谈谈个人形象和语言标签。

短视频平台通常会给你的账号打上两种标签，一种是个人喜好标签，另一种是账号内容标签。看视频是消费内容，发布视频是创作内容，是两个维度的事！

个人喜好标签就是你点击什么类型的视频，系统就为你推送什么类型的视频，越刷越精准！而账号内容标签，就是连续发布同类型的作品，当你出现爆款视频的时候，平台就会给你打上账号内容标签。比如，极光的抖音账号标签就是"商业、创业、营销、电商、运营、短视频"类的复合标签。有了账号内容标签，短视频平台就可以为你进行更精准的推送！

那么，什么是个人形象和语言标签呢？我们来玩个"我说你猜"的游戏！

形象标签方面：

- 第一个，一头红色的假发，一人分饰两角，他是谁呢？
- 第二个，一个明星，出场的时候，肩上总会放一个鸟的配饰，他是谁呢？
- 第三个，一个博主，总带一个马的头套出场，拿着锤子砸东西，他是谁呢？

语言标签方面：

- "一个集美貌与才华于一身的女子"，她是谁呢？
- "我看了一眼我的劳力士，有钱人就是这么寂寞"，他是谁呢？
- "大家好，祝大家快乐每一天，越来越好，明天会更好，真好"，他是谁呢？

你猜对了几位呢？答案分别是：多余和毛毛姐（3400万"粉丝"，抖音最佳人气主播）、蔡康永、陈泥玛测评、papi酱、朱一旦的枯燥生活、真好哥陆超！

所以，个人形象和语言标签可以是一个独特的造型、一个特别的手持道具、一个与众不同的手势动作，或者重复强化记忆点的一句话！那么，打造短视频IP的你，是不是也要给自己设计一个特别的形象语言标签呢？

◆ **02 内容：热点、槽点、观点，视频内容创作三点式**

"槽点"一词由网络词汇"吐槽"引申而来，常常表示吐槽的"爆点"。如何设计槽点呢？我们来看下面这段视频脚本。

咳咳，我们今天讲5个要点：

第一，这宋朝朱元璋啊……

——老师，朱元璋是明朝的吧！

第二，我觉得范爷是我见过的最漂亮的女人！

——老师，你太孤陋寡闻了吧，你见过的美女还是太少！

第三，这营销啊，低价卖不出，就卖高价！

——得了吧，低价都卖不出去，怎么卖高价呢，又在这胡诌！

第五，1+1=3……

——老师，你还没说第四呢，另外1+1也不等于3啊……

明白了么？把明太祖朱元璋说成宋朝的，把1+1说成等于3，5个要点只说其中4点，这就是预设槽点，引发评论。大家杠得越多，视频就越火！

再来说说范爷这个槽点。极光注意到一个现象：

每当我在网上提问，你见过的最漂亮的女人长什么样子？回答的人总是寥寥无几。但换了一种方式来表达，"我觉得范冰冰是我见过的最漂亮的女人"，评论一下子就炸了！

"你怎么这么孤陋寡闻！"

"你见过的美女太少了！"

"见识短浅！"……

这时，大家纷纷跳出来开始吐槽，并贴出他们认为的最漂亮的女人的照片。

其实，这就是心理学中的坎宁汉姆定律。这个定律告诉我们，想要获得答案的最好办法，就是去问一下问题，然后发布一个错误的答案，即"杠精"式的提问，"苕架"式的求助！因为相对于去证明自己的正确，证明别人的错误会让人产生更强烈的优越感！

一个好的视频文案，除了槽点，还需蹭热点、有观点！"热点、槽点、观点"，极光称为视频内容创作三点式。

那么，观点应该怎么表达呢？我们来看看下面这段视频脚本。

老师，你这折腾了好几个月，"粉丝"才几千，为什么？

——场景不对，事倍功半啊！比如，你正愉快地刷着娱乐视频，突然冒出一个人一本正经给你讲知识，你受得了么？

不是吧，我看有的老师"粉丝"很多哦！

——好吧，刚才是忽悠你的！内容！必须是内容！选题要蹭热点，话题要留槽点，表达要有观点！

那你没观点么？

——呵呵，也不是，我是没连接上！我需要把内容做得更生活化，更场景化！通俗地说，就是接地气、有共鸣、听得懂！

明白了，老师，你就是说我们听不懂呗！

——道具：用锅盖砸！

所谓热点，就是在内容上无限贴近大众生活，而与此同时，在表现形式上，又能无限远离大众生活，形成反差，可能你离成功就不远了！

无限贴近大众生活，并不意味着要一味迎合，具体怎么做，要看背后的商业诉求。比如，15秒短视频的完播率更好，如果你偏偏发布1~3分钟时长的视频，是什么意思呢？我们都知道如果要通俗易懂，就要少说专业术语，可是如果一个视频中用了好多生涩术语，又是什么意思？

其实，背后的逻辑是这样的：故意把视频做长，如果看完一分钟的耐心都没有，这样的"粉丝"，你又能指望和他发生怎样的故事呢？故意说些术语，如果你听不懂，就说明你不是这个圈的人！你看，这其实是一种筛选机制。

说到这里，极光想起看过一个所谓"大师"的视频，演讲得极有气势，他是这样说的：

全中国一个顶级的商人，胡雪岩，够牛的吧！一代商人胡雪岩，是这代商人的典范，但是如果他懂得急流勇退呢？他的后台是李鸿章，李鸿章死了，你赶快退下来，结果你不退，左宗棠直接把你弄死，最后的结果呢？胡雪岩破产！

我们都知道，胡雪岩的后台是左宗棠。"大师"这样说，不是他不知道，而是对人群进行分类的一种方法。如果你能听出他的错误，那么你就不是他的目标客户。这些"大师"需要的客户不能有见识、不能有知识、不能太聪明。

"大师"这个案例是负面的，但内在的道理是，我们的确可以通过内容去筛选我们的目标用户。总之，极光的看法是：萝卜青菜、各有所爱，找到你的精准"粉丝"，才是王道！

### ◆ 03 标题：短视频的8种勾魂标题写法

短视频脚本写好后，起个吸引人的标题也很重要！这里分享一下短视频标题的8种写法。

- 【粗暴断言体】低价卖不出，卖高价！
- 【疑问勾引体】月薪3万的网络营销总监，都啥样？
- 【负面激将体】关于爆款文案，99%的人都不知道的万能公式！
- 【独家探秘体】BAT程序员薪资探秘！
- 【简单速成体】简单六步，教你破局网络营销定位！
- 【专业研究体】10款营销人可以轻松使用的在线编辑工具！
- 【急迫拥有体】必看！网络营销不得不知的八大要诀！
- 【合集干货体】100页干货PPT，史上最深度短视频行业分析报告！

人有好奇、懒惰、好胜等天性。佛家人也说，贪、嗔、痴、慢、疑，是为五毒。

其实，"断言体、勾引体、负面体、独家体"就是主打人性的好奇，"速成体、专业体"主攻人性的懒惰，而"拥有体、干货体"主打人性的贪婪！总之，营销要和人性结合起来，不懂人性的营销人员，不会太成功。

### ◆ 04 场景：短视频IP-人-货-场打法

作为老板，要想感召事业伙伴，必须学会讲故事。故事必须能打动人，且合情合理。而打动人的故事，必须志存高远，且符合天道，让人觉得神圣、出人意料或欣喜若狂，至少让人眼前一亮，从而愿意为此付出，愿意为此奋斗。

同时，从传播的角度来讲，也要通过故事和情怀，来打开人们的情绪阀，进而创造传播和销售！比如：

杨霞自幼生长在大山里，2006年因婚姻变故携年仅4岁的女儿外出打工，不久，凭借自己不服输的拼劲儿在大城市收获了自己的事业。但在功成名就的同时，杨霞发现，身边人购买的蜂蜜大多是白糖蜜或熬制过的蜂蜜，其中的蜂蜜成分少得可怜。杨霞为此感到十分痛心，并因此决定回到深山养蜂，"让更多人吃到真的土蜂蜜！"

一个普遍现象是，和你说的结论比起来，人们更看重自己得出的结论。他们不愿意接受一个现成的答案，总是通过各种途径去思考，然后悟出答案。

所以，故事的意义就在于，故事可以打开信任之门，让你的受众得出和你一样的结论，从而相信你的话。如果一幅画抵得上千言万语，那么一个故事抵得上千万个说明。故事能在心里烙下痕迹，对一个人产生巨大影响。

那么，如何讲述产品故事，让故事娓娓道来，层层推进，并富有感染力呢？可以使用如下的叙事结构：冲突、行动、结果！

55度杯的创意出自"洛可可"品牌的创始人贾伟。当年因为小女儿喝水被开水烫伤，看着女儿在医院被绑在床上，哭得撕心裂肺地叫着爸爸，而贾伟却束手无策，什么也帮不了她。作为一个设计师，每天都在为世界500强公司设计产品，却没有给身边的人、所爱的人设计一款产品。因此，承载着父亲关爱的55度杯诞生了。

- 冲突：小女儿想喝水被开水烫伤。
- 行动：给身边的人，所爱的人，设计一款产品。
- 结果：承载着父亲的关爱，55度杯诞生了。

需要特别说明的是，故事可以写得天花乱坠，可以有人物情感冲突、有排除万难的大无畏行动、有引起极度舒适的大团圆结局，但是，一定要用事实做支撑，否则，故事是没有生命力的。

2016年11月30日上午，一篇《罗一笑，你给我站住！》的文章刷爆朋友圈，文中称深圳本土作家罗尔5岁的女儿罗一笑被查出患有重病，医疗费每天高达上万元。心急如焚的父亲没有选择公益捐款，而是选择"卖文"，每多转发一次这篇文章，便会为笑笑的治疗筹款多增一元钱。

当天下午，事件彻底反转！有网友称此事为营销炒作，罗一笑的治疗花费并不像文中所说的有那么高的金额，而且罗尔在东莞与深圳均有房产。最终，2016年11月30日网友当日全天所有文章的赞赏资金，原路退回至网友，经核算，共计2 525 808.99元。

在信息爆炸时代，我们已经越来越没有安全感。有限的精力无法对泛滥的消息逐一进行甄别和筛选。该相信谁呢？权威发布？公众媒体？自媒体？朋友圈？KOL？KOC[1]？

---

1 全称是Key Opinion Consumer，意为关键意见消费者，是指高度受信任并有影响力的超级"粉丝"。

其实，比起媒体广告和网络上的小道消息，消费者更愿意相信他们自己的故事，即由真实消费者讲述的真实故事。这也是KOC概念在营销界流行起来的原因。

好的故事一定是简洁的，用户没有时间和耐心去理解那些太复杂、太深奥、需要思考的东西。故事需要与产品联系密切、但又不是简单的产品介绍，关联太少，故事将失去商业上的价值，关联太多，故事就不再是故事。

所以，我们需要构建场景，将故事的主人公和产品放到一个可以影响用户的场景中去，把独特的干货观点嵌入故事当中。

也就是说，视频要用故事来讲述，而故事要放到场景中来描述。怎么找场景呢？具体到短视频IP打造，我们可以从3个维度来构建场景：人、货、场！

- 人：匠心情怀，情感连接。
- 货：爆品打造，卖点提炼。
- 场：使用场景，体验创新。

比如，为了验证IP-人-货-场的打法，希希老师驱车福建建瓯、江苏宜兴，到故事发生的现场，以Vlog的形式做了一档自媒体节目，名为《希希的IP发现之旅》。

## ✉ 案例：希希的IP发现之旅：闽北寻茶篇

受好友茶人老叶之邀，希希开始了本次闽北寻茶之旅。建瓯曾是中国茶叶史上鼎鼎有名的大明星，而出自建瓯的北苑贡茶，在中国茶叶史上也曾留下过浓墨重彩的一笔！

从建瓯茶神庙驱车两小时，来到武夷山脉和鹫峰山脉之间的石塔山。土路上山，极为颠簸，开车到没路，继续步行攀登，目的地：海拔1000米的高山生态茶园！

一下车，立马感受到强烈的紫外线，所有人向山上爬，不一会儿，就都气喘吁吁，而老叶，也许即将看到他的生态茶山，快乐得像一个孩子！

无论如何，我们正一步一步靠近那高山生态茶园，只为，遇见更轻松的自己！

那么，从IP打造的角度，如何用短视频把茶人老叶及老叶的高山生态茶给推出去呢？经过讨论，我们认为可以从如下3个维度来构建故事场景：

- 人：匠心的故事；

- 货：品种的稀缺性、精益的工艺；
- 场：产地的原生态。

基于这个框架，梳理一下，可拍摄的场景就有很多了，比如：

人的环节：

- 【趣闻】为什么喝茶能长寿？
- 【情怀】老叶为什么爱走出来，走四方？为什么想让更多的人喝到好茶？做生态茶的坚持、村民的不理解、与合伙人的争执、对孩子的教育和期望……
- 【故事】为什么会有"茶司马"的外号？醉茶是一种怎样的体验？入茶道是怎样的状态？禅茶一味背后的故事……
- 【价值观】寻茶问道是怎样的一种生活方式？

货的环节：

- 【品种的稀缺性】高山生态老枞水仙、肉桂、乌龙……
- 【工艺的精益性】种茶环节，为什么不打农药？制茶环节，什么叫九死一生茶？喝茶环节，如何看茶泡沫？什么是回魂茶？隔夜茶能不能喝？
- 【品茶百科】早上喝什么茶？中午喝什么茶？晚上喝什么茶？秋季喝什么茶？冬季喝什么茶？男性适合喝什么茶？女性适合喝什么茶？胃寒的话喝什么茶？助消化喝什么茶？
- 【鉴别小常识】为什么在茶叶店品不到好茶？如何通过手摸来鉴别生态茶！什么样的茶是极品？茶叶贵在哪？

场的环节：

- 【生态场景】怎样的好山好水，孕育了这样的生态好茶？
- 【消费场景】这样的茶都适用于哪些人群、哪些消费场景呢？
- 【文化场景】为什么好茶要留给懂茶的人？斗茶是怎么回事？点茶、茶具和茶文化……

我们可以看到，通过短视频来打造老叶这个匠心茶人的IP形象，可用于拍摄的故事场景有很多，我们要做的，就是在众多素材中选取最有表现力、话题性的部分，进行拍摄即可。

下面这段脚本，传递的是一种慢生活的场景和价值观。所以说，要卖的不是茶，而是情怀、情感和信任，是生活方式！"粉丝"认同了慢生活这种生活方式，认同了希希老师，也就认同了她推荐的老叶高山生态茶。

坐在石塔山上的高山生态茶园中，山风徐徐吹来，峰峦层叠淡去！水沸了，泡一壶当地的老枞水仙，敬一杯给群山，然后小口慢慢喝下去。茶气柔美，茶汤甘甜，正是水仙茶最显著的特点。

林间寻茶，石上问水，3小时只为这杯茶，正可谓：一举杯饮下方圆百里山林精气，逃出世俗三千烦恼外。不只是饮茶，几乎是觅道了！

希希想，寻一眼合适的泉水，求一份心仪的茶叶，觅一处最好的风景，与树木、岩石、清风为伍，然后用一下午的时间，静静地喝一泡茶，展开一场和茶的在地旅行。我们品的，不就是一种慢生活么？

结束了本次闽北寻茶之旅，紧接着，希希老师又开始了宜兴问壶之旅，这次依然采用"人-货-场"的打法：

- 人：设计了"紫砂小辉哥"这样一个"企业级紫砂礼品定制采购专家"的IP形象。
- 货：从泥、形、工、款、功的角度，来讲述"一把壶的前世今生"。
- 场：通过情景剧"当岩茶遇见紫砂"来演绎生活场景，植入产品，引出话题。

## ✉ 案例：希希的IP发现之旅：宜兴问壶篇

在城市中，面对忙碌而快节奏的生活，我们需要怎样的生活态度？结束闽北寻茶之旅，工作逐渐进入加速状态，开会、加班、熬夜、提案、压力、焦虑，一切终究回归常态。

但内心，对"淡泊平和"的生活方式，终究是念念不忘的。想象一下，点一支沉香，泡一壶高山水仙，用紫砂注满青瓷，闻一缕柔美茶气，品一口甘甜茶汤，慢下来，感受此刻意境，活在当下，是不是也是一种人生态度？

希希旅行记第二站，宜兴问壶，背包再出发，只为，寻找慢生活！

以上，我们从"结构、内容、标题、场景"4个维度，谈了如何打造爆款视频的内容力。无论如何，对于IP而言，内容永远是核心！

总之，打造短视频IP，首先，要清楚你的商业逻辑；然后，基于过往的积累和沉淀，用心写出你的脚本；最后，真人出镜，优化你的表演节奏和镜头语言；剩下的，加上一点点运气，交给时间发酵就好了！

随着互联网发展的日新月异，平台规则在持续迭代和优化，我说的一些细节可能不再适用。但是，万变不离其宗，无论是微信还是飞书、抖音还是微视，只要你建立了 IP 的意识，并有足够的执行力，无论在什么当红平台，相信你都可以脱颖而出。

### 2.3.3　领袖营销和直播

在这一节，我们来聊一聊领袖营销（CEO Marketing）。随着2020年爆发的新冠肺炎疫情，大家发现，企业直播突然火起来了！既然线下不能聚集，那么，就通过线上直播来完成营销触点的触达！

直播平台有很多，斗鱼、虎牙、映客、花椒、掌门、YY直播、一直播、龙珠直播、新浪秀场、百度秀吧、企鹅电竞、抖音、快手、小鹅通、腾讯看点直播……真是全民直播！

那么，问题是：谁代表企业来直播？谁站到前台来秀（Show）？前面提到过，企业要打造自己的专属IP，要能代表企业品牌的定位，能够将个体形象和企业品牌融为一体，这个"人"应该是谁？

如果这个"人"是老板自己，那就是领袖营销，即基于企业领导者个人魅力的营销。通常，以企业领导者为核心的广告片、媒体软文、高端访谈、高层论坛、重大事件的立场陈述、演讲、大型产品发布会、直播带货等，均属于领袖营销范畴。

## ✉ 案例：超级IP董明珠的领袖营销

在董明珠身上，我们也许可以一探端倪：一位企业家是如何成功吸引大众眼球、拼命为其品牌进行人格化背书、隔三岔五上头条并将其品牌的传播价值最大化的。

作为一位女企业家，董明珠有着鲜明的个性特征，而且跟"高颜值""亲和力"等传统意义上的女性美不太一样，硬派、拼劲成为其标签。有媒体曾经打趣：这个女人走过的地方，寸草不生。甚至还有人评价她霸道强悍，六亲不认。

纵观董明珠的职场生涯，堪称一部女性职场逆袭的励志传奇。36岁是董明珠人生的一个分水岭。那一年，董明珠进入格力电器，从一名普通业务员开始，创造了一个又一个商界神话：作为业务员，她两年内的个人销售业绩高达3650万元；作为领导者，她更是带领格力连续十年夺得全国销量第一，在中国制造业史上留下许多佳话。

在董明珠的身上，有一股坚韧不拔的执着和奋不顾身的硬气。而格力，一直也是大打"民族品牌"的精神牌，喊出了"格力，让世界爱上中国造"的口号。可见，在构建董明珠的个人品牌势能时，其营销策划团队显然将董明珠个人最核心的价值观加以提炼，使之与其所代言产品的品牌气质相契合。

就这样，董明珠一步一步从董事长办公室走到了聚光灯下，并"抢"走了成龙格力代言人的生意，自己一跃成为格力的专属IP，带领着格力走进了制造业的个人IP时代。仅此一项，就为格力省下了上千万的广告费和代言费！

2020年4月24日，董明珠在抖音开启了直播带货的首秀。针对本次直播，董明珠表示："首秀直播的目的不是为了带货，而是为了通过这个尝试，我知道了几万名经销商的出路在哪里。这次体验完以后，接下来还要再体验一场，甚至把我几万家门店都可以开成直播店。"

紧接着，5月10日，董明珠的第二次直播转战快手平台。此次直播吸引了1600万快手用户，直播30分钟，3个产品的销售额就突破1亿元；60分钟，单品销售额突破1亿元；3个小时的直播成交额达到3.1亿元。

5天后，也就是2020年5月15日晚8:00，董明珠又在京东平台进行了她的第三次直播。京东数据显示，从董明珠现身京东直播间到晚上11:20直播结束，直播间成交额突破了7.03亿元，创下了家电行业直播带货史上最高成交额纪录。曾经的"销售女王"新晋成为"带货女王"，董明珠当时称，她接下来打算开通一个董明珠直播间，"把直播常态化"。

无论是苹果乔布斯的Iphone发布会，还是小米雷军的新品发布会；无论是董明珠为格力电器代言，还是聚美优品陈欧的"我为自己代言"；无论是吴晓波的跨年演讲《预见2020》，还是罗振宇的《时间的朋友》；无论是罗永浩抖音直播带货成交额1.1亿元的战果，还是董明珠京东直播带货的7.03亿元销售额……都是企业领导者亲自站到台前、彰显人格魅力、收获"粉丝"情感认同的典范。可以说，在领袖营销中，大型产品发布会是连接"粉丝"、构建"有温度的连接"的连接器，是打造企业家个人品牌、提升IP势能的主阵地；而对发布会现场的直播，则是"从场内到场外"的放大器。

为什么这样说呢？比如极光在总裁班授课，课程现场有100人，这就是场内，意味着本次授课能影响到的人最多也就100人。更多的潜在用户在哪儿呢？答案是场外！如何从场内跳到场外呢？工具是直播！

## ✉ 案例：易达财务年会直播，影响力扩大6倍

2019年4月，易达财务举办客户答谢年会，年会邀请了约300位企业家。往年的年会都是看看节目、吃吃喝喝，然后大家领了礼品就散了，此次年会，如何做出新意？

极光给易达财务董事长杨姐的建议是，不如办成新春产品发布会的形式，再嫁接直播，借此机会，打造杨姐的IP并传播出去！

经过周密筹备，嘉宾邀约、PPT制作、彩排、大屏调试、直播准备等环节逐一落地。年会当天，杨姐走到台上，全程用朴实的语言，讲述了自己数十年兢兢业业经营公司、做到地区行业第一的心路历程。

其中，杨姐特别提到了一件小事：数年前，有一次老父亲到公司来看她，当时忙得焦头烂额，根本顾不上接待，而现在，"子欲养而亲不在"，每次想到这件事，就不禁黯然神伤！杨姐说到这，数度哽咽，其真情实感，也让在场的企业家刷新了对杨姐女强人的固有认知，为之动容！

而现场客户的情感认同不就是未来进一步合作的基础么？正所谓，有认同，才有合同；有合同，才有合作，这就是情感连接啊！

年会现场布置了3个拍摄点位，进行了多平台的推流直播，并在其中的一些直播平台上提前安排好了广告位，这也进一步增加了本次活动的曝光率！

与此同时，在工作人员和主持人的多次引导下，现场300位企业家也进行了直播链接的转发和扩散。经统计，通过现场企业家转发的链接进来看直播的场外人员，达到了1800人。要知道，老板的朋友也是老板，其关系链具有巨大的商业价值！

当然，直播内容本身有价值、大家对杨姐及其公司的认同、转发有奖机制的

设计、直播链接的便利获取和转发，是本次发布会从场内裂变到场外的4个核心要素，在此就不再一一细表。

活动结束之后，提前撰写好的新闻稿当天即发布到数十家各大主流媒体平台，形成了二次传播效应。而这些发稿链接，又作为企业公信力建设的一部分沉淀了下来！

总之，通过这次新品发布会及直播，极大地提升了杨姐公司在该区域市场的行业影响力，而杨姐作为企业家的个人品牌意识和IP意识，也开始觉醒！

说到这里，相信这一套"领袖营销+发布会+直播"的打法，你已经非常清楚了。毋庸置疑，企业领导者亲自做IP并与直播结合，可以极大地提升企业领导者的势能，产生巨大的传播价值和商业能量。那么，发布会又有哪些讲究？需要注意哪些因素？我们来看看小米的联合创始人黎万强是怎么说的。

**如何举办一场剧场式的产品发布会**

场地：剧场式，要有沉浸感，现场布置得越简洁越好。舞台不用太花哨，一块黑幕布加一块LED大屏就够了，过度修饰的复杂场景反而会形成干扰。

布场：现场的座椅应该一致，毕竟大家都是来听产品介绍的，不是来摆谱的。有的发布会在前排摆上沙发，这会造成现场感觉的不一致。

互动：场内要简洁干练，元素集中。场外则可以多一些丰富的互动设计，让来得早的用户可以参与。这与小米的发布会形式相关，我们不仅仅邀请媒体，更多的是邀请活跃用户参加。巧妙的场外活动设计能让他们可参与、可留恋、可分享，这也有助于发布会氛围的预热和兴奋度的保持。

时间：发布会时长不要超过90分钟，因为这是听众疲劳感的阈值。发布会上，新产品是唯一的明星，产品有料才能获得大量的传播，所以，要做到全程聚焦，在有限的时间内，高效地把产品卖点、亮点逐一展示出来。

PPT呈现：发布会的核心是产品，关键表现形式是演示文稿。这一核心要素需要在前期准备时千锤百炼，反复拷问自己，全场有多少个尖叫点？这些尖叫点都需要预先理出来并合理安排，最好是保证每5分钟就出现一个尖叫点，贯穿全场才能保证良好的效果。

在今天这样一个读图时代，我们应该重视PPT的准备，追求海报级的演示效果，力求每一张都清晰易读并有足够的张力。总之，剧场式+沉浸感、互动+参与感、大屏LED+简洁PPT、演讲+直播，这一切，有力地构成了对企业IP进行价值塑造的能量场，如图2-26所示。

**小米产品发布会**
- 剧场式：现场的"沉浸感"
- 布场：座椅一致，呈现大场景
- 互动：可参与、可留恋、可分享
- 时长：90分钟
- PPT：大屏LED+简洁PPT，每5分钟有一个尖叫点

图2-26 小米产品发布会

## 本章小结

本章主要谈到了IP的概念及打造IP的3个步骤，给出了个人品牌四面体的模型，并分享了如何通过微信朋友圈、抖音及直播打造IP的一些实战心得。这些心得，更多的是在方法论的层面，而在实操运营层面，即术的层面，介绍了朋友圈IP打造的四力模型，"四力"指的是内容力、服务力、互动力、文案力。

本章的结尾部分从心理学的角度，用5个关键词对IP的打造做一个总结：夯实认知锤，脑补记忆树，打开情绪阀，塑造行为轨，焊接关系链。

简而言之，你是谁？为了回答这个问题，你需要设定好你的IP人设，不能让人设崩塌，这就是"夯实认知锤"。

而在别人心目中，你是谁？其实不是由你决定的。正如那句"我不要你觉得，我要我觉得"，在信息碎片化时代，对于你的认知，来自别人在他的脑海中对你的碎片化信息的重构。这些碎片化的信息，包括你发布的微信朋友圈动态、微博、抖音等，这就是"脑补记忆树"。

为什么微博和微信朋友圈中总会有些疯传的产品或文章？流行背后的逻辑是什么？《疯传》一书的作者乔纳·伯杰指出，流行背后的秘密有6个要素，其中一个

就是：情绪可以帮助我们传播信息。所以，为了让IP连接更多的"粉丝"，你需要"打开情绪阀"，这对我们的内容创作提出了较高的要求。

而"粉丝"和IP之间的关系，从没关系到弱关系，再到强关系，是需要有一个养成过程的。信任需要积累，从陌生到熟悉，需要高频次的互动、沟通来达成和维持！比如，点赞、转发、评论、回复、关注、赞赏、加入社群、购买手办、统一服饰、统一行动，这就是"塑造行为轨"。

最后，如何在现有"粉丝"基础上，持续扩大口碑影响和"粉丝"群体，让关系链等于传播链，再等于生意链呢？答案是裂变和穿透！这就是"焊接关系链"。

移动互联时代，对于私域流量营销来说，内容是流量的入口，要用内容打造IP，用IP来连接"粉丝"。那么，在哪里管理"粉丝"呢？答案是：社群！第三章"社群篇"，我们将探讨社群背后那些你不知道的故事。

**03**

## 第三章

# 社群篇：私域流量的"粉丝"到哪里去？

创建你的社群，创新你的模式，在这里，沉淀并运营你的客户！

## 3.1 社群思维，"粉丝"经济这样玩

> 出入相友，守望相助，疾病相扶持，则百姓亲睦！
> ——《孟子·滕文公上》

有时，我们容易把IP神化，讲到IP，动辄百万"粉丝"环绕、千万产值起跳，让人觉得打造IP这件事高不可攀；有时，又容易把IP低俗化，上个直播、当个网红，就以为是IP了！

社群也是如此。有人将之神化为企业转型的救命灵药，好像不转型的话社群就会立马玩儿完；有人将之低俗化为建个微信群发广告，嫁接微商拉人头，以为这就是社群。

在新经济和旧经济的博弈之下，转型社群真的就会如有神助，如沐甘霖，十足给力？其实，企业的基本面、认知、执行力等综合决定了你能否用好新的理念进行降维打击进而弯道超车。企业经营，没有救世主，也没有良方妙药，都是依靠模式、框架、流程，这样一步一步下来的。但是，懂得理论，知道了本质，把握了趋势，就可以有意识地去指导工作。

那么，什么是社群呢？极光认为，社群作为私域流量的载体，其本质就是：人

和人结成的生活圈。

从这个角度来看，社群、群体、社团、粉丝群、社区、村落、部落、族群、商会、协会、老乡会、同学群等，它们之间究竟有什么区别呢？

### 3.1.1 从百年荣宝斋看社群的本质

为了让大家更好地理解社群，我们一起来看看电视剧《百年荣宝斋》的某个片段。

荣宝斋位于北京琉璃厂西街，主营书画用纸、笔墨砚台等文房用具，是驰名中外的老字号。《百年荣宝斋》是根据都梁的小说《百年往事》改编而成的42集电视剧，我们节选的这个片段，其故事背景是这样的：

松竹斋（荣宝斋前身）大掌柜庄虎臣偶然发现客人落了本册子在店内，里边是一些重要文官的名录。庄虎臣赶紧让伙计追上去还给客人，客人却说这名录已过时，不要也罢。庄虎臣仔细研究着这本册子，若有所思。

鸿兴楼里，庄虎臣宴请一位宫里的老太监，要其帮着买个官，并把自己珍藏的价格不菲的玉鸟献给了老太监，老太监最终答应帮这个忙。庄虎臣从鸿兴楼回来，就立刻和东家张李氏说了捐官的事，张李氏知道现在铺里手头紧，但也表示支持。她把自己嫁妆的最后一处房产给卖了，让庄虎臣去捐官。

随后，庄虎臣如愿做上了官，借进宫上朝之际，努力抄着公告栏上的官员任免名单。上朝完毕，一回到松竹斋，他就仔细整理着任免名单。并把整理好的官员名单，做成一本精美的册子，送去给有需求的官员。

结果，官员们纷纷发现松竹斋送来的册子大有用处。于是，这本随时会更新、记录官员调离、补缺、出身、晋升的《缙绅录》，成了松竹斋的专利。由于资料来源可靠、及时、制作讲究，《缙绅录》很快成为朝中大小官员的抢手货。

就这样，以《缙绅录》为连接点，官员们陆续来到松竹斋。来的官员大多刚下朝，还穿着朝服，没法逛琉璃街，于是庄虎臣专门给这些来买册子的官员们，布置了一个既能换便装、又能歇脚喝茶的地方……

我们能从这个故事中看到什么呢？荣宝斋并没有急于展开推销，而是围绕目标客户（官员们）做了一系列和销售无关的事。做这件事的目的，是构建起与客户之间的关系，进而通过持续的、能够深化与客户关系的事情，建立起与目标客户的强关系。

在第一章中，我们已经知道，构建"企业—客户"关系这件事，就是营销。用现代的话来解释，就是荣宝斋通过走进目标客户关心的官场的生活方式，以《缙绅录》为纽带，建立起一个官员交流的社群，并通过社群深化与这些官员的关系，从而将官员们的需求绑定了。

通过这个故事我们可以看出来，社群不是一个新概念，它自古就有之，社群并不是互联网时代特有的。当然，恰恰是在互联网时代，我们可以通过论坛、贴吧、微信等技术连接的手段，来低成本、高效率、大规模地构建数字化社群，这是科技进步的必然！

社会学家斐迪南·滕尼斯在《共同体与社会》一书中，是这样说的：

自然分工的前提条件，就是业已存在着的自然村落或部落，就是已经形成人与人之间的稳定关系。这种自然人的关系体系，需要经过几代人、经过祖辈相传才能形成。

这种关系体系的基本特征是：有着共同的生活理念、生活态度、生活方式和生活语言。这种一体化的关系体系，我把它称作"社群"。

如果参考滕尼斯的思想，我们来给社群下一个定义的话，就是社群一定要符合如下两个特征：

- 同一社群的人，具有某种"共同的东西"；
- 这些人具有"亲密的伙伴关系"。

什么是"共同的东西"呢？比如，共同的兴趣、爱好、地域、价值观、意识、利益，等等。还可以再具体一点，比如，某种共同的经历：共同拥有某品牌的产品、一起上过学、一起扛过枪、一起读过同一本书、同样爱吃某种美食、同样爱养宠物、同样喜欢多肉植物、同样爱徒步……

具体而言，小米手机的使用者，可以形成小米的用户社群；爱美食的朋友，可以形成吃货美食社群；喜欢读书的，可以组建成读书会社群；喜欢鹿晗的"粉丝"，可以组成"鹿饭"；喜欢跑步的，成就了"悦跑圈"；喜欢摄影的，成就了"光影流刑地"；爱好军事的，聚集在"铁血社区"……

怎样才有"亲密的伙伴关系"呢？就是得有互动，有来有往，这样，最终才能形成密切交往的社会群体。

那么，社群的最高境界是什么呢？《孟子·滕文公上》是这样说的：

"出入相友，守望相助，疾病相扶持，则百姓亲睦。"

上面这段文言文的意思是：人们出入劳作时相互伴随，抵御盗寇时互相帮助，有疾病时互相照顾，这样百姓就友爱和睦了。

极光认为，社群的最高境界，就是上面所描述的这种出入相友的"共同体"。在社群的基础上构建的买卖关系或商务关系，就是社群商务。而社群商务正是传统企业商业模式创新的新路径，这在本书第一章"战略篇"中，已有详细介绍，在此不再赘述。

### 3.1.2 "社群+"企业行动路线图

理解了社群的本质、社群的最高境界、社群的商业模式之后，企业应该怎么玩社群？3个字：人、从、众！

- 人：找到"数字化陌生人"的入口。
- 从：他们跟从谁呢？企业的专属IP！
- 众：IP吸引和沉淀下来的"粉丝"构成社群，也就是你的私域流量池，这就是众！

如果再进一步细化，作为企业家和创业者，我们构建社群的思考路径应该是怎样的呢？其实，正如把大象放进冰箱只需要3步（开冰箱、放大象、关冰箱）一样，布局社群，只需要4步：

- 找到连接源；
- 找到1000个铁杆"粉丝"；
- 找到100位种子用户；
- 找到第一位追随者。

#### 3.1.2.1 找到连接源

在本书的第一章，我们谈到了迈特卡夫定律（详见本书1.2.3小节中"连接器战略"的相关内容），即N个连接可创造出N×N的价值S。也就是说：网络的价值等于网络节点数的平方，网络的价值与互联网的用户数的平方成正比。

迈特卡夫定律告诉我们：一个企业连接的用户越多，企业就越有价值。所以，构建社群的第一步就是找到连接源，即找到"数字化陌生人"的入口！也就是说，我们要先去寻找数字化生存的人群，本着成人达己的原则，与他们结缘，与他们交朋友。要知道，你要获取的是一种资产，是一种市场的力量！

无独有偶，在投资界，有一个流行的互联网公司估值公式，即互联网企业的价值取决于变现因子、垄断溢价、用户数及节点距离，如图3-1所示。

**互联网公司估值公式**

$$V = K \times P \times \frac{N^2}{R^2}$$

互联网企业的价值，取决于：
K—变现因子、P—垄断溢价、N—用户数、
R—节点距离

图3-1　互联网公司估值公式

图中各个参数的意思是：

- K—变现因子，说明变现能力很重要；
- P—溢价率系数；
- N—网络的用户数；
- R—网络节点之间的距离。

所谓溢价率系数，就是能不能垄断溢价，而这取决于企业在行业中的地位，即市场占有率。按照马太效应的说法，强者更强，弱者更弱。

马太效应的名字就来源于圣经《新约·马太福音》中的一则寓言。从前，一个国王要出门远行，临行前，交给三个仆人每人一锭银子，吩咐道："你们去做生意，等我回来时，再来见我。"

国王回来时，第一个仆人说："主人，你交给我的一锭银子，我已赚了10锭。"于是，国王奖励他10座城邑。第二个仆人报告："主人，你给我的一锭银子，我已赚了5锭。"于是，国王奖励他5座城邑。第三个仆人报告说："主人，你给我的一锭银子，我一直包在手帕里，怕丢失，一直没有拿出来。"

于是，国王命令将第三个仆人的一锭银子，赏给第一个仆人，说："凡是少的，就连他所有的，也要夺过来。凡是多的，还要给他，叫他多多益善。"

这就是"马太效应"，反映社会中存在的一个普遍现象，即赢家通吃。所谓的极致思维，也是如此，我们来看看下面这些国内互联网公司的合并案例，都有哪些启发呢？

- 优酷和土豆合并；
- 58同城和赶集网合并；
- 携程和艺龙、去哪儿网合并；
- 百合网和世纪佳缘合并；
- 滴滴和快滴合并；
- 蘑菇街和美丽说合并；
- 美团和大众点评合并；
- 饿了么和口碑网合并。

互联网时代的竞争，只有第一，没有第二！

了解了互联网公司估值公式中的P（溢价率系数），我们再来看看R（网络节点之间的距离）。万有引力定律告诉我们，两个质点之间的引力与彼此的重量成正比，与距离成反比。腾讯的创始人之一曾李青先生在2014年的一场演讲中提出了类似的观点，他认为，网络的价值不仅和节点数有关，也和节点之间的"距离"有关。

实际上，对比腾讯和中国移动就可以知道，两者网络节点之间的距离是不同的。腾讯的微信、QQ可以使得其在更短的时间内传达更为丰富的内容，而且微信群、QQ群更是大幅提升了节点之间的连通度。

最后，和迈特卡夫定律一样，N（用户数）代表用户为王。为什么很多传统企业可以成功转型"互联网+"？就是因为实体企业已经积累了相当的客户资源，市场往往相信，其在传统产业中的用户可以顺利地从线下导到线上。因此，投资机构也愿意为这样的企业，支付更多溢价。

### 3.1.2.2　找到1000个铁杆"粉丝"

迈特卡夫定律告诉我们，多连接一定比少连接好，连接一定比不连接好。也就是说，建立社群，先要找到你的连接源。那么，找到"数字化陌生人"入口后，具体先连接多少人呢？

"1000个铁杆'粉丝'理论"告诉我们，先找到你的1000位铁杆"粉丝"！为什么这样说呢？先要从长尾理论说起。长尾理论告诉我们：当商品储存、流通、展示的场地和渠道足够宽广时，几乎任何以前看似需求极低的商品，只要有人卖，都会有人买。这些需求和销量不高的产品所占据的共同市场份额，与主流商品的市场份额相当，甚至更大。

如图3-2所示，80%~98%非热门、长尾商品的销量，有可能超过2%~20%热门、头部商品的销量。

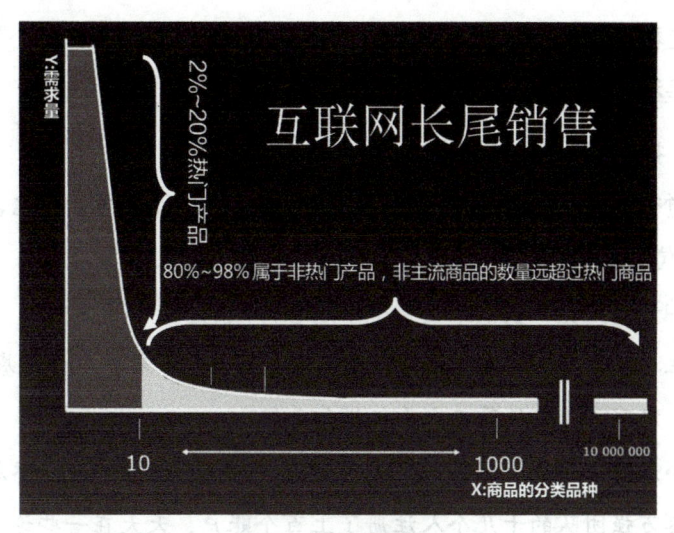

图3-2　长尾理论

在互联网时代，长尾理论对于消费者来说是一件好事，这意味着更丰富的供给、更多元和更个性化的选择；但对于创作者而言，可能就没那么好了。比如说，独立的艺术家、制作人、发明家、创造者、工匠、设计师或作家，在海量的长尾供给面前，面临的是更多的竞争，以及无休止的降价压力。

长尾市场并不能帮助这些创作者摆脱自己默默无闻和销量疲软的现状，那么，他们如何逆袭呢？凯文·凯利的答案就是：找到1000名铁杆"粉丝"。他认为，任何创作艺术作品的人，只需要1000名铁杆"粉丝"，便能糊口！

关于铁杆"粉丝"，凯文·凯利是这样说的：铁杆"粉丝"就是，无论你创造出什么作品，他都愿意付费。比如：

- 他们愿意驱车200公里来听你唱歌；
- 即使手上已经有了你的磁带，他们还愿意去重新购买超豪华高清版的套装；
- 他们会在谷歌的快讯里添加你的名字，时刻关注你的信息；

- 他们会买你的绝版作品来收藏；
- 他们会参加你的演出；
- 他们会购买你的作品并让你在上面签名……

今天，我们的物质生活极大丰富，市场已经从"供不应求"进入"供大于求"的时代，不只是创作者，所有的企业都面临着市场竞争的巨大挑战！在这样一个消费者用"脚"来进行投票、所谓消费者主权的时代，先找到我们的1000个铁杆"粉丝"，自建社群、自建流量池，再让口碑沿着"粉丝"的圈层，向外围进行传播和扩散，这正是私域流量打法给予的解决方案！

### 3.1.2.3 找到100位种子用户

如果你觉得找到1000个铁杆"粉丝"是一件非常困难的事，那么，极光建议，先从找到100位种子用户开始！

什么是种子用户呢？我们来看看小米是怎样做的。

小米创立之初，是先从MIUI系统切入的。MIUI是小米公司旗下基于Android系统深度优化、定制、开发的第三方手机操作系统。

当时，小米的七位联合创始人之一黎万强带着团队到处参会、参加论坛，寻找早期用户。黎万强团队的十几个人注册了上百个账户，天天在一些论坛里发广告，被封号后就换个账号再来。最终，他们从找到的用户里选出100位作为超级用户，邀请他们参与MIUI的设计、研发、反馈等环节。

这100位用户，最后成为MIUI操作系统的"点火者"和小米"粉丝"文化的源头。他们就是小米的种子用户！为了向这些曾默默支持小米的用户致敬，小米科技公司拍摄了一部叫《100个梦想的赞助商》的微电影。

《100个梦想的赞助商》讲述的是洗车工舒赫虽只拥有一辆捷达车却不放弃梦想，在100个梦想赞助商的帮助下，最终成功成为赛车手并赢得比赛的故事。2013年的"米粉"节上，当这部9分钟不到的微电影在国际会议中心大屏幕播放时，在场的许多人都感动得落泪了。

再举个例子：张天一和他的"伏牛堂"。张天一出生于1990年，2012年考入北京大学法学院读硕士学位。2013年4月，他写的《我硕士毕业为什么卖米粉》一文广为传播，"硕士粉"一时成为热词。

## 第三章　社群篇：私域流量的"粉丝"到哪里去？

身在异乡，乡愁是什么呢？是始终萦绕在记忆中只属于当地特色的早餐么？是湖南长沙肉丝粉？贵州凯里酸汤粉？广东汕头猪血汤？西安油茶麻花？抑或是湖北武汉的热干面？

对张天一而言，乡愁，就是一碗正宗的湖南常德牛肉粉。为此，张天一不惜去到湖南老家，吃遍百家米粉店、拜师学艺、研制配方，并回到北京，开启了他的伏牛堂品牌创业之旅。

伏牛堂最早是由张天一和3位小伙伴凑了10万块钱开起来的。第一家店选址在北京环球金融中心地下室一个30平方米的拐角处。仅3个月后，地段更好、面积更大的朝外SOHO店也开起来了。创业一年后，更是获得了一批顶级投资机构如险峰华兴、真格基金、IDG等机构的投资，伏牛堂，成为一个估值近1亿元的新兴互联网餐饮品牌。

创业伊始，对商业十分敏感的张天一把在京的湖南人锁定为自己新品牌的种子用户。湖南牛肉米粉，几乎没有一个湖南人不爱吃！在京湖南人30多万，相较于北京2100多万的人口，2%都不到，比例不高，但绝对值并不低！而正是这一碗正宗鲜辣的牛肉粉，勾起无数湖南人的乡愿乡情，让其纷纷从北京各个角落来到伏牛一解"乡思"。

那么，张天一是怎么找到这些种子用户的呢？答案是微博！当时，张天一找来一些同学帮忙，大家一起去微博上搜索"湖南"和"北京"两个关键词，就这样，找到了约2000个符合条件的微博号。随后，和这些用户线上聊天、线下见面，就这样积攒了伏牛堂的第一批种子用户。

我们对张天一这个案例做一个复盘。

首先可以看出，环球金融中心地下室的"拐角"，几乎是一个没有人敢接手的地方，可谓"一流的商圈、十流的位置"，但是张天一一看乐了，认为这就是他要的地方！为什么？开店不应该是选一个好位置么？其实，黄金商圈可以方便人们认知，而选址偏一点，由于有社群的存在和口碑的力量，主力客户都是慕名而来的湖南老乡，他们对店址并不敏感。这恰恰说明平台流量（大众点评、美团、饿了么）和私域流量（社群、口碑）对门店的引流形成了有力的支撑！

其次，湖南米粉过去从未在北京打开过市场，因为它又油又辣，根本不是北方人的"菜"。直到今天，也依然有很多人给伏牛堂提建议，说米粉太辣了、太油了！但是，张天一的米粉依然是这么油、这么辣，为什么？

张天一的回答是："因为我清楚地知道，在互联网时代，我能精准地找到北京三四十万接受我这个口味的湖南人。我不需要满足2000万人的胃，我只需要坚持做我自己就好了。"大家想想，这不就是"榴莲精神"么——喜欢的会爱到骨髓，不喜欢的会完全没有感觉——所以，我们在做营销的时候，要懂得：弱水三千，只取一瓢！

最后，据悉，仅运营了3个月，伏牛堂就有了8个QQ大群、3个微信群，以及微博上近1万的湖南人"粉丝"群体，这又意味着什么呢？

当媒体采访张天一对公司的未来设想时，张天一是这样说的："伏牛堂想做成什么样呢？未来，伏牛堂想做成湖南生意在北京的入口！如果湖南的产品要在北京推广，没有比伏牛堂更好的通路了。"

张天一有何底气做湖南生意在北京的入口？其实，这就是社群的魅力所在，产品只是入口，"人"才是商业模式的核心啊！所谓"挟用户以令'诸侯'"，沉淀在伏牛堂的在京湖南籍"粉丝"正是其真正的核心竞争力所在！

#### 3.1.2.4 找到第一位追随者

从1000个铁杆"粉丝"到100位种子用户，我们来看看，这件事的原点在哪里。

一则题为《如何发起一次群众运动》的TED演讲给我留下了很深的印象。演讲者用一个简短的例子向我们展示了一个场景，描述了从开始到结束短短几分钟的时间内所发生的不可思议的事情。

演讲全文大意如下：

先生们、女士们，在TED大会，我们谈了很多有关领导力，以及如何开展运动的话题。那么让我们看一看，一场从开始到结束不到3分钟的运动，是如何发生的？以及，我们可以从中学到怎样的经验呢？

首先，要有一个领导者，他要有胆量，要敢于站出来（一个赤膊男孩跑到沙滩上胡乱舞蹈），甚至被人讥笑。他所做的动作，很容易被效仿（第一个追随者跳出来模仿）。所以他的第一个追随者会起到关键作用。他将告诉其他人如何来效仿。

这时，领导者欢迎他的第一个追随者，态度就像对待自己一样。所以，现在谁是领导者不再重要，就是他们两人，两个人是相互作用的。

现在，第一个追随者号召他的朋友们来参与。你看，我们注意到第一个追随者实际上是领导形式被低估的一部分,第一个追随者将使一个"孤独怪人"转变为一个领导者。

接下来,第二个追随者出现了。现在,不再是一个"孤独怪人",也不是两个,三人成群,开始向群体化转变。因此,运动必须是公开面向大众的。这一点很重要,不仅仅是为了显示领导者,更展示了追随者们。因为你会发现,新的追随者是模仿追随者们,而不是模仿领导者。

现在,又来了两个人。紧接着,三个人、更多人参与其中,现在有了好兆头!这就是转折点!现在,我们已经形成了一场运动!所以,请注意,随着越来越多的人加入,风险就越来越小。因此,原先那些在旁观望的人,现在没有任何理由不参与进来。即使他们不参与进来,他们也不会被嘲笑。但是,他们心里想的却是,要快点参与到这场群体运动中来!

在接下来的一分钟,你会发现,到最后,所有人都会参与进来,因为他们要是不参与这场运动,他们反而会被嘲笑!运动,就是这样形成的。

让我们来总结一下,首先,如果你有领导者的表现欲,就像那个赤膊男孩的独舞,记住要重视你的第一个追随者,无论他是谁,你都要重视他。那么,这就很明显地形成了运动,而不是你自己的独秀。

另外,我们可能忽略了从中可学到的真正东西。如果你仔细观察一下,会发现什么呢?最大的经验就是,过度美化领导者。是的,赤膊男孩是发起者,他得到所有的关注和表扬。但正是第一个追随者的出现,才使一个"孤独怪人"转化成为一个领导者。

因此,当我们说人人都应该成为领导者时,其实是行不通的!假如你真正想要发起一场运动,你要有勇气去跟随,和向其他人展示怎样效仿。当你发现一个孤独的"怪人"做了一些伟大的事情,你得有勇气去成为他的第一个追随者,去支持他并参与进来!

TED大会也是如此完美地做到这一点的。

如何才能发起一个群众性运动?这段视频给了我们一个新视角:"第一个追随者才是关键!"因为第一个追随者的出现,才让发起人的行为不再是怪异的独立行为,使得发起人真正成为领导者。当第三个人参与进来的时候,就是三人成众,更多的人随之而来,也就顺理成章了。大家想想,这不就是《道德经》中所述的"一生二、二生三、三生万物"么？

TED演讲者告诉我们，第一步是找到你的第一个追随者。小米的实践告诉我们，第二步是找到你的100个"梦想的赞助商"。"1000个铁杆'粉丝'理论"告诉我们，第三步，就是搞定你的1000个铁杆"粉丝"。随后，让口碑效应沿着用户的圈层，有组织地向外围进行传播和裂变。

至于最后你的社群能走多远，当然各凭本事和机缘。然而，迈特卡夫定律告诉我们，你社群能产生的效益，就是你用户数的平方。这就是企业"社群+"行动路线图。至此，你已经掌握了开启私域流量之路的密码！

## 3.2 SSOOC-P模型，六点五力落地社群运营

无同频，不成交！

——极光

是不是知道了"社群+"的行动路线图，掌握了开启私域流量的密码，就一定能搞定社群、搞定私域流量了呢？显然不是，因为你还没有掌握细节。

什么是细节？比如，从北京到广州，我们都知道是南下，南下是方向，方向不能错，这是至关重要的。可是细节呢？飞机、高铁、高速公路，选哪种方式？如果选高铁的话，怎么到高铁站、选乘哪班车、行程用时多少、何时到达？

前文已经说过，所谓秘籍，就是大多数人都知道，但只有少数人做到的那个道理！为什么少有人去执行？很少有人做到？是因为——缺乏细节！

如何落地社群运营？细节有六点、五力、38个关键词，极光将之提炼为一个SSOOC-P模型：

- 连接点：Same frequency同频；
- 结构点：Structure规则力；
- 运营点：Operate运营力；
- 价值点：Output输出力；
- 扩张点：Copy复制力；
- 变现点：Product产品力。

### 3.2.1 连接点：Same frequency同频

连接同好，用"榴莲精神"发展种子用户！

—— 极光

本节关键词：

- 正念利他、成人达己；
- 连接同好、同频共振；
- "榴莲精神"、场景聚合。

#### 3.2.1.1 社群领袖：正念利他、成人达己

社群领袖是社群的发起人，他们是社群早期价值的提供者、召集者、架构者。通常，社群领袖个人IP的势能和社群的势能是相互帮衬的。其个人IP势能越大，就越能拉高社群的势能。反之，社群的势能越大，也会拉高社群领袖个人IP的势能。

通常，社群想要持续发展，有两个先决条件，即在社群成员之间：

- 建立共同的目标（使命、愿景）；
- 激发协同的意愿。

网赢研习社定位为面向企业家群体的互联网营销研讨社群。作为社群创始人，当然是希望社群规模越大越好；而社群成员的想法，也许就是把自己公司干好就行了。这就导致了目标的不统一。

因此，在确定目标这件事上，网赢研习社设立了一个共同的目标：将在研习社中学到的实操打法，运用在自己的公司、自己的项目中，以提高十倍收益。设置这个目标以后，大家在群里就有了动力，知道自己该聊什么话题、该做怎样的互动。

如何建立共同的目标、激发彼此协同的意愿呢？答案是秉持"正念利他、成人达己"之心，将同质化的数字化消费人群组织起来，与他们结缘、与他们交朋友。要知道，你将获得的是一种"资产"、一种市场的力量。所以，社群能走多远、能感召多少小伙伴，取决于社群领袖的初心。

#### 3.2.1.2 价值主张：连接同好、同频共振

在社群中，同频才能共振，我们也常说：无同频、不成交！那么，怎么才能同频呢？答案是，提出你的价值主张，以连接同好！

例如，著名财经作家吴晓波创办的"吴晓波读书会"明确提出了4条价值主张：

- 认同商业之美；
- 崇尚自我奋斗；
- 乐于奉献共享；
- 反对"屌丝文化"。

何谓"商业之美"呢？吴晓波是这样说的：

"我对商业的理解，首先是认为它有它的正当性。中国改革开放这四十多年来，商业取得了巨大的进步。我们这一代人是从贫穷中走出来的，早年在金钱上有不安全感，所以，成年以后我对金钱的态度是不排斥的。我觉得，在一个正常的商业世界里，应该对金钱既不鄙视，也不仰视。

"其次，我认为商业本身是值得用生命去投入的，而金钱只是个结果。在从事商业的过程中，不管你是经营一家企业，还是投资理财，这个过程本身就包含了很多理性的成分，有工具理性、科学理性、人文理性，这和文学、绘画、音乐一样，有它特有的'美'存在。而且，今后大家对这种'美'的理解，应该还会更加丰富。"

其实，如果没有价值主张，所有的用户加在一起只是乌合之众，没有任何价值。而有了价值主张之后呢？吴晓波这样说：

"吴晓波频道是自媒体领域里最大的财经个人公号，目前拥有180万订阅用户，他们都是一些正在认真生活着的当代人。

"我们认可商业之美，崇尚自我奋斗，乐于奉献共享，反对'屌丝文化'。在过去的两年里，我们组建了书友会，让81个城市的几万名书友产生了连接，他们结伴读书、运动、摄影、旅行，分享创业、投资、职场方面的经验，当然，还有人在其中找到了生命中的另一半。在年轻的财经社群，美好每天都在发生。"

我们之前提到的张天一和他的伏牛堂，其社群价值主张又是什么呢？就是湖南人常说的"吃得苦、耐得烦、霸得蛮"中的"霸蛮"！它今天之所以能够成为伏牛堂的一种精神符号，首先在于它是原生词汇，作为湖南方言，成为在京的湖南人一种"接头信号"和精神共鸣。其次，"吃得苦、耐得烦、霸得蛮"，从词意上来讲，就是一些非常积极向上的词语，能够体现年轻人的精神。

从伏牛堂创业伊始，张天一就有意打出"霸蛮"的旗号，并在各种场合亮出这个词汇，随时随地张扬"霸蛮"这一品牌精神。

关于提出怎样的价值主张，请关注以下这些正能量关键词：自助、互助、健康、快乐、美学、平等、乡情、亲情、友情、智慧、文化、创造力、想象力、扶贫帮困、家国情怀、工匠精神、死磕、慢生活、品质生活……

### 3.2.1.3 种子用户："榴莲精神"、场景聚合

提出了价值主张之后，就需要去寻找你的种子用户。原则是：本着"榴莲精神"，宁缺毋滥！

我们来看看刘东华创办的正和岛[1]，其社群的种子用户是从哪里来的呢？

刘东华辞去《中国企业家》杂志社社长一职后，以十余年积累的核心优势创办了正和岛。正和岛初期的发展，首要得益于刘东华的人脉资源，吸引了包括柳传志、俞敏洪等在内的第一批投资股东，他们同时也是正和岛的第一批优质种子用户！

这一批商业大佬级的种子用户，也直接带动了同样量级的企业家投身其中。到今天，张瑞敏、鲁冠球、王石、宁高宁、马蔚华、马云、王健林、郭广昌、李书福、曹国伟等企业领袖都是正和岛的热情支持者与积极参与者。

刘东华在《中国企业家》杂志社、中国企业家俱乐部十余年的沉淀和积累，成为他打造正和岛最有力的支持！

物以类聚，人以群分。人总是倾向于跟自己的同类待在一起。在心理学上，这被称为"吸引力法则"，指思想集中在某一领域的时候，跟这个领域相关的人、事、物就会被吸引而来。对社群而言，其种子用户，正是由于"榴莲精神"、吸引力法则而来！

当然，种子用户不会被凭空"吸"来，还需要我们创造合适的场景来聚合最初的用户。通常，有如下5种聚合场景：产品聚合，行为聚合，标签聚合，空间聚合，情感聚合。

什么是产品聚合呢？比如，我们都用小米的产品，于是有了"米粉"；都用华为的手机，就有了"花粉"；都开某一品牌的车，就有了"某某车友会"，等等。大家因为一个具体的产品而聚合在一起，都非常喜欢产品带来的价值，更享受这种互动的社群方式所带来的面对面的交互感。

---

[1] 正和岛是中国商界高端人脉深度社交平台，它是企业家人群专属、线上线下相结合的，为会员岛邻提供缔结信任、个人成长及商业机会的创新型服务平台。

这样的社群有：

- 产品型社群，如小米社群、霸蛮社、酣客公社；
- 销售型社群，如天下星农、归农、优食管家。

什么是行为聚合呢？行为就是喜好、兴趣、正在做的事情，比如，因此而形成的读书会、足球群、徒步社、吃喝玩乐群、宠物群、雕刻群、跳舞群、创业群、人脉群、公益群……

基于行为聚合的社群有：

- 学习型社群，如混沌大学、秋叶PPT、网赢研习社；
- 兴趣型社群，如十点读书会、光影流刑地、问山茶友会；
- 创业型社群，如黑马会、飞马旅；
- 人脉型社群，如正和岛、各类商协会。

什么是标签聚合呢？标签就是可被快速识别的符号，比如星座、属相、姓氏、家乡、信仰、行业、喜欢的明星……

基于标签聚合的社群有：

- 粉丝型社群，如罗辑思维、吴晓波书友会；
- 行业型社群，如新农堂、医生站。

什么是空间聚合呢？就是基于地域空间、物理位置而聚合的社群，比如众创空间、创业主题咖啡馆等发起的社群。

聚合的场景往往是复合的，对应的社群也是多属性的，比如，因众创空间聚合而来的社群，既是空间聚合，也是创业行为聚合。再如，罗辑思维的社群既可以是"粉丝"型社群，又可以是学习型社群。总之，不是非A即B、非白即黑，我们需要灵活组合为最优聚合场景。

事实上，很多社群发展起来以后，下一级分社群的组建，要么按空间聚合，横向成立各区域、省份、城市分支机构，以读书会为例，如成立上海分会、杭州分会、苏州分会等；要么按行为聚合，纵向成立社群内的垂直兴趣小组，还是以读书会为例，如财经管理类兴趣组、情感心理类兴趣组、历史人文类兴趣组……

最后，什么是情感聚合呢？人生，无非这么几种情感：亲情、爱情、友情、同学群、战友情、老乡情……

据说，每个人的微信里面，都有一个家庭群……

**你的微信里是不是也有一个这样的家庭群？**

现在每家都有自己的微信群，没事的时候，一家人交流交流，有事的时候，方便相互转告。那么，你家的家庭群名是怎样的呢？

没错，这个群我们一般起名为："×××一家人"或"快乐幸福一家人"。那么，不走寻常路的定制款是怎样的呢？据网友爆料，通常是这样的：

- 根据姓氏取名：姓董，家里的群叫"董事会"；姓周，所以叫"一锅粥"；姓蔡，所以叫"菜市场"；姓杨，所以叫"杨门虎将"。
- 根据人数取名：家族十个人，叫"十全十美"；独生子女家庭专用，"吉祥三宝"。
- 根据特殊时期命名：例如家有考生的，叫×××高考后援会。
- 还有按照功能命名的，如"谣言交流群""回家吃饭确认群"。

### 3.2.2　结构点：Structure规则力

关键价值，用框架思维规划微信社群！

——极光

本节关键词：

- 明确规则、远景幕布；
- 创建亚文化、塑造仪式感；
- 梯度产品、递进成交；
- 梦想阶梯、会员清单。

我们在第一章提到过，所谓框架，就是套路、公式。这一节中，就来聊聊框架思维。

其实，在源远流长的中华文化中，很早就有了类似框架思维的概念。比如中国的古钱币，自秦统一六国后就是圆形方孔，外圆，代表外在处事要圆通、随和、方便别人，讲究为人处世的艺术；内方，则意喻我们的内心要有规则和框架，不可人云亦云，随波逐流。正所谓：外在圆融通达，内在方正有原则，方为大智慧。

让我们漫步时光长廊，把镜头从古代拉回现代，从东方拉到西方，看看特斯拉创始人埃隆·马斯克又是怎样谈"框架思维"的：

埃隆·马斯克号称"硅谷钢铁侠"，连续创立Paypal（互联网金融支付）、

SpaceX（太空发射）、SolarCity（太阳能光伏发电）、Tesla（特斯拉汽车）等业务，在多个领域取得了惊人的成绩。在一次TED演讲中，主持人问他：这些企业如此天差地别，规模又如此之大，请问您的秘密武器是什么？

当时，马斯克把成功归功于思维模型，他回答："我想，存在一种好的思维框架，那是物理学的东西……有点像第一原理推论，总的来讲，我认为存在将事情缩减至其根本实质，并从那里开始向上的理论，和类推推理刚好相反。"

马斯克提到的思维框架，就是一种我们处理信息、思考问题的思维结构。极光认为，运用这种思维结构，应该秉持"简单"原则，力求把复杂事情简单化，直指问题的本质和真相！老子在《道德经》中，也提到过"大道至简"，意指事物的原理、方法、规则应该都是简单通透的。

在工作和生活中，我们通常会涉及3类框架：自我框架，心理框架，行动框架。

◆ 01 自我框架

美国心理学家麦克利兰在1973年提出了著名的"冰山模型"理论，他将人们个体素质的不同表现划分为表面的"冰山以上的部分"和隐藏的"冰山以下的部分"。而自我框架可以视作"冰山以下的部分"。

不同的个体，其"冰山以下的部分"是不一样的，其差异具体表现在对待人、事、物的态度和原则上，其本质是我们的人生观、世界观和价值观的体现。

比如，在我们成就自我的过程中，经常会萌生出这样的自我框架：我想成为怎样的人？有些人的答案可能是这样的：我想成为一个对社会有益的、富有的、自由的、高尚的人……

再比如，一位从商的朋友，他的内心可能会有这样的自我框架：什么生意不做？有些人的答案可能是这样的：犯法的生意不做、不可持续的生意不做、没机会做大的生意不做……

假如，每当我们开始做一件事情前都能够先想一想："这件事，是否符合我的自我框架？"那么，就能够排除干扰、抵制诱惑、找到同频、放大格局，最终达成目标。想清楚了再开始，就符合我们古人所说的"慎始"二字了。

◆ 02 心理框架

所谓心理框架，顾名思义，就是我们内心深处对于事物进行认知的框架。

比如，一位男士想找到人生伴侣，他在内心里可能就有这样的画像框架：与自己年龄相仿、相貌端庄恬静、黑直长发、身高160厘米以上、温柔贤惠、厨艺好、勤劳善良等。当他有了这样的心理框架，再去寻觅爱人的时候，自然而然地会往这样的条件上靠。

再比如，极光熟悉的一个学习型社群，其创始人心目中的社群成员是这样的：乐分享、有绝活、能轻松支付2万元的年费。当他将这样的心理框架用文字和语言呈现出来，并且对外宣布的时候，吸引来的成员果然大多数都拥有他所描述的能力和实力。

由此，我们可以看到，心理框架有什么好处呢？设定了心理框架，可以过滤掉不符合条件的人和事，提高匹配效率，同时还有利于吸引同频的人。

◆ 03行动框架

什么是行动框架？就是做一件事情的行动步骤。在我们工作生活中，处处都涉及行动框架，比如：

- 做决策思考，会用到"六项思考帽框架"；
- 做产品分析，会用到"波士顿矩阵框架"；
- 做竞争策略，会用到"SWOT框架"；
- 做项目路演，会用到"SCQA框架"；
- 做项目方案，会用到"5W2H框架"；
- 提炼产品卖点，会用到"FABV框架"；
- 设计成交话术，会用到"SPIN[1]框架"；
- 撰写销售文案，会用到"AITDA框架"。

无论是项目路演、产品推介、项目方案呈现、工作成果展示还是年度规划、培训分享，我们身在职场，几乎每天都会为这些内容殚精竭虑、绞尽脑汁，有了行动框架，就可以化繁为简、高效完成！

#### 3.2.2.1 框架思维：明确规则、远景幕布

那么，如何用框架思维来规划你的社群呢？要注意用好这3个框架。

---

[1] SPIN是顾问式销售技巧，其来源是S（Situation Question）情况问题、状况询问，P（Problem Question）难点问题、问题询问，I（Implication Question）内涵问题、暗示询问，N（Need-payoff Question）需要回报的问题、需求确认询问等。

首先，自我框架，你想做个怎样的社群？根本上，就是这个社群的愿景、使命、价值观的外在显示。或者，我们也可以理解为社群的定位。谈到定位，就是：

- 社群叫什么名字？
- 聚焦在哪个领域？
- 建立这个社群的目的是什么？
- 通过社群运营，你希望得到怎样的回报？
- 社群领军人物的IP如何定位？（详见2.2.1小节"定位你的IP"的相关内容。）

其次，心理框架，你想吸引怎样的社群成员？其实就是：

- 明确提出你的价值主张，以连接同好，同频共振（详见3.2.1.2小节"价值主张"的相关内容）；
- 明确提出进入社群的资格标准，吸引目标群体对号入座。

关于设置社群准入资格，我们来看看正和岛是怎样做的。

**正和岛的会员资格：**

- 拥有健康、阳光、负责任的价值观，追求成长、热爱学习、乐于分享；
- 是所在企业的创始人、董事长、CEO、总裁等首要决策者；
- 所在企业系独立法人企业，成立3年以上，且上一年销售收入须在1亿元人民币以上；投资类企业的管理资金规模须在10亿元人民币以上；或在新兴产业中具有未来成长性；
- 所在企业从事对社会有益的产业或事业，登岛前3年内无重大违法、违规记录；
- 认可并践行《正和岛会员章程》及适用于会员的制度规则。

最后，行动框架，如何制定社群行为的规则呢？我们常说，没有规矩，不成方圆。同样，对社群而言，没有明确的规则，必定一盘散沙，要么氛围沉闷不敢逾越，要么开放过头，很快被低质量的无效社交所攻陷。而创建了社群规则，并描绘出一个可期的远景蓝图，必可聚沙成塔、有序发展。

通常，社群规则的制定涉及5个方面的内容：社群架构规则，准入门槛，退出机制，社群用户日常行为规则，社群创建者行为规则，如图3-3所示。

这样，自我框架、心理框架、行动框架，3个框架、12个结构点，合起来就形成一份完整的社群纲领（会员章程）。下面，我们来重点聊聊行动框架，也就是社群规则的制定。

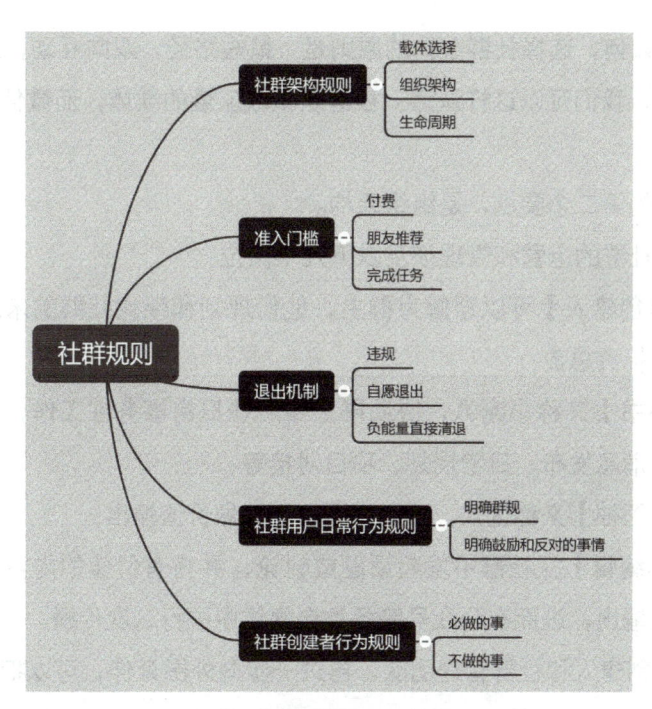

第三章 社群篇：私域流量的"粉丝"到哪里去？

图3-3 制定社群规则的框架

◆ 01 社群架构规则

社群的架构规则，涉及3个方面：载体选择，组织架构，生命周期。

首先是载体选择，我们都知道，家是一个虚拟概念，而房子是家的载体。其实，正如家和房子的关系一样，社群也是一个虚拟概念，我们需要选择一个载体来承载数字化的社群。这个载体可以是微信群，也可以是QQ群，还可以是独立开发的App。

假如使用微信群为载体来构建社群，由于每个人都有微信，信息触达路径最短，建群成本几乎为零。但是每个群的成员上限是500人，如果需要吸纳更多的社群成员，就要设计好微信群矩阵，如核心群、联创团队群、合伙人群、区域群、付费微课群、免费热身群、活动秒杀群等，进行多群联动。

而独立开发App来构建社群，前期投入较大，产品原型设计、项目开发测试、App安装推广等环节都需要时间，同时还需要配备产品经理和运维团队，以在后期持续迭代。当然，好处也是显而易见的，那就是你自己具有完全的控制权。

一般而言，在社群载体的选择上，我们可以用渐进迭代的方式，先使用微信群来运营，然后等用户数、运营经验均积累到一定程度的时候再自建App，将用户迁

161

移过去。无论如何，选择社群载体的原则是：最短路径，双向互动，渐进迭代。

总而言之，我们可以这样认为：社群是私域流量的载体，而微信群则是社群的载体。

社群架构的第二个要点，是组织架构。

大体上，社群的运营和管理涉及以下几个岗位：

- 【社群创建人】可以理解为群主，他们规划和架构社群的未来，对社群结果和目标负总责；
- 【小秘书】又称小喇叭，协助群主做一些日常事务性工作，包括社群规则维护、消息发布、日常规划、项目对接等；
- 【意见领袖】又称达人，帮助社群持续地做价值输出；
- 【社群编辑】在社群中发起话题或讨论，并将有价值的内容汇总，以文章的形式输出，进而在公众号等各类自媒体中进行二次传播。

除了社群创建人和社群管理团队，再进一步向外围延伸，可以把社群用户分为5种类型：

- 【付费用户】为社群提供资金，是社群建设的晴雨表；
- 【核心参与者】又称活跃分子，他们经常参与社群讨论，帮助维持社群活跃度；
- 【潜水者】这个群体比较安静，并不积极将他们的观点分享出来，一般不评论，不表态；
- 【统治者】也称超级用户，他们在社群中很有影响力，在社群中拥有较大的话语权和追随者；
- 【联结者】他们是社群的连接中心，将不同的群组串联在一起，同时会拉新人进来。

除了以上这9类角色，一个社群中还应该有哪些角色呢？我们来看看下面这段"戏说社群"的段子。

经研究认为，一个温馨的社群，一个活跃的社群，理想的构成是这样的：

要有一个傻不拉叽的群主；

要有几个风姿不减当年的"万人迷"；

要有几名不甘老去的世俗愤青；

要有几个三天两头晒养生的专家；

要有几个有事没事经常对掐的好友；

要有时不时蹦出几句冷幽默的疑似思想家；

要有掌握各种小道消息的"内部"人士；

要有几个爱发"段子"的奇才；

要有几个比狗睡得晚、比鸡起得早的失眠者；

要有几个记忆力超强的"超级大脑"；

最好还要有几个文人骚客；

还要有几个视金钱如粪土、时不时发红包的爱心人士；

要有一名正襟危坐经常维持群规的"纪委书记"；

要有一位甘愿受虐、经常挨骂被戏谑的好对象；

要有一位经常请客、甘愿买单的隐形富豪；

要有一位经常身在海外、心系本群的时差先生；

还要有经常召集各种聚会的"饭醉领袖"；

最后也要有多个一言不发、宁愿潜水憋死，也绝不退群的基础群员。

通常，社群组织的扩张，一方面，看核心群的流程是否畅通，是否形成一整套行之有效、可复制的运营规范；另一方面，也有赖于分社群群主的成长。社群创建人要有意识地发掘和培养有潜力的分社群群主。

除了载体选择和组织架构，社群架构的第三个要点，就是想清楚社群的生命周期。

俗话说"人无千日好，花无百日红"，社群作为一个人群的聚合体，也会有它的生命周期。就好像"花开花谢、潮起潮落、缘聚缘散"一样，社群也会"群生群灭"。

**47万微信群、2亿微信用户，背后数字规律揭秘**

来自清华大学、康奈尔大学、腾讯公司和香港科技大学的研究人员，采用了"机器学习算法"，分析了47万以上个微信群、2亿以上的微信用户、6亿以上的好友关系和200万条以上的邀请记录，揭秘了微信群背后的数字密码。

论文首先分析了474726个微信群样本的生命周期分布（数据收集日期为2015年7月26日到8月28日），得出的结论是，每天约有230万个微信群被创建；一个群可以拥有的最长生命周期是34天；其中40%的群在一周之内变得默默无言。

论文还指出，微信群的生命周期，很大程度取决于设立时候的社交目的。例如，事件驱动的微信群，相对于经常聚会的朋友群，有更高消亡的可能性。

一般社群都会经过一个创立、活跃、沉寂、激活、再次沉寂、再次激活、再次沉寂……直至休眠、死亡的过程。对于社群创建者而言，能否有效进行商业变现，是一个社群能否持续经营的重要因素。

今天，建一个微信群几乎没成本，每个人都可以在很短的时间内建起一个群，建100个微信群也没有什么成本，可见，搭建社群的成本趋近于零，但运营和维护社群的成本却在不断高企。比如，如何获取种子用户、如何获得群体的持续认可、如何营造去除杂音的圈子和社群氛围，如何让用户愿意自动帮你传播和转发……这些都需要投入精力和资源进行运维。

所以，对社群运营而言，拥有的微信群越多，反而越是一个负担。有些微信群在建立之初，就需要定好这个群解散的时间节点。

通常，对用户要实行"分级运营"。微信群分级运营的原则是：

- 核心群，长期存续；
- 临时群，即用即抛（如微课群，往往转瞬即逝）；
- 重点用户群，重度运维；
- 一般用户群，一般运维。

我们来看看下面这个微课群的群规，其中第四条就明确地定义了其生命周期。

**本群为网赢研习社【实战微营销】微课授课群，共同约定如下：**

1. 本群打广告秒踢，攻击老师、负能量秒踢！

2. 本课程采取在线微信群授课形式，用"1+2"模式进行，即1天授课，2天演练和答疑；在线微课用文字+语音+PPT分享，每次时间1.5小时，课程期间群员禁言。课程内容将以"群精华"的形式沉淀。

3. 建议大家在课程期间将本群置顶，并积极交流；不欢迎无意义的闲聊，以免稀释有价值的内容。

4. 为避免信息过载，遵循"群生群灭"的原则，群有效期为7天；每周五晚上，每期课程群将解散；解散方式：移除所有群成员。

### ◆ 02 准入门槛

一个真正有价值的社群，一定是有门槛的。设定恰当的门槛，有助于筛选出更精准的目标用户，也会令人更加重视和珍惜进入社群的机会。通常，我们在心理框架中提出的资格标准，更多的是软性的指标，但准入门槛往往是硬性的。

社群的准入门槛，较常见的有3种方式：付费，朋友推荐，完成任务。

首先，来谈谈准入门槛的第一种方式：付费。

付费是一种较为普遍的社群门槛，经常成为学习型社群的准入门槛，适合知识高度专业化的领域。这种准入方式也反映出社群创建者对社群价值充分的自信心。只有付费购买过产品或服务的用户，才有机会进入这个社群，这样才能实现创建者想精准筛选目标群体的初衷。

例如，李善友教授的"混沌研习社"、李笑来老师的学习社群、自媒体大V彪悍一只猫的"彪悍行动营"、黄有璨的"三节课"，以及极光创立的"网赢研习社"，都是以付费作为准入门槛的代表社群。李笑来老师曾经笑谈："在我眼里，社群年费是一个过滤器，它起码筛出了两种人：肯付费的人和能付费的人。"

如果要以付费作为准入门槛，创建之初就得明晰：你社群提供的产品和服务不会被任何免费的社群产品所替代，也没有同类型、同品质的社群服务，它一定是具有独特性、稀缺性及自身核心价值的。

从运营的角度来看，付费后，大家就会重视，"因为这是我花过钱的"，人们普遍有这样的心理，越是贵的、来之不易的越受到重视。付费能让社群成员更珍惜机会、参与度更高，行为上也会更加规范。同时，运营成本有了基础保证后，就能安排专人负责社群的运营，从而提供更好的社群服务。

还有一点，愿意为价值付费的人，他们的学习能力、眼界、对自己的期待值都高于普通人，他们付费进入社群，除了提高自身能力，还为了认识一些和自己有共性的同类人群。他们通过在社群中持续的互动交流，从而高度强化了其身份认同感。

因此，我们可以说，付费是一种不错的筛选方式，遵循吸引力法则，让行为模式、生活背景、价值观比较接近的人聚合在一起，产生更多的"化学反应"。而社群门槛金额的多少，可由社群提供的价值决定。

社群准入门槛的第二种方式是朋友推荐。

这种邀请制的准入门槛比较适合较为私密的、中小型社群的成员引入。新人要想进群，就得有老用户邀请，现有社群成员对推荐进来的新成员比较了解，将更加符合社群的用户群体特性。同时，由于有推荐人存在，新成员加入之后能够很快适应社群风格，对社群的黏性也比较大。

例如，秋叶老师的"69群"从不对外开放，都是邀请制，谁都可以申请进入，但只有一个条件：你得有干货，才华就是门槛。有的小伙伴画思维导图又快又好，有的小伙伴手绘又美又帅，有的小伙伴拍照有天赋，就能被邀请进69群。但社群永远不超过69人，超过69人就必须踢掉或换掉一些人，看起来很残酷，但可以保证社群的活跃度和良好的新陈代谢。

创投圈有这样一句话："服务得天下，推荐定江山。"服务固然重要，你的推荐人是谁，却更重要。有时候，我们会发现，想进入一个顶级的企业家圈子是非常困难的，因为光有钱不行，还得有推荐人，有软实力！

冯仑在《理想丰满》一书中，谈到了香港马会的邀请制：

"香港马会也是非常出名的俱乐部，有着上百年的历史，他们在发展会员上特别下功夫，采用的是邀请制。你觉得你有钱去申请，人家还不见得接纳你，他越这样就越会显得这个会员资格的价值高。

"现在经常有人找我帮忙在北京马会订餐，因为只有会员才有资格订餐，而且结账的时候会员本人必须到场，这虽然很麻烦，但他坚持这条原则，把他认为不合适这个会所的人屏蔽掉，因此也确实做到了真正的物以类聚、人以群分，也保证了其主流定位。"

事实上，北京马会用了两年时间，虽然只发展了不到500个会员，但是会员质量都很高。这就是邀请制的效果。

最后，我们来聊聊社群门槛的第三种方式：完成任务。

完成了某个"任务"，方可加入社群，这样的门槛，也经常作为社群的准入条件。这种方式虽然不用付费，但对于希望进入社群的用户来说，也得有一定的付出。

比如，"十点读书会"的入群门槛是什么呢？它的准入门槛就是曾经有过拆书经历，如果想进入这个社群，入群时必须交一份推荐书单，且需承诺每周完成一篇读书笔记。通过这样的门槛筛选下来的用户，拥有的共性是：执行力强、自觉性高，且对"十点读书会"高度认同。

再如，还有一种常见的入群方式，就是完成这样的小任务：保存组织方宣传海报——分享到朋友圈——截图——发回给组织方——完成任务，被邀请进群；或是

第三章 社群篇：私域流量的"粉丝"到哪里去？

分享朋友圈后，集齐N个赞……

还有些兴趣类社群，如摄影社群，以提交一份创意作品作为准入门槛，也十分有意思。

总而言之，"完成任务"这种准入方式，考验的是诚意、是耐心，如果连这样的小任务都不愿完成，那肯定不是社群的目标受众，从这个角度而言，"完成任务"也是个不错的准入门槛。

◆ 03 退出机制

一个有生命力的社群，除了有准入门槛，还要设计好退出机制，以便让社群保持良好的"新陈代谢"。

关于社群的退出机制，有3种情况：违规，自愿退出，负能量直接清退。

在社群内，如果向大家反复宣导和明确过群规后，还有人违规、影响社群正常秩序，必须及时制止，必要时也可将其"抱"出群，以示惩戒（是否可以回来，视群规而定）。

另外，社群和社群成员都是动态成长的，假如社群成员最初是带着问题来的，当其感觉到问题已经解决时，或者说当感觉不再需要该社群时，可以自行退出社群。

吴晓波读书会的目标人群，早期是企业家和各类型的商务人士。读点有价值的书，一直是吴晓波所提倡的。后期，其用户类型扩展到更大的范围，吴晓波频道也有年轻化的趋势，但围绕财经、美好商业这个总体方向，并没有变化。这时，社群的主要人员变成了"理性的中产阶级及知识爱好者"，吴晓波认为，他们才是未来中国经济升级的主力人群。

可见，人会成长，社群也会发展、壮大、迭代，一切都是动态的。相应地，我们也要用动态的眼光去洞察和社群成员之间的关系。

无论设计怎样的群规或倡导怎样的社群文化，正能量都应该是首当其冲被推崇的。有的人负能量很大，在群内成了一名"破坏团结的领军分子"，社群创建者可以行使权力，直接将其清退（在3.2.3.1小节关于"农耕思维"的部分，也谈到了"锄草"的理念）。

◆ 04 社群用户日常行为规则

明确了社群架构规则、进入门槛、退出机制，我们再来看看，社群用户的日常行为，该如何规范呢？

具体而言，涉及两个要点：

- 硬性的，明确群规；
- 软性的，明确鼓励和反对的事情。

先说群规。社群是由人组成的，有人的地方就有"江湖"，有"江湖"就得定规矩，为了防止"江湖混乱"，需要设立一个统一的行为准则，这就是"群规"。设立群规，有助于社群成员达成共识，共同遵守和执行。

群规如何制定呢？按照"简单"原则，制定的规则尽量简单易懂，力求让进入社群的新成员一眼就能看明白：这个社群属于什么领域，社群内都是些什么人，进群能做什么，不能做什么。

不同的社群，因为门槛不同，社群成员对社群的珍惜和重视程度也是不同的。一般而言，门槛较低的社群，群员行为较为随意，群规就要设计得严格些；门槛较高的社群，群员的自我约束力较强，群规只须寥寥数语即可。

另外，即使同一社群，下面也设有不同用途的分群，如核心群、合伙人群、付费微课群、临时微课群、直播卖货群等，由于社群目的和对象不同，每个分群的群规也应该做相应调整。

无论如何，一套基本的群规一般包括以下几个部分：

- 硬性指标（必选的动作）：可要求群员进入社群后规范群昵称、入群后做自我介绍等；
- 令行禁止（不能做的动作）：明确禁止的行为，如违反将有什么后果；
- 附属说明：如社群介绍、活动预告等。

举个例子，某品牌产品型社群下属的"母亲节直播卖货微信群"，群规是这样的：

欢迎新朋友进群！

欢迎进入中国首届冬虫夏草"鲜草节"——冬虫夏草现挖现卖直播群，直播冬虫夏草寻草、挖草、刷草全过程，邀请大咖坐镇分享，并开启秒杀、团购活动。

在本群存续期间，请大家遵守群规：

1. 本群禁广告（下一秒抱出）；

2. 禁互加骚扰（下一秒抱出）；

3. 群内言论不得涉及政治等敏感话题（下一秒抱出）；

4.群内欢迎讨论"健康生活"相关主题；

活动预告：

- 5月12日，母亲节，群内鲜虫草特价秒杀；
- 5月13日，特邀中国十大营销操盘手，分享"冬虫夏草，销售额从2亿元到80亿元的秘密"；
- 5月14日，特邀三代中医世家掌门人，分享"1根鲜虫草，为啥等于3根干虫草"。

最终解释权归×××品牌所有。

通过这个群规，我们可以了解到：这是个品牌企业为"鲜草节"建立的直播卖货秒杀群，在这个群里，有直播，有优惠活动，还有大咖分享，群规中明确了禁止的行为，如有违反将立即"抱"出群；同时，还做了群内分享的相关活动预告。

再举个例子，学习型社群"网赢研习社"下属的某个班级群群规，是这样的：

大家好，为了保持本群积极学习的氛围，特立几条群规如下：

1.群内的同学请及时修改昵称，格式为：姓名+公司名；

2.本群欢迎各种话题讨论，尤其是网络营销及微营销；

3.爱发红包？Yes，Yes，Yes！心情靓，过生日，过节啥的，多来点红包雨呗，增进友情；

4.私自拉人进群？一定要私信群主同意哦；

5.发布广告，拉票？No，No，No！不过要发个红包啥的，群主就睁只眼闭只眼吧；

6.老师分享的文档有知识产权，是我们学员的福利，内部参考一下，可不要向外扩散哦！

让我们在网赢研习社彼此陪伴，共同进步！

这个社群是网赢研习社的一个班级群，其中的群友彼此都不陌生，群规用语略带俏皮，但该有的入群要求和令行禁止都说得很清晰。没有规矩，不成方圆，有了最基本的游戏规则，方可让大家在其中"愉快地玩耍"！

群规需要迭代么？答案是肯定的！随着时间的推移、社群规模的变大，运营者自身的成长，以及对社群更深入的理解，群规也需要不断完善和迭代。在群规的迭代过程中，始终铭记"人性化"这个关键词，少些对抗、多些提倡，相信你的社群也能越来越棒！

聊完硬性的群规，我们再来聊聊软性的"共识"。

社群的健康发展，除了运用文字内容（群规）进行规范，还体现在一些文化共识中，如：

- 鼓励聚焦群话题，反对无意义聊天，以免稀释有价值的内容；
- 鼓励积极参与、积极发言，反对潜水；
- 鼓励分享文化，为社群做贡献，反对光说不练；
- 鼓励连接、将不同的群组串联在一起，反对无效社交、假人脉；
- 鼓励协作、打造自组织，反对各人自扫门前雪，事不关己高高挂起。

每个社群都有其独特性，鼓励什么、不鼓励什么，反对什么、赞同什么，都需要从自己的实际情况出发，进行思考和提炼。既可以通过文化共识来达成，也可以通过社群积分制度来引导，总之，虽然是软性的，也需要持续的宣导，以形成社群氛围。

◆ 05 社群创建者行为规则

关于社群的规则制定，最后谈一点，就是：社群创建者需要注意什么？

我们主要谈两点：必做的事和不做的事。

极光观察到，很多社群的创建者会出现一些不当的组织行为。比如，有的把"创建者"的角色移交下属，自己当甩手掌柜；有的凡事亲力亲为、忙得苦不堪言……

一个健康成长的社群，一个高效运营的社群团队，其中的每个成员一定都有明确的分工，每个角色、每个岗位都相互了解、高效协作。就像一个生态系统完整的池塘，有阳光、空气、水、植物、动物、细菌；或者像一同去西天取经的唐僧师徒，有的负责除妖、有的负责挑担、有的负责化缘、有的负责取经……

社群创建者就像阳光、就像唐僧，是无可替代的。那么，作为一个社群的灵魂人物，有哪些事情是社群创建者必须做的呢？

答案是：那些他人无法替代的重要工作必须由社群创建者来完成，如：

- 制定社群文化基调；
- 优化社群规则；
- 培养运营团队；
- 筛选合作伙伴；
- 扩大社群规模；

- 开拓合作资源；
- 规划未来方向；
- 观察思考等。

一般来说，"一个人，干不过一个团队"，创建者要想做好社群的管理，就必须组建和培养核心运营团队，一件很烦琐的事情，分解到多人后，解决起来就高效得多了。

那么，社群创建者不做什么呢？答案是：那些可替代性强的、投入精力多、收益少的事情。比如，群内互动、聊天；一对一免费服务等。

总之一句话，社群的创建者要去"做对的事"，而不是仅仅"把事做对"。

### 3.2.2.2 文化框架：创建亚文化、塑造仪式感

完成上节中所述的"自我框架（做一个怎样的社群）、心理框架（吸引怎样的人）、行动框架（制定规则）"的梳理和思考，就可以着手撰写社群纲领了（或者叫作会员章程）。

对于法律工作者而言，往往讲究"静态依据、动态证据"。同样地，社群纲领就是社群的指导文件，就是社群的"发展依据"。

除了社群纲领，在进行"动态运营"之前，我们还有些"静态依据"需要想清楚，这包括：社群文化、产品体系、会员体系三方面的规划和架构。

首先来聊聊社群文化，通常也称为"亚文化"。所谓亚文化，又称集体文化或副文化，指与主文化相对应的那些非主流的、局部的文化现象。具体而言，是指在主文化的背景下，属于某一区域或某个集体所特有的观念和生活方式。

一种亚文化不仅包含着与主文化相通的价值与观念，也有属于自己的独特的价值与观念。由于亚文化是直接作用于（或影响）人们生存的社会心理环境，其影响力往往比主文化更大，它能赋予人一种可以辨别的身份和属于某一群体或集体的特殊精神风貌和气质。

社群运营讲究"仪式感、参与感、归属感"，如何塑造仪式感呢？其实就是创建亚文化，具体而言，我们可以从如下几个方面来着手。

- 【VI[1]及衍生品】专属Logo、专属色系、吉祥物、手办、软皮笔记簿等。

---

1　全称为Visual Identity，企业视觉设计系统。VI具有传播企业经营理念、建立企业知名度、塑造企业形象等功能。

- 【旗帜】可以是旗帜、横幅、小旗子，用来渲染氛围、增强气势，打造社群能量场，可用于户外活动、合影等场景。
- 【服装】印有社群Logo的T恤或帽子，比如，"霸蛮衫"就是伏牛堂霸蛮精神的视觉化呈现。
- 【手势】手是通心的法门，手势是视觉化的符号，常见的手势有：比心、比V、竖大拇指、抱拳等。
- 【口号】要简短有力、朗朗上口，如"网赢研习社，2021，越来越好"，或者"爆品社，打造爆品，成就匠人精神"。
- 【社群节日】例如，小米"米粉"节、酣客节、520社群旅游日、每年3月21日的"创业节"（寓意"123，向前冲"）。
- 【入群仪式】入群编号、专属名号、授予凭证、红包、亮照、自我介绍、入群分享等。
- 【活动仪式】定期分享、开营仪式、结营仪式、颁发奖状等。

举个简单的例子，拿"入群仪式"来说，新人进入社群，需要有固定的"自我介绍"的环节，为什么？

想象一下，极光请你吃饭，到了现场一看，发现一桌10个人，你只认识极光，其他人都不认识。这种情况下，你会不会有些紧张、拘束、不知道该说什么呢？

如果你坐下以后，极光只顾着和朋友们聊天，也没有介绍你是谁，你既插不上话，也不知道该说什么，整个吃饭过程中会不会让你觉得很尴尬，只希望快点结束？

社群也是这样的，新人进群后，应该为其提供一个机会做自我介绍。通常，网赢研习社会引导新会员用"MTV"模板来做自我介绍。

所谓自我介绍MTV模板，就是：

- M：Me，我是谁；
- T：Thing，我正在做一件什么事；
- V：Value，我能带给大家什么价值，即说明你的专业和价值是什么；
- 最后可以谈谈你的梦想、情怀、愿景。

还有一种自我介绍模板在网赢研习社内也经常被用到，就是"去—在—来"模板，即按照"过去、现在、未来"的思路组织内容。示例如下：

大家好，我是极光，过去20年我一直从事企业互联网咨询业务，服务了众多世界500强企业（过去）；现在，我专注于商学教育和社群，是上海交通大学新媒体与网络营销总裁班项目主任、网赢研习社创始人（现在）；未来3年，我希望通过社群，积聚1000位铁杆会员，共同开创和实践出一套完善的企业级私域流量运作体系（未来）！

如果有条件，让新成员就他所从事的领域做一个"入群分享"，那就更棒了！这样，其他会员就能从其分享中找到共同的话题，或者可合作的机会点。

如果每个进入社群的成员都坚持这么做，随着时间的推移，就会变成大家"约定俗成"的集体意识，你看，仪式感是不是就慢慢形成了？

社群亚文化的规划、仪式物料的准备、仪式流程的设计，都属于社群运营的"静态依据"，但是，文化的宣导、仪式感的落地等动作只有在"动态运营"的过程中才能得以实现，否则，只是"纸面文化"，只是空谈而已。

### 3.2.2.3 产品框架：产品梯度、递进成交

这一节我们来聊聊社群产品体系的设计。首先，我们要明白，无论你本人多么才华横溢、多么努力付出，无论你的社群多么积极踊跃、多么一呼百应、应者如云，如果没有落地的产品来变现、来支撑，一切都是空的！

那句话怎么说的？Business is Business（商业就是商业）！只有情怀、没有可变现的产品，社群将无以为继。不可持续经营，就是昙花一现！对于社群创建者而言，必须设计出社群的产品体系，并持续优化迭代，方得始终！

下面，我们从以下4个方面来聊聊产品架构：

- 构建你的A-B-C成交结构；
- 设计杀手级的产品结构；
- 成交动作大于金额；
- 成交要阶梯式成交。

◆ **01 构建你的A-B-C成交结构**

通常，我们在做社群产品设计时，会使用一个"A-B-C"的成交结构，其中：

- A是前端产品，用来低门槛、大规模地引流成交；
- B是核心产品，带来核心利润；
- C是延伸产品，带来关联销售。

A产品也叫引流产品、体验产品、构建信任的产品。有时为了引流、带来后端

消费，甚至会将A产品作为诱饵免费赠送，所以，在某些场景下，A产品也可以理解为"诱饵产品、免费产品"。

因此，A产品有两个作用：

- 一个用于引流，教育和引导客人购买产品；
- 一个用于驱动合作伙伴帮你引流！

## ✉ 案例：18个月业绩疯长650倍的秘密

一家销售"冰热"止痛膏的公司，一直采用传统的药店销售模式，每年只有2万多美元的销售额。

有"行销之神"之称的杰·亚伯拉罕接手了这个项目后，在对很多老客户的调研中发现，因为产品功效是针对关节止痛的，需要长期使用才会缓解客户的疼痛，所以这个产品的终生价值很高！

亚伯拉罕根据这一点，为这个产品策划了一个体验型"鱼饵"，就是售价3美元一瓶的体验装。试想一下，如果潜在客户花3美元购买了一瓶体验装进行体验后，发现这个产品很不错，这时，公司再通过电话跟进来销售使用周期更长的止痛膏正式装，是不是会更容易呢？潜在客户在正式购买前，就已经体验到了不错的效果，他们如果想长期缓解疼痛，是不是会继续购买呢？

但是仅凭一款售价3美元的体验装，如果没有一群人去推广这个体验装，还是很难实现真正销售的。当时，公司并没有做广告的经费，所以亚伯拉罕想到一个绝招！

这个绝招就是100%佣金制（即所收取的费用全部归合作方，只要客户归我就好），就是找到很多报纸、杂志平台合作发送广告。合作方只需要提供地址给公司即可，公司来负责邮寄冰热止痛膏，这样一下子就收集到了大量目标客户的联系地址和联系电话。

有了客户的联系信息后，就可以邮寄体验装给他们，之后再配合电话回访，很容易就实现了第二次的销售。冰热止痛膏，就是这样，通过一个体验装，加上100%佣金制，实现了18个月增长650倍的业绩。

在这个案例中，售价3美元的体验装就是前端体验产品，而100%佣金制则驱动合作伙伴帮助引流。

在"A-B-C"的成交结构中，B产品又称核心产品或利润产品。满足如下4个条件之一，就可以确定为核心产品：

- 能带来80%的销量；
- 能代表实力或体现核心技术；
- 成长性好，有竞争优势；
- 处于消费前端，能带来延伸消费。

C产品当然是后端的延伸消费、关联消费产品。图3-4所示，就是网赢研习社的产品体系。

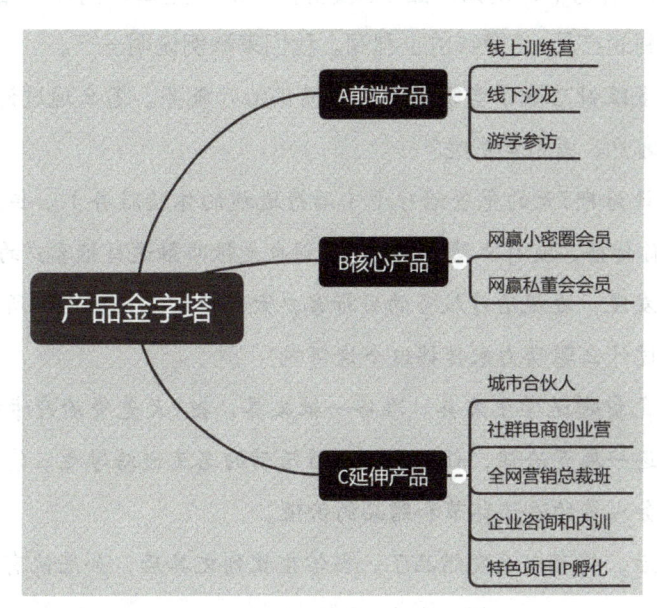

图3-4 网赢研习社产品金字塔

◆ 02 设计杀手级的产品结构

"A-B-C"的成交结构也称为产品梯度设计、产品金字塔，实际上是基于销售漏斗对用户做层层筛选。不同级别的产品有不同的价格，对应不同的用户级别和获客渠道，于是就形成了相应的"价格金字塔、用户金字塔、渠道金字塔"。

在实践中，杀手级的产品结构并不止"A-B-C"一种。比如，可以基于"连接—价值—关系"模型（见1.2.2.4小节中"连接—关系—价值"营销模型的相关内容），将产品体系设计为：

- 建立连接产品：不出现=不存在，通过该产品和目标用户建立连接；

- 深化关系产品：通过该产品和用户持续互动，以构建信任并深化关系；
- 价值变现产品：先有关系，后有商务，在信任的基础上，实现价值变现。

再比如，还可以设计为：

- 诱饵产品：用于引流，吸引潜在客户；
- 佣金产品：用于刺激合作伙伴帮你推广你的诱饵产品；
- 利润产品：目的是帮你赚钱，获取最终利润。

什么是诱饵呢？就是目标客户无法抗拒的成交介质。首先，诱饵肯定是目标客户渴望得到的那种产品；其次，诱饵具有教育客户与引导购买产品的作用。

在这个产品结构中，诱饵产品=（吸引客户的）鱼饵，佣金产品=（推广引流的）驱动力，利润产品=（赚钱的）利润。我们来举例说明一下。

现在，很多眼镜店除了卖眼镜外，还提供治疗服务。怎么通过诱饵+驱动力的设计，来裂变客户、吸引购买呢？

诱饵：设计为期7天的免费治疗卡（治疗近视的体验服务）。但是如果光有诱饵，而没人帮你传播，没有驱动力，这个诱饵也是很难触达目标客户的。

经过调研发现，近视治疗服务的目标客户大部分都在校园内，所以要先找对鱼塘。那么，通过什么驱动力来传播这个诱饵呢？

驱动力：免费赠送学生文具。准备一批文具，把7天免费治疗卡植入文具中，和各学校社团逐一展开洽谈，让社团以公益活动的名义送给学生。能否达成合作，主要取决于商务人员的洽谈环节和赠品的价值。

打通渠道后，就可以派发赠品了。当学生收到文具后，如果他有治疗需求，一般会过来体验。

成交：利润产品。当学生拿着7天免费治疗卡过来体验时，在用心做好服务的基础上，通过事先设计好的服务流程、引导话术，即可转化有进一步需求的学生，完成后续完整疗程的购买。

在这个案例中，诱饵产品是免费的治疗卡。其实，诱饵产品可以是实物产品、也可以是体验产品，还可以是虚拟的咨询信息产品；可以是收费的，也可以是免费的。在互联网上高效进行诱饵产品的分发，遵循的一般原则是"对方价值高、自我价格低"，比如微课、电子书、体验装等，都适合用来做大规模、低成本的引流。

万变不离其宗，无论设计成哪种产品结构，背后的原理都是通的。通常，我们先要理解如下两个原则，然后，就可以着手去设计适合你自己的产品结构：

- 成交动作大于金额；
- 成交要阶梯式成交。

◆ **03 成交动作大于金额**

我们拿谈恋爱来打个比方：谈恋爱的终极目的通常是婚姻，在达到你的目的之前，通常，你都需要先经过"牵手"这个动作，对么？你不太可能跳过牵手这个动作，直接就搂住对方。谈恋爱不只是为了牵手，但是你必须先经过牵手这个过程。

同样，成交也是如此，成交的终极目的是追销，是获取顾客终生价值，而不是为了一锤子买卖。但是总得破冰，创造机会成交第一单，然后才会有之后的回头客，是么？所以，"成交的动作大于金额"的意思是，既然我们的目的是客户的终生价值，那么我们第一次成交的时候，是不是可以少赚一点，或者持平，或者略亏本，先让用户进来呢？

有的人会说，为什么要做亏本的买卖呢？其实，试想一下，如果你可以亏本来获得客户，然后再通过追销不断地让其重复购买或消费，还怕不赚钱么？想想看，O2O行业火热的"补贴"大战中，滴滴、美团、饿了么等，哪一个不是如此呢？

我们来看看下面的这些电商平台的获客成本数据，大补贴、大投放的背后，瞄准的其实都是顾客终生价值啊！

根据财报测算，2017年：

- 京东新增用户6600万，营销费用149亿元，获客成本226元；
- 阿里新增用户9800万，营销费用273亿元，获客成本279元；
- 唯品会新增用户600万，营销费用30多亿元，获客成本523元。

2018年，京东获客成本达到1503元，而2016年这一数字仅为142元。同样，3年间，聚焦特卖市场的唯品会的获客成本也从2016年的186元增长至2018年的1200元。

虽然第一次成交时没有获得多少利润，甚至亏本让客户先体验，但是会让客户较轻松地做出购买决策，通过好的产品和服务、为客户提供良好的体验进一步地强化了信任，所以后续进行追销的时候，更容易成功。通过前端让利以倍增人数、通过后端复购以倍增次数，这正是我们设计产品架构时需要考量的要点。

美国著名推销员乔·吉拉德也提到："吸引一个新客户的成本，是维持老客户成本的6倍。"也就是说，如果你懂得私域流量的运作，把这些高成本获取的客户沉淀下来，再通过后续追销，就可以获取更多利润。一句话总结，就是：绝大部分的利润在后端！

◆ 04 阶梯式成交

成交动作大于成交金额，是指产品的进入门槛要低。而成交要阶梯式成交，是指产品结构要有梯度，以满足目标群体多层次的需求。

用"低、中、高"不同层级的产品，让不同购买力、不同需求的客户对号入座，选择适合自己的产品，一方面，可以最大限度地提高成交转化率；另一方面，其实也是用产品梯度对客户进行筛选和分层。

图3-5所示是一个阶梯式成交的框架。

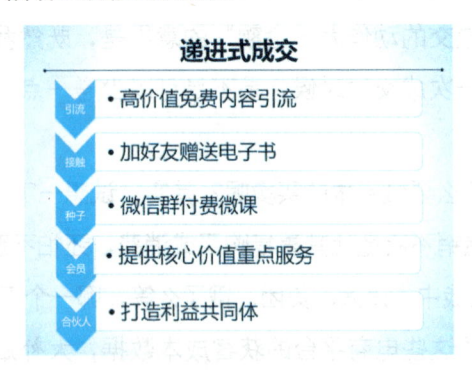

递进式成交
- 引流：高价值免费内容引流
- 接触：加好友赠送电子书
- 种子：微信群付费微课
- 会员：提供核心价值重点服务
- 合伙人：打造利益共同体

图3-5 阶梯式成交框架

可以看出，每个环节的载体、对应的产品都不一样。首先，通过抖音、喜马拉雅、免费微课等自媒体渠道提供高价值内容来引流；然后，以"秘籍"电子书为诱饵产品，让感兴趣的人添加指定微信号；再然后，通过付费微课产品、会员产品、合伙人产品等，对社群成员进行层层筛选。

其中，电子书的名字可以起得"勾人"一点，以网赢研习社为例，围绕微营销主题，准备了一系列的电子书，如：

《顶尖文案策划高手的秘密》《如何将3页电子书卖出880元》《聊天掌握这十条业绩涨十倍》《38句攻心夺魂的销售话术》《价值包装秘籍》《101个最吸引人的微信公众号标题模板》《设计疯卖的超级鱼饵产品》《从0到10万粉丝裂变打法》……

当然，名字要诱人，内容也要"干"才行，否则，就会"见光死"！上述视频教程、音频教程、课程笔记、思维导图、电子书、电子报告，都是极光根据多年营销实践萃取出来的精华内容，干货满满，表里如一，用来做引流产品可谓正合适！

#### 3.2.2.4 会员框架：梦想阶梯、会员清单

与产品金字塔相对应的是用户金字塔，类比产品梯度的概念，极光给起了一个特别的名字：梦想阶梯。如图3-6所示，对应图3-5的阶梯式成交框架，将用户分为：免费级、种子级、会员级、合伙人级、联合创始团队级、核心运营级……

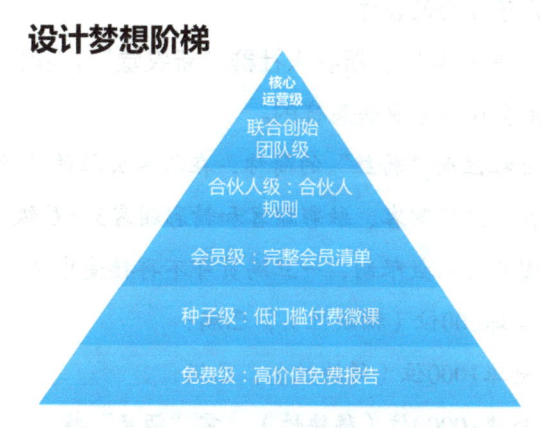

**设计梦想阶梯**

（金字塔从上到下）
- 核心运营级
- 联合创始团队级
- 合伙人级：合伙人规则
- 会员级：完整会员清单
- 种子级：低门槛付费微课
- 免费级：高价值免费报告

图3-6 用户金字塔

对社群成员进行层次划分、分级运营的做法，在很多社群中都很常见。比如"黑马会"，把用户分为3个层次：

第一层，是《创业家》杂志的读者及黑马网、黑马会自媒体的普通注册用户，这些对创业感兴趣的群体是黑马会的基础用户；

第二层，是认同黑马会理念的付费用户，他们必须是创业企业的创始人或联合创始人，同时需要交纳会员费用，他们是黑马会的核心用户；

第三层，是黑马会的优质用户，通过报名、遴选等方式，优质的创业者将被吸纳到黑马营。而黑马会将以投资人的视角来评估，力争让黑马会的创业者在一年内融资成功。

通常，加入黑马营的创业者比普通创业者有更加突出的增长潜力。而黑马会也可以通过多重服务，形成沉淀筛选机制，进而对优质项目展开深度孵化，获得后端各类收益。

再举个例子，钟文彬的"新农堂"社群，其会员体系是这样的：

新农堂的社群成员被分成3个级别，最基础的是"堂粉"，即新农堂微信公众号和各类自媒体的"粉丝"，目前是20万人；

中间层是"堂友",即参加过新农堂各类线下活动的"粉丝",他们通过参加线下社群活动,与其他"堂友"有过面对面交流的经历,对新农堂也有着更加深入的了解,他们成为新农堂成长的主力军,目前已经超过5000人;

而社群的最高层是"堂铁",他们不仅是新农堂的铁杆"粉丝",也是新农堂的核心会员和服务对象,新农堂通过与他们的深度对接,一起开展销售招商、农资推广、生鲜品牌推广等方向的合作。

看完创业社群"黑马会"、新农人社群"新农堂",我们再来看看白酒社群"酣客公社",它的会员体系又是怎样的。

酣客,是酣客公社注册"粉丝"的简称,在酣客公社的"粉丝"体系中,分为元老酣客、魁首酣客、立宪酣客、融彩酣客和精彩酣客5个层级。

每个层级都有固定的人数限制,一旦满员即不再接受申请。

- 元老酣客,全球200位(稀缺性),已满;
- 魁首酣客,全球1000位(稀缺性),已满;
- 立宪酣客,全球10000位(稀缺性),需"师兄"推荐。

不管是谁,在申请成为正式酣客之前,都必须先学习酣客公社的FFC课程(Factory-Fans-Customers,工厂—"粉丝"—顾客模式),然后按照要求购买一定量的酣客封测酒,并且要参加当地酣客公社组织的封测活动。在封测活动中,还要拿酣客酒与中国最知名的茅台、五粮液、国窖1573、舍得酒等名酒进行封测对比,最后写出封测报告,提交总社。

另外,每个人还需要提交自己的酣客名号,如酣客老王、酣客悍马、酣客曹操等,"酣客总社"会对其名号进行审核,只有不重复的酣客名号才能得到批准。因此,每个酣客名号在全球都是唯一的,其资源稀缺性、不可复制性,让酣客身份也成为社群成员的一种自豪、自傲的资本。

此外,"酣客总社"还会为申请者制作一枚铜质印章——酣客官印,官印上会雕刻会员的酣客名号,在此后酣客公社召集的所有活动中,酣客官印将成为其酣客身份的证明和参加活动的"通行证"。

"酣客公社"这个案例很有意思,我们来拆解一下。

- 酣客公社社群的原创理论是什么?——FFC课程。
- 进入门槛是什么?——师兄推荐制、完成封测任务。

- 如何打造仪式感？——酣客官印。
- 会员的层级是如何设计的？——5个层级，不同的级别有相应的荣誉和礼遇。

图3-7所示是网赢研习社的会员体系，分为线上接触点、线下活动参与层、会员、学员、合伙人5个层级。

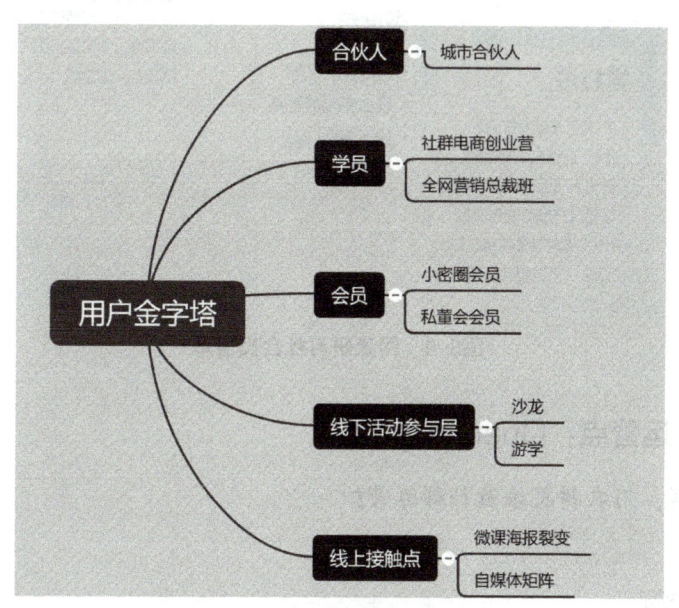

**图3-7 网赢研习社用户金字塔**

比对一下图3-4，你会发现两两对应的关系：线上接触点、线下活动参与层，对应A系列的前端产品；会员层，对应B系列的核心产品；学员层合伙人层，对应C系列的后端产品。

设计社群的会员体系，首先要对照产品体系设计出相应的会员层级。下一步，就是明确每个层级会员的权利、义务，也就是说，要列出你的"会员清单"。

所谓"明确是一种力量"，我们来看看"网赢研习社"的会员清单长啥样。

"网赢研习社"定位为互联网营销研讨社群，其社群小密圈会员的权益，经提炼一共9个字：学打法、做演练、拓视野。每一项下又分别有不同的展开明细，具体内容可参考图3-8。

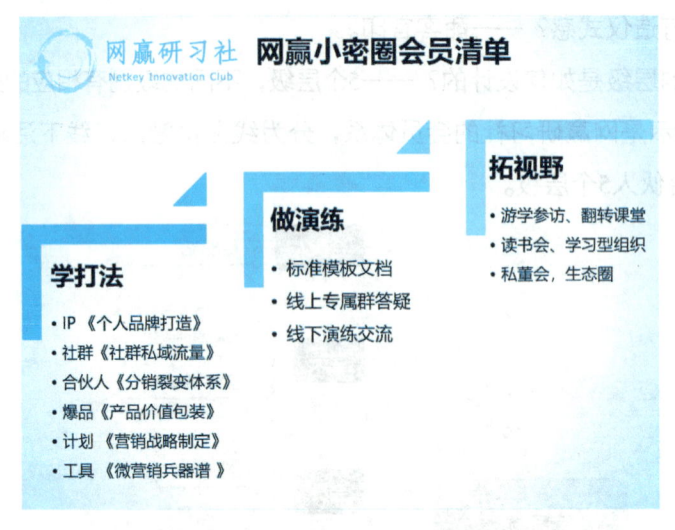

图3-8 网赢研习社会员清单

### 3.2.3 运营点：Operate运营力

种植社群，用农耕思维做社群运营！

——极光

本节关键词：

- 农耕思维、先种后收；
- 激发参与感、打造自组织；
- 社群促活、培育归属感；
- 备足资源、工具开路。

上一节中，我们从社群架构、文化打造、产品框架、会员体系4个方面拆解了社群运营的"静态依据"，这一节，我们来聊聊如何进行社群的"动态运营"。

#### 3.2.3.1 农耕思维：先种后收、先育后成

通常，我们可以基于框架思维来规划和拟定社群的"静态依据"；而"动态运营"社群则需要农耕思维。什么是农耕思维呢？我们来看看下面这几组关键词：

- 打猎 VS 农耕；
- 推销 VS 营销；
- 前端 VS 后端。

左侧是"打猎、推销、前端"，右侧是"农耕、营销、后端"，你选哪一组？

或者说，假设有这样的一个网络游戏，你可选择的角色有两类：一类是"猎人"，每天靠打猎为生，倚仗的能力是利用工具捕杀到更多的猎物；另一类则称为"农夫"，每天早出晚归，开荒播种，辛苦劳作，收获劳动成果。

"猎人"们虽然要面对巨大的不确定性、漫长的等待，甚至直面死亡，但一旦成功，就能保证一段时间的衣食无忧，也就是所谓的"半年不开张、开张吃半年"！而"农夫"们，虽然能有稳定的收获，却要经历缓慢但可预见的辛勤积累。你会选择成为哪一种角色呢？

在商业社会中，也有着"猎人"和"农夫"两个族群。其中，"猎人"又分为两种，一种是狩猎式，一种是渔猎式。在营销中，渔猎式就是我们通常说的"鱼塘理论"，强调的是鱼钩（成交主张）、鱼饵（引流产品）、鱼塘（渠道）这3个关键要素。

**一家麻辣烫小店，如何用鱼塘理论做营销？**

首先，打造一个成交的鱼钩，比如，充值50元即送48元的水果巧克力蛋糕礼券，仅限100份。鱼钩，就是给客户一个无法抗拒的成交主张。

然后，确定鱼饵，比如，可以免费吃两碗麻辣烫。鱼饵就是我们的引流产品，核心要点是：低成本、高价值、高诱惑、相关联。

最后是投放鱼塘。鱼塘就是渠道，渠道要精准，不能太小，要有一定的规模，最好有群众的信任基础。鱼塘如果是线上社群，"群主"直接对接的话可以更好地发挥影响力。

用何种成交主张、选择哪款引流产品、用多少成本获客，都需要事先做小规模测算，再放大执行。另外，引流产品要么能帮助鱼塘促进成交，要么能帮助鱼塘建立与客户的情感联系，要么能帮助鱼塘去做活动，否则，鱼塘没道理帮你进行推广。

那么，到底是选择当猎人、渔夫，还是农夫呢？其实，模式没有对错，创富也没有密码，如果说有，唯一的密码就是"创造顾客价值"。

问题在于，这是一个浮躁的世界，这是一个追求速度的世界，所以大家往往都急不可耐，总想看到立竿见影的效果。这就是我们说的"打猎思维"，总想一枪一个猎物，立刻看到结果。你在朋友圈看到的刷屏广告、在手机上接到的推销电话、在公司碰到的扫楼推销、在大街上接到的促销传单……这些都是低段位的打猎思维的产物。

其实，约90%的人都是在用打猎思维做营销，因为打猎型营销简单直接，发广告就好！但是，成交的前提是需要建立信任，信任的建立需要时间，这是常识。而信任恰恰是最稀缺的货币，这靠打猎思维是无法做到的！

事实上，互联网销售的大部分时间，也的确是在构建信任，你首先必须证明你是一个好人，没有信任，就没有购买！

如果我们明白这一点，就要用农耕模式，进行春、夏、秋、冬四季的辛勤培育，打持久战，靠时间赢得信任，靠信任赢得订单，这就是先慢后快的模式，这就是农耕思维，其核心就是：先种后收、先育后成。

那么在实践中，我们如何用农耕思维来运营社群呢？一共4个关键词：时间、种子、锄草、培育！

### ◆ 01 农耕思维的第一个构成要件：时间

没有任何一种庄稼是种子撒下去，马上就能开花结果的。我们都知道揠苗助长的故事，读来定会觉得那拔苗的人十分好笑，怎么会如此愚蠢，想到通过这样的方式来使禾苗生长呢？

其实，细细想来，在微信群发垃圾广告、在朋友圈广告刷屏甚至直接私信群员发骚扰广告的那些人，在没有足够信任基础的情况下就想立刻成交，这不是和那个拔苗者一样的吗？

所以，用农耕思维来运营社群的第一个要点，就是熬得了"时间"，耐得住"寂寞"，既不要急功近利，也不要揠苗助长，而是要耐心构建关系，建立信任，等待"瓜熟蒂落"。

### ◆ 02 农耕思维的第二个构成要件：种子

要想种出好的庄稼，自然要有足够优秀的种子。同样，运营社群也要找到同频的种子用户，他们是燎原的"星火"，不要迫于财务上的压力，而放松对种子用户的甄选。

前期筛选种子用户越精准，社群的价值观就越夯实，当社群规模放大时，就越不容易被稀释。如果前期没把好关，进入社群的人员鱼龙混杂，结果就是价值取向混乱，价值观崩塌，社群将是一盘散沙，最终变"死群"！

有时候，你会碰到各种各样的人想加入社群，有的想做生意，有的想混圈子，有的干脆就是潜伏进来"挖角"的。进入社群的人性格上也各不相同，有的太磨叽、不想付出只想索取，有的太过于优柔寡断、患得患失，你无论怎么对他，他都觉得吃亏！其实，这样的潜在用户都不是好的种子，是你给多少阳光、水分，也无法获得丰收的劣质种子。

用农耕思维来运营社群的第二个要点，就是坚持发掘优质种子用户，无同频、不成交，宁缺毋滥！

◆ **03 农耕思维的第三个构成要件：锄草**

种庄稼，要拔草除虫，这是常识！运营社群也是如此，要运用社群规则来除掉那些"害群之马"。

锄草，指的是定期淘汰社群里一些负能量的人，坚决踢出破坏团结的带头人，多吸引一些同频的潜在用户，这就是用农耕思维来运营社群的第三个要点。

◆ **04 农耕思维的第四个构成要件：培育**

好的收成，一定离不开阳光、水、肥料，还需要你辛勤地浇灌和培育。运营社群也是如此，该浇水的时候要浇水，该施肥的时候要施肥，该锄草的时候要锄草，该捉虫的时候要捉虫，让信任像庄稼一样茁壮成长，才能迎来硕果累累的"丰收"季节。

具体而言，社群的培育就是在运营环节，塑造仪式感、激发参与感、给予组织感、培育归属感。这"四感"的培育，加上持续的价值输出，就是用农耕思维来运营社群的第4个要点。

### 3.2.3.2 组织层面：激发参与感、打造自组织

如何塑造仪式感呢？就是把3.2.2.2小节所列的亚文化要点，如VI、旗帜、服装、手势、口号、社群节日、入群仪式、活动仪式等，在运营中逐一落实到位！那么，如何激发参与感呢？

首先，我们来聊聊什么是参与感。举个简单的例子，"拍谁谁看、谁拍谁看"，什么意思呢？就是在社群活动中安排专职摄影师抢拍人物特写，活动结束后上传到社群。想象一下，是不是照片中出现谁，谁就会特别关注？"我怎么这么美！""哇，这一刻我好帅啊！"……

同时，大家也会把自己拍的照片、视频发到群内，或者分享到朋友圈，收获一大波围观和点赞，随着活动情绪的释放，参与者自己也完成了一次交互式的参与。

下面，我们从品牌传播、产品设计、商品预售等几个环节来谈谈参与感。

- 参与感表现为让用户参与品牌传播活动。举一个"小米"的例子。

2013年4月9日的"米粉"节上，雷军宣布小米愿意出100万元，征集一张手机壁纸。该活动于6月3日上线，3个月内收到了3万多幅参赛作品，最终在一个月的评审后诞生了最后的赢家。

最终的百万赢家是一位昵称"左左"的参赛者，作品名"山水楼"。除了100万元现金，他还得到一部小米2S手机及奖杯、证书。

古有君王"千金买马"，今有雷军"百万求壁纸"，请问：小米设计师会"窝囊"到设计不出一张让"雷布斯"满意的手机壁纸？或者说，一张壁纸真的价值百万？如果醉翁之意不在酒，那么在哪里？极光认为，这个活动的落脚点，在于激发小米"粉丝"的参与热情！

- 参与感还表现为让用户参与产品的设计与研发。举一个"七格格"的例子。

七格格是淘宝最火的女装店之一，主打以"时尚、独立、女性"为主题的潮流时装。

每次要上新款的时候，七格格首先会将新款的设计图上传到店铺。比如准备上80款新装，就会设计出200多个新款让网友们投票评选，并在"粉丝"QQ群中讨论，最终选出大家普遍喜欢的款式进行修改，反复几个回合，最后上架、生产。

这完全颠覆了传统模式。传统上是大牌设计师引领时尚潮流，依靠捕捉流行元素和自身灵感决定下一季的款式设计。而七格格的模式则反过来，消费者开始真正决定款式、时尚的走向。

- 参与感还可以表现在预售环节。我们来看看海尔是怎么做的。

2014年9月下旬，海尔首次尝试与淘宝聚划算合作，以团购的方式销售3款定制彩电，4小时内5000台彩电全部售罄。

而在此之前的8天里，有超过100万淘宝用户进行了网络投票，通过选择电视尺寸、边框、清晰度、能耗、色彩及接口等6个定制模块选项，最终由消费者用鼠标投票选出了3款产品。

这是海尔进行大规模预售最早的一次尝试，在这里，参与感表现为用户驱动，即C2B模式[1]。当然，要实现C2B，除了前端的个性化营销，还需要后端的柔性生产

---

[1] 全称是Customer to Business，消费者到企业。

和社会化供应链来做相应支撑。

◆ 01 激发参与感，变PGC[1]为UGC[2]

那么，在社群运营中，如何激发用户的参与感呢？核心关键词：平等社交、多方互动、多群联动。

平等社交是指，社群成员相对平等、自由社交、共创局面、共享智慧、共有成果。

【极光感悟】社群玩的就是三勾、三度、四分。

三勾：勾引、勾搭、勾兑，愉快玩耍，顺便做点生意；

三度：态度、温度、深度，秉持"榴莲精神"，做有温度的社群；

四分：分名、分利、分资源、分价值，平等社交、互利互动。

多方互动是指，不能只是社群创建者的单方面价值输出，一定要变单方输出为多方互动；变PGC为UGC，这样才能让社群拥有更大的活力。

举个例子，现象级网文《诡秘之主》是起点中文网白金作家"爱潜水的乌贼"所著的异世大陆克苏鲁风格小说。自2018年4月1日上架以来，到2020年5月1日完本，上架761天，拥有9774.16万阅读量，并于2019年度跃升"阅文中国原创文学风云榜"男频榜第一名。这就是PGC，专业生产内容。

与此同时，《诡秘之主》的粉丝战斗力也堪称活跃，在起点读书App上，书友圈"粉丝"663万，评论帖超过10万。

去B站看看，"粉丝"还为庆祝主角克莱恩的生日制作了同人歌曲，该作品在B站拥有44.5万播放量、8666条弹幕评论。除此之外，B站内《诡秘之主》"粉丝"自制的各类相关视频达近千条，专栏数量也有上百个。

"粉丝"还自发地在百度百科上系统地整理了书中的角色体系、法术体系、世界观体系、物价体系等，其用心程度让人叹为观止。

可以说，看完小说再来看"粉丝"们创作的帖子、视频、音频、动漫、弹幕、歌曲，感觉就是一次阅读的盛宴、一场书友的狂欢，这就是UGC的力量。

（以上数据截止到2020年5月3日。）

由于单个微信群成员人数的上限是500人，为了让更多的社群成员参与进来，

---

1 全称是Professional Generated Content，专业生产内容。
2 全称是User Generated Content，用户生产内容。

就需要同步运营多个微信群，比如一次微课在100个微信群联动，同时覆盖四五万人，这就是多群联动。

具体怎么做呢？这里提供几个激发社群参与感的思路。

- 【大咖分享】请大咖为社群做线上热点分享，课前做好充分预热，课后组织大家讨论，可以有效提升参与感；
- 【专家诊断】安排达人答疑，解决个性化问题；
- 【群友访谈】事前拟好采访提纲，对社群成员做专题访谈；
- 【社群团购】产品好（物美价廉、尖货实价）、力度大（限时折扣、秒杀、多人拼团）、玩法新颖（降价拍、众筹），可以有效激发社群成员的参与感；
- 【共创共享】问卷调研或引导讨论；讨论的内容可以输出为公众号文章，问卷的结果可以整理成电子报告，通过连接彼此智慧并呈现集体成果来激发参与感；
- 【线下活动】产品品鉴会、"粉丝"见面会、茶山寻茶、徒步探险、户外拍摄、藏品交流、主题沙龙、游学参访……线上聊10次，不如线下见1次。

我们以"共创共享"为例，来展开说明一下。在微信群中，极光发起了一次团队协作活动。

【协作主题】"用户画像"讨论

【协作方式】微信版"团队共创"

【背景资料】"拎包客"是一个为青年人才提供全新的居住和生活方式、整合各类资源为他们提供深度服务的社群，其以公寓为载体、以人才为核心、以社区文化为特色，口号是"青春·梦想·家、邻里互动、资源共享"。

极光：各位，有空的话，我们花点时间做个社群小协作，请用3~5个关键词，描述"拎包客"社群的用户标签！

- 健年：年轻、在外拼搏、有梦想、有情怀。
- 希希："95后"、打工一族、喜团队生活。
- 金秋："90后"，不想依靠父母、想结交更多相同伙伴。
- 海涛：小微创业者、拎包客、"飘"一族、有社交需求。
- 莹莹：北上广深杭青年白领、创业者、租房者。

第三章　社群篇：私域流量的"粉丝"到哪里去？

极光：感谢大家智慧的连接，"拎包客"社群的目标用户我们已经拆解完毕，经过合并同类项、提取中心词，得到的用户标签是"社会新人、事业起步、喜交朋友、未置业"，欢迎大家积极参加下一次协作！

就这样，通过在线头脑风暴、合并同类项、提取中心词等几个步骤，就完成了一次社群的参与式共创。而共创的结果则以图示化的方式呈现给大家，如图3-9所示。

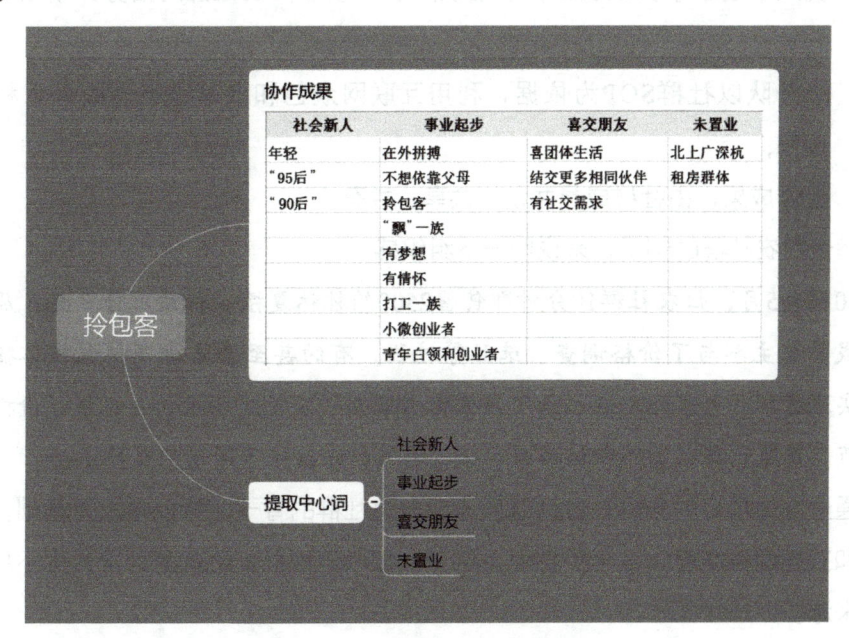

图3-9　共创共享成果图示化呈现

◆ **02 打造自组织，给予组织感**

和参与感相关联的一个词，是"自组织"。什么是自组织呢？自组织是指在没有外部指令的条件下，系统内部各子系统之间能自行按照某种规则，形成一定的结构或功能。

与"自组织"相对应的是"他组织"，它们的最大的区别在于组织行为的不同，前者"自下而上"以活力为目标，后者"自上而下"以效率为目标。

例如，吴晓波上海读书会在定期举行线下活动的同时，还会鼓励社群成员形成多个自发的小组织单元，这些单元可通过自行线下深度社交，形成较强的黏性。反过来，这也丰富了吴晓波读书会的社群生态。

在企业管理层面，自组织的概念也在兴起，华为的"三人战斗小组"、百度的

189

"小团队制"、韩都衣舍的"产品小组"、海尔的"员工创客"等一系列机制，都是推行"自组织"的一种尝试。

那么，在社群运营中，如何给予组织感呢？给出一种思路，供大家参考。

- 通过核心群的运营，总结出一套SOP；
- 发掘和培养社群潜力KOL，或者有意愿、有成长性的活跃分子；
- 就某个主题事务或项目，以活跃分子为核心，在社群内招募并成立战斗小分队；
- 小分队以社群SOP为依据，利用互联网众包和众筹进行组织分工和项目运作；
- 运作成果，由社群成员共创、共享、共有。

举个归农社群的例子，来说明一下组织感。

2016年5月，归农社群10分钟即售罄2500箱桂林夏橙。秘诀是什么呢？原来，社群成员自主参与了价格调查、选品等过程，有的甚至亲自坐飞机到桂林摘果现场、实地考察，大家还一起参与了产品卖点策划、发货流程设计、包装、价格确认等环节。正是社群成员的积极参与、分工协作，才确保了活动的最终成功。

通过具体项目的导入，让活跃分子成长为社群的骨干，并以他们为基础，通过地域和兴趣两重维度，进一步孵化、裂变出多个分社群，这就是社群生生不息的生命力来源。

不是用劳动合同将大家组织起来；而是以社群构建的信任为基础，用众包、众筹、合伙、协作的机制让大家群策群力、共创共享，这就是社群"组织感"。

关于"组织感"，中国人民大学包政教授在《营销的本质》一书中提到：

可以设想，今后的公司应该是轻资产的，只需要保留核心团队，这就是策划和社群运作团队。通过策划团队明确做什么事情，或者说，选择正确的事情去做；然后进行系统的构思和策划，形成整体设想；之后交给社群运作团队，把事情做正确。

的确，社群运作团队联系着一个个社群成员，其可能是专业化的公司、工作室、夫妻店，或者是超级个体；社群运作团队在长期维护社群的过程中，非常清楚哪个成员能承接什么任务；然后据此将整体设想拆成一项项任务分包出去；进而跟进运营，直至把事情做正确，并产生预期的成果或状态。

所以，从这个角度来看，未来商业的核心不再是如何竞争，而是如何更好地合作。极光认为，未来，一个企业的能量不取决于它有多少人，而取决于它能撬动多少人，而这，就是社群的力量所在！

### 3.2.3.3 用户层面：社群促活、培育归属感

激发参与感的目的，是为了提升社群活跃度（社群促活），是为了培育归属感；而培育归属感，是为了深化和用户的关系！在第一章，我们已经知道，构建"企业—客户"的关系，就是营销。

激发参与感是社群促活的主要手段，那么除此以外，还有哪些方法可以提升社群活跃度呢？

总体来说，我们可以通过如下3个方面来活跃社群：社群话题引导，社群氛围营造，制定激励机制。

◆ 01 社群话题引导

社群初建，一通热闹过后，要么成员一言不发，社群最终沦为沉默的"死群"；要么成员纯粹聊天灌水，成为大家闲聊的"水群"。这些都是社群内缺乏话题引导的表现。

在社群运营中，引导话题时需要注意3点。一是鼓励活跃分子大胆表达，起到示范和拉动作用；二是适度"控水"，避免有价值的内容被"灌水"所稀释，当然，社群编辑还可以将重点内容以"群精华"的形式整理输出，也不失为一个好方法。三是抛话题，好的话题当然能活跃社群，关键是怎么抛。

关于抛话题，有4个关键词：热点，痛点，嗨点，痒点。

什么是热点呢？一是热点事件，二是节假日！

比如"关于新生儿最常见的5个热点问题""关于小升初这件事你要做……"等，这些热点比较适合宝妈社群；再比如，"王思聪被限制高消费""罗永浩6000万签约直播带货""7-11将关闭1000家便利店"，这些热点比较适合创业社群。每个行业都有各自的热点，我们可以通过微博热搜、今日头条热点、百度搜索风云榜等渠道关注最新热点事件。

热点事件需要关注网络最新动态，而节假日的热点则需要提前策划。比如，母亲节、端午节、七夕、万圣节、圣诞节，最好以月度为单位，提前1~2个月，把下个月的节假日热点话题规划出来。

图3-10中列出了2019年7月可选的节假日话题。

```
7月6日—7月14日 情人专场          7月1日 香港回归22周年
7月7日—7月23日 夏日暑期专场      7月1日—7月14日 温网锦标赛
                     7月话题规划
7月17日"吃货"节                  7月3日—7月14日 世界大学生夏季运动会
7月30日 国际友谊日                7月3日 世界建筑日
```

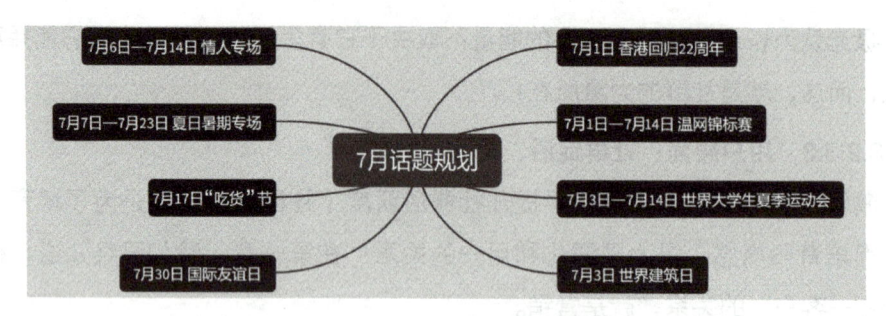

图3-10　七月节假日话题规划

【时间节点01】7月1日，香港回归20周年

【引导话题】香港回归，给你留下的最深刻印象是什么？

【适用社群、活动主题】

- 通用：为庆祝香港回归22周年，做打折促销。
- 票务/酒店旅游：制定香港旅游线路，以"回归22周年""购物天堂"为主题进行宣传。

【时间节点02】7月1日—7月14日，温网锦标赛；7月3日—7月14日，世界大学生夏季运动会

【引导话题】介绍温网的历史，并引出话题："你今年最看好的球星是哪位？"

【适用社群、活动主题】

- 食品/酒水饮料：看直播决赛加分，怎么少得了"啤酒炸鸡"套餐？
- 票务/酒店旅游：世界四大网球公开赛之一，球迷不可错过的打卡球赛！
- 丽人健身/户外运动：看温网，推出运动有礼活动！
- 家电：激动的赛事，值得用高清宽屏观看！

【时间节点03】7月3日，世界建筑日

【引导话题】现在城市化进程越来越快，到处都是建筑工地、摩天大楼，相比以前的红砖绿瓦、小桥流水，你更喜欢哪一个呢？

【适用社群、活动主题】

- 家装建材：商品促销活动，如优惠券、满减。
- 家居百货：家居、软装类的小件商品，做促销活动。

【时间节点04】7月6日—7月14日，情人专场

【引导话题】7月包含多个情人节日，如7月6日国际亲吻日、7月7日小七夕、7月14日银色情人节，每个节日可单独做一个营销点，也可以合起来做一个专场。话题可以讲述名人（如三毛和荷西）的爱情故事，引出话题："你的TA做的最令你感动的一件事是什么？"

【适用社群、活动主题】

- 食品/酒水饮料：推出情侣优惠套餐，可以满送（消费一定金额送小礼物）。
- 服饰/美妆：推出搭配套装，满送的话，可搭送"小饰品、口红、面膜"等小礼物。
- 票务/酒店旅游：推出定制情侣路线、项目、套餐。
- 礼品鲜花：推出自选花种搭配礼盒，附带情意绵绵小卡片。

【时间节点05】7月7日—7月23日，夏日暑期专场

【引导话题】7月包含小暑、大暑和暑期，贯穿整个7月，因此可以作为7月的主题活动，话题可以是"暑假离你有多远？""流火七月，夏日炎炎，都来晒晒你的公司福利！"

【适用社群、活动主题】

- 食品/酒水饮料：以"清凉一夏""消暑"为主题，做促销活动。
- 美妆：以"防晒修复""夏日不脱妆"为主题，做限时折扣、满减、优惠套装等促销活动。
- 票务/酒店旅游：以"避暑""暑假"为主题，策划暑假毕业旅游线路。
- 丽人健身/户外运动：以"秀身材时刻"为主题，推广健身卡。

【时间节点06】7月17日，"吃货"节

【引导话题】从"吃货"的日常生活入手，衍生出"吃货"的标准，引出话题"怎样才算一个地地道道的'吃货'"。

【适用社群、活动主题】

- 食品/酒水饮料：以"'吃货'节，当然要逛吃逛吃"为主题，打包促销。
- 丽人健身/户外运动：以"吃得好、也要瘦得了"为主题，推广健身卡。

【时间节点07】7月30日，国际友谊日

【引导话题】以流行热词"塑料姐妹花""兄弟情"为切入点，引出话题"友

谊的小船说翻就翻，都来讲讲你不堪回首的那段友情"。

【适用社群、活动主题】

- 食品/酒水饮料：以"朋友"为主题做促销，可以做满送活动，如赠送两人份小礼物。
- 服饰/美妆：以"闺蜜装/妆"为主题，推出"闺蜜"套餐礼盒。
- 票务/酒店旅游：以"好闺蜜、兄弟情"为主题，推出好友成行线路。
- 礼品鲜花：以"特别的日子，送给特别的你"为主题，做促销活动。

谈完热点，再聊聊痛点、痒点、兴奋点。人类有两大行动驱动力，一是逃离痛苦，二是追求快乐。和痛苦相关的，就是"痛点"；和快乐相关的，就是"嗨点"（爽点、兴奋点）；除了痛苦和快乐，人们还有更多的欲望，而满足用户欲望，就是击中"痒点"。

痒点和欲望相关，欲望无非"新奇特、贪嗔痴"等，我们来看看，一个看上去"枯燥严肃"的法学备考社群，是如何通过抛"痒点"话题来活跃社群的。

话题一："我强奸我自己，犯法吗？"

甲乙两人是室友好闺蜜，结果俩人闹了矛盾，甲怀恨在心，就花钱从网上找了个大哥去强奸她的室友乙。当天晚上，趁黑出动的大哥跑来寝室准备动手，结果因为乙不在寝室，大哥错把甲当成乙给强奸了。

整件事就是，甲掏钱雇人强奸乙，结果到头来把自己给坑了，那么这件事里甲到底犯了什么法？

话题二：熊猫追杀你，能不能反杀？

熊猫是国宝，好像杀不得。但如果不反杀，自己就有可能被杀，怎么办？

### ◆ 02 社群氛围营造

每个社群的基因不同，会呈现出不同的社群氛围，比如，有的社群氛围团结友爱、互助互利；有的社群是群主一人独大、一人唱戏；有的社群信息量不多，但每条信息都很有价值，氛围也让人舒适；有的社群无效信息太多，喧嚣聒噪……

无论如何，营造活跃正能量的社群氛围，也是社群促活的法宝之一，我们可以从如下几个方面着手。

- 【签到打卡】可以借助"鲸打卡""小打卡"等小程序，让大家定时签到、打卡，比较适合拆书类、运动类、健身减肥类社群。

- 【每日一歌】可以每天分享一首心情之歌，向大家问早安或晚安，如通过"QQ音乐"App分享到微信群，可在微信上直接播放。
- 【早安播报】汇总最新行业新闻、一手情报，直接推送到社群。
- 【红包接龙】发红包，抢到最大红包的人继续发红包，形成"红包雨"。
- 【玩游戏】真心话大冒险、脑筋急转弯等。
- 【小贴士】小贴士、小段子、心灵鸡汤、早安正能量、晚安问好。

比如，图3-11所示就是一个脑筋急转弯话题："请问，哪个杯子能装到水呢？"

哪个杯子能装到水？

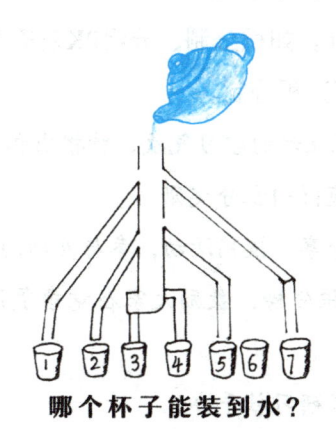

图3-11 话题：哪个杯子能装到水？

这个话题抛到群内，立马把氛围给激活了，群里一下子就热闹起来：

"壶里有水么？"

"感觉都装不到，水不够吧？"

"是6吧？"

"5号杯子能吧，水从外面缺口溢过去了；6号杯子碰不到水，没有渠道！"

"5号有一个转角，会有一个力，这道题考的是眼力、细节！"

"因为是茶壶水，没有特别大的冲力，只能外溢……"

"是不是意味着，我们从表面上看，好像到处都有渠道和通路，其实，很多时候，我们以为的事情，总是败在一些小的关节点上。只有走非常之路，才能达到目标！"

"厉害呀！"

"牛！"

……

总之，打造正能量社群氛围的方式多种多样，在实践中，我们可以根据自身社群的特点去灵活创造。总的来说，只要深谙人性，成功营造出一种积极上进、有序温暖的社群氛围，就可以把社群成员凝聚在一起，让大家共同成长，建立深厚友谊。

◆ **03 制定激励机制**

促活社群，除了上面的"激发参与感、引导话题、营造氛围"这几种方式，还有一种方式，就是"制定激励机制"。

我们可以通过机制设计，如积分制、分组PK制等来达成激活社群的目的。网赢研习社的学习群中就推行过积分制。

为了使社群中形成良性互动的学习气氛，特推出积分制度如下：

- 每次课前，打卡可获得+1积分奖励；
- 课后，社群内组织分享、投稿活动，参与互动的学员可获得+10积分奖励；
- 群内还会定期公布积分榜，激励大家在竞争氛围中，通过参与获得更多的积分；
- 积分可以兑换课时或研习社手办。

积分制的目的是鼓励大家分享学习心得，提升参与感，活跃社群氛围。有时，社群成员通过出色分享还会获得其他成员的感谢红包，这种分享不仅强化和补充了课堂内容，分享者也获得了荣誉和奖励，在社群中成为榜样，进而激发更多的成员加入互动，令社群内形成"你追我赶"的正能量氛围。

此外，需要特别提出来的是，培育社群归属感，是一个长期的、动态的工作，不要指望一次热闹的讨论、一个好玩的互动就能"毕其功于一役"。运营，就是简单的事情重复做，只有通过一次次的互动促活，社群成员对社群的认同，才会逐渐叠加、强化，直至最终建立归属感，正所谓"随风潜入夜，润物细无声"！

既然建立社群归属感是一件长期的工作，那么，一方面需要专人专职，岗位可以称为"社群运营专员"，也可以称为"客户关系运营专员"；另一方面还需要建立相应的工作流程，按照工作计划，稳扎稳打，步步推进。

### 3.2.3.4 运维层面：备足资源、工具开路

维护一个社群，社群运营专员都有哪些工作要做呢？我们首先来看看，一个完

整的私域流量运营团队，应该是怎样的。

一个完整的私域流量运营团队，可以分为3个小组：

- 【拉新组】以微信为载体，将门店、地推、线上推广、电商平台、自媒体、社群裂变等各个渠道获取的用户，统一导入企业的微信个人号或企业号中；
- 【运营组】也可以称为"社群组"，负责运营用户，包括深化和用户的关系、跟进成交转化；
- 【内容组】创造优质内容，并在公众号、朋友圈、抖音、喜马拉雅等渠道进行分发，以打造IP，获取"粉丝"；同时，为运营组提供源源不断的内容"炮弹"；再就是，策划各类营销活动、完成销售文案、设计活动海报……

由此可见，社群运营专员属于运营组的范畴。通常，战士在上战场之前，一是要练好十八般武艺，刀、枪、剑、戟，样样娴熟；二是要后勤补给到位，盔甲、粮草、马匹、武器，件件不缺，方可决战千里！正所谓：不打无把握之仗！同样，社群专员上岗时，也要做好这两方面的工作！

具体而言，想做好社群运维，有两个前提：

- 【备足炮弹】营销资源包，件件不缺；
- 【工具开路】营销兵器谱，样样娴熟。

◆ 01 营销资源包

在营销中，应该提前准备好以下资源包：表情包，话题包，红包，问题库，话术库，链接库，资源库。

表情，是人感受的直观表现，可以帮助我们表达情感。而在网络上，人们看不到彼此的表情，于是表情包便应运而生。特别是，现在的人"能看图片就不看文字，能发表情包就不多废话"，一个表情包就能表达所有小心思，言简意赅，直抒胸臆！

有人说，表情包还要提前准备？对，表情包对社群促活的帮助非常大，比如微课开始前，来一通"掌声、礼花、倒计时"的表情包，社群氛围立马就活跃起来了。所以，一定要把表情包提前分门别类准备好，用的时候，方能在需要的时候即刻抛出！

话题包当然也很重要，专人收集整理，按照热点事件、节假日事件、行业相关、脑筋急转弯、冷笑话等类别，分门别类地归整到一个文档中，平时做个有心人，就不会"书到用时方恨少"了。

红包，指的是要给予运营专员一定的资金额度，让其可以自主和社群成员互动，在恰当的时候直接发个小红包来活跃社群气氛。比如：

- 社群成员为社群做了贡献，发个1.23元的红包，寓意"123，向前走，加油"；
- 社群成员做了一个非常棒的分享，发个6.66元的红包，寓意"666，你好棒"；
- 上微课前发一个红包，让大家领取红包后，统一发送"期待分享"，保持队形，以烘托气氛；
- 微课后发一个红包，及时调查有多少人在线；
- 社群成员过生日，发个8.88元的红包，寓意"888，生日快乐"；
- 社群内玩个红包接龙游戏，来一波"红包雨"，也需要运营人员发出第一个红包。

天下武功，唯快不破！社群红包互动，不在乎多少，而在乎是否能及时奖励。所以，运营专员提前准备一些红包专用资金是非常必要的。只不过，规定好红包金额上限及各种情况的红包金额范围就可以了。当然，对于企业级运营而言，再少的钱也是公款，需要逐笔登记。

然后是问题库，也叫FAQ[1]库。在销售中，我们要想成交，就需要解决客户的疑虑、抗拒和问题。在社群运营中也是如此，社群成员有各式各样的问题，为了统一回答标准，提升回答效率，我们需要完善问题库。

如何整理问题库呢？3个步骤：

- 整理社群成员的问题列表；
- 按照问题出现的频率排出先后顺序；
- 由最佳销售员或社群创建人回答，形成标准答案。

与问题库相对应的，是话术库。就是我们把社群运营中的不同场景整理出来，各种场景下应该如何应对，应该说什么话，全都写出来。

比如，某财经社群的"早安新闻"栏目场景，内容组的编辑发了一条早安新

---

[1] 全称为Frequently Asked Questions，经常问到的问题。

闻。这时，社群运营专员就可以跟进，使用话术："我发现第5条不错，挺棒的，感谢分享！"

常见的社群场景及相关的话术大致有以下这些。

- 早安新闻：我发现第×条不错，挺棒的，感谢分享！
- 早起签到：一日之计在于晨，加油每一天！
- 答题互动：感谢提交问卷，调查结果会私信给所有参与的人员！
- 发广告：本群禁广告，请撤回。
- 虚假消息：你好，请不要转发未经证实的消息哦！
- 面对质疑：你好，可能有些误会，我私信与你沟通！（成功解决后，把沟通结果发到群里面；如果对方持续散布负能量，就直接踢出群。）
- 求转发、求点赞、求投票：（按群规处理）

    ——群规不允许：亲，本群禁求赞、拉票哦，请撤回！

    ——群规允许：已转，大家多多互动起来哦！

- 问题求助：你好，已拉小群，你直接和老师沟通哦！（老师、运营专员、问题人，拉一个三人小群，用完即抛！如果不是付费群，可以不予回答，将其引导成为付费会员。）
- 引导话题：大家好，今天的话题非常有含金量，你怎么看？都来说说吧！（小贴士：互动可积分。）
- 引导晒单/晒照片：今天的活动结束了，大家都好嗨！我把今天的活动照片发上来，不全的地方，大家一起补充补充哦！（传播学原理：谁拍谁看，拍谁谁看！）

为了提升工作效率，可以把这些话术提前录入输入法的"常用语"中，一键即可调取。所有的话术都需要动态优化，而不是一成不变的，当有更好的回答时，需要及时更新话术库。

再来说说链接库。我们经常会发一些链接到微信群中，这些链接当然可以放在微信收藏中，但是太多的话，找起来还是不太方便，而且效率比较低，建议分类整理为Excel文档，并且通过Dropbox、百度网盘等工具来进行内部共享、同步更新。比如，某些重要的社群活动会在新浪网、网易、腾讯网等各大新闻门户发布相关的新闻稿，这些稿件一方面为活动预热，做前期造势；另一方面还可以通过这些权威媒体报道，提升活动的公信力。

如图3-12所示，这是销售野山参的某个厂商，为了宣传5月12日母亲节社群直播卖货活动，在各个媒体发布的新闻稿，运营专员汇总整理为一个链接库资源包，以备在后续的社群运营中随时调取。

| 日期 | 网站 | 标题 | 链接 |
| --- | --- | --- | --- |
| 5月10日 | 网易网 | "20年"××集团万亩原始森林野山参2019年开始上市 | http://3g.163.com/news/article |
| 5月10日 | 腾讯网 | "20年"××集团万亩原始森林野山参2019年开始上市 | https://new.qq.com/omn/2019051 |
| 5月10日 | 搜狐网 | "20年"××集团万亩原始森林野山参2019年开始上市 | https://www.sohu.com/a/3130428 |
| 5月10日 | 中华网 | "20年"××集团万亩原始森林野山参2019年开始上市 | https://m.tech.china.com/redia |
| 5月10日 | 天天快报 | "20年"××集团万亩原始森林野山参2019年开始上市 | http://kuaibao.qq.com/s/201905 |
| 5月10日 | 大众新闻网 | "20年"××集团万亩原始森林野山参2019年开始上市 | http://www.dzshbw.com/news/201 |
| 5月10日 | 青海电视台 | "20年"××集团万亩原始森林野山参2019年开始上市 | http://www.qhbtv.com/new_index |
| 5月10日 | 西宁网络广播电视台 | "20年"××集团万亩原始森林野山参2019年开始上市 | http://news.xntv.tv/zixun/2019 |
| 5月10日 | 上海企业新闻网 | "20年"××集团万亩原始森林野山参2019年开始上市 | http://www.shcenn.com/shnews/2 |
| 5月10日 | 北京企业新闻网 | "20年"××集团万亩原始森林野山参2019年开始上市 | http://www.bjcenn.com/bjnews/2 |
| 5月10日 | 北京大都市 | "20年"××集团万亩原始森林野山参2019年开始上市 | http://www.bjdds.cn/bjnews/201 |
| 5月10日 | 网易网 | 为什么中国最好的滋补品是"××集团的野山参" | http://3g.163.com/news/article |
| 5月10日 | 腾讯网 | 为什么中国最好的滋补品是"××集团的野山参" | https://new.qq.com/omn/2019051 |
| 5月10日 | 搜狐网 | 为什么中国最好的滋补品是"××集团的野山参" | https://www.sohu.com/a/3130423 |
| 5月10日 | 新华月报网 | 为什么中国最好的滋补品是"××集团的野山参" | http://news.xhyb.net.cn/xinwen |
| 5月10日 | 天天快报 | 为什么中国最好的滋补品是"××集团的野山参" | http://kuaibao.qq.com/s/201905 |
| 5月10日 | 中华网 | 为什么中国最好的滋补品是"××集团的野山参" | https://m.tech.china.com/redia |
| 5月10日 | 青海电视台 | 为什么中国最好的滋补品是"××集团的野山参" | http://www.qhbtv.com/new_index |
| 5月10日 | 西宁网络广播电视台 | 为什么中国最好的滋补品是"××集团的野山参" | http://news.xntv.tv/zixun/2019 |

图3-12 物料资源包-链接库

通常，活动涉及的链接有：

- 自媒体链接：在公众号、美篇、简书等平台撰写文章，产生的文章链接；
- 媒体报道链接：在各大新闻门户网站发布新闻稿，产生的发稿链接；
- 活动报名链接：在互动吧、活动行等平台发布活动信息，产生的活动报名链接；
- 邀请函链接：在易企秀、Maka等平台制作活动邀请函，产生的H5场景链接；
- 直播链接：在一直播、云犀直播等平台进行现场直播，产生的直播和回放链接；

- 课程链接：在千聊、小鹅通等平台进行课程录播，产生的微课链接；
- 购买链接：在有赞、微盟等平台发布商品和营销活动，产生的秒杀、拼团等链接；
- 裂变链接：在有赞分销、人人店等平台制订分销计划，产生的合伙人招募链接；
- 问卷链接：在金数据、问卷网等平台制作调查问卷、进行投票评选，产生的问卷链接；
- 视频链接：在优酷、腾讯视频等平台发布视频，产生的视频播放链接。

在社群运营中，根据不同的场景，我们会用到某些链接以实现相应的功能，这时，从事先准备好的链接库中直接搜索调取即可。

另外，有的链接会比较长，如果需要附在文字中通过微信或短信进行发送，这时，可将其转化为短网址。

比如下面这段微课报名文案，就用到了短网址：

- 原网址是：http://u7294606.viewer.maka.im/k/U4WJ4ERE；
- 转化后的短网址是：https://url.cn/590kirl。

常用的短网址服务平台有新浪短链（t.cn）、腾讯短链（url.cn）、百度短链（dwz.cn）。在百度搜索"短网址生成"，找一个合适的在线生成网站，生成短网址即可。

如果需要短网址长期稳定存在，建议使用BAT等大公司的短链服务平台来生成短网址。

最后，我们聊聊资源库。什么是资源库呢？社群运营涉及的资源一般有以下几种：

- 【VI资源】Logo、易拉宝、产品目录、形象照、微课海报等物料的电子版文件；
- 【运作流程】会员招募PPT、合伙人招募PPT、分销手册、线下活动运营流程、各类传播话术和裂变文案；
- 【教学资源】各类相关知识点的短视频、音频教程；
- 【赠品资源】课程笔记、思维导图、电子书、电子报告；
- 【账号资源】在项目管理上，这都属于"组织过程资产"（Organizational

Process Assets，OPAs）；
- 所运营的所有微信号的用户名、密码；
- 微博、抖音、公众号等各类自媒体平台上，其社群官方账号的用户名、密码；
- 在某些平台上，可能有多个账号，以矩阵的形式运营，均要——登记在册。

**关于矩阵运营：**

一个微信号上最多有5000个好友，100个微信号可以覆盖30万~50万好友，这100个微信号就构成了微信个人号矩阵。

再举个例子，"乐客独角兽"是一个国内知名的创业型社群，其在抖音上就是以矩阵形式运营的，其旗下有多个IP账号，如商业小纸条（1107万"粉丝"）、乐客独角兽（167万"粉丝"）、创业找崔磊（967万"粉丝"）、楠哥有才气（427万"粉丝"）、小小纸条说商业（122万"粉丝"）……

在内容输出上，"乐客社群"围绕商业和创业主题，打造出多个创业导师IP，只要你对商业感兴趣，总有一款适合你！通过抖音账号矩阵，"乐客"收割千万"粉丝"，这就是矩阵式玩法的效果。

刚才说到，各类账号也是资源库的一部分，也需要管理起来。那么，资源库究竟有什么用呢？答案是"复制"。

比如，社群需要做一个合伙人的项目，或者在某地成立分社群，使用这些资源库、工具包，就可以将相关人员快速培训并"武装"起来，极大地提升了项目或分社群成功的可能性。使用资源库，还可以很方便地和其他社群合作，做模式输出，我们把这个称为"团队收割"，在后面的章节，还会进一步讲到。

总之，表情包、话题包、红包、问题库、话术库、链接库、资源库，这些加起来就构成了我们运作社群的资源包。还是那句老话，"兵马未动，粮草先行"！

和培育社群归属感一样，资源包的生产、整理、迭代不是一蹴而就的，而是需要时间来沉淀的。万事开头难，我们往往总是卡在第一步。但是，事情再繁杂，只有着手去做了，才有可能成功！

◆ **02 营销兵器谱**

营销资源包，说的是"后勤保障"；而营销兵器谱，说的就是"个人武艺"了。作为一名合格的运营人员，当然需要熟知各种各样的营销工具。

这些工具包括但不限于以下内容：

【素材处理类】

- 图片处理：美图秀秀、玩图、圈点、简拼、水印相机；
- 音视频处理：剪映、VUE、VIMO、Picplaypost、小影、字说、美册；
- 其他：活码生成、二维码生成、短网址生成、录屏软件、格式转换。

【微信运营类】

- 个人号矩阵：各类云控、群控软件（或者用"企业微信"来代替）；
- 公众号排版：微小宝；
- 微信群管理：小U管家。

【工具应用类】

- 活动：互动吧、活动行；
- H5场景：易企秀、Maka、兔展；
- 海报：创客贴、图怪兽、搞定设计；
- 微课：小鹅通、荔枝微课、千聊、多群直播机器人；
- 微店：有赞、微盟、人人店；
- 直播：抖音直播、一直播、云犀直播；
- 思维导图：Mindmanager、Xmind、幕布（本书中所有思维导图均用幕布软件生成）。

是不是所有的工具都要会使用？显然不是。每一类选几个测试一下，找一个适合你的，长期使用即可。

经常有朋友会问：极光老师，你说说具体用哪个工具好？给推荐一个呗？

其实，有些工具现在能用，但是过段时间可能收费了、停止运营了甚至被封杀了，一切都在动态变化中；有些工具挺棒，比如极光在用的云控SaaS，把所有的微信，全部提取到PC端，可自动通过好友、自动发送入群欢迎信息、打标签实现分层管理、快捷回复、分类群发文字（图片、链接、视频、小程序），通过一对多地操作，极大地提升了运营效率。还有些软件也很好用，但是限于篇幅，在此就不一一推荐了。

但是，对工具的选择还是有些原则的：

- 简单原则：简单好用，上手快；
- 免费原则：比如有了免费的剪映，其他的视频处理App，多半就用不上了；

- App原则：移动互联网时代的特点，一是时间碎片化，二是节奏快，社群运营就需要即时快速响应，所以，能在手机上完成的，尽量不在PC上完成。

最后，还有一个工具是企业需要配备的，那就是客户关系管理（Customer Relationship Management，CRM）系统。私域流量就是在构建"企业—客户"的关系，或者说，就是在做用户关系的运营，虽然用户都沉淀在微信中，微信也提供了"备注和标签"功能，但是，更多的用户信息还是需要CRM来记录。

### 3.2.4 价值点：Output输出力

*价值输出，持续价值带来持续关注！*

—— 极光

本节关键词：

- 价值输出、重度垂直；
- 线上线下、O2O联动；
- 突破时空、高效连接；
- 线下聚会、价值百倍。

中国人讲太极、讲阴阳，就社群而言，"规则力"是阴面，是构建"静态依据"；"运营力"是阳面，是推动"动态运营"，这两者构成了社群之道。正所谓："一阴一阳谓之道！"

那么，如何将"社群之道"具象化，让用户感知呢？答案是：价值输出，在一次次互动的过程中，让用户感知。对用户而言，持续的价值才能让他持续地关注；对运营者而言，持续的价值才能带来持续的影响力。

那么，如何做价值输出呢？本节将讲述如何打造社群"输出力"！

#### 3.2.4.1 用户感知：价值输出、重度垂直

价值输出，是先有"价值"，才有"输出"。那么，社群到底能给社群成员带来哪些价值呢？

谈到价值，我们要承认：不同的人，实际上是有不同取向的。正如：

有两只狼来到了草原，一只狼很失落，因为他看不见肉，这是视力问题；另一只狼很兴奋，因为他知道有草就会有羊，这是视野问题。这是视力和视野的区别，也是价值认知的区别。

## 第三章 社群篇：私域流量的"粉丝"到哪里去？

对社群价值的认知，极光的看法是这样的：
- 强话题社群，能碰撞出更多的价值点；
- 社群能提供的价值维度越多，社群越有价值；
- 不同的社群、不同的主体、不同的对象，其价值诉求是不一样的。

社群按话题分类，可分为强话题社群、弱话题社群。比如宠物犬社群，大家的话题就比较多，如何办证、如何喂养、如何训练、生病了怎么办、怎么遛狗等，这就是强话题社群。

而假如你是厂家，你的产品是吸尘器，你创建了一个以"吸尘器"为主要话题的社群，把买过你产品的人都拉进来，那么大家可能没有什么兴趣加入，加入后，也很可能没有太多的共同话题可聊，这就是一个弱话题社群。

显然，强话题社群能碰撞、创造出更多的价值点。所以：
- 如果你是卖狗粮的，可以创建一个面向狗主人的宠物犬社群（强话题）；
- 如果你是生产吸尘器的，可以创建一个面向主妇的品质生活社群（强话题）；
- 如果你是卖女性服装的，可以创建一个面向白领女性的魅力女人社群（强话题）；
- 如果你是卖情趣用品的，可以创建一个面向年轻男性的两性关系社群（强话题）；
- 如果你是卖辣酱的，可以创建一个面向都市人群的生活味道社群（强话题）；
- 如果你是卖家居建材的，可以创建一个面向中产家庭的精品生活社群（强话题）……

社群按照人群属性分类，可分为"粉丝"型社群、合伙人社群、老板型社群。不同的群体，其价值诉求也不一样。

比如，张总经营一家连锁健身会所，那么来健身的客户、喜欢锻炼的人、想摆脱亚健康的白领、想减肥的年轻人、想塑身恢复青春活力的中年人，可以组成"粉丝"型社群。

而会所的销售人员、兼职的地推人员、健身教练、发掘出的健身达人，都可以组成合伙人社群。甚至，在张总的会所健过身的客户，如果认同品牌、乐于分享、想赚钱，也可以发展成为合伙人。

对张总而言，其同业的经营者，还有上下游的老板，可以组成老板型社群或行业型社群。上下游可以是健身设备生产商、健身器材销售商或者文教体育用品协会，甚至是提供健身会所场地的物业方，至于有多少厂商或机构愿意进来，早期主要看张总的人脉圈和号召力，而后期则主要看社群的行业影响力了。

你看，"粉丝"型社群用户的价值诉求往往是感性的，如参与、炫耀、娱乐、社交。而合伙人社群用户的价值诉求往往是理性的，如职业发展、事业成功、能赚多少钱、风险高不高。当然，从分名到分利，从利益共同体到事业共同体，能走到哪一步，主要看合伙人社群的机制设计。

至于老板型社群，大家的价值诉求，更多的在于能否实现1+1>2的产业协同，能否把事业做大。也就是说，不同类型的社群，其群体需要的价值点也是不一样的。

再就是维度，一个社群能提供的价值维度越多，或者说价值点越多，这个社群当然就越有价值。

正如创业者群体：

- 单个维度上，大家比的是长度，比的是坚持，能够坚持的人不多；
- 两个维度上，大家比的是面积，比的是知识面、阅读量，业余时间学习的人不多；
- 三个纬度上，大家比的是体积，比的是高度、格局、思维层面的东西，能深入思考、探究本质的人，更是不多。

要想在竞争中脱颖而出，就必须对自己实施升维战略，从而对对手进行降维打击。

从输出价值的主体来说，由社群创建者输出价值的是单方输出，属于PGC；而由用户之间互动产生价值的是多方互动，属于UGC。显然，前者是单维度的，而后者是多维度的。

从对象来说，对于社群创建人而言，其核心价值是打造一个运营用户关系的私域流量载体，在这个载体中，可以深化和用户的关系，可以销售产品，还可以裂变传播。

而对社群用户而言，通常，一个社群能提供的价值点，大体是如下几种（包含但不限于）：学习、机会、人脉、特权。

## 第三章 社群篇：私域流量的"粉丝"到哪里去？

【学习】

- 在线培训：围绕用户痛点，在线提供成体系的知识干货；
- 牛人分享：邀请行业内的专家、精英、达人做精彩分享；
- 问题解答：定时定点，专家咨询、专场诊断、答疑解惑；
- 实用资料：加入社群，可获得高价值的绝密专属资料或者一手行情；
- 线下学习：沙龙、参访、游学、私董会、读书会、线下大课、会员特训营，获得与众多牛人面对面学习、交流的机会。

【机会】

- 众包众筹：众筹一个产品，或者通过协作完成一次众包任务；
- 利益回报：在社群中可以得到产品试用的机会，甚至可以去分销赚钱；
- 优先投资：对接资本，可获得被投资机会，或者优先投资社群内的优质项目。

【人脉】

- 高端人脉：社群，因为社群领袖的高势能而聚集起了一批行业内的高端人脉，不加入社群的话一般难以接触到这些人；而加入社群就可以快速扩大你的人脉圈，深度连接这些优质、精准的高端人脉；
- 资源对接：通过社群整合资源，既可找合作点，也可发掘合伙人；
- 线下聚会：产品品鉴会、"粉丝"见面会、茶山寻茶、徒步探险、户外拍摄、藏品交流、群友聚餐……闻名不如见面，可以说"线下聚会、价值百倍"；
- 找到认同：信息越爆炸，内心越空虚，加入社群，深度连接同频、同好者，找到认同感、刷出存在感，社群成为精神家园。

【特权】

- 会员特价：可以特价（秒杀价/拼团价）购买社群里的会员产品；
- 上架微店：会员的产品可以上架到社群微店，让数以万计的会员来消费或分销；
- 邀请返利：会员邀请、介绍新的付费会员，可以获得返利，或者延长会员期限。

举个例子，比如"众包众筹"，社群成员可以众筹一位老师的课程；水果上市的季节，可以发起一次社群团购；或者，十几位社群成员，每人分配数万字，就某个主题共同完成一本图书的众包出版……众包众筹主要是以协作、共赢的方式，为大家带来价值。

再比如"资源对接"，网赢研习社的微信社群矩阵内，有几百个微信群，经常会在群内组织资源整合的活动，其标准的话术模板是这样的：

亲爱的们，下午好！我是网赢研习社COO希希老师，欢迎你加入【IP训练营】第1期天使班，欢迎大家的到来！

我们这个班命名为天使班，小班制，我们将在这里和你进行深入的互动和交流，并积攒更多真实反馈。

在未来的6个课时里，我们会彼此陪伴，一起学习，一起成长！

在课程正式开始之前，每个人都需要完成下面的【课前小任务】哟！

1. 修改你的群昵称，格式：名字-坐标-职业（如：王丽-上海-运营）；

2. 为了彼此熟悉，请大家在群内做自我介绍，课程结束时，我们会生成一份天使班通讯录送给大家；

3. 把班级群设置成"置顶"哦。

个人介绍格式可参考以下模板：

【姓名】

【坐标】

【微信号】

【我的爱好】

【企业及职位】

【我有的】

【我想要】

【我能提供给大家的帮助】

【我期待收获什么】

【附照片】

在"资源整合个人介绍"模板中，"我有的"，主要是指你可以提供的资源；

"我能提供给大家的帮助",主要是指你的产品和服务;"我想要",是指你想解决什么问题;"我期待收获什么",是指在本次课程中或本群中,你期望与大家展开怎样的互动、得到怎样的结果。

大家把自己的信息都发上来后,负责社群运营的小伙伴会把每个群的"自我介绍(附照片)"制作成美篇通讯录,配上走心的音乐,然后再分享回社群内,这份通讯录对于大家而言,无疑是一份美好的价值馈赠。扫描图3-13所示二维码,可以看到一个网赢研习社"美篇通讯录"的示例。

**图3-13 美篇通讯录(微信扫码查看)**

当然,信息也是要分层级管理的,不能一次性把数万名会员的资料全部公开、共享,会员在哪个层级,就让他看到哪个层级的资料。

实际上,上面所列的这15个价值维度或者说15个价值点,在设计会员产品的时候也会用到。并不需要在一个产品中包含所有的价值点,而是要懂得取舍,可以把价值点按用户需求进行组合搭配,每一种确定的组合对应一个会员产品、一个会员层级、一份会员清单。

但是,无论怎样组合价值点,社群提供的价值都要聚焦到社群所定位的内容领域,不能偏离"主航道"。比如,某个价值点比较好玩,但是和社群主题没有相关性,原则上也应该忍痛割舍。一句话总结,就是:价值输出要重度垂直。

价值输出由"价值"和"输出"两部分组成,我们可以认为价值是0,输出是1;如果你的社群有多个价值点,但是没有向社群输出、没有让用户感知到,那实际上就是多个0的集合000…000,结果还是0;只有输出到位,让用户感知到,才有1000…000的结果,才有意义!

所以,谈完价值,下面用3个小节的篇幅来聊聊"输出",看看如何让社群用户感知到社群价值。这也是社群运营的核心所在。

#### 3.2.4.2 培训思维：线上线下联动

在开始本小节内容之前，给大家分享一个很牛的销售心法：任何行业都是教育培训业！也就是说，不管你是卖产品、卖代理、卖项目还是推销你自己，你首先得筛选出符合一定标准的客户，然后对他们进行系统化的教育，最后才能轻松成交。

实际上，随着中国中产阶级崛起带动消费升级，各类"新、奇、特"爆品纷纷涌现。这些爆品，一方面顺应了消费升级的大趋势，另一方面也因为"新"而不被用户认知，无法进入市场。为了让用户认知，就必须"教育"用户。而教育用户，通常成本都很高，这又是一个问题。

好在随着移动互联网的发展，社群提供了解决的办法，那就是：通过社群汇聚精准"粉丝"，用线上微课建立认知，用线下活动提升体验，这样，线上线下联动，于"润物细无声"中，就完成了"教育"用户的任务。依托社群做内容输出，这就是培训思维。

### ✉ 案例：打造爆品——用培训思维做社群营销

极光的一位朋友胡总，经营某款代餐粉，该产品是由36种原生态的五谷杂粮和药食同源的食材经科学配比而成的一款绿色、安全、高营养、低热量、高膳食纤维的代餐食品。

这款产品针对有便秘、肥胖、三高等困扰的都市白领，具有清肠养肠、排毒美颜、纤体瘦身的功效，不仅是一种素食代餐粉，还代表一种健康的生活理念、一种极简的生活方式。显然，这款产品有爆品潜质，但是教育用户认知产品的成本很高！

极光给老胡的建议是：用好社群！用社群的方式来卖产品，将过去经营"商品"的思路，升级到经营"人"。

胡总先把买过产品的用户引入社群中，通过在群里分享养生知识的方式，经营自己和"粉丝"的关系。当用户使用产品以后，会引导其将使用后的心得发到群里（可获积分兑换产品），这些真实的使用心得又会刺激其他用户购买产品。

在极光的建议下，胡总进一步成立了"品牌健康学院"，招募了6位养生保健医师在社群内"坐诊"，分享健康小贴士，指导大家调理身体，并发起"21天养肠"的打卡活动，充分调动了大家的参与感。

在此过程中，社群运营团队逐步完善了核心群的运营流程和资源库的整理工作。在竞争对手还没看懂他玩法的情况下，胡总又用鱼塘模式和社群裂变的思维与其他社群合作（需要用户画像一致），输出自己的模式、文案和话术。

社群的玩法以"人"为中心，能不能把铁杆"粉丝"，或者说认同品牌、愿意分享、愿意赚钱的消费者转化为销售员、转化为产品的分销"推客"？在这样的考虑下，胡总又成立了"品牌营销学院"，极光任首任名誉院长，给社群运营人员讲授如何经营用户关系、如何打造个人IP、如何建立自己的社群、如何通过朋友圈做裂变……

正如一位推客所言："起初我是消费者，后来我是受益者，然后我是传播者，好东西（我）会分享……"就这样，通过营销学院的推动，基于"信任飞轮"的推客体系也逐步建立起来了。

从核心群微课分享到合作群（鱼塘）做模式输出，再到建立社群品牌商学院，培训数十万推客，用的就是培训思维。

其实，对于社群而言，培训是一种很重要的仪式，比如网赢研习社有一个"橙色星期五"，就是定期每周五晚8点有在线微课，这样就等于每周把大家召集起来一起做某件事情，这种仪式感能提升社群的凝聚力。

培训还能把会员的思想频率调整到同样的波段，让大家更同频、更有凝聚力、更有战斗力。同频才能共振，共振让社群具有高势能，而高势能导致"八方来朝"，相应地，社群的价值也会越来越大。

此外，通过设计参与机制，培训也能强化和社群成员的关系。比如，让优秀社群成员来做分享，为他们提供展示自我的机会，这能极大地激发他们的参与感、荣誉感。

回到我们的问题，如何做社群价值输出？答案是：基于培训思维做内容输出，从而实现用户价值。通常，输出有3种方式：日常内容输出，线上微课输出，线下活动输出。

◆ **社群日常内容输出**

如何做日常的内容输出呢？答案是：指定专人（社群小秘书、社群运营专员、助理），按照每天的时间节点，以固定的流程，标准化执行即可。

可以输出哪些内容呢？我们把前面几节提到的各种社群促活、价值提供的方法汇总起来，如下所列：

- 【激发参与感】大咖分享、专家诊断、群友访谈、社群团购、共创共享、线下活动；
- 【话题引导】抛出各种涉及热点、痛点、嗨点、兴奋点的话题；
- 【氛围营造】每日一歌、早安播报、签到打卡、红包接龙、玩游戏、小贴士；
- 【价值提供】在线培训、牛人分享、问题解答、线下学习、发起众筹、试用报名、投资对接、资源对接、线下聚会、促销秒杀……

其实，输出的内容大体上都在这个范围内，只需进行灵活组合即可。图3-14中给出了一个日常内容输出的流程示例。

|    | 早晨 | 上午 | 中午 | 下午 | 晚上 |
|---|---|---|---|---|---|
| 周一 | 签到打卡、早安播报 | 话题引导 | 小贴士 | 互动、通知 | 牛人分享、晚安送歌 |
| 周二 | 签到打卡、早安播报 | 话题引导 | 小贴士 | 互动、通知 | 问题解答、晚安送歌 |
| 周三 | 签到打卡、早安播报 | 话题引导 | 小贴士 | 互动、通知 | 群友访谈、晚安送歌 |
| 周四 | 签到打卡、早安播报 | 话题引导 | 小贴士 | 互动、通知 | 资源对接、晚安送歌 |
| 周五 | 签到打卡、早安播报 | 话题引导 | 小贴士 | 互动、通知 | 在线微课、晚安送歌 |
| 周六 | 活动：线下学习、线下聚会 | | | | 社群团购 |
| 周日 | 活动：线下学习、线下聚会 | | | | 促销秒杀 |

**图3-14　社群日常内容输出表**

从图3-14中，我们可以看到，可按一周7天、每天分5个时段（早晨、上午、中午、下午、晚上）来进行社群的内容输出。比如：

- 早晨（6:00～9:00），可以做打卡签到、早安新闻；
- 上午（9:00～12:00），可以就早上推送的新闻热点，引导大家展开话题讨论；
- 中午用餐时间（12:00～14:00），可以发些小贴士，做些互动小游戏；
- 下午（14:00～18:00），大家工作通常都比较忙，这时在社群中可以自由交流、互动；运营人员也可以在这个时间与种子用户逐一私聊，沟通一下感情；同时，对晚上的活动也做个预告，预热起来；

- 晚上的时间（20:00~22:00）是价值输出的黄金时段，各个社群都在这个时间段抢占用户的注意力。从运营的角度来说，每天晚上的活动都可以有些变化，比如，安排周一晚做大咖分享，周二晚做问题解答，周三晚做群友访谈，周四晚做资源对接，周五晚做在线微课……
- 周末的时间，大家比较空闲，可以安排做线下活动，比如，通过沙龙、读书会、线下大课的形式做线下集中学习；也可以通过主题活动、群友聚餐、产品品鉴的形式做线下聚会。

可见，日常内容输出实际上是一个总的抓手，就是把"动态运营"中涉及的"点、线"一一汇总起来，形成用户的一个"感知面"。

显然，日复一日这样坚持做下来，还是蛮耗费时间和精力的，具体做到什么程度，主要看有多少运营资源，如果人手充足、资金充裕，就可以多做点；而有些社群，在运营初期，运营人员可能就是社群创建者一个人，不可能面面俱到，那么就挑一些重要的点来做。

实际上，有的社群平时是没有内容输出的，可能就是每周五安排一节微课，其他的时间都是大家自由交流、自由讨论，这样也没有问题。具体的运营节奏视情况而定，量入为出就好。

一句话总结：运营就是简单的事情重复做，按流程做到位就好！为了做好运营，我们要量化流程中的各个环节，把细节按重要性一一罗列出来，把时间节点排出来，并分配到具体责任人。在这里分享一个工具——3T工作计划表。"3T"指的是：

- **Task**：工作任务；
- **Target**：目标值/衡量标准；
- **Timetable**：计划完成时间节点。

这3个"T"的目标值来源于4个方面：多少、频率、时间节点、占比，如完成3篇文案、每周执行5次、在本周五之前完成、完成进度的30%。

如图3-15所示，是一个3T工作计划表的示例。

| 3T工作计划表（0601-0630） ||||||||||
|---|---|---|---|---|---|---|---|---|---|
| 部门 || 开始时间 | 2019/6/1 | 结束时间 | 2019/6/30 ||| 直接上级 | 检查人 |
| NO. | 重要性排序 | 执行人 | 工作任务 | 目标值 | 计划完成时间节点 |||完成情况 | 未完成原因 | 解决措施 | 备注 |
| ||||| 周一 | 周二 | 周三 | 周四 | 周五 ||||
| 1 |||||||||||||
| 2 |||||||||||||
| 3 |||||||||||||
| 4 |||||||||||||
| 5 |||||||||||||
| 6 |||||||||||||
| 7 |||||||||||||
| 8 |||||||||||||
| 9 |||||||||||||
| 10 |||||||||||||

图3-15 "3T"工作计划表

### 3.2.4.3 线上微课：突破时空、高效连接

日常的内容输出包含"线上微课""线下活动"这两部分，不过这两部分内容在价值输出中比较重要，所以把它们拿出来，聊一聊具体的运营细节。

由于新冠肺炎疫情防控需要，全国各地大大减少了线下活动，人们有了大量可供自主支配的时间，这激活了大家做线上直播、线上微课的热情。在线上用微课去影响客户，既可以突破空间的限制，避免了人群聚集，又因为可"爬楼"、可回播，也突破了时间的限制，实在是高效连接和维系客户的有效途径！

但是，当你的朋友圈中、私信中铺天盖地都是各种微课直播时，你会看哪一个呢？

极光看到，好多人都是直接往群里丢直播链接或二维码海报，让其他人自行点开看，反正你"爱看不看"。这样来做微课，一没有事前的价值塑造，二没有事中的进入门槛，三没有事后的转化抓手，直播完了就完事了。你觉得，这样做的效果会怎样呢？

通常，微课的输出有两种途径：

- 微信群直播，直接在微信群中用语音、图片授课，课程结束后，分享的内容可以通过"群管机器人"以"群精华"的形式，沉淀下来；

- 使用第三方直播平台，如抖音、小鹅通、千聊等平台，让大家在线看直播或录播。

微信群直播的问题在于，信息是以"瀑布流"的形式存在的，这就导致不在现场的群友，需要事后"爬楼"回看信息；而且群聊天是多方互动，有价值的信息很容易被稀释掉；还有一个问题，就是一个微信群最多容纳500人，如果想要更多的人参与进来，就需要安装"群直播机器人"，做多群同步直播。

当然，通过微信群直播，好处在于有现场感，能实时互动。而相对于现场感，如何保证用户在线率，即让大家直播时都在线，也是一个需要花费心思来应对的小挑战。

使用直播平台上微课，用户的观看体验会更好，但是用户直接通过链接进入直播间，直播结束就离开，并不能沉淀下来，这就导致后续缺乏进一步转化的抓手和载体。

上述两种形式各有利弊，相应的解决方案是做个综合，我们可以把在线微课分成3个环节：

- 【课前预热环节】放在微信群里来做，可以在群内提前互动，为课程预热；
- 【在线授课环节】可以使用第三方平台进行直播或录播，将课程链接发到微信群内，学员点击即可收看；
- 【课后讨论环节】在微信群里来做课后讨论、成交转化等动作。

另外，按照面向人群、达成目的来划分，在线微课又可分为不同的情况，比如：

- "热身群"微课：面向潜在用户，以招募新用户、拉新、裂变为目的；
- "付费群"微课：面向新老用户，以运作独立项目为目的；
- "用户群"微课：面向社群用户，以社群促活、价值提供为目的。

这3种类型的微课，其转化关系是：热身群微课→付费群微课→用户群微课。热身群的用户可以直接转化为单次课程的付费用户或社群的年度付费用户。热身群一般课后即解散，而"付费群"通常长期保留，可从中进一步转化社群的年度用户。

从门槛上来说，由于用户已经付过会员年费，用户群的微课主要是提供价值，通常是免费的；而热身群的微课目的主要是体验和拉新，按照"大范围覆盖、低门槛进入、高精度筛选"的原则，其门槛可以是免费，也可以收9.9~29.9元的费用，或者完成一个转发的小任务，具体视情况而定。至于付费群，根据课时和课程价值，一般收取99~999元不等。下面就举例说明一下。

某"声音训练"社群有5000名用户，收费为1000元/年，分布在10个长期存在的微信"用户群"中。每周五晚，该社群会定期讲授主题为"声音训练日"的微课，这是面向用户的服务课，对社群用户进行定期训练和指导。

那么，怎么给这5000名用户上微课呢？两种方式：一是面向这5000名用户，在10个群中做多群直播；二是在10个"用户群"中发起报名，假如有1000人报名，那么可以单独建立2个"临时群"，把报名微课的用户拉入这两个临时群，课后解散即可。

为了获取更多的新用户，该社群可以设计一个"2+5"的产品，如"声音训练营"。"2"是指2天的热身课，"5"是指5天的付费课（5个课时，上课时间为每天20:00~21:00）。

热身课的主题可以是"如何靠声音打造个人品牌，快速积累粉丝"，而正式课的内容，当然是"声音训练营"5天的正式课程，可以设计为：

- 第一天：正确地呼吸和气息控制；
- 第二天：吐字归音要领和训练；
- 第三天：口腔、胸腔共鸣的训练；
- 第四天：正确地使用和保护嗓子；
- 第五天：语音亲和力训练。

热身课可以免费，假如朋友圈、微信群、私聊等各个渠道的报名人数为1500人，那么可以建立3个"热身体验群"，在2天的体验期内带领大家"初步认知声音、认识及使用发音器官，认知一个好的主播应该如何发音、认知如何用声音打造IP……"

2天的热身课程结束后，可以直接招募社群年度会员（1000元/年，送"声音训练营"课程）或单次付费会员（"声音训练营"5天的正式课程，收费199元）。遵循"群生群灭、群起群落"的规律，热身群一般保留一周左右，一周后即可解散。

假设按照20%的转化率，会有300人加入本期"声音训练营"，那么单独建一个"付费课程群"即可。付费群一般长期保留，之后还可以将群内成员进一步持续转化为社群年度会员。

由于我们的精力有限，要把成百上千的微信群都打理得井井有条是不太现实的。社群运营一般是抓大放小，按照二八定律，维护好其中20%的重点群就好。所以，核心用户群、付费课程群会长期保留；而临时群、热身群会在用完后即解散。用一句话总结，就是"一般用户一般运维、重点用户重点运维"。

我们都知道，一个微信群，前200位成员可以直接扫码进入（之前微信扫码进群上限为100人，2020年1月8日起增加到200人）；群聊的主题只要满足"与我有关、对我有用、替我说话"这几个条件，人们一般都会进群；另外，前40位无须发送群聊确认，可以直接拉入。通常会让大家先通过扫码进入，满200人后，再手动拉人。

而群二维码会过期，相应的解决方案是用"活码"，即用一个固定的二维码对应后台上传的多个微信群二维码。扫描活码进入二维码展示页面，显示要加入的群的二维码，一个群满员了或二维码有效期到期后，会自动更换下一个有效的群二维码。

如果热身群可以免费进入的话，进来的人会比较多，但是会比较杂乱。如果象征性地收一点费，比如9.9元，就可以有效地进行初步筛选，当然，进入的人也会相应少一些。总之，免费还是收费，需要在用户数量和精准度上做一个权衡。

还有一种"合伙人裂变"的玩法，就是热身课收费29.9元，让合伙人收费拉人，进行裂变（开启群主验证，仅合伙人拉入的才通过），收取的费用100%归合伙人，也算是一种小利益，用于激励其帮助裂变。当然，在这种"合伙人裂变"的玩法中，后续产品的转化成交也需要相应溯源，如成交了付费课会员或社群年度会员，要及时结算佣金给相关的合伙人。

如何成功举办一次线上微课呢？下面，我们以"用户群"为例，来看看一个完整的在线微课流程应该是怎样的。通常包含如下5个部分：

- 【课前有造势】课程预告、IP矩阵、私信沟通铁杆用户；
- 【课中有流程】公告提醒、明确纪律、队列接龙、表情包、"红包雨"、倒计时、主持人开场、维持课堂秩序；
- 【课后有讨论】有红包、有感谢、有讨论、有作业、有预告、有成交、群精华沉淀、二次输出；

- 【收尾有感动】总结致辞、感谢送歌、群解散话术；
- 【全程有仪式】定期举行、开营仪式、结营仪式、颁奖典礼、荣誉证书……

### ◆ 01 课前有造势

课前有造势，就是说在开课前2~3天，要在群内做一个课程预告。如果有必要的话，还可以和铁杆用户做一个课前沟通，让其届时多多配合，也可理解为"托"，烘托气氛！

下面是一个微课预告的示例，供大家参考：

明天20:00是我们天使班的第一次活动"开营典礼"。活动很精彩，希望每个童鞋都能准时参加哦！

预告一下明晚的安排：

时间：8月29日，即明天20:00；

地点："IP训练营"第1期天使班微信群；

开营仪式后，会有"IP训练营"第1节课，由极光老师做精彩分享！

收到请回复：明天20:00，不见不散！

在课前造势环节，有一个重要的动作可以做，就是打造"IP矩阵"。什么是IP矩阵呢？就是请多个大V、KOL录制一句话视频，然后逐个发到微信群中，就可以形成爆米花般的密集宣导效应。

这有点像机关枪，而每一个大V的见证视频，都是一个构建信任的"子弹头"，把视频一个个"扔"出去，就像机关枪扫射一样，给用户的心理带来冲击，并形成一次次的叠加！

这就是IP矩阵的打法，可以有效提升社群的势能，我们在做线上训练营的开营仪式时，经常会用到这个打法。其实，电视台在节假日或者为新片上映造势时，让明星一个个录制祝福视频，也是IP矩阵的打法！

我们来看看网赢研习社"IP训练营"线上微课开营时，是怎样打造IP矩阵的：

- 视频一：我是网赢研习社创始人极光老师，祝"IP训练营"第一期圆满成功！IP时代，个人品牌打造，你值得拥有！
- 视频二：我是网赢研习社COO希希老师，祝"IP训练营"第一期圆满成功！IP时代，个人品牌打造，你值得拥有！

- 视频三：我是"非常网赢"创始人万建峰老师，祝"IP训练营"第一期圆满成功！IP时代，个人品牌打造，你值得拥有！

- 视频四：我是挥手间商学院创始人张守辉老师，祝"IP训练营"第一期圆满成功！IP时代，个人品牌打造，你值得拥有！

- 视频五：我是"女神汇"创始人刘瑶老师，祝"IP训练营"第一期圆满成功，IP时代！个人品牌打造，你值得拥有！

- 视频六：我是效能咖啡实验室发起人地方老师，祝"IP训练营"第一期圆满成功！IP时代，个人品牌打造，你值得拥有！

- 视频七：我是春风演讲研习社创始人刘丹老师，祝"IP训练营"第一期圆满成功！IP时代，个人品牌打造，你值得拥有！

不用再列举更多了，社群创建人请数十位大V，每人录制这样的一句话，每个视频10~15秒，就足以构建社群和微课的公信力！

在微课开始前，把这些视频逐个发到群内，让大家对接下来的微课有较大的期待，这就是心理建设，就是价值塑造。亲爱的读者朋友，你可以通过抖音扫描图3-16中的二维码，观看"IP矩阵"的示例视频。

@极光老师
【私域流量】IP矩阵怎么玩？极光这样看……

图3-16　IP矩阵打法（抖音扫码观看）

◆ **02 课中有流程**

聊完"课前有造势"之后，我们再来看看"课中有流程"是怎么回事。

通常，微课都安排在每天的20:00开始，一节课30~45分钟，留出15分钟的互动、答疑、讨论的时间，每次课程大约在21:00结束。从当天15:00开始启动课程预告，到晚上21:00课程结束，15:00~21:00这段时间，都该做些什么呢？

总结下来，有这么几件事情是可以做的：公告提醒、明确纪律、队列接龙、表情包、"红包雨"、倒计时、主持人开场、维持课堂秩序。下面按时间线逐一展开说明。

- 15:00 课程第一次预告，@所有人，对全员进行提醒，预告内容包括但不限于：分享什么话题、将由哪位大咖或老师分享、能给大家带来怎样的价值。特别地,对于晚上的微课,需要着重做一下价值塑造。

【分享者价值塑造文案示例】

今天晚上为大家做分享的老师,是希希的好朋友、畅销书《非常网赢——不一样的互联网思维解读》的作者万建峰老师。

建峰老师是知名互联网实战专家,网络营销独立研究者;"出现思维""后置筛选""场外思维"等商业理论的创始人;浙江大学、上海交通大学、厦门大学、山东大学等多个院校MBA总裁班特聘讲师。

今天,我们把他请到群里,为大家做"微信诱饵七点图"的主题分享!掌声欢迎!

- 18:00 课程第二次预告,提前两小时通知,提醒大家预留出时间来参加线上课程。多邀请几次,坚持邀请,这叫"礼多人不怪",可以有效提升"课程在线率"。
- 19:30 课程第三次预告,同时明确一下群规和课程纪律,开启"队列接龙",进行课前预热。

【课程预告、明确纪律、队列接龙示例】

欢迎新朋友!本群为分享快闪群,专用于网赢研习社"个人IP打造训练营"热身课,本群将于下周五23:00解散。

本群存续期间推荐置顶,本群禁广告、禁互加好友,否则秒踢!

预告:第5节热身课"如何靠声音打造个人品牌、快速积累'粉丝'"将于今天20:00开始哦!

本次课程由地方老师主讲,欢迎你邀请感兴趣的朋友入群学习,就个人品牌打造事宜交流讨论!在线的请敲数字"1"。

为什么要让大家做"队列接龙"呢?比如让大家统一回复"1"或者统一回复"期待分享",一方面是活跃气氛,形成整齐划一的仪式感;另一方面可以培养群员的互动习惯。

- 19:40 来一波"红包雨"和表情包。如果有条件,也可以玩几轮快闪小游戏来活跃群内气氛。

【红包接龙"赠书"示例】

在建峰老师正式登场前,我们来玩一个红包接龙小游戏,游戏规则是这样的:

1. 我在群内发一个18.8元、分成8份的小红包；

2. 群内抢到最大红包的朋友，接龙发一个18.8元，分成8份的小红包；

3. 完成任务者将获赠由建峰老师签名的新书《非常网赢——不一样的互联网思维解读》一本。

看懂并同意以上规则的朋友，请回复"2"哦！

- 19:59 开课前10秒开始倒计时，"10、9、8、7、6、5、4、3、2、1，开始！"其实，这是一个颇有仪式感的时刻。
- 20:00 主持人开场，隆重推出分享嘉宾，同时开启禁言模式，维持在线课堂秩序。

总之，在"课中有流程"环节，把19:30~20:00这半小时内的工作做好了，社群成员会觉得特别有气氛，愿意参与进来；分享嘉宾也会感到足够受重视，分享起来也会特别用心。

◆ 03 课后有讨论

除了课前有造势、课中有流程，课后还要有讨论，这个环节包含如下几个要点：有红包、有感谢、有讨论、有作业、有预告、有成交、群精华沉淀、二次输出。

- 课后有红包，其实是想测试有多少人在听课；
- 有感谢，是号召大家感谢老师的精彩分享；
- 有讨论，是组织大家答疑互动；
- 有作业，是为了强化课程训练效果；
- 有预告，是承上启下，借助本次课程热度，埋下"下一次课程"的种子。

【课后有作业示例】

今天我们微课的主题是"如何做好一场微信群路演"，希希老师为大家分享了MTV自我介绍模板。

布置个作业：请大家按照MTV格式，把自己的自我介绍发上来哦！

【课后有预告示例】

感谢大家参加今晚的课程，现在预告一下明晚的安排：

时间：8月29日，即明天20:00；

地点："IP训练营"第1期天使班微信群；

主题:"IP训练营"第二节课"个人品牌四面体",由希希老师做精彩分享;

收到请回复:明天20:00,不见不散。

一般来说,热身课会持续3~5天,所谓"有成交",是指在最后一次课程结束时,做成交动作。我们把这种打法称为"互动3+1",即3次价值输出(养熟)加一次成交转化。

其实,这就是农耕思维在微课上的体现,你还可以设计成"6+1成交模式",即6天播种一天收成;或者"21+1成交模式",即21天播种一天收成,据说,21天可以养成一个习惯。当然,只要理解了背后的逻辑,就可以自行演绎出多种模式。

成交环节,通常可以借用第三方工具,比如"有赞"的拼团、秒杀、限时特价来实现。

【秒杀开启示例】

当当当!今天19:00开始课程秒杀,千万不要错过喽!

"IP训练营"第1期首发单买价×元,今晚有群内特别秒杀×元,仅30个名额,以后每期将逐步涨价,因此,今天的秒杀是史上最低价,千万千万不要错过啦!

今晚秒杀成功的前30位群员将成为我们线上训练营的第1期天使班的学员,并将额外获得希希老师的朋友圈诊断或地方老师的声音诊断,价值巨大,这个机会千载难逢哦!

还不快点开始预约!下手要快,姿势要帅!

特别注意啦!秒杀是需要提前预约哒!流程如下:

1. 大家打开链接;

2. 右下角点击"预约秒杀";

3. 今天19:00,开启秒杀。

在课后环节,还有两项工作是需要运营人员立即跟进的,一是把老师在群内分享的语音、图片、文字,用"群管机器人"输出为"群精华"文档,沉淀在微信群中。这样,以后想复习的社群成员,直接在微信群内输入"群精华"三个字,通过机器人的回复,就可以调阅往期分享的精华内容。

再就是"二次输出",社群编辑把老师分享、学员互动的内容,梳理成为一篇文章,发布到各大公众号、自媒体平台,进行二次传播。

### ◆ 04 收尾有感动

微课的第四个环节，收尾有感动，是指微课结尾要感性收场，正所谓"理性推介产品、感性创造销售"，有始有终，方成正果。在这个环节可以做的事情有：总结致辞、感谢送歌、解散热身群（或临时群）。

**【总结致辞示例】**

昨天说过啦，今天是我们"IP训练营"热身课的最后一堂课，我们就这样结束了么？

NO！NO！NO！我们这样一个重视口碑、重视体验的课程群，当然还会给你更多！

现在，我把下面的安排给大家说一下哦：

- 这两天是周末，大家都要陪伴家人，所以本群明天休息一天！
- 下周一晚，由极光老师为我们致热身课结营总结！
- 同时开启秒杀活动，大家千万不要错过！
- 另外，之后的几天还会安排一些互动环节和彩蛋哦！

本群将于下周五解散，请大家持续关注，让我们共同走过一段美好的体验之旅！

**【群解散通知示例】**

热身课今晚就结束啦，本群即将解散，感谢群内所有朋友的参与，我们带着"IP训练营"第1期天使班的童鞋（网络用语，"同学"的谐音）们，正式启航啦！

送大家一首歌《有梦好甜蜜》，愿你拥有美好的一切，晚安！之后会将大家一一抱出群，有缘再聚！再见（表情包）！

本次没来得及报名，以及想下次再报名的童鞋们，欢迎围观网赢研习社COO希希老师的朋友圈，获得最新动态！

### ◆ 05 全程有仪式

全程有仪式，这里的"仪式"包括但不限于：定期举行、开营仪式、结营仪式、颁奖典礼、荣誉证书……

正如每年端午赛龙舟、吃粽子，中秋赏月、吃月饼，一件事情，定期重复，随着时间的累积，就慢慢有了仪式感。

比如，网赢研习社会在每周五20:00做"橙色星期五"的微课分享，定期举行，雷打不动，这就是一种仪式感。总之，持续的价值，才能带来持续的关注。

微课定期举行，有利于塑造仪式感。除此以外，还可做微课训练营的开营仪式、结营仪式，相关海报如图3-17所示。课程结束时还可以给优秀学员颁奖，如"太阳系"超级种子奖、"水晶系"超级种子奖、"眼光独到系"超级种子奖。最后，别忘了给参与课程分享的各位老师也发份奖状哦！如图3-18所示。

图3-17　在线微课开营仪式及结营仪式

图3-18　在线微课的颁奖证书

这样来几轮，社群用户的荣誉感、归属感，就被打造出来了！总之，私域流量的本质就是运营客户关系，一定要用心付出。

### 3.2.4.4　线下活动：线下聚会、价值百倍

前面提到过，社群的价值输出有3种方式：日常内容输出、线上微课输出、线

下活动输出。日常内容输出是每天常规的用户运营，坚持做就好。线上微课可以突破时空的限制，让社群和用户、用户和用户之间进行高效连接。而要想构建有温度的社群连接，则需要通过线下活动来达成，正所谓"线上聊百句，不如线下见一面"。

如果说线上微课是我们打造私域流量的"倚天剑"，那么线下活动就是我们打造私域流量的"屠龙刀"。我们在3.2.4.1小节列出了社群的15个价值点，通过线下活动，我们可以实现其中如下两个价值点：

- 【学习——线下学习】沙龙、参访、游学、私董会、读书会、线下大课、会员特训营；
- 【人脉——线下聚会】产品品鉴会、粉丝见面会、茶山寻茶、徒步探险、户外拍摄、藏品交流、群友聚餐。

那么，如何成功地举办一次社群线下活动？总结下来，有如下4个步骤，分别是：活动策划、活动邀请、活动推广、活动运营。

◆ 01 做好活动策划

活动策划包括：明确活动目的、确定后端产品、设置活动细节。

首先我们要明白，活动是为目的服务的，所以，确定活动目的是做好线下活动的前提。没有目的，就不要盲目做活动，不要为做活动而做活动。

活动的目的有哪些呢？一般有以下3种：

- 拉新：通过线下活动，扩大影响力，通过活动更多在潜在用户面前亮相；
- 养熟：通过线下见面，构建有温度的连接，深化和用户的关系；
- 成交：通过活动，让用户现场体验，做后端产品的现场成交。

其次，如果活动需要做现场成交，那么就要提前确定好后端转化的产品及现场促销的政策。产品设计遵循的原则是A-B-C结构（前端体验产品—核心产品—后端延伸产品），线下活动一般居于前端体验产品的位置。

最后，明确了活动目的、确定了后端跟进的产品，接下来就要设置活动细节，比如，活动时长是半天还是一天？活动是免费还是收费？活动地点在哪儿？时间是安排在工作日还是周末？……

这些活动细节根据什么来设置呢？显然不是拍脑袋，而是根据社群的用户群体来设定，并在一次次活动中去优化迭代。

通常，免费活动会吸引很多人，场面很热闹，显得很有气势，但是参与者整体质量会下降；如果活动收费，费用越高，筛选就越精准，当然，参与的人也会越少。如果活动时间为一天的话，用户体验会比较全面，但是活动组织者花费的精力会比较大，不如半天的活动来得短、频、快。

而活动地点安排在哪儿，要综合考虑交通、停车、场地成本等因素，但是最重要的，是如何打造一个外部能量场的问题。比如，活动地点在景区、度假村内，大家心情会比较舒畅，这是借了大自然的势能；活动地点在五星级酒店的会场，给人感觉豪华、高大上，这是借了高档酒店的势能；活动地点在中小企业服务中心、创业者公共实训基地，这是借用了政府的公信力；活动地点在众创空间、创业主题咖啡馆，这是利用了创业者熟悉的氛围；活动地点在自己公司的会议室，这是邀请参与者实地考察，自己给自己做背书。

总之，活动策划效果如何，最终可以通过数字来体现，如活动报名人数、到场率、现场转化率、客户获取成本等量化指标。

例如，一场100人半天的活动，活动推广成本、场地成本、嘉宾邀请成本、物料成本、人工成本共3万元，现场转化率15%，即成交15人，那么，本次活动的CPO[1]为2000元/人。显然，获客成本越低、活动转化率越高，活动就越有竞争力，就越可持续办下去。

### ◆ 02 完成活动邀请函

做好活动策划后，下一步就是完成活动邀请函，或者说活动报名页面，这涉及3个方面：拟定活动标题、撰写活动文案、选定活动信息发布载体。

活动标题当然越吸引人越好，这一方面要有用户思维，想清楚用户需要什么，喜欢什么，对什么感兴趣，要从用户的角度出发来拟定标题；另一方面，写标题也有一定的套路和结构。

比如，在2.3.2.3小节"如何写出爆品视频文案"中介绍了短视频的8种勾魂标题写法，分别是：断言体、勾引体、负面体、独家体、速成体、专业体、拥有体、干货体。

---

[1] 全称为Cost-per-Order，每订单成本。

在这里，再介绍6种文案标题的写法：

- 提问式：为什么你工作10年仍赚不到钱？

  人才济济，为什么是你？

- 悬念式：范爷为什么每次看手机都笑？

  关于女人，你一定不知道……

- 矛盾式：吃了这么多次闭门羹，为什么还是对他念念不忘？

  才毕业2年，她凭什么就升职3次，月薪涨10倍？

- 干货式：19条干货，速看十九大报告！

  最坑人的7大养生误区，正在悄悄毁你的健康！赶紧看看，你中了几个？

- 数字式：从12个案例30个模板99个细节谈谈如何写标题！

  90后妹子指挥5台机器年入90万！

- 名人式：拿破仑为什么喜欢骑狗？

  金山雷、红衣周，他们最赚钱的项目是什么？

标题中最好含有关键词，一是利于搜索，二是让目标用户快速感知、对号入座。比如，"跑步机""罗汉果"，这些关键词目标性强，专业用户、精准用户看到标题，就能一眼感知。而如果用"居家减肥""慢性咽炎治疗"这样的关键词，面向的往往是非专业用户、准客户。

给活动起一个好的标题是非常必要的，这将有效地吸引大家的目光和关注。但在实践中，活动标题需要去优化和迭代。

比如，网赢研习社线下活动"增长黑客"沙龙，在两年时间内，办了五十多期，同样的主题，但是标题一直在优化，看看下面列出的部分标题，你觉得哪个最好呢？

- 【网络营销】研讨沙龙，业绩突破的系统方法论。
- 【促动工作坊】制订你的网络营销年度计划。
- 【增长黑客】数字营销路线图，从0到1打造获客流量池。
- 【实战网络营销】业绩突破宝典，全网营销路线图。
- 【网赢研习社】中小企业如何网络营销，实现低成本获客、业绩倍增？
- 【网赢研习社】企业家业绩倍增沙龙（杭州站）。

确定好活动标题后，下一步就是撰写活动文案了。在这里，推荐一个文案撰写结构——5W2H框架。5W2H指的是：

- What——活动内容是什么？这包括：活动主题、分享嘉宾、活动行程安排等；
- Why——为什么来参加这个活动，可以得到什么收益；
- Who——活动适合谁参加；
- When——什么时间举行；
- Where——在哪里举行；
- How——如何报名；
- How Much——报名费用是多少。

下面给出一个网赢研习社的活动范文，供大家参考。

**【增长黑客】数字营销路线图，从0到1打造获客流量池**

2019，究竟何去何从？

在旧经济和互联网新经济的博弈之下，

传统的营销玩不转了；

传统的战略规划玩不转了；

传统的组织体系玩不转了；

传统的商业模式玩不转了；

互联网时代，究竟怎么玩？

乱纪元，新常态！

变，是唯一不变的法则！

欢迎来到网赢研习社"实战数字营销研讨沙龙"。

本次"增长黑客"沙龙，满满4小时干货，让你掌握7个关键词：流量法则、转化法则、IP打造、自媒体矩阵、社群运营、裂变传播、爆品思维！除了专家意见和创新观点，更是融入"团队共创"工作坊，为你带来全新"参与感"体验！

**收益Why：为什么要来参加？**

- 参加团队共创工作坊，体验赋能管理、联结彼此智慧、连接更多人脉；
- 如果你是初创企业老板，作为团队营销和创新的第一责任人，你将了解如何从0到1打造获客流量池；
- 如果你是传统企业的老板，你将获得布局数字营销的全局战略地图，收获营销突破的系统方法论；
- 如果你是B2B企业，你将了解通过"平台流量"获客的四大系统；
- 如果你是B2C业务，你将知道如何通过"私域流量"自建"鱼塘"的三大步骤！

### 对象Who：谁应该来参加？

- 寻求营销突破的传统企业老板；
- 企业管理、营销、市场负责人；
- 正在"死磕"的创业者。

### 行程What：本期活动安排

13:00～13:30　签到

13:30～15:30　促动引导：团队共创工作坊，传统企业如何互联网获客？

15:30～17:30　主题分享：数字营销路线图，从0到1打造获客流量池

分享嘉宾：极光老师

极光老师具有20年创业及一线管理和互联网营销实战经验，拥有管理、市场、技术等多项背景，具备多样化的互联网商业视角、精准的全网数字营销思维及实战经验。

极光老师热情敬业，本着助人、联结、价值的理念，善于利用多种促动技术和工具与学员互动，真实不虚地将最新的网络营销理念带给学员，激发其改变，帮助指导多家学员企业高速提升互联网业绩，一直受到学员高度好评。

### 报名须知

【主办方】网赢研习社、上海交通大学新媒体与网络营销总裁班

【主讲老师】极光老师

【活动对象】企业负责人、营销管理人士、创业者等

【活动时间When】13:30～17:30（13:00开始签到）

【活动地点Where】上海交通大学法华校区

【参加申请How】点击下方"我要报名"按钮立即报名；微信咨询：请加希希老师微信号2168211（加好友请备注：活动报名）

【活动费用How Much】活动报名费×元

【特别说明】

1. 报名采用实名制，严禁借参加活动名义来找客户、换名片、做推销等骚扰学员的行为，一经发现，立刻请出活动现场。

2. 本次课程为高端企业家研讨会，内容涉及企业经营管理，仅向校友、企业经营者及高层管理人员开放，席位有限，报完即止；席位保留至正式开场前15分钟，课程当天请携带名片进行签到。

拟定了活动标题，撰写好活动文案后，下一步，就是选择活动信息发布载体了。活动信息可以发布在自己公司的网站、微商城上；或者通过公众号推送给粉丝；也可以发布在互动吧、活动行这样的活动平台上；还可以用易企秀、Maka这样的H5场景制作工具来制作活动邀请函。

但是，有了活动报名页面或者活动邀请函，不等于有人来报名活动，你还需要去推广你的活动。

### ◆ 03 高效进行活动推广

怎么推广活动呢？一般有3种途径：门店流量、平台流量、私域流量。

【门店流量】

- 将印有活动报名信息的海报、易拉宝、宣传单页，张贴、放置到门店的合适位置，并让门店工作人员引导用户扫码报名。

【平台流量】

- 联系活动发布平台，申请推荐位或者购买广告位；
- 通过腾讯广点通、百度凤巢、字节跳动巨量引擎、微博粉丝通等推广平台，购买信息流广告位来推广活动（各平台对广告链接均有具体要求，活动报名链接以各平台规范为准）。

【私域流量】

- 通过微信公众号推送给"粉丝"，或者付费让相关领域的大V账号推送；
- 通过微信私聊、微信群、微信朋友圈来扩散活动报名链接或者活动邀请函链接；
- 通过会员、合伙人来分享、扩散活动；
- 从CRM系统中选取合适的客户，给他们群发带有活动报名链接的短信或邮件（在短信中，限于每条短信70个字，活动链接最好转成"短链形式）。

特别地，如果通过合伙人来扩散活动，需要做好溯源统计工作。有些平台可以为每个渠道分配一个专属报名链接，在后台可以看到哪个报名是从哪个渠道来的。

还可以借助微分销系统，把活动做成一个虚拟商品来发布，当合伙人在微信中分享了这个商品的链接后，新用户只要访问链接，即可和该合伙人终生绑定。这样，针对该用户的后续在线消费，分销系统都会自动结算佣金给对应的合伙人。关于分销系统，我们在3.2.6.2"分销思维"这一节，还会做进一步的详细介绍。

关于活动推广，谈3个关键词：预算、精准、圈层。

首先是预算问题。能不花钱地进行免费推广当然是最棒的，但实际上，最快、最有效的，还是付费推广。也就是说，推广活动一定要有预算，不要指望花小钱办大事，能用钱解决的问题，往往就不是问题，就怕不愿意花钱。

但是，在正式投入以前，最好是针对你所选取的付费渠道，做一个小规模测试，然后基于数据进行页面和投放的优化，等数据达标了，再进行大规模的投放。渠道选择的原则是：用户在哪儿，我就在哪儿。

其次，活动推广不光要看报名数量，还要重视质量，即用户的精准度。精准用户更能构建有深度的交流，争取办一场活动就沉淀一些高质量用户！

最后是圈层。人际链决定传播链，所以在私域流量中，活动链接最大范围能传播到哪儿，取决于社群圈层的边界。你所在的圈层越大，你扩散的信息就传播得越远。这就是为什么说要建圈子、借圈子、混圈子、换圈子。

### ◆ 04 做好活动运营和体验管理

通过努力推广，招募到一定数量的报名者，就可以进入运营环节，按期举办活动了。运营环节有3个要点，分别是：物料管理、活动运营、体验管理。

物料管理是指调试和准备好活动所需的各种物料，包括但不限于：

- 设备调试：投影、音箱、麦、灯光、激光笔、各类转接头、直播设备、POS机、Wi-Fi、20~50米超长接线板、各类备用电池；
- 场景布置：背景板、易拉宝、横幅、展架、分组、桌布、装饰用摆花；
- 宣传物料：宣传册或单页、各类二维码打印件备用、奖状、证书、奖品；
- 学员相关：签到表、收据、学员吊牌、台卡、资料袋、纸笔、课件、茶歇、饮用水、纸杯、搅拌棒、用餐安排；
- 软件相关：写好主持稿、准备好分享PPT、建好活动微信群、提前准备好活动现场裂变流程、裂变链接、裂变海报和文案。

其中，场景布置是最重要的。活动场地选择是借助外在的势能，而场景布置实际上是打造一个内在的能量场，让大家一进场就感觉非常舒适、安定。

活动运营包括：
- 分工到位：签到验票、控场、DJ控制、灯光控制、助教、摄影摄像、直播、速记、主持，嘉宾的接待接送、会场清洁环境的维持等，各个环节都有专人负责；
- 流程顺畅：要制定一份活动时间节点表，何时开始、何时破冰暖场、何时何人上场分享、何时进行抽奖环节、何时进行裂变环节、何时进行产品推介、何时茶歇、何时用餐，都要清晰、有序、明了。

其实，这些事情都不复杂，培训好小伙伴，安排专人，按照既定流程，按部就班、有条不紊、用心做到位就好。比如，在运营环节，如何保证活动到场率呢？如果是一天的活动，如何保证下午活动的返场率呢？这些都是细节，只要去做，就会越做越好！

最后是体验管理。用户体验是由细节决定的，比如场地的用心布置、签到时的微笑接待、每位参与者专属的名字台卡、精致的茶歇、用餐时的热情引位、夏天空调太冷为女士送上披肩、全流程各环节顺畅的衔接……

如何做到极致？其实，只要有一颗为大家服务的心、一双善于观察的眼睛、一种想到就做到的执行力，就够了！体验管理，也能产生颠覆式的创新！

张老师是某培训机构负责人，面向企业家提供总裁班培训产品，有一次和极光聊到线下活动的运营管理，对话过程大体如下。

张老师：极光老师，说到招生，我们培训这行想快也快不了，都是做长线，靠积累、靠口碑，做得好的，老学员的转介绍能占到总招生量的一半。

极光：的确，十年树木、百年树人，干教育都是稳扎稳打，急不来。其实，转介绍也是私域流量的一种，关键是要让无意识的转介绍变为有组织地鼓励大家来转介绍。

张老师：有组织？

极光：对的，张老师。场内就100位老板学员，而场外我们的潜在用户成千上万，请问，是场内的人多，还是场外的人多？

张老师：当然是场外了！

极光：那么，你有没有考虑过，在课程现场，如何从场内跳跃至场外呢？

张老师：嗯，让大家发朋友圈，或者干脆某个时段来场直播？

极光：就是这样，不过，有时老学员即使有心帮你转介绍、帮你扩散，有可能因为流程太麻烦、操作太复杂，估计想想也就放弃了。你需要提前准备好各种海报和链接，课前、课中、课后，配上不同的文案，安排好时间节点，鼓励每个老学员都来转发。

张老师：嗯，明白了，你是说转发要方便，把分享做得更简单，不要让学员去思考如何拍照、发图、发文字，还要在课中留出专门的环节，安排和引导大家去分享、扩散！

极光：嗯，学员主动帮助转发，本质上是你的产品和服务过硬，而且学员也非常满意，有价值认同，这是前提。但是，如果分享能有好处，大家就会更主动了！

张老师：这个好办，我们转介绍成功后，就折算成新课程送给老学员。

极光：是的。要设计出灵活的返利机制，可以是返利、返优惠券或者积分兑换，都行。总的来说，有组织地鼓励学员线下裂变，就是四句话，"产品要过硬、学员要满意、转发要方便、分享有好处"！

张老师：不错、不错，极光老师，关于线下课程的运营，还有其他的建议么？

极光：有的，参与感！

张老师：参与感？

极光：张老师，你看，在课堂上，配备一个专业摄影师和一个美工，用单反相机抓拍每位学员上课的特写，拍出每位学员的精气神！在课程结束时，引导学员每人说一句学习心得，这样，高"颜值"的照片特写+一句话心得，就可以做成一张海报供学员当天转发，这样的一小张图，就是最好的招生海报。

张老师：太棒了，用海报的形式把当天的学习成果、精彩瞬间固化下来，我们还可以引导大家分享自己的学习笔记、思维导图、听课心得……

极光：学习笔记用印象笔记来做，思维导图可以用幕布，听课心得可以课后现场采访学员，把这些素材做成15~60秒短视频，我们把这个叫作UGC，也就是用户来产生内容。总之，每个企业家学员都有自己的企业家圈子，如果引导传播做得不好，活动就悄无声息地过去了，大家听完就完了；如果引导传播做得好，会激活一个又一个的企业家圈子。

张老师：极光老师，你讲到用户来产生内容，那我们请的文案编辑人员做什么呢？

极光：与UGC相对应的是PGC，即专业生产内容，我们的文案编辑，就干这个。比如，把老师当天讲的主要内容实时速记下来，配上照片以文章的形式进行推送，学员还没有离开课堂，就收到了课程内容的公众号推送。

张老师：我明白了，天下武功，唯快不破！

极光：对的，这种极致的实时感，加上前面谈到的参与感，以及从场内到场外的裂变，都是我们在线下做活动运营时，在活动体验管理这个环节，需要注意的要点。

张老师：太感谢了，这样的要点，再来一打呗……

### 3.2.5 扩张点：Copy复制力

百倍裂变，用裂变思维百倍放大社群；

团队收割，用共赢思维做社群模式输出！

—— 极光

本节关键词：

- 裂变玩法、百倍放大；
- 模式输出、团队收割。

我们在前面的章节提到过，所谓构建私域流量，就是自建鱼塘，就是构建"企业—客户"的关系，就是用户关系运营。而社群，是用来沉淀和运营用户的载体！

如何运营社群呢？前文谈到了"规则力、运营力、价值力"，规则力是构建"静态依据"，运营力是推动"动态运营"，而价值力则是在和用户的互动中去深化与用户的关系，让用户去感知价值。可以说，打造好这"三力"，社群的核心用户群体就能初步呈现。

下一步做什么呢？其实，迈特卡夫定律告诉过我们，网络的价值与互联网用户数的平方成正比，一个企业连接的用户越多，企业就越有价值。所以，下一步的工作，就是基于核心用户群，复制打法、裂变用户、扩张社群，进一步地壮大你的私域流量！

社群的新用户从哪儿来？一靠拉新，二靠裂变，三靠模式输出，裂变是拉新的高级版，而模式输出则是裂变的高级版。这一节，我们来聊聊社群的裂变和模式输出。

#### 3.2.5.1 裂变思维：裂变玩法、百倍放大

所谓的"裂变"，是借鉴了物理学上核裂变的定义。如图3-19所示，是一个铀235的裂变链式反应示意图。

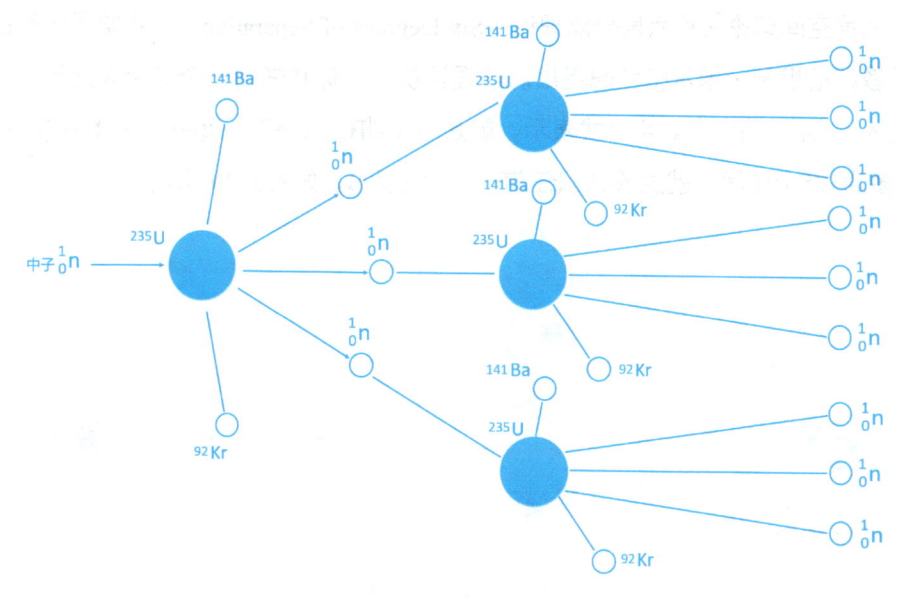

**图3-19 核裂变链式反应示意图**

我们可以看到，一个中子撞击到铀的原子核后，释放出了巨大的能量，还可以产生3个中子，如果这3个中子再撞击到其他的原子核上，就能释放出3倍的能量和9个中子。这样一来，就有可能产生连锁的反应，物理学上称为"链式反应"，并释放出难以想象的巨大能量！

这能量有多大呢？只要有1千克铀参与链式反应，而这1千克中只要有1克质量转化成了能量，这些能量就相当于1.5万吨TNT烈性炸药所产生的能量，这大约就是第二次世界大战中美军投掷到广岛的原子弹的当量。

那么，我们应该如何做社群裂变呢？在这里，要提到一个概念——邓巴系数。

邓巴系数又称150定律（Rule Of 150），由英国牛津大学的人类学家罗宾·邓巴在20世纪90年代提出。该定律指出：个人的社交圈以同心圆的方式呈现，分为5

人、15人、50人和150人这4层。我们与人互动，能维持稳定人际往来的最多就是150人。

想想看，一个人的社交圈，由内而外分4层辐射，最信任的朋友（包括至亲）上限5人，亲密的朋友（包括可倾诉的对象）上限15人，熟人上限50人，能维持稳定人际关系的普通朋友，最多150人。

那么，我们如果以这150人为起点开始做转介绍和裂变，最多能覆盖多少人呢？理论上是：全世界！为什么？依据就是"六度空间"理论。

六度空间理论又称六度分隔理论（Six Degrees of Separation），由哈佛大学的心理学教授斯坦利·米尔格兰姆提出。该理论认为：你和任何一个陌生人之间，所间隔的人不会超过6个人。用公式表示，就是从A到B：A→①→②→③→④→⑤→B，A最多通过5个中间人就能够认识任何一个陌生人B，如图3-20所示。

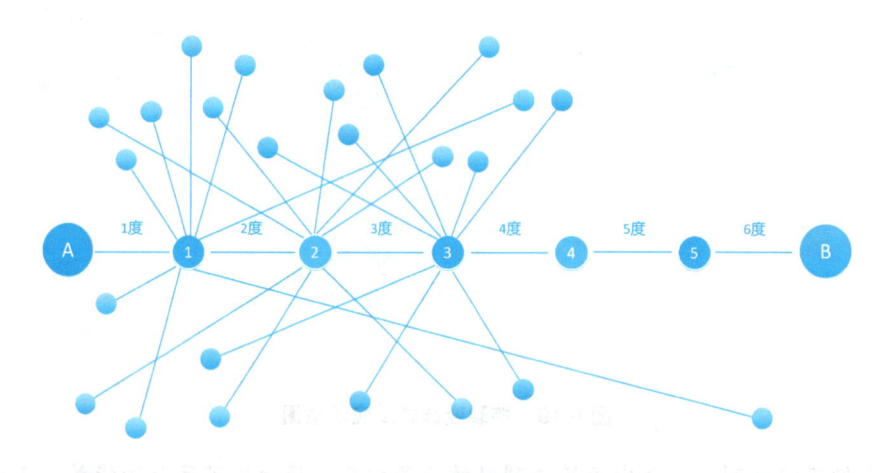

图3-20  六度分隔示意图

根据邓巴系数，若每个人稳定的人际范围是150人，以A为起点，传导放大5次，最后到⑤这一节点时，所能覆盖的范围就是$150^6$＝11 390 625 000 000（约11.4万亿），即使消除一些重复节点，也能覆盖地球上所有的人口了。

理解了邓巴系数、六度分隔理论，再来看微信社群裂变，就比较好理解了。现在，微信用户的平均好友数为150~200人，微信社群裂变的要点，其实就是以这些用户为基点做穿透，穿透用户的朋友圈、微信群，通过三度或四度的穿透，让成交带来成交、让用户带来用户、让口碑赢得口碑！

总结一下，所谓裂变，就是一切引导用户进行传播分享的运营行为。广义上来讲，一切可以低成本、高效率、实现指数级用户增长的方式，都叫裂变。

那么，什么是微信社群裂变？什么又是病毒式裂变？所谓"微信社群裂变"，是指裂变载体是微信社群；而"病毒式裂变"呢，是指裂变扩散的速度，像病毒扩散一样快。

下面，从裂变的层次和裂变的运营两方面，来展开聊聊裂变。先谈谈裂变的3个层次：传播层面的裂变，销售层面的裂变，组织层面的裂变。

◆ 01 传播层面的裂变

信息在传播层面，会发生怎样的裂变呢？我们的结论是：一条信息只需要4级传播，便可刷透你身边朋友的朋友圈。

比如，你是一个大V，有5000个微信好友，你发布一条信息，理论上最多会有5000人看到。

如果还能进行二级传播（二度穿透），假设有10%的人会转发，每个转发的人都有200位微信好友，那么在第二级，可能看到这条信息的人数，会增加10万人（5000×10%×200）。

如果到了三级传播（三度穿透），同样还是10%的人转发，每个人平均好友数都是200人，那么在第三级会增加200万人（10万×10%×200），也就是说，更多的人看到这条信息的可能性会进一步地放大。

如果到了四级传播（四度穿透），那么比起第三级传播，则可能看到这条信息的人会再多4000万（200万×10%×200）。

一级传播，量级为5000，内容一般和自己生活相关，比如晒晒娃，晒晒宠物，讲讲工作生活，关键词是"我们"。

二级传播，量级为十万，你的朋友会转发一次，比如"警惕！你不知道的十种致癌物质""是中国人就转"，这些文案通常会由父母转给我们，但显然我们不会再转发了，二级传播事件的关键词是"日常生活小常识"。

三级传播，量级为百万，比如"中行原油宝事件""湖南操场埋尸案"，三级传播事件的关键词是"行业大事件""区域热点"。

而四级传播，量级则为千万，比如"方方日记海外出版""许可馨不当言论"，四级传播事件的关键词是"爆炸性事件""挑动群体情绪事件"。信息的四级传播规律如图3-21所示。

## 打开情绪阀：信息的四级传播规律

一级传播：5000
"我们"

二级传播：
5000×10%×200=10万人
"生活小常识"

三级传播：
10万×10%×200=200万人
"行业大事件" "区域热点"

四级传播：
200万×10%×200=4000万人
"爆炸性事件" "挑动群体情绪事件"

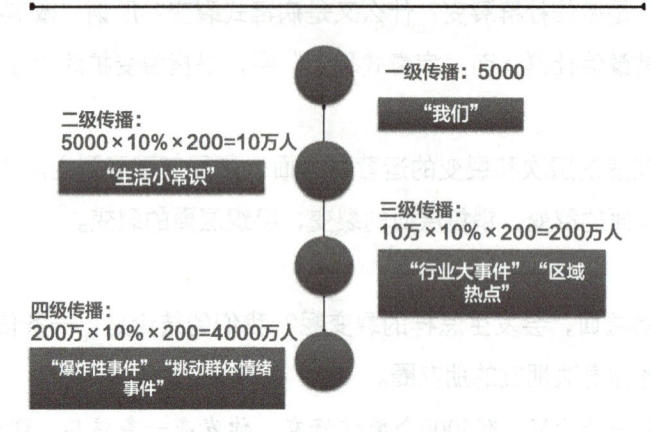

图3-21　信息的四级传播规律

这只是在微信朋友圈这样的封闭式社交环境中进行的测算，如果是微博、今日头条或微信公众号这样的开放式平台，则传播量级会放大到更大范围。

◆ 02 销售层面的裂变

销售层面的裂变，主要是指让成交带来成交、让用户带来用户。

有一条街，里面有十家餐厅，这十家餐厅每一家都是特色餐厅，有法国餐厅、意大利餐厅、上海餐厅等，而且归属于十个不同的老板。他们联合发行了一本"吃货护照"，你不管到其中哪一家餐厅去消费，都没关系，吃一个主菜就帮你盖一个戳。盖满十个戳，你就可以凭这十个戳，去任何一家餐厅免费吃一个主菜。

你可能会说，这多不划算，他那十个戳是在意大利餐厅吃的，又不是在我上海餐厅吃的，我还要送他一份免费的主菜？但如果你想，你是把这份送出的主菜当作引流成本呢？其实，这种同业或异业的合作引流，就是一种销售裂变。

如何让用户带来更多用户呢？说一个江苏无锡本地自媒体的案例，通过线上裂变，在半个月内增加了5万个公众号"粉丝"、2万个个人号好友。而且，吸引来的"粉丝"都非常精准：都是无锡本区域的人，都是喜欢美食、聚餐的人群。

那么，他们具体是怎么做的呢？

首先，设计一本"吃货护照"，把本地餐馆、饭店等商家的打折券、优惠券都集中到这本"护照"上。

对商家而言，"吃货护照"就是一个引流工具，商家信息要想上"吃货护照"，是要给钱的！而对于消费者而言，由于"吃货护照"上的折扣项目很多，甚至有些菜品还免费，是有持有价值的！但是，消费者要拿到"吃货护照"，需要被引导做一套动作，而完成这套动作的过程，就是裂变的过程。

整套动作可分解为3个小动作：入群、发圈、截图。

- 第一步，入群（从线下到线上）：客户在合作门店扫描易拉宝或海报上的二维码（群活码），进入指定微信群；活动期间，群内有客服人员实时值守；
- 第二步，发圈（引导传播）：进入微信群后，客服人员会提供一个裂变海报和配套文案，要求客户转发到自己的微信朋友圈；
- 第三步，截图（兑换护照）：发好朋友圈后，客户截图发回微信群，客服通过私信发送特定的商品卡券，客户去商家处凭卡券领取（核销）一本"吃货护照"，即可用于消费。

如果说传播层面的裂变是要打开大家的情绪阀，那么，销售层面的裂变则需要设计利益引导机制。我们在第一章中也提到过，要想引爆销售裂变，你得具备4个要素：产品要过硬、用户要满意、转发要方便、分享也要有好处！具体内容可参阅本书1.3.3.5节"裂变传播"的相关内容，在此就不再展开论述。

如何让成交带来成交呢？一样的，先设计利益机制，然后设计裂变流程。举例说明，某绿色生态食品，通过裂变，短短一天的销量超过过去一个月的销量。其裂变流程如下：

- 入群：所有老用户购买产品后都会进入微信群，在微信群中通知，原价300元的产品现优惠价为200元；
- 发圈：为了获取该优惠，需要发一张二维码优惠券到朋友圈；
- 截图：发好朋友圈后，截图发回微信群，即可享受到优惠；再继续发，还可以继续享受优惠！

◆ 03 组织层面的裂变

我们说，社群玩的就是"四分"：分名、分利、分资源、分价值。分名，是荣誉裂变；分利，是利益裂变；分资源，是共享流量池；而分价值，就是指合伙人裂变，共创、共享、共有！

组织层面的裂变主要是指合伙人模式，如招募社群合伙人、建立三级分销体系、用"一件代发"模式发展数十万上百万的"推客"……

打造合伙人体系有3个要点：机制、系统、运营。首先是机制，和建立社群会员体系一样，需要设立进入的门槛、划分合伙人等级、明确合伙人权益清单。比如，网赢研习社的合伙人机制设计是这样的：

**用户画像**
- 有资源：有企业家资源或地方政府资源；
- 有能力：有用户运作能力和动员能力；
- 有意愿：愿意花心思，把这当作一个事情认真来做；

**进入门槛**
- 交纳相应的保证金；
- 通过审核申请；

**合伙人等级：**
- 普通合伙人；
- 会员合伙人；
- 区域合伙人；
- 城市分院。

每个等级之间的升级、降级，以及合伙人的考核清退，都有明确的规则。总之，大部分是利益共同体，小部分是事业共同体，最顶端的合伙人，则构成事业共同体。

**合伙人权益：**
- 市场支持：合伙人授牌和品牌支持、IT系统支持、全套传播物料支持、师资和沙龙支持；
- 专享培训：组织市场拓展经验交流会、传递前沿培训商机、培训最新营销打法、合伙人专属游学；
- 专享佣金：合伙人招募会员、合伙人招募合伙人……不同的产品线、不同的合伙人级别，有不同的返佣（"返回佣金"的简称）标准。

图3-22是网赢研习社的合伙人权益清单，供大家参考。

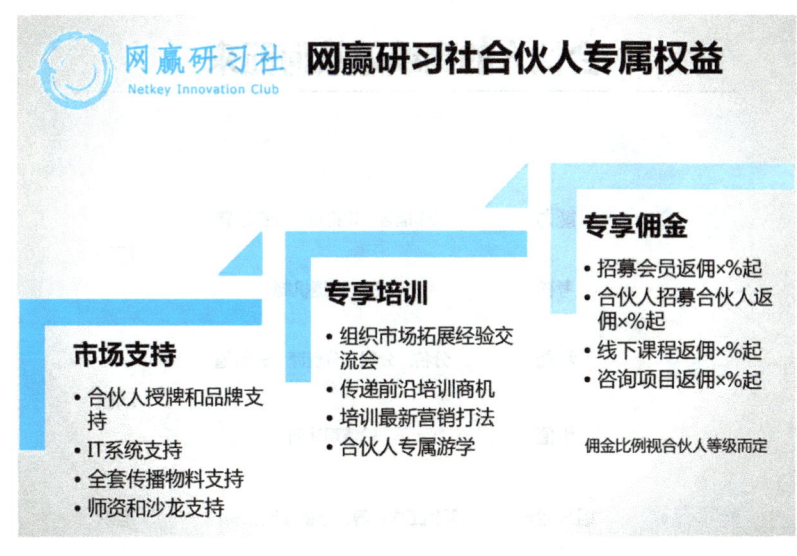

**图3-22 网赢研习社合伙人权益清单**

其实，除了以上这些合伙人权益，还可以设计出专享商机、专属特权等更多的权益，具体视每个社群的情况、资源而定。比如，在专享商机这个点上，可以涉及的子权益有：卖产品（上架社群微店）、做路演（项目路演支持）、找项目（发掘优质项目）、找资金（投资机会对接）、找流量（发起社群协作）……

当然，上面提到的这些机制设计都要固化形成《合伙人招募手册》，在实践中不断地优化、迭代。

除此以外，还需要有IT系统层面的支持，可以采购现成的微信分销系统，也可以自行定制开发App，以支撑成千上万的合伙人顺利开展业务。

通过微信分销系统，我们可以自动绑定层级关系、自动溯源、自动结算佣金。关于分销系统的选型、使用和分销方案的拟定，我们在3.2.6.2小节"分销思维"中，还会继续讲到。

除了机制和IT系统，打造合伙人体系还需要有效运营。

合伙人运营层面，在实践中经常会碰到的情况是：不知道如何去招募合伙人；即使招到合伙人，但是不知道如何驱动他们动起来；即使动起来了，但是最终可能打乱仗、没绩效、没效果、白忙活一场，这对合伙人的士气是打击很大的。

这里，我们具体来谈谈"动不起来"的问题。好不容易找到合伙人，为什么驱动不了他们呢？有3种可能性，如图3-23所示，我们来逐一分析一下。

## 合伙人的高绩效从何而来

| 问题 | 着眼点 | 核心要点 | 管理方向 |
|---|---|---|---|
| 会不会 | 能力 | 操作指导、IP打造、社群运营 | 行为 |
| | 考核 | KPI、清退机制 | |
| 愿不愿 | 利益 | 分名、分利、分资源、分价值 | 动机 |
| | 价值 | 价值观认同 | |
| 允不允许 | 组织治理 | 明确工作边界、平衡本职和斜杠 | 组织 |

图3-23 合伙人绩效管理

有可能是"不会",会不会是能力问题。这时就需要我们给予方法,教授流程,进行系统培训,比如,分销系统的基础操作指导、销售技能和服务态度培训、如何使用话术处理客户异议、如何使用素材库、如何打造个人IP、如何进行社群运营、如何撰写文案……

还有可能是"不愿",也就是说,即使出于各种原因进入了合伙人体系,但是还处于观望状态。这时,一方面要统一价值观、建立认同,另一方面还要一手胡萝卜、一手大棒。胡萝卜,当然是利益机制,怎么分名、怎么分利、怎么分配资源、怎么分后端更大的价值;而大棒,则是明确合伙人KPI、合伙人清退机制。总之,要胡萝卜与大棒齐飞、利益机制和考核体系并举。

还有一种可能是"不被允许",允不允许是组织层面的问题,一方面要明确合伙人的工作边界在哪里,另一方面,有很多和合伙人都是"斜杠青年",都有自己的本职工作,如何让他们平衡好本职工作和兼职工作,在实践中,这个问题也需要被有效地解决。

实际上,驱动合伙人"行动起来"的问题解决以后,相应的"没绩效、没效果"的问题,也就一并自动解决了。未来,企业高成长的一种可能路径,未尝不是"用户'粉丝'化、员工合伙人化",你觉得呢?

以上谈到了裂变的3个层次,分别是:信息传播层面的裂变、销售层面的裂变、组织层面的裂变。下面，我们来谈谈在微信生态内，社群裂变的实操运营。具体从如下3个方面来展开：裂变的机制设计，裂变的流程设计，裂变的运营要点。

◆ **04 裂变的机制设计**

正如世界上没有无缘无故的爱，你的用户会帮你做裂变，也是有原因的。产品好、对你有认同，这是最基础的；裂变动作不复杂，动动手指就能一键轻松转发，也是必要的；但最关键的，是要有驱动力。

总结下来，关于裂变的驱动机制，一共有三大类、十小点：

**助力式裂变**

- 【帮】我在免费领取《唐诗宋词元曲》，需要你帮我助力！
- 【砍】原价68，砍后只需29元包邮，帮我砍一刀减价得优惠！
- 【拼】分享好友越多，成团越快！邀请好友一起拼！23:59结束！
- 【集】集齐6张卡片，一起来抢4大礼包，邀请好友一起完成！

**分享式裂变**

- 【比】我的名次36，今日步数15000，查看好友排行榜，发起步数挑战！
- 【炫】我去过中国5个省区、19个城市，超越了52.9%的用户，长按识别图中二维码，看看你去过多少城市！
- 【邀】我在听极光老师"实战微营销"课程，忍不住把它推荐给你，快来和我一起终身学习，长按领取99元优惠券，还将获得免费知识礼包！

**利益式裂变**

- 【送】数码产品包邮免费大派送啦！前100名，送××；前1000名，送××；正品潮牌手机壳，不限量大赠送，长按识别图中二维码，即可限时领取！
- 【抢】好友瓜分百万现金券！本轮奖金100万元，拆红包，领现金！
- 【赚】最高60%分销佣金，分享即赚钱，快来加入推广大使的行列吧！

我们可以看到，前面提到的"吃货护照"案例，属于"送"的裂变，即只要转发就可送"吃货护照"；而"绿色生态食品"，属于"抢"的裂变，原价300元的产品，只要转发就可以200元的优惠价限时限量抢购。

其实，助力式裂变利用的是人与人之间交互的社交属性；分享式裂变利用的是人们虚荣、寻求认同感的属性；而利益式裂变利用的是人们"贪婪"的属性。总之，裂变形式层出不穷，变的是形式，不变的是人性。只要人性不变，你总有机会被裂变。

◆ 05 裂变的流程设计

设计好裂变的驱动机制，下一步就需要设计裂变的流程。在微信中，裂变的载体可以是个人号、微信群、服务号、订阅号或小程序，根据裂变载体的不同，裂变的流程也会相应略有差异。

但无论如何，其基本思路都是相同的，大体分为如下3步：

- 【第一步，建立连接】用户获得活动信息，如有必要，可以加微信好友或者进入群聊，以便获得裂变文案和裂变海报；
- 【第二步，引导行为】要么是扩散到朋友圈、微信群，要么是关注公众号后助力好友，或者直接在小程序中助力好友；
- 【第三步，获取奖励】用户截图确认，领取奖品；或者用户自己也发起一次好友助力，享受一次裂变助力的快感。

下面，分别以微信个人号、微信群、服务号、小程序4种载体为例，来谈谈具体的裂变流程。

**微信个人号裂变流程**（如图3-24所示）

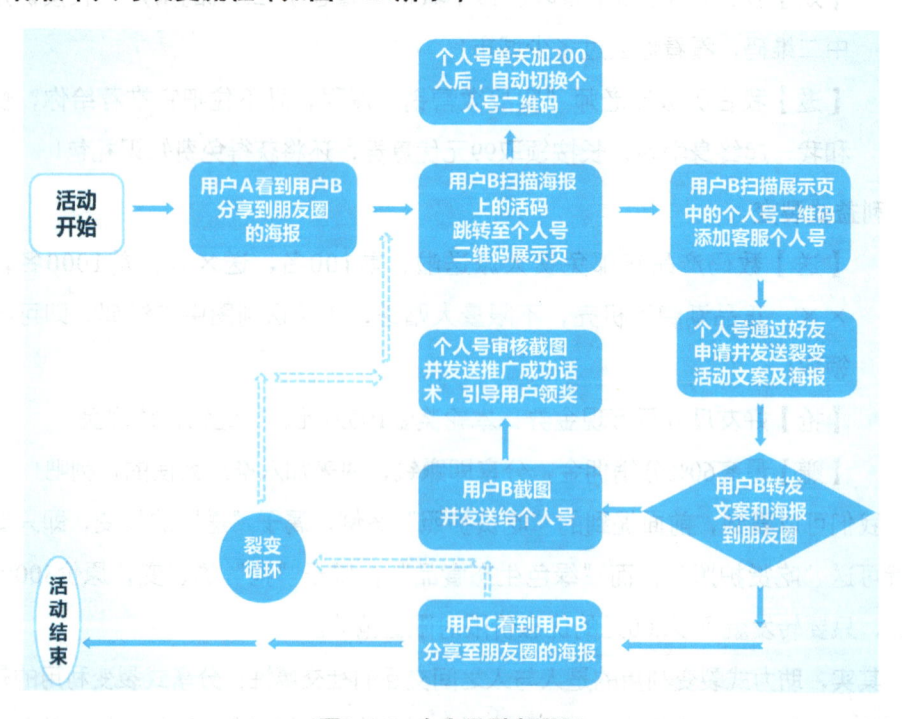

图3-24 个人号裂变流程

- 第一步，加好友（建立连接）：用户B加指定工作人员个人号微信（可每天满200人后，换一个微信号），通过好友申请后，工作人员向用户发送裂变活动文案和海报；
- 第二步，发圈（引导行为）：用户B转发文案和海报到朋友圈；
- 第三步，截图（获取奖励）：用户B把已发朋友圈截图，并发送给工作人员的个人号；工作人员的个人号审核截图，并发送推广成功话术，引导用户领奖。

**微信群裂变流程（如图3-25所示）**

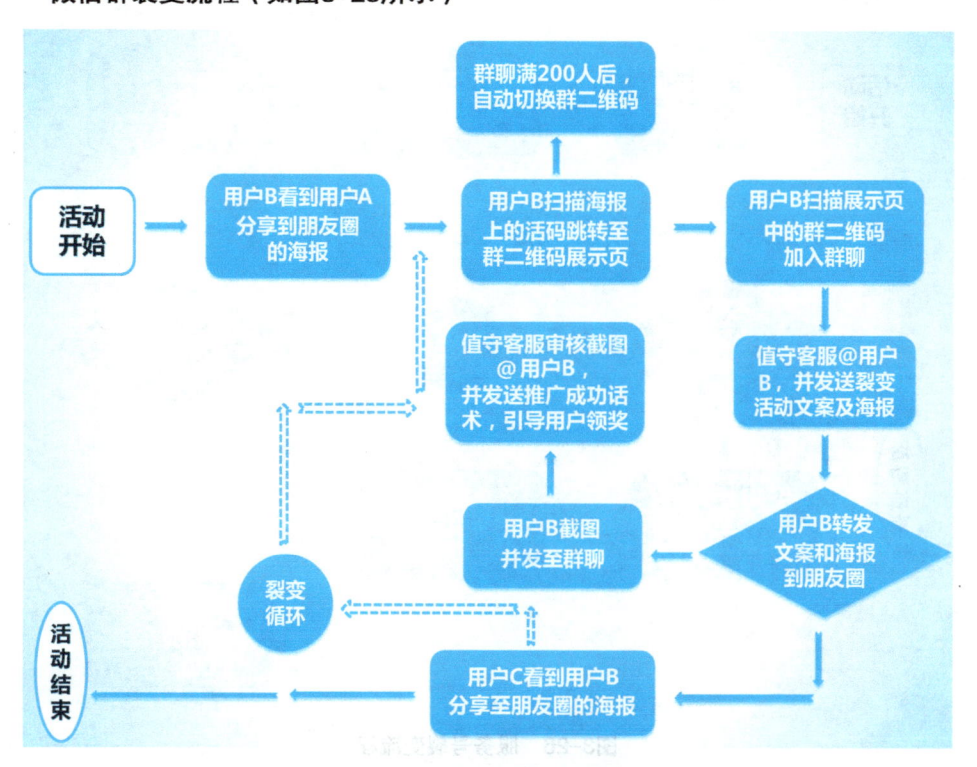

图3-25　微信群裂变流程

- 第一步，入群（建立连接）：用户B扫码加入微信群（群二维码过期或满200人时，换一个群二维码），工作人员在群内@用户B，并发送裂变活动文案和海报；
- 第二步，发圈（引导行为）：用户B转发文案和海报到朋友圈；
- 第三步，截图（获取奖励）：用户B把已发朋友圈截图，并发送至微信群；工作人员审核截图，并@用户B，发送推广成功话术，引导用户领奖。

### 服务号裂变流程（如图3-26所示）

- 第一步，活动触达（建立连接）：用户B在朋友圈、微信群看到好友A扩散的活动信息；
- 第二步，助力好友（引导行为）：用户B关注服务号，并为好友A助力（砍一刀或拼一单等）；
- 第三步，发起任务（获取奖励）：好友A接收到用户B助力成功的服务号消息推送，同时服务号推送属于用户B的活动海报，用户B可发起新一轮属于自己的助力任务。

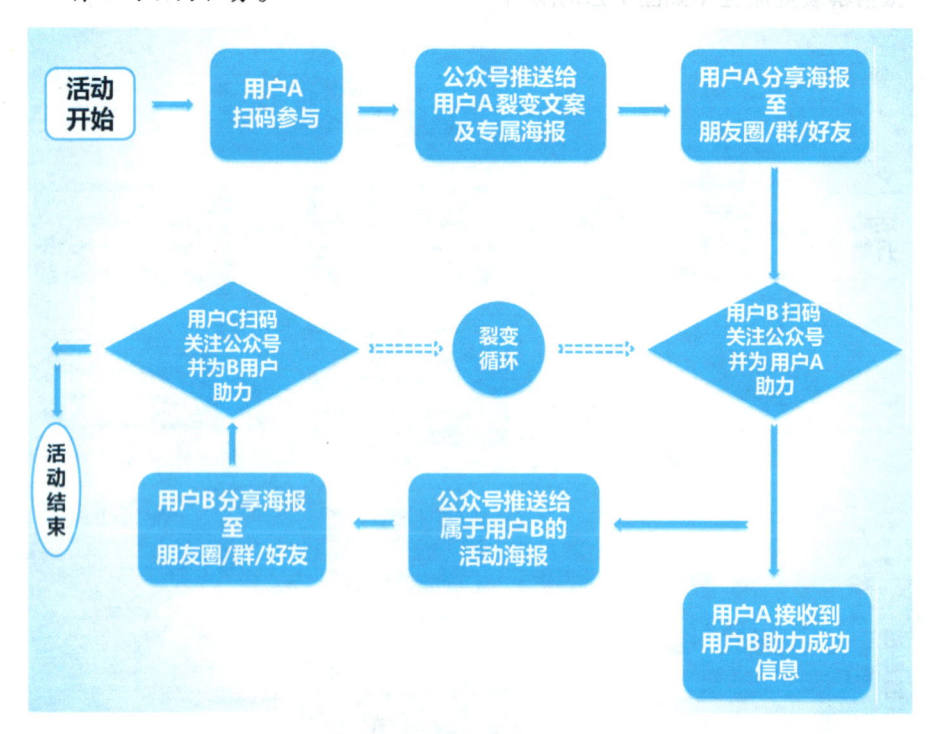

图3-26 服务号裂变流程

我们可以看到，不同于个人号的利益式裂变，通过服务号进行助力式的裂变，裂变环节在第三步，也就是用户自己发起一次属于自己的助力裂变；而获得奖励的环节，也在第三步，一旦助力成功，用户自己可以"砍价0元购"或"拼团低价买"。

小程序裂变流程（如图3-27所示）

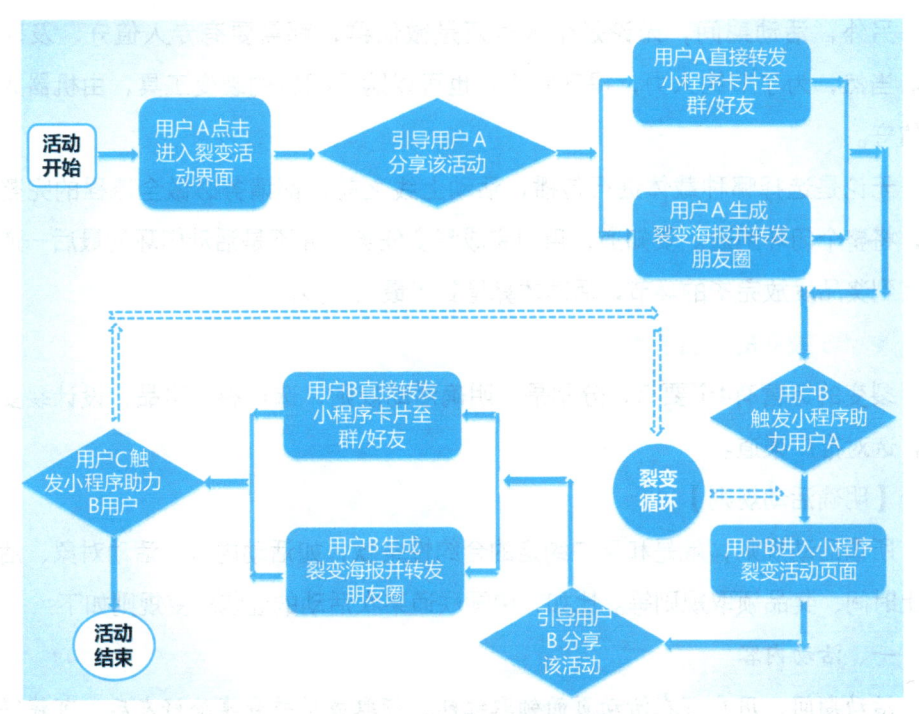

图3-27 小程序裂变流程

- 第一步，活动触达（建立连接）：用户B在朋友圈、微信群看到好友A扩散的活动信息；
- 第二步，助力好友（引导行为）：用户B触发小程序，并为好友A助力；
- 第三步，发起任务（获取奖励）：用户B进入小程序裂变活动界面，引导用户B分享该活动（直接转发小程序卡片到微信群，或者生成带有小程序码的裂变海报转发朋友圈），发起新一轮属于自己的助力任务。

关于以上的裂变流程，我们来谈几个特别的要点：活码、机器人值守、跑通闭环。

先说活码。以微信个人号为例，如果被动加好友（让别人扫码来加你）的话，建议每天最多加200人，否则会因频繁加人而被封号；进入微信群的前200位群员可以直接扫码进入，超过200人后就无法扫码入群。这些情况，都可以用活码方案来解决，即用一个固定的二维码，对应后台上传的多个二维码。扫描活码，进入二维码展示页面，个人号加到200人，或者群满200人后，便会自动更换下一个个人号二维码或群二维码。

另外，活动期间，无论是个人号还是微信群，都需要有专人值守、及时响应。当然，为了节约人力，提升效率，也可以购买相应的裂变工具，由机器人自动值守。

无论是选择哪种载体进行传播，活动上线之前，都请务必做全流程的完整测试，将整个闭环跑通。要知道，用户完成裂变任务，并不是活动闭环的最后一道，只有到奖品发放完毕的环节，活动才算是到了最后一步。

◆ 06 裂变的运营要点

裂变的运营有4个要点，分别是：明确活动规则，选对裂变奖品，设计裂变海报，选对推广渠道。

【明确活动规则】

所谓活动规则，就是和用户约定的合约性条款，如活动内容、活动对象、活动起止时间、奖品领取规则等。比如，中国联通某次活动的红包裂变规则如下：

一、活动内容

活动期间，用户可在活动页面领取红包，领取成功并分享给好友后，可获得红包随机翻倍的机会。翻倍后的红包金额，最高为原来的5倍。

二、活动对象

中国大陆地区手机号码用户，中国联通、中国移动、中国电信用户均可参与活动。

三、活动规则

1. 每份红包最多由5个号码领取，每份红包每个号码只能领取一次。

2. 分享后红包金额随机翻倍，翻倍后的金额最高为原来领取金额的5倍。

3. 每份红包在24小时内可领取，超过24小时或红包领取人数达到5人，该红包无法继续领取。

4. 活动期间，每个号码每月最多可领取10个红包。

5. 红包可在领取成功24小时后使用，有效期为30天，逾期失效。

6. 红包领取成功后，可在"中国联通手机营业厅App—我的礼包—话费券"中查看。

7. 红包所含充值券，仅限领取该红包的号码充值固定金额50元及以上时使用。

8. 红包使用路径：中国联通手机营业厅App—交费充值50元（及以上）。

### 四、补充说明

采取非正常手段干扰正常活动秩序的参与者，将被取消活动参与资格。

明确规则，可以有效防止"薅羊毛"行为，但是，规则也不宜太过严苛，比如，"限量100本，邀请59位好友助力，即可领取价值59.9元的书籍，先到先得"。邀请59位好友，对一般用户来说有点挑战，不如改为邀请15位好友，这样也不影响用户的积极性。

再比如，"分享海报至朋友圈并保存到活动结束，再邀请10位好友助力，即可获得价值19元的水杯一个"。这不仅让用户邀约10位好友助力，还要求分享朋友圈保存至活动结束，奖品才"19元的水杯一个"，可以想象，用户的兴趣可能不会太大。不如删减一项，效果会比较好。

总的来说，用户为完成任务而付出的时间成本和投入的关系链资源要和获得的奖品价值相当，甚至让用户有"占便宜"的感觉，用户裂变的积极性才会被充分调动起来。

另外，裂变规则一般来说要言简意赅，洋洋洒洒的解释性字不用体现在海报中，可以使用外部链接来展示。

【选对裂变奖品】

说完裂变规则，再来说说裂变奖品的选择。通常，奖品可以分为如下3类：

- 实体奖品：手办、书籍、杯子、口红、水果、零食礼包等；
- 卡券奖品：京东e卡、天猫购物卡、话费充值卡、商品兑换券等；
- 虚拟奖品：线上课程、课程优惠券、电子资料等。

按行业分的话，常见的奖品选择如下：

- 教培行业：辅导书、考试真题试卷、线上课程、线下体验课；
- 早教行业：早教玩具、宝宝辅食碗、宝宝奶瓶、儿童体温计；
- 美妆行业：口红、面膜、洁面乳、补水仪；
- 电商行业：抱枕、杯子、手机壳、收纳箱；
- 自媒体：电影票、霸王餐、打车券、农家乐采摘券等。

总之，奖品的选择，一是从自身业务和产品的角度，二是从行业用户群体的角度，来综合考量。我们有什么，他们喜欢什么，两者结合，找到最佳结合点。

【设计裂变海报】

明确了活动规则，选好了裂变奖品，下一步，就是设计出裂变海报。在裂变海报中，可以用的元素有如下这些。

**我是谁？**

- 【邀请者身份】调取邀请者的微信头像和昵称，明确邀请者身份，增加信任感。

**什么事？**

- 【海报主题】简单明了，激发用户参与，例如，你的朋友极光邀请你来拼一单！
- 【奖品描述】对奖品进行价值塑造，让用户感受到参与活动的利益。
- 【紧迫感】限时：今日限时免费领取、还剩××天免费领取；限量：仅限×××名免费领取、已有×××位领取、仅剩××个名额。

**真的么？**

- 【公信力塑造】品牌Logo、人物照片、客户评价、大V推荐语等。

**号召行动！**

- 【活动参与方式】个人号裂变，扫码添加客服参与活动；微信群裂变，扫码进群参与活动；服务号裂变，长按识别二维码参与领取；小程序裂变，长按识别小程序码参与领取。

【选对推广渠道】

裂变运营的第四步，当然是选择合适的推广渠道来增加裂变活动的曝光量。可选的推广渠道包括但不限于：

- 门店流量：将印有裂变活动的海报、易拉宝、宣传单页，张贴或放置到门店的合适位置，并让门店工作人员引导用户扫码参加；
- 平台流量：通过腾讯广点通、百度凤巢、字节跳动巨量引擎、微博"粉丝"通等推广平台，购买信息流广告位，来推广裂变活动；
- 私域流量：通过微信公众号推送给"粉丝"，或者付费让相关领域的大V账号推送；
  - 通过微信私聊、微信群、微信朋友圈，来扩散裂变活动；
  - 通过会员、合伙人来分享、扩散裂变活动；

— 从CRM系统中选取合适的客户，给他们群发带有裂变活动链接的短信或邮件（在短信中，活动链接可转成"短链"形式）。

特别需要指出来的是，如果是付费推广，需要先做小规模投放测试，据此调整优化，等数据标准化后再大规模投放，形成刷屏效应，增加裂变活动曝光率。

总结一下：裂变玩的就是"四分"（分名、分利、分资源、分价值）、裂变有3个层次（信息传播层面的裂变、销售层面的裂变、组织层面的裂变）。而在微信生态中做裂变，需要先设计裂变机制、再确定裂变流程，最后做好裂变运营。

总之，无论我们从哪一个角度切入裂变，都不能忘记裂变的初心，那就是实现指数级的"用户增长"！最后，祝大家都能通过裂变，实现品牌传播、拉动业务变现、玩转用户增长！

### 3.2.5.2　共赢思维：模式输出、团队收割

社群的扩张，除了裂变用户，还可以复制打法。比如，在产品、社群的运作模式都已经较为成熟的情况下，可以直接和第三方做资源对接，做模式输出，把成功的套路移植到对方的社群。通过为对方社群做价值输出，成功变现对方的用户资源，最后通过分利达成双赢结果，我们把这种打法称为"团队收割"。

举个例子，某健康类短视频项目，上线200天、全网播放量15亿次、项目估值1亿元，它是怎么运作的呢？答案就是：模式输出。

先介绍一下项目背景。2016年，草根运营公众号的红利期结束，很多大号因为早期红利积累了大量的"粉丝"，但是由于没有持续生产优质内容的能力，复制粘贴模式难以为继，纷纷严重掉"粉"。

在这样的背景下，项目方包装了一个老中医IP，出资拍摄了一个名为《一分钟谈健康》的系列短视频节目，面向中老年群体，播出频率为每天一期。

为了迅速扩大节目在全网的影响力，项目方改变思路，改版权独享为共享，和已经有海量用户的健康类、生活类公众号合作，做内容输出。对于某些大号，甚至可在视频尾部打上其Logo，作为联合定制出品的专属版推出，仅大号"××养生"就带来了1.1亿次的播放量。

有人会说，项目方是活雷锋么？持续免费输出视频节目给各大公众号，项目方究竟图什么？

第一，要的是影响力。节目做到100期时，全网播放量3亿次；200期时，全网

播放达到15亿次，项目在资本市场估值1亿元。

第二，节目的广告价值。每月2亿多次的播放量，使得视频栏目的冠名权、视频中老中医书桌上的展示立牌、背景墙上的广告位，都可以通过广告来变现。

第三，电商价值。通过成千上万健康类、生活类公众号的分发，每天都会有1000万以上的中老年人主动观看和被影响，这时推出后端的视频带货，也就顺理成章了！每个公众号都是一个分销渠道，各自的"粉丝"如果需要购买视频中的商品，点击推文中的小程序分销链接，即可直接购买。

而对合作的公众号而言，他们的内容将更优质、更有价值，"粉丝"更有黏性；同时，分销也是其"粉丝"变现的一种途径，这就是合作共赢。

### 3.2.6 变现点：Product产品力

价值包装，用爆品思维做价值包装；
暴利产品，用分销思维做产品选型！

——极光

本节关键词：

- 价值塑造、多维变现；
- 暴利产品、三级分销。

如何打造以社群为载体的私域流量池呢？通过前面几节内容的介绍，答案已经很清楚了，就是SSOOC，也就是说：先找到同频的人（Same frequency同频），然后制定静态规则（Structure规则力），进行动态运营（Operate运营力），同时，在和用户互动的过程中，通过价值输出（Output输出力）来深化和用户的关系，最后，通过裂变用户、复制打法来扩张社群（Copy复制力）。

由此，形成了一整套用户运营的流程，终极目的是构建"企业—客户"的关系，我们已经知道，这件事情就叫作"营销"。在此基础上，再进一步用产品来进行变现（Product产品力），构建买卖关系或商务关系，是为社群商务。

所以，一句话总结：在私域流量的SSOOC-P模型中，前面的SSOOC是构建社群、后面的P是商务变现；前面的SSOOC是价值创造流程，而后面的P是变现载体。

总之，我们的目的是构建用户关系，创造顾客价值，做好了以后，赚钱是自然而然的结果，赚钱是结果而不是目的，可不能本末倒置！

### 3.2.6.1 爆品思维：价值塑造、多维变现

这一节，我们聊聊产品变现。从两个方面来分析，一是对内，如何进行价值包装；二是对外，如何搭建分销渠道。

如果你做过销售，就会知道：在没有塑造价值前，不要报价；在没有取得信任前，不谈成交！因此，在私域流量的产品变现环节，要做的第一件事情，就是做好产品的价值包装工作。

要理解价值包装这件事，我们先要理解"价格、价值、价值感"之间的关系。

首先是价格，价格必须建立在价值的基础上。如果没有价值，就没有价格！如果你不贡献价值，你的价格是上不去的！

所以，当你想定位到高价格时，你就给自己、给你的企业定了一个使命——在这个行业，我必须创造更多的价值！

实际上，更高的价格，意味着更多的尊重！很简单，说说看，是奥迪车车主对奥迪更尊重，还是奥拓车车主对奥拓更尊重呢？开奥拓车的人会不会说，哪天有钱了我就换车？

所以，选择低价，相当于选择了随时被抛弃的可能性；选择高价，虽然有挑战，但是相当于选择了客户的尊重、长期的忠诚！

其次，我们来聊聊价值感，是的，价值是一种感觉！价值是人大脑中的一种感受，是对事物的一种体验！

比如去农家乐，你买了鱼竿、鱼食去钓鱼，钓好鱼后，农家可以帮你烧。其实这种自助式消费，比直接点菜用餐更贵，鱼都是一样的，但是大部分人还是选择烧自己钓的鱼，为什么？——感觉不一样！这鱼是我抓上来的！

但是，是不是你创造了价值，就一定能得到回报呢？不一定！你做得再多，如果客户感受不到，等于没做！没感受到，客户就不会为高价格买单！所以，营销的真正秘诀，在于创造价值感！

举个例子，莽哥是一家餐厅的老板，他拿他自己的店做了一个实验，莽哥是这样自述的：

我店里的米饭免费供应，每天还炒一锅蛋炒饭，也免费供应！以前十一点半才上客，现在，十点半就上客了，每天忙得脚不沾地！

那么重点来了，客单价并没有下降，每天新客户比以前还多，你说这是低价竞

争？那肯定讲不通啊！

米饭免费，相当于做了一款前端引流产品，其目的是塑造价值感！那么在实践中，究竟该如何进行产品的价值包装，塑造这种价值感呢？两个要点：

- 一是要有用户思维；
- 二是要选对表达载体。

◆ 01 价值包装的用户思维

所谓用户思维，就是从用户角度出发，不要说你有啥优势，而要说你满足了目标消费者的哪些需求！例如：

- 你开了一家面包店，不要强调自己的面包如何香甜可口，这也是套话。你可以从客人的角度，来描述一个忠实客户的反馈："即便你的店开在了我前男友家楼下，我依然会去光顾你！"
- 你开了一家针对青少年的音乐类教育培训机构，千万不要跟客户强调你的校区有多大、老师有多专业、设备有多先进、小明星学员有多优秀，从心理学的角度来说，这些都是保健因素，你需要给出激励因素！你要说："学琴的孩子，一般不容易学坏！"或者"加入小明星乐队，一辈子的朋友！"

从用户思维出发，提炼核心卖点，做产品的价值包装，有一个FABV公式：

- 特点（Features）；
- 优点（Advantages）；
- 利益（Benefits）；
- 价值（Value）。

举例说明：一根六棱边的铅笔，特点当然是"六棱边"，其优点是，相对于圆边的铅笔，它没那么容易滚动。由于不容易从桌上滚动到地上，导致笔芯断裂，那么给用户的利益就是，省！具体到价值层面，换算一下，每个月可以"省"5根笔，一年就是60根笔，一个学校，1000个学生，一年可省6万根。

通常，特点（Features）可以是事实、细节、与众不同的地方、独到之处。如产品的功能、性能、规格、品种、颜色等。

而受益（Benefits）指的是基于产品特点会产生怎样的结果，客户从中又能体验到怎样的改进和收益。一般是基于个人感觉上的体验，往往是相对的、类比的、定性的。

价值（Value），则是受益的定量化、数字化的表达。往往是从组织层面，从结果层面来提炼。

**受益的可选清单：**

- 质量：更安全、更满意、更高的质量；
- 生产力：性能优良、使用便利、高效率、低耗、提高士气、减少故障；
- 时间：易于掌握、启动快、维修停机时间短、无时间浪费、培训时间短；
- 收入：提高竞争力、增加优势、提高收入；
- 费用：低消耗、低发货费用、减少所需空间、减少财政费用、减少安装费用、减少人力费用、减少维护费用；
- 增加：盈利、收入、安全、财富、便利、机会；
- 提高：地位、效率、质量、投资回报、生活质量、个人满足、教育、外表、健康；
- 减少：风险、成本、竞争、抱怨、问题、担心；
- 节约：时间、金钱、能源、空间；
- 保护：家庭、员工、顾客、财产、金钱、个人隐私；
- 获得：供应商、销售人员的帮助、战略合作；
- 其他：提供更多的信息、风险低、身份/声望更高。

无论如何，产品的特点（Features）和优点（Advantages），必须转换成客户的受益（Benefits）和价值（Value），我们把这称为"FA/BV转换"。

比如，新的健身会所开业，如果还是宣传器械多好、教练多牛，这就是厂商思维！应该怎么说？做FA/BV转换！

- Wi-Fi，1000M——想边健身边玩手机的都来了；
- 热水，恒温热水——想健身后洗澡的都来了；
- 教练——啥冠军也没用，就说摄影专业出身，"后期修图"经验3年，这样女性朋友都来了。

你看，把特点转换为受益，效果是不是大不一样了？总之，讲产品的特点、优点，是厂商思维！而讲卖点、讲对用户有什么利益和价值，则是用户思维！

在实践中，FABV公式还有各种各样的灵活应用，比如N–FAB–E模型：

- 需求（Need）：产品推销以关注顾客的需求为起点；

- 特点/特性（Features）；
- 优点/优势（Advantages）；
- 利益/受益（Benefits）；
- 证据（Evidences）：证据是为了证明产品的特点、优势及利益而提供给顾客的证明。

要特别注意的是，我们在呈现产品的不同特点、优势及利益时，要注意表达上的逻辑性与层次上的递进。

◆ 02 价值包装的表达载体

提炼出产品的卖点，并做了FA/BV转换之后，你需要选择一个载体进行价值表达。从成交转化的角度来看，它可以是一个高成交力的商品详情页、一封打动人心的销售信、一支能引起共鸣的感人微视频、一组高"颜值"的商品二维码海报……

工欲善其事，必先利其器。这些用价值包装策略制作出来的爆款商品详情页、销售信、微视频、海报，就成为我们在社群产品变现环节提升销售转化的秘密武器！总之，提前准备好这些秘密武器，在成交的过程中，你就会事半功倍！

需要特别指出来的是，无论是销售信还是高"颜值"海报，这些成交工具都是营销布局中的最后一环。如果去掉前面那些贡献价值的动作、那些互动建立信任的环节，单靠向微信群中扔一封销售信、一张海报，然后吆喝几句，就想获得几千几万元的订单，指望能达成很大比例的成交，无疑是极不现实的。

具体而言，用价值包装策略打造成交工具，通常遵循如图3-28所示的这8个要点。

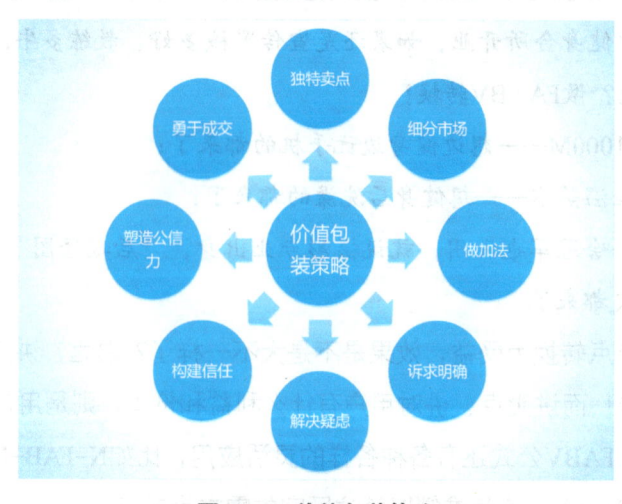

图3-28 价值包装策略

- 【独特卖点】提供独特销售主张和营销卖点；
- 【细分市场】调整你的营销信息，并将其传递给最合适的目标群体，使之对号入座；
- 【做加法】为已有的客户提供新产品、新服务，而不是为已有的产品和服务找新客户；
- 【诉求明确】让他人清楚了解你的意图；
- 【解决疑虑】详尽而彻底地排除各种疑虑、抗拒和问题；
- 【构建信任】在构建营销信息时，应当理解消费者不愿轻信、害怕上当的心理；
- 【塑造公信力】有图有真相，利用照片、视频证明自己所言非虚；
- 【勇于成交】每次展示后都要大胆地要求人们采取行动！

至于具体如何写出高转化的销售信、如何打造高成交力的商品详情页，第四章"运营篇"从卖点、人性、差异化、逻辑4个方面，为大家进一步地展开论述。

◆ 03 多维变现，社群变现的9种方式

最后特别提一下，在产品变现、成交转化环节，需要有多层后端，也就是说，每次转化都要有多维度结果。比如，网赢研习社"IP训练营"热身课群，在3天的热身课结束时，主推训练营正式课课程，这是A计划；之后，辅推社群年度会员，这是B计划。总之，要有多维结果思维，但是要分清主次、轻重，时间上也要安排先后。

同理，卖产品只是私域流量变现的一种，可能是最主流的一种，但肯定不是全部。那么，社群还有哪些变现的方式呢？

总结下来，社群有9种变现方式，分别是：

**提供服务**

- 【会员变现模式】收费会员费，以会员制的方式，为会员提供服务；
- 【培训变现模式】收取培训费，提供线上、线下的培训服务；
- 【活动变现模式】收取活动费用，组织行业活动、游学参访、出国考察；

**销售产品**

- 【产品变现模式】面向社群用户，以直播、秒杀、拼团等方式直接售卖产品获利；

- 【分销变现模式】通过招募合伙人、发展推客，搭建分销网络来获利；

**增值服务**

- 【广告变现模式】让厂商赞助社群的活动；或者受厂商委托，在社群内发起试用申请、调查问卷；或者直接售卖社群的广告资源，如IP代言、自媒体推文；

- 【服务变现模式】引流到线下进行实体消费；或者提供后端服务来获利，如空间租赁、法律咨询、代理记账、贷款理财；

**项目运作**

- 【众筹变现模式】让社群成员众筹项目、资源和团队，通过项目运作获利；

- 【资源变现模式】向社群成员推介孵化的项目，一方面，可以从项目方获得项目孵化的基础服务费、咨询费甚至微股份；另一方面，有人投资该项目后，你还能拿到项目的推介佣金。

在你的私域流量池中，是用哪一种或哪几种组合来变现的呢？无论是哪种变现方式，送给你两句话：

- 目光聚集之处，金钱必将追随！有"粉丝"，你就有影响力，就能变现！
- 羊毛出在猪身上，让狗去买单！关键是，你要找到那个买单的"狗"啊！

#### 3.2.6.2 分销思维：暴利产品、三级分销

如何进行社群变现呢？一方面，对内要练好内功，提前决定好变现的模式组合，拟定好促销策略，并准备好促成成交的各种秘密武器，准备得越充分，转化效果就越好；另一方面，对外要搭建好你的销售网络、分销渠道，快速出货。这一小节，我们来聊聊分销。

所谓分销，就是A发展①为下级分销商，①发展②为下级分销商，②发展③为下级分销商，③发展④为下级分销商，④发展⑤为下级分销商……以此类推，理论上，可以无限发展、无限裂变，即A→①→②→③→④→⑤→……

三级分销是指层级可以无限裂变，但是只结算三级，比如④消费了，①→②→③均有返佣，但是A及A以上层级就没有返佣；⑤消费了，②→③→④有返佣，但是①及其以上层级就没有返佣。

在中国，三级分销是合法的；但是，如果在微信中销售，按照微信的风控规

范，建议搭建二级分销体系。下面，我们以二级分销为例，聊聊如何拟定分销方案、搭建分销体系。如图3-29所示，分销员A可以邀请好友B成为分销员，B每次成功推销商品后，B可拿佣金，A也能获得一定比例的邀请奖励。

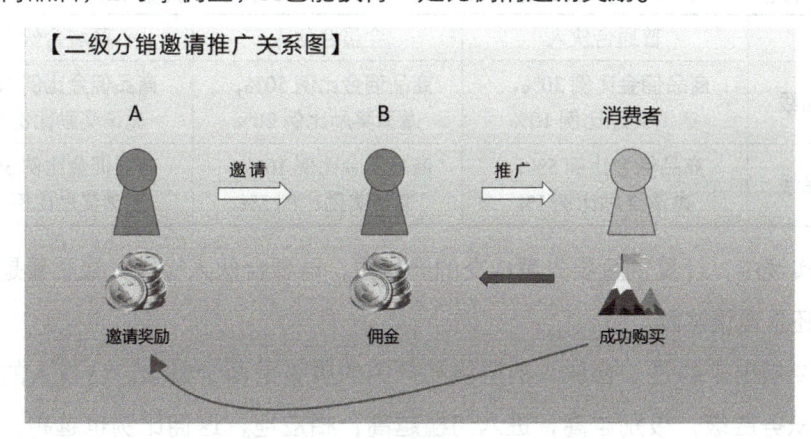

图3-29　二级分销邀请推广关系图

需要特别说明的是：

- B必须是被A邀请的，且成功推广并成交订单后，A才能获得邀请奖励；
- 若A自己成功推广成交订单，和B没关系，即被邀请的B无佣金；
- B也可以邀请C成为分销员，C成功推广后，C拿佣金，B拿邀请奖励，A无。

关于分销方案的拟定和分销体系的搭建，主要从"人、货、场"的角度谈几点：

- 【场：场景、机制】分销员业绩方案设计、分销员客户关系溯源规则；
- 【人：文案、招募】分销员招募文案的价值包装；
- 【货：商品、系统】分销产品和分销系统的选型。

◆ 01 分销员业绩方案设计

首先，我们需要设计一套分销员业绩方案。

比如某社群，合伙人等级分为3级：普通合伙人、会员合伙人、区域合伙人。按照既定的合伙人规则，各级合伙人可升级、降级或被清退。

成为普通合伙人有3种方式：

- 方式1：购买商品——购买指定商品后，即能成为合伙人；
- 方式2：消费金额——消费到指定金额后，即能成为合伙人；
- 方式3：消费笔数——消费到一定笔数后，即能成为合伙人。

其产品线有两条，A为前端引流产品（返佣比例可以高些），B为核心产品（正常返佣比例即可）。

下面是一个可供参考的业绩方案示例（返佣比例可自行调整）：

|  | 普通合伙人 | 会员合伙人 | 区域合伙人 |
| --- | --- | --- | --- |
| A 产品线 | 商品佣金比例30%，邀请奖励比例10% | 商品佣金比例50%，邀请奖励比例20% | 商品佣金比例70%，邀请奖励比例30% |
| B 产品线 | 商品佣金比例5%，邀请奖励比例1% | 商品佣金比例10%，邀请奖励比例5% | 商品佣金比例30%，邀请奖励比例10% |

在实践中，计算佣金要先看成交的产品线，再看合伙人等级，最后看是给予商品佣金还是邀请奖励。

需要指出来的是，合伙人的层级和分销的层级是两个概念。合伙人的层级是纵向的职务层级，级别越高，进入门槛越高，相应地，返佣比例也越高；而分销的层级是横向的结算层级，如果是二级分销，就永远只结算前面的两级关系，一级是佣金，一级是邀请奖励。

在业绩方案中，还有些细节问题需要进一步明确，比如：

- 结算佣金时，运费是否需要剔除？
- 多长时间结算一次？如果用户退款怎么办？
- 会员价购买有无佣金？
- 佣金的个税如何扣除？

在电商行业，一般的规则是：卖家发货后7天，自动确认收货、完成交易（如果在此之前，买家人工点击确认收货，则提前完成交易）；通常，交易完成后的15天内，用户还可以发起退款申请。

如果决定在交易完成后即结算，即承诺发货后7天内（含7天）给分销员结算佣金，那么在此期间（结算前）发生的退款，其佣金可以扣除；但是，一旦结算给分销员后，此时用户再申请退款，已结算的佣金需要追回来么？这是你需要考虑的问题。

另外，有些商品，消费者通过会员特价购买已经是薄利，如果再给分销员分利润，你就没有利润空间了。为了更合理地控制成本，在制定业绩方案时，这些都需要一并统筹安排。

◆ **02 分销员客户关系溯源规则**

在实践中，分销员最关心的，是可否正确溯源，因为明确就是一种力量，可以让他们放心去推广，不用担心做了白做。

在微信环境中，借助分销系统可以做到：一个未和任何人绑定分销关系的新客户，只要点击查看了你分享的商品链接，即可和你绑定分销关系。

这里面还有一些细节需要明确，谈两个概念：有效期，保护期。

什么是"有效期"呢？就是说你分享了一个商品链接，客户访问了链接，和你绑定了分销关系，只要客户消费，你就有返佣。那么，有没有时间上的限制呢？是终生有效，还是有一个具体的期限呢？

如果将有效期设定为15天，而客户在第14天再次点击了你的推广链接，那么有效期要不要再顺延15天？如何提高分销员转发商品推广链接的积极性，是我们在制定分销方案时，需要通盘考量的问题。

还有一种情况：消费者小王先访问了分销员A的推广链接，成为A的客户；随后又访问了分销员B的推广链接，此时，要不要与A解除绑定，与B形成客户关系？这就涉及"保护期"的概念。

所谓"保护期"，就是在此期限内，分销员发展的客户不会变更绑定关系。同样地，保护期是有一个具体的期限还是无限期？

如果将防止抢单的保护期设定为15天，假设消费者小王是分销员A的客户，在第14天，小王再次点击了分销员A的推广链接，则分销员A对于消费者小王的保护期要不要再顺延15天？

明确了有效期、保护期的概念，在核定客户关系时，下面这些问题也需要进一步明确：

- 分销员自购，要不要返佣？
- 分销员之间相互购买，算不算佣金？

◆ 03 分销员招募文案的价值包装

制定定好分销机制后（包括但不限于：拟定业绩方案、明确客户关系如何溯源），此时，就需要做一个分销员招募页面，或者说分销招商手册，分发到你的私域流量池中，去招募分销员、合伙人。

分销员招募页面同样需要价值包装。首先，你需要给你的分销员体系起一个充满正能量的名字，如合伙人、推广大使、健康大使、时尚推手、超级店主等。

至于等级，可以是：普通、银牌、金牌、铂金、钻石、水晶、星星、月亮、太阳……自己随意就好。

然后就是写招募文案，文案可以分为如下4个部分：

- 品牌（Who，我是谁）：介绍品牌；
- 利益点（Why，为什么跟我做）：产品、利润、合作保障、市场支持计划；
- 流程（How，如何成为分销员）：申请分销员的操作流程；
- 行动（Action，立即申请）：提供一键申请按钮，让用户填写表单；同时附上联系人的电话和微信，以供联系咨询。

在介绍品牌时，可以强调一下你的价值主张，如"加入我们，一起推广有机食品，让每个人都能吃得更健康！"有些人可能会因为认同你的理念而加入你的分销团队。

在介绍利益时，可选的利益点有：分销员自购享受折扣价、分享商品获取佣金、成为分销员即可获得优惠券，参与分销员内部优惠活动、优秀分销员额外红包奖励、专属导师指导等。

在介绍申请流程时，也可简单提一下分销中的常见问题（FAQ），以化解疑虑和抗拒，比如，什么是分销员、如何成为分销员、成为分销员需要做哪些事、能获得什么好处、佣金如何结算等。

举个例子，网赢研习社的合伙人招募计划是这样写的：

### 【网赢研习社】百城千人赋能计划

网赢，助力企业在互联网时代转型制胜！

网赢研习社正在寻找这样的合伙人：

- 会员合伙人；
- 区域合伙人；
- 城市分院。

如果你乐于分享，认可斜杠人生，

善于建圈子、借圈子、换圈子，

那么我们邀请你成为【网赢—会员合伙人】，

为你提供前沿商学产品，进行人脉变现；

如果你有长三角地区的政商资源，

能对接各级政府部门、商协会、工商联，

那么我们邀请你成为【网赢—区域合伙人】，

与你资源互补，共同开发区域市场；

如果你认可现代服务业高成长趋势，

愿意与网赢从利益共同体走向事业共同体，

那么我们邀请你成立【网赢—城市分院】，

与你共享智力服务产业发展红利！

立即申请，专享网赢合伙人三大权益：

- 全面市场支持：全系列沙龙、全套传播物料、全新裂变玩法；
- 专享奖励佣金：永久锁定关系链，10%~50%的佣金体系；
- 月度专享培训：个人品牌打造、社群运营、区域市场拓展。

申请步骤：

第一步，关注服务号，并授权允许读取微信头像和昵称；

第二步，点击下方"绑定手机号，成为合伙人"按钮，填写申请信息。

写好文案后，下一步，当然是做成一张美观的海报，在线上（公众号、客户群、个人朋友圈等）和线下（门店、活动现场）进行推广引流，海报如图3-30所示。

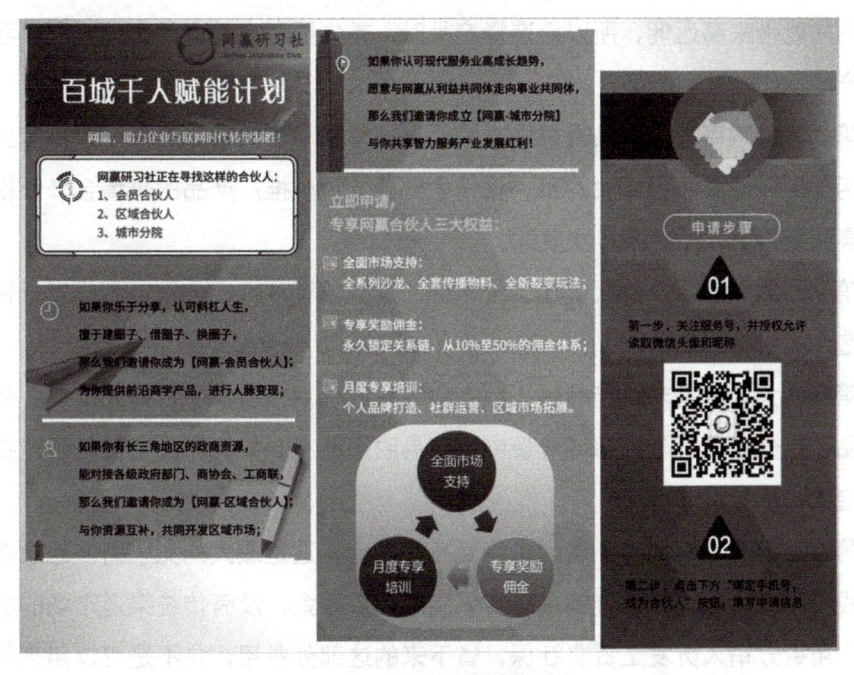

图3-30 分销员招募海报示例

特别要注意的是，由于微信风控的调整，请勿在文案中出现"入门费""消费门槛""二级""二级以上关系""发展下线""团队利益"等字样，若有涉及，将有被微信警告或封号的风险。

另外需要注意的是，合伙人的概念范畴其实大于（包含）分销的范畴。在实践中，对于中小企业来说，通常是直接购买一套成熟的分销系统用来支撑合伙人体系，而不是重金定制开发一套合伙人App。

### ◆ 04 分销产品和分销系统的选型

我们常说私域流量要靠"人、货、场"，可以说，拟定业绩方案、明确客户溯源规则，是理顺各种场景下的机制，是"场"的环节；推出招商手册，招募分销员，是"人"的环节；下一步，当然是解决"货"的问题，这包括分销产品的选择和分销系统的选型。

你的产品也许有很多，在初期，建议选择几款畅销且有一定利润空间的产品来尝试分销业务。在分销产品的选择上，可以从以下5个方面来考虑：利润不错，复购率高，高颜值，大众强需求，有价格优势。

第一，利润不错：由于是通过"人"来分销，高返佣更能吸引人加入，而只有高毛利才能带来高返佣，所以，选择产品时，首先要考虑其应具有高毛利，我们把这种产品称作"暴利产品"。

第二，复购率高：产品最好是高频使用、复购率高的，如果一个产品卖出后，客户用个三年五载才会再次购买，相信大部分分销员推广产品的热情会降低很多。只有高频使用，才能带来多次复购。

第三，高颜值：产品太低端、没格调、没颜值可不行，分销员更愿意分销有助于塑造个人品牌的商品。

第四，大众强需求：产品过于小众会导致目标用户群体小，而大众化、强需求的产品，在分销员有限的私域流量中更容易脱颖而出。如果产品还能符合消费升级的大趋势，那就更棒了！

第五，要有价格优势：商品本身要有性价比，这是最大的竞争力。想想看，相对于线下门店销售，线上分销没有实体店的门面租金，没有传统渠道市场的层层批发，不用给分销人员发工资交社保，省下来的这部分费用，是不是可以用来补贴一下价格呢？

最后，建议上一套分销系统，用系统来固化我们的业绩方案，依托系统来运作和处理数十万、上百万分销员产生的订单。

关于分销系统的选型，市场上品牌众多，鱼龙混杂，我们可以从TSQPB〔Technology（技术）、Service（服务）、Quality（质量）、Product（产品）、Brand（品牌）〕5个方面来考量。

- T（技术）、Q（质量）：可开通试用，看功能是否满足、后台是否简便易操作。
- S（服务）：看购买流程，是否提供在线购买、在线体验？电话咨询一下，体验如何，后续跟进响应度如何？看支撑体系，知识库是否健全？服务市场的生态是否完善？看售后培训，是否能帮助企业、商家切实地把分销体系搭建并运作起来？
- P（价格）：看价格体系，是高级版还是基础版适合自己？
- B（品牌）：看实力、看口碑，当然，你也可问问极光，谈谈你的需求，看看能不能给你更好的建议。

## 3.3 实战分享

行在道中，术可万千！

——极光

### 3.3.1 网赢研习社的SSOOC-P社群实践

这一节，我们以网赢研习社一次线下私享会的会议记录为蓝本，来看看如何创建你的社群、创新你的模式、打造你的私域流量池、经营你的用户关系。

场景：网赢私享会

出场人物：

极光老师：实战营销专家，网赢研习社创始人

地方老师：陈彬，企业效能教练，网赢研习社顾问

侠女：多才多艺、乐观开朗的女性创业人，网赢会员

8月，网赢研习社举办了一场会员线下私享会，特邀网赢研习社顾问地方老师来到现场，和极光老师一起，帮助会员诊断营销问题。会议伊始，侠女就举手说

道:"极光老师,我在大健康领域创业,在营销方面您能给我些建议么?"

## 01 关于经营的本质和战略定位

极光笑了笑,答道:"可以的,不过在我给出建议前,我们先要明确一个本质、一个定位。"侠女抚了抚额头,说道:"本质啊……"

极光说道:"是的,先搞清楚我们创业是为什么、做企业又是为什么,只有以终为始,才能保证我们在创业的道路上,不忘初心、不偏航道,行在正确的道中!

"我们创业,也许是为了赚到足够多的钱,也许是为了出人头地,还有可能是为了成就自我价值,或者就是人生太寂寞了,通过'创创业、碰碰壁、摔摔跤'来给自己找点小挑战、小乐子。但是,这些都只是我们干这件事的原动力,不是本质。"

极光接着说道:"经营的本质,其实是创造顾客价值。一家企业,如果一直玩概念、玩虚的,不致力于为顾客创造价值,那么最终会被市场所抛弃。要想创造顾客价值,你得有价值创造能力;而这种能力,来自企业内部的价值创造流程;管理存在的目的,就是支撑企业的价值创造流程。"

这时,在一旁默默听大家聊天的地方老师插了一句话:"极光老师的意思,其实就是说,对于企业,最重要的事情就是构建并深化'企业—用户'的关系,并创造顾客价值,所以,我们所有的经营活动,包括营销,都要围绕这个出发点来展开,对吧,极光?"

"是的,地方老师说得对,明白本质后,我们再来看定位。定位是一个管理者的基本能力。定位就是方向,从哪里来,到哪里去,分几步走,要基于定位形成自己的战略地图。定位还是取舍,做什么,不做什么?有时候,不做什么更重要!"

"比如说,创业有三种途径、中国有三类市场、竞争有三种策略,选择哪个人群,面向哪个渠道和终端,这就是定位!"

"三个途径?"侠女问道。

"嗯,目前创业有三种途径,一是做项目,二是做产品,三是做平台,当然,现在又多了一种方法,就是做IP,做自己!你会选哪一个途径来切入你的事业呢?

"另外,中国有三类市场:消费市场、创业市场、资本市场,你选哪一个作为你的目标市场呢?不同的人群、不同的对象,需求是不一样的!比如消费市场,针对C端用户,讲的是利益、价值、生活方式;而创业市场,针对B端用户,讲的是产品好不好、赚不赚钱、有没有扶持政策、风险怎样；而资本市场呢，显然是要先把你的商业计划书拿出来啊！

"再来说说竞争策略。有三个竞争策略：第一，成本领先；第二，差异化，开辟蓝海市场；第三，聚焦，做到一公分宽、一公里深。总之，如果你发现了一个市场机会，但是没有足够的资源或竞争力去支撑，那么，这个机会就不是你的机会！"

地方补充道："我的理解啊，定位就是明确为什么人、提供什么产品！人群，是目标用户定位；而产品，是竞争策略定位。"

听到这里，极光笑了起来，一边打开电脑，调出PPT，一边说道："的确，地方老师说到我心里面去了，企业经营的战略定位，其实就是发现需求和满足需求。先说发现需求，就是针对什么人群，解决什么问题。找准人群，是用户画像的问题；解决什么痛点，是明确用户需求的问题。"如图3-31所示。

**战略和定位：发现需求和满足需求**

发现需求
- 用户画像：针对什么人群
- 用户需求：解决什么问题

满足需求
- 产品打造：用什么产品满足
- 差异化卖点：开辟蓝海市场

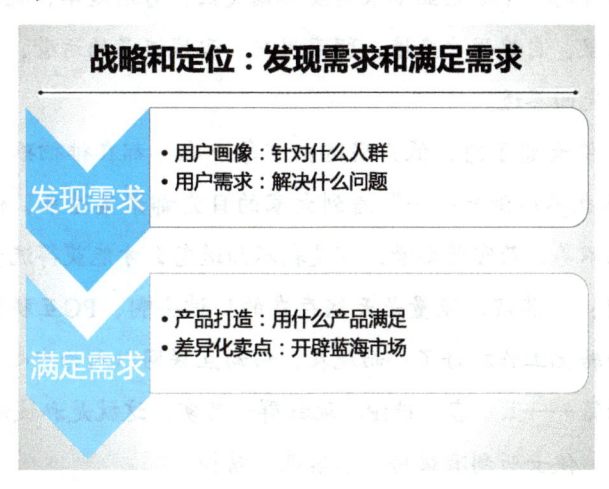

图3-31　战略和定位

"而满足需求是指：用什么服务和产品去满足目标人群的需求；同时，这种需求的满足要具有差异化，而且是对我而言较容易实现的。前者需要设计你的产品梯度，后者需要找到你的差异化卖点。

"只有明白了以上这些要点，我们再来谈营销，才能有的放矢！我知道，大家都是虚心好学的人，还是背负着身家性命进行学习的人，但是，我们不是为了学习而学习。学习是为了促进思考，加以实践，练就自己的心法和思维系统！"

讲到这里，极光停顿了一下，扫视了大家一圈，然后继续说道："其实，大多数创业者，包括我自己，在市场上摸爬滚打，摔得鼻青脸肿，都是认打不认教的。

大多数企业家都是白手起家，没受过系统的商学教育，经历的事情多了，自然就会有战略头脑。但是我希望，大家加入网赢，有了正确的理论体系做指导，至少能少走些弯路。我想，这也是网赢研习社的顾客价值所在吧！"

### 02 关于营销和私域流量的打法

讲到这里，极光合上电脑，站了起来，走到白板旁边，对侠女说道："侠女，考考你哦，请问，现在做生意，最热门的营销方式是什么？"

侠女不禁陷入了沉思中。极光笑道："那必须是私域流量啊！"地方紧接着说："我们都知道，做生意有三种流量，门店流量、平台流量和私域流量！所谓构建私域流量，我认为就是把门店流量、平台流量沉淀在自己的'鱼塘'，来做用户运营。极光，你觉得呢？"

"的确是这样的。中小企业如果想要营销突围，弯道超车，就要把客人圈到自己的私域流量池里，自建用户鱼塘，留存用户。私域流量的运营，本质上是用户关系的运营。"极光回答道。

听到这里，侠女想了想，低声唱道："每一次，都在徘徊孤单中坚强；每一次，就算很受伤也不闪泪光……"看到大家的目光都聚集过来，侠女叹了口气，说："唉，创业不易，获客最要紧，可是我不知道怎么才能获得流量啊！"

极光回答道："其实，流量是天然存在的！过去啊，PC互联网以货为中心，我们做好流量和转化工作就好了；而现在，移动互联网以人为中心，侠女，送你三个步骤、九字秘籍——做内容、造IP、玩社群！其实，这就是私域流量的打法！"

"做内容？"侠女听到有秘籍，不禁来了精神。

"对！首先定位一个细分人群，然后去构建你的自媒体矩阵，比如公众号、头条号、抖音……"极光说道。

地方接着说道："极光老师的意思是说，我们要把内容变成流量的入口！"

极光打了个清脆的响指，说道："对的！用内容连接'粉丝'，从产品的运营者进化为用户的运营者，才算真正迈出移动互联网营销的第一步！"

地方也来了兴致，对着大家说："各位，行动要快，姿势要帅啊！我判断，未来，流量只会越来越紧缺，大品牌优先享有流量红利！在创业成本激增、互联网流量红利尽失的今天，并没有更多的选择摆在眼前任君挑选！极光老师提到的私域流量，是一个非常好的思路！"

极光点头道:"是的,时不我待,构建私域流量——拉新、养熟、成交、裂变——四部曲!首先,你要拉新,找到你的大流量入口,如果有线下门店,那是最好的,直接引导加上微信,和客户建联。如果没有,就从平台流量来突破,比如抖音就不错,4亿的日活跃用户,这时,好的内容就变成了流量获取的重要手段!"

"客户建联之后呢?养熟啊!通过持续生产内容、持续互动来深化和用户的关系。大家都知道,构建'企业—客户'关系这件事,就叫作营销!"讲到这里,所有人都笑了起来,的确,网赢的所有会员都知道,营销的本质就是构建"企业—客户"关系。

极光接着讲道:"这时,内容又变成了养熟用户的重要手段,要知道,持续的价值,才能带来持续的关注!用内容去连接'粉丝',并通过微信建立联系,叫作拉新;把'粉丝'圈到你的社群,运营起来,叫作养熟,这样就初步打造了你自己的私域流量池。做好这两步,之后的成交、裂变,也就水到渠成了。

"但是,我在辅导企业的过程中,发现企业在运作私域流量时存在两个问题,一是很多人太着急,一着急就容易违规,一违规就容易被微信封号;二是大家往往都不会生产内容。"

地方接着说道:"其实,只做出好的内容,还不够。就像极光老师说的,不出现=不存在,所以,我们还要学会全渠道、多形式地发布你的内容!"

"是的,正如地方老师所言,除了生产内容,还要善于对外分发你的内容,并进一步运营因内容而聚集的'粉丝'!内容和IP、'粉丝'和社群、传播和裂变,这是移动互联网时代的营销新打法!"讲到这里,极光看着侠女,说道:"侠女,听到这里,有没有什么启发?"

"其实你的特质,乐观、开朗、积极、上进,本身就有IP的潜质。要不这样,你喜欢唱歌,能不能即兴用一首歌来表达一下你此刻的心情?"

"打起手鼓唱起歌,我骑着马儿翻山坡;千里牧场牛羊壮,丰收的庄稼闪金光……"侠女还真是有才,说唱就唱,大家瞬间都跟着又唱又跳起来了。

"侠女,你刚才的表演,已经帮你录下来啦,可以发个抖音哦!"有会员对着侠女坏笑道。

"下面,大家用点茶点,休息一下,我们20分钟后回来。"极光对着大家宣布

### 03 关于IP打造及抖音运营

茶歇期间，极光把地方老师叫到一边，以为大家做表率为借口，"逼迫"地方即兴录制了两段小视频。别说，大咖就是大咖，作为企业效能专家，地方老师讲起段子是张口就来，都不用打草稿。当然，优秀的现场发挥有赖于平时的积累和底蕴，这也是我们打造IP的前提。

视频拍摄好仅仅几分钟后，初步剪辑好的视频就新鲜出炉，被发到群里展示给大家。大家纷纷惊叹移动互联网时代，真是唯快不破！另外，很多人围观的时候兴致勃勃，甚至有人跃跃欲试，也想录上一段。

回到会议室，大家刚才的兴奋劲还没有平息，话题纷纷转向短视频的风口。有人问道："极光老师，拍个短视频，需要投入多少成本啊？"

"嗯，这个问题嘛……"极光摸了摸下巴，说道："如果找专业团队，外包友情价大约每个视频600元！可是视频一多，成本就大了，所以，还是自己拍吧！自己拍的话，主要是时间成本，怎么打光、怎么收音、怎么分镜头、怎么剪辑，都需要你或者你团队的小伙伴自己摸索！

"不过，好在研习社可以指导大家怎么拍，这方面希希老师是专家。你们都知道，她负责网赢研习社的运营，我们的小伙伴都是她带出来的。

"素材就用手机拍，手机是现成的，最好再补充一些器材，比如稳定器、三脚架。喏，这个是指向性麦，这个是补光灯，算下来2000元左右吧！

"这几乎就是所有的成本了！精益创业告诉我们，事情要从MVP，即最小可行性产品开始。这样看来，嗯，做短视频倒是蛮适合大家轻资产创业的！"

"那拍视频要投入多少精力和时间呢？"有人紧跟着问道。

"嗯，我这边的情况是这样的……"极光想了想，答道："做视频，首先要有一个脚本，一个15~60秒的视频，脚本一般60~240字。因为都是自己平时所思所做的事，所以，写个240字的视频脚本，大概十几分钟吧！

"拍摄的话，平时工作也忙，我一般抽出一个下午的时间把一周的视频全部提前录好。2个小时可以录制4~5个视频，这样算下来，每个视频的平均录制时间也就30分钟吧！

"后期剪辑有研习社的小伙伴帮忙，一个视频大概剪1小时。所以，合计下来，一个视频大概花费2小时！"

## 第三章 社群篇：私域流量的"粉丝"到哪里去？

"极光老师，抖音平台的短视频我们已经在做了，可是发布了以后都没人看呀！"有的会员提出了新问题。

"的确是这样，刚开始我也经历过这样的局面，发布的视频播放量总是上不去，于是开始自我怀疑！"极光顿了顿，继续说道："怀疑是不是视频太长，别人没有耐心看完？还是话题太枯燥，大家不喜欢说教？或者说，是我的创造力比不上别人？或者是我的表达没有感召力？我是不是不适合玩抖音？等等。

"于是想着，那花钱买一下Dou+[1]吧，结果连续7次被拒，心情跌倒了谷底！后来终于想通了。其实，面对未来的不确定性，你也许彷徨、恐惧、愤懑，但是永远不要把自己当作一个受害者！否则你就输了！你才是一切的根源！

"至于为什么没人看，我给大家说说！在座的A总是做尾气节能的，B总是做污水处理的，你想，你正刷着轻松搞笑的娱乐视频，突然冒出一个人一本正经给你讲节能环保，要是你，你能受得了么？"大家开始笑起来。

"还有，我们都知道，娱乐型泛流量账号吸'粉'快，但是变现可能不那么容易；反过来，知识类视频吸'粉'难，但是后端变现形式多样！对此，你们觉得有什么启示呢？

"这样说起来，是不是心理平衡一些了？其实，要想有流量，也是有方法的，下期私享会，我们开一个专题来专门讨论这个问题！"极光的话音刚落下，大家的掌声就响起来了，纷纷表示对下期的活动充满期待，要求提前通知，好安排出时间来参加！

极光继续说道："总之，送大家两句话。第一句话是，无同频、不成交，精准'粉丝'才是王道；第二句话是，回归初心、砥砺前行，平常心，做自己！"

"那你的初心是什么呢？"刚才那位会员继续问道。

"我的初心啊，第一，感知变化，熟悉新新话语体系，不能被温水煮青蛙，要知道当前的世界正在发生怎样深刻的变化；第二，和这个时代建立连接，不当'奥特曼'。"极光走到白板前，写下了英文Out Man的字样，大家又乐了起来。

"有句话说，在商业上，你老了，是因为你不会用当下的连接器了！5G时代的连接器，当然是短视频！"极光手一挥，略有感触地说道。

---

[1] Dou+是一种单条视频加热工具，是抖音中一款付费增加视频播放量的流量助推工具，购买后可将视频推荐给更多用户，提高视频播放量。

## 04 关于社群及私域流量的运营

讲到这里，极光看着侠女，说道："侠女，刚才我们茶歇时交流过，你说想面向创业市场发展团队合伙人，对吧？"看到侠女点头确认，极光继续说道："如果是这样，那我给你的建议是，可以从短视频入手，围绕你的大健康项目拍摄一系列视频，来塑造你的个人品牌，打造你的IP！

"第二步，有'粉丝'关注你后，可以通过微信建联，逐步地把他们拉到一个群里去，就是建一个社群，把他们运营起来。"

"极光老师，那我的这个社群该怎么规划呢？"侠女问道。

"这样吧，我就现身说法，以我们网赢研习社为例，来给大家解密一下，该如何建立你自己的小社群。"随着再次响起的掌声，极光打开了电脑，调出网赢研习社会员体系的PPT，说道："与其说是社群，不如说是构建你自己的私域流量池，社群其实只是你私域流量的载体而已！"

"来，我们来看投影，这是网赢会员体系的PPT，已经是4.3版本了。这个体系就是SSOOC-P六点五力模型，分别是：连接点（Same frequency同频）、结构点（Structure规则力）、运营点（Operate运营力）、价值点（Output输出力）、扩张点（Copy复制力）、变现点（Product产品力）。

"我们来看这张PPT，网赢研习社的定位是：国内专业、正能量的企业级互联网营销研讨社群；其愿景和使命是：助力企业在移动互联网时代，转型制胜！

"明确了定位之后，下一步就是寻找同频的人，其中，尤其需要注重种子用户的发展。问问大家，有没有人能清晰地描述你的消费者，至少15分钟……"

看到大家有的跃跃欲试，有的面露难色，极光笑道："15分钟有点长，但是，如果你真能滔滔不绝地说出来，说明你对'你的目标消费者是谁'这个问题，是真的有过深度思考的。

"其实，这是一个用户画像的问题，比如，你的消费者性别比例是怎样的？要知道，不同性别的消费方式是不同的。你的消费者年龄分布是怎样的？年龄与消费观念有很大的相关性，你们认同吗？

"还有，他们的消费水平、身份地位、兴趣方向、生活形态、生活轨迹等，你能不能准确描述出来？另外，他们对你的产品和服务有什么担心、喜欢你和产品的什么地方、使用产品的场景是怎样的、使用的目的又是什么、何时何种场景会触发

第三章　社群篇：私域流量的"粉丝"到哪里去？

他们分享的欲望……

"你看，还是有可能说满15分钟的。当然，如果你是去见投资人，或者去做路演，肯定不会给你15分钟时间去描述你的用户，有一个'一分钟电梯演讲'的故事，下面讲给大家听听。

"据说，麦肯锡曾经为一家重要的大客户企业做咨询。咨询结束的时候，麦肯锡的项目负责人在电梯间里遇见了对方的董事长，该董事长问这个项目负责人，'你能不能说一下现在的结果？'结果，一下子把没有准备的麦肯锡项目负责人问蒙了，其实，即使有准备，也有可能无法在电梯从30层到1层的短短60秒钟内，把结果说清楚，对吗？

"最终，麦肯锡失去了这个重要客户。此后，麦肯锡痛定思痛，要求公司员工凡事要在最短的时间内把结果表达清楚，要直奔主题、直奔结果。麦肯锡认为，一般情况下人们最多记得住一、二、三，记不住四、五、六，所以凡事要归纳在3条以内。这就是如今流传甚广的'一分钟电梯演讲'的来源。

"好了，这个故事的真假我们不去探究，但是，我们的确需要把用户画像提炼为几个关键词，将其标签化。

"大家都来说说看，网赢会员的标签是怎样的？"极光问道。

"爱学习！""创业者！""企业家群体！""都是'80后''90后'！""都想解决营销的问题！"大家开始各抒己见。

"大家说的都对。其实，网赢会员的标签就3个，第一个是：爱学习、爱钻研营销。你看，大家都有营销上的痛点，都想通过学习来解决问题，在营销上进行突破！第二个是：新生代、正能量。除了极光、建峰老师、守辉老师、地方老师、希希老师几位是'70后'，大家好像都是'80后''90后'后吧，为什么？因为'80后''90后'的创业者、企业经营者的思想更活跃，更能接受最前沿、最新的管理实践！

"第三个，当然是'轻松支付会员年费'了，有认同才有付费，有付费商业模式才能成立，大家才能得到更好的服务，是不是这样？"

看着大家纷纷点头，极光总结道："所以，构建社群第一步是找到同频的人。怎么找？画出用户画像、提炼用户标签！

"从网赢用户的3个标签出发，我们列出了5类目标人群，分别是：想抓住当下红利的创业者，焦虑的、转型中的企业老板，拓客成本高企的企业服务供应商，想打造IP、网聚'粉丝'的知识工作者，急需营销新玩法的产品匠人。这些人群就是我们的目标用户人群，大家可以对号入座，看看是不是这样的？"如图3-32所示。

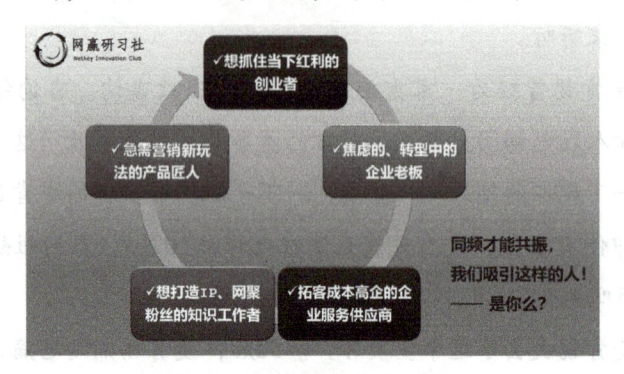

图3-32　网赢研习社用户画像

"SSOOC-P的第二步是什么？就是结构点，构建规则。对于我们而言，实际上就是规划好你的4个金字塔，分别是：产品金字塔、价格金字塔、用户金字塔、渠道金字塔。之前的线下大课上，我们有详细讲过这一点，大家还记得吧？

"再然后呢？第三步，运营点。研习社是怎么运营的呢？每周的橙色星期五线上微课分享，大家是不是都在呢？另外，大咖分享、专家诊断、群友访谈、社群团购、共创共享、每日话题等，也都有专门的小伙伴负责对接，是这样吧？

"第四步，价值点，价值输出。请看这页PPT（如图3-33所示），研习社的价值输出有3个途径，学打法、做演练、拓视野。

图3-33　网赢研习社的价值输出

"首先是学打法，这包括在千聊平台录播的100节微课、每周的线上微课直播分享、每月的线下大课。这是我们的会员专享线下大课，一共六门，覆盖IP、社

第三章 社群篇：私域流量的"粉丝"到哪里去？

群、合伙人、产品、计划、工具6个领域（如图3-34所示），滚动开课，相信大家都不陌生！

"再来看看做演练，通过提供标准模板文档，辅以线上专属答疑、线下演练交流，来指导大家定位IP的人设、设计社群的架构、制订年度营销计划、指导商业计划的路演，这是第二个价值点。"

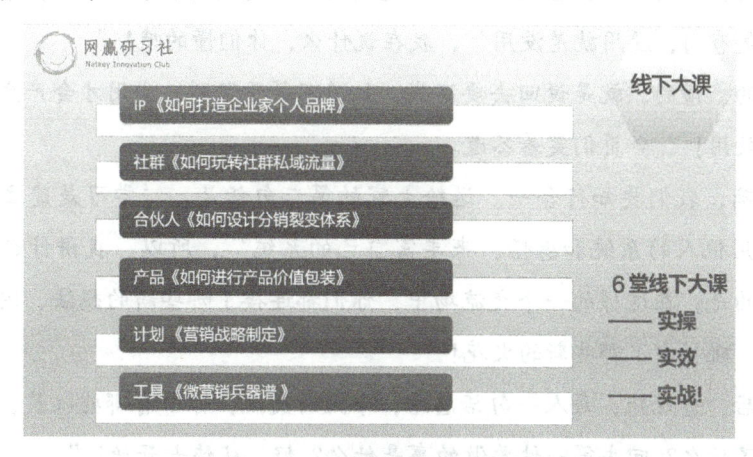

图3-34　网赢研习社线下大课

看着大家频频点头、拍照、记录，极光接着说："第三个价值点是拓视野，鼓励大家互动交流，这包括游学参访、翻转课堂、读书会、私享会、打造生态圈等。比如之前去携程网、酒仙网的游学，组织大家射箭、聚餐、拆书等活动，其实都在拓视野这个价值点的范畴之内。

"说完价值点，后面是……"讲到这里，极光一下子卡壳了，侠女接道："SSOOC-P第五步，扩张点，复制力。"

极光给侠女竖了一个大拇指，继续说道："对，第五步，就是裂变扩张了，今天现场也有不少网赢的合伙人，其实，网赢合伙人计划就是我们打造的扩张点，就是我们的复制力。

"最后一点是变现点，是产品力！可以说，网赢会员就是我们最核心的产品！"讲到这里，极光顿了顿，接着说道："当然，我们也精选和孵化了一些优质爆品，一方面，为有匠心、有爆品的会员赋能；另一方面，通过发掘优质产品来为大家的美好生活做贡献！

"总之，通过挖掘匠人，发现并提供最好的产品给用户，这就是我们的产品力！"极光喝了口水，看着侠女，继续说道："这就是网赢研习社的社群架构，一共是六点五力，侠女，你对自己未来的小社群，有初步的想法了么？"

"嗯，很清晰，感谢极光老师，你看，我都记了满满三大张纸，回去我再细化一下，应该马上就能启动了，有不清楚的地方，下次再请教各位老师。"侠女站起来回答道。

"好的，侠女加油！答疑环节，就先到这里。最后送大家两句话，第一句话是'有用就是有用，没用就是没用'，我在说什么，你们懂的哦！"

"懂的、懂的，就是说回去要实践，知道不等于做到，去用才会产生效用，不用就没有效用！"会员们笑着答道。

"的确，我们要知行合一。送给大家的第二句话是，'学习是建立自己的系统，然后用他人的系统和感悟，来丰富自己的系统'，所以，我讲什么其实不重要，重要的是，在这样的一个交流场中，你们都连接了哪些新的想法、闪现了哪些新的感悟、碰撞出了哪些新的火花！"

"最后，老规矩，每人一句话总结，今天的交流，你都有哪些收获，记住了什么？掌握了什么？回去第一件要做的事是什么？好，从侠女开始！"

网赢私享会的故事就先分享到这里了，特别提一下，最后的老规矩——每人一句话总结——实际上是一种仪式，让活动有始有终。既让大家畅所欲言，激发参与、舒缓情绪；又很好地把所有人的智慧再次聚拢。同时，这些发言可以被拍摄下来，制作成短视频，以"客户见证"的形式形成会后的二次传播，或者以"公信力资料"的方式沉淀下来。

另外，会议记录整理好之后，可以发布到公众号，不仅可以让会员温故知新，还能用于宣传、吸引新的"粉丝"。

实际上，就是通过这样一轮又一轮的定期私享会，通过交流、互动、践行，社群成员的关系越来越紧密，越来越亲切，是同志？是战友？总之，这就是私域流量的魅力所在！

## 本章小结

本章结尾，和大家聊点什么呢？还是让我们把视线拉回到2020年春天爆发的这场新冠肺炎疫情吧。在这场突如其来的疫情下，都有哪些行业受到影响呢？显然，餐饮、旅游、酒店、娱乐、影视、教培，这些高度依赖线下场景的行业深受其害，可以说"没有最惨，只有更惨"！

由于工作的关系，极光对教育培训行业比较了解；而作为企业的年度咨询顾问，我对K12教育培训行业也尤其关注。疫情下，K12教育培训行业是怎么应对的？当然是向线上转移，但是整体情况不容乐观。

有位培训机构负责人对我说："尽管没有经验，部分课程还是转移到了线上，老师变身网红做直播，一部分免费，一部分收费，但效果不太理想。后来尝试用录播的方式，效果明显好多了，可还是只有10%的学生转移到了线上。现在真的是很难，很多兴趣班遭遇着和我一样的问题。一是不知道如何把线上课程运营起来，家长也不愿意接受线上课程；二是课开不起来，钱收不上来，现金流只够支撑2~3个月。"

这位负责人谈到了两个挑战，一是线上课程的运营，二是线上的成交，我们逐一来分析下。

首先谈谈线上社群的运营。

也有其他培训机构的负责人提到："虽然目前比较好的情况是没有家长退费，但大家在群里一直是不参与、不说话的状态。我们也和家长做过连接，比如群发、私聊，也做过公益的免费课程，推过短期课，但是家长的参与度还是不高，感觉很难调动他们的积极性。也不知道什么原因，总之好像是一种集体'丧'的状态。"

为什么是"丧"的状态呢？极光认为，核心还是没有激发大家的参与感，没有做社群促活的动作。相对于这些机构的窘境，疫情下，在线教育机构"猿辅导"倒是相当活跃，为什么？

因为"猿辅导"的老师，每天都变着方法和学生、和家长互动。比如：

- 每日一练：每天都在群内发"一日一练"练习题，题量不大，小朋友几分钟就可做好；
- 每日题库：给出额外的学习资料和卷子，给学有余力的同学加码；
- 随机抽查：每天都会在群内随机抽查，被抽查到的小朋友要回答问题；
- 开小灶：把四五位小朋友集中起来"开小灶"，或提升培优，或答疑解惑；
- 快期中了，针对你报的科目临时送出3节备战期中考试的冲刺课；
- 每月结束，家长还要给班主任评分……

对于学生而言，课程本身也是非常有趣的，比如：

- 积金币换奖励：奖励可以是小猿手办、帆布包，或者直接抵扣学费；
- 按等级分班：如数学课就分为学霸、学神、学圣、超神、MVP等班级；
- 有PK：分小组进行PK，小朋友们为捍卫荣誉而战。

就这样，学生、家长们在一次次的社群互动中，和老师、和机构深化了关系，这就是私域流量的运营和促活！你看，关系都到位后，有了价值认同，后面再推课、再续费，不是顺理成章的事么？这就是社群商务！

私域流量究竟该如何运营，本章提到了一些要点和思路，包括塑造仪式感、激发参与感、培育归属感，关键是，大家要秉持一颗成人达己、正念利他的心，去构建并深化"企业—客户"的关系，并在实践中去验证专属于你的打法和流程，去优化、去完善、去迭代！

再来谈谈线上成交的问题。有些教育培训机构的人说：

"我也尝试过其他的推广方式，我们这个区域有专门的推广平台，流量比较大。刚开始，投放过售价为一分钱的课包，很快就被抢购一空，但现在投一些19.9元、9.9元的，效果一直不好。"

"现在的网课各种各样，家长的选择更多了，竞争也更激烈了。"

关于线上成交，我们看看猿辅导是怎样做的：

- 推广引流：抖音上投放广告，主推49元6天的寒假班引流；
- 转化成交：体验课上专门留出"家长课堂"的时间，为家长分析该年龄段的孩子应该如何成长，他们欠缺什么，家长又应该怎么办，推心置腹，让大家感受到真诚的力量；
- 促销政策：买数学课送魔方课，买英语课送自然拼读课。

再穷不能穷教育，再苦不能苦孩子！教育是刚需，需求是天然存在的，且是大众化的，而流量也是天然存在的，这些都不以疫情为转移！线下机构为什么这么难？是因为它们在营销上只用一条腿在走路，只会线下，不会线上，疫情断了线下的获客通路以后，它就只能倒下了。或者，它们即使转战线上，也只有PC互联网的流量和转化思维，而没有移动互联网的IP和社群的思维；只有打猎思维、广告思维，没有农耕思维、内容思维，这样的状态怎么能跟上形势，与时俱进呢？

试想一下，如果你的私域流量池中，已经圈到了足够多的客户，只需"拉新、养熟、成交、裂变"，一步一步，有序推进，即使在疫情下也能做到"手里有粮、心里不慌"。

私域流量的成交难在哪儿呢？是不知道在哪儿引流？还是引流来的客户不精准？是广告做得不够好，导致体验课报名人数少？还是运营有问题，用户体验不到位，导致不买单？或者，是你自己的问题，你没有沉下心、花时间来打磨出你自己的匠心爆品？

其实，以上都是，但也都不是，这些都只是成交的必要条件，充分条件是：客户关系运营到位，对你有价值认同，有信赖感！

本章提到了产品梯度、梦想阶梯、微课转化、体验管理、价值塑造、多维变现等要点，希望能在私域流量的成交环节给大家提供一些帮助。正所谓：无体验，不营销；无服务，不落地！未来的营销以"人"为中心，先构建信任关系，后有商务，正是私域流量的打法。

在K12教育培训行业转型线上的过程中，除了线上运营、线上成交的挑战，还有的经营者谈到了直播的问题。

"我们也尝试转移线上，但不是特别成功。受疫情的影响打算做线上了，我们对老师做了大概2个星期的培训，课时费也做了一定程度的打折。我从事教育行业10年，之前有过线上授课的经验，但其他老师并没有，大家一开始对线上授课还是比较排斥的。"

"有些老师平常在线下和学生打成一片，比较放得开，一到线上就紧张，一节课下来状况百出；加上我们没有自己的平台，用的直播软件也很简易，经常出现卡顿等问题。总之各种原因，线上课程的效果不是特别好。"

这些问题就是网感的问题了。其实，大多数K12教育培训机构还停留在线下发发传单、百度做做推广的阶段，但是，现在已经进入5G时代，互联网营销手段也要相应地升级！微课、视频、直播，镜头前如何自如表达？如何打造让家长信赖的IP？如何运营以社群为载体的私域流量池？这是移动互联网对K12教育培训行业提出的挑战，而对于其他行业来说，又何尝不是如此呢？

所以，如何破局线上营销？不是大家都"丧"、不是用户连9.9元都不愿意掏，而恰恰可能是我们的营销思路出了问题。对此，极光给出的药方是：打造你的IP、布局你的私域流量、运营你的用户关系。如果你还没有自己的私域流量池，那么现在就开始做！亡羊补牢，未为晚也！另外，你要与时代同步，感觉要对，而感觉需要去重度体验来获得！

最后，我们再来一起重温一下经营私域流量的**38**个关键词，愿大家在移动互联时代，凭借"社群+爆品"的打法，都能转型制胜。

### 连接点：找到连接源

- 社群领袖：正念利他、成人达己；
- 价值主张：连接同好、同频共振；
- 种子用户："榴莲精神"、场景聚合。

### 结构点：架构全景图

- 框架思维：明确规则、远景幕布；
- 文化框架：创建亚文化、塑造仪式感；
- 产品框架：梯度产品、递进成交；
- 会员框架：梦想阶梯、会员清单。

### 运营点：蓄起势能池

- 农耕思维：先种后收、先育后成；
- 组织层面：激发参与感、打造自组织；
- 用户层面：社群促活、培育归属感；
- 运维层面：备足资源、工具开路。

### 价值点：连接强关系

- 用户感知：价值输出、重度垂直；
- 培训思维：线上线下、O2O联动；
- 线上微课：突破时空、高效连接；
- 线下活动：线下聚会、价值百倍。

### 扩张点：编织传播网

- 裂变思维：裂变玩法、百倍放大；
- 共赢思维：模式输出、团队收割。

### 变现点：爆品来变现

- 爆品思维：价值塑造、多维变现；
- 分销思维：暴利产品、三级分销；

# 04

## 第四章

## 运营篇：私域流量如何进行商业变现？

打磨你的爆品，做好价值包装；优化你的运营，创造商业价值！

## 4.1 爆品价值包装

夫未战而庙算胜者，得算多也；未战而庙算不胜者，得算少也。

——《孙子兵法》

在第一章中，我们谈到了私域流量的动销方程式：内容+IP+社群+爆品=动销。也就是说，在私域流量的玩法中，内容打头，是流量的入口；IP居中，是流量的核心；社群托底，是流量的载体。以内容来塑造IP，以IP来连接用户，以社群来沉淀和运营用户，最后，通过爆品来做价值变现，这就是私域流量的打法！

那么，爆品，爆的到底是什么呢？我们来看一个案例：

黎贝卡被称为："买买买圣经""花钱明灯"，她熟悉着装技巧、深谙造型死穴。黎贝卡推广一款围巾，文章刚发送一分钟，该围巾品牌的网站就崩溃了，甚至3天后"粉丝"还在排队购买；黎贝卡推荐某款减肥果汁，该品牌的网站系统又被挤爆了！

黎贝卡推荐的产品都成了爆品，但是极光认为，爆的哪是什么产品，爆的是黎贝卡这位超级IP的势能，爆的是超级IP黎贝卡所做的"信任代理"这件事情啊！

再来看小米社群，其发售的"米兔"玩偶定价49元，上架5万只，瞬间被抢完。请问，这爆的又是什么？

显然，"米兔"也成了爆品，但是这回，爆的是小米社群的力量，是把近1亿的"粉丝"组织起来的力量。

正如"好酒也怕巷子深"，IP和社群正是引爆爆品的外部核心力量。当然，要想成为爆品，产品本身也一定要有爆点，否则，若产品是一壶"劣酒"，无论IP多么认真来代言，社群多么卖力来背书，终究是"镜花水月一场空"！

好的产品，通常具备"好体验、性价比、高颜值、真情怀、强需求、微创新"这些爆点，如果是农产品，往往还被附上"博同情、是绿色、送健康、原产地"这些要素。

虽说"诚于中而形于外"，但是，如果能针对这些爆点，向内再进一步主动做好价值塑造的工作，就能更易取得消费者的价值认同，正所谓"人靠衣装马靠鞍"，不是么？

那么，如何打造爆品呢？首先，产品本身要有匠心、有爆点，要符合消费升级的时代大趋势；其次，向内，要做好"价值包装、价值塑造"的工作；最后，向外，以IP和社群为引爆载体，辅以"微信直营零售技术"来达成销售，这就是在私域流量中玩转爆品的3个步骤。

这一节，我们从如下两个方面来聊一聊爆品的价值包装：

- 爆品塑造的4个要点；
- 打造爆品的7种武器。

### 4.1.1 爆品塑造的4个要点

如何进行爆品的价值塑造呢？我们可以从如下4个方面来着手：

- 【卖点】要找出产品的卖点，当然，是要从用户思维出发，从用户的角度来找卖点；
- 【人性】要会讲故事，要通过触及人的基本的欲望和需求，来激发其情感反应；
- 【差异化】就是要明确产品和服务的差异化。通常，竞争有3个策略："成本领先、差异化、聚焦"，找出产品和服务的差异化所在，也能塑造产品价值；

- 【逻辑】我们要明白，人们因为情感而购买商品，并用逻辑证明其正当性。也就是说，我们要以合适的结构，把以上这些要素组合起来，以合乎逻辑的形式呈现给用户！

对比之下，你会发现，卖点正好对应"好体验、性价比"，人性对应"高颜值、真情怀"，而差异化则对应"强需求、微创新"。下面，我们从"卖点、人性、差异化、逻辑"这4个维度来逐一讨论爆品的价值塑造。

#### 4.1.1.1 从用户思维出发提炼卖点

什么是卖点？就是"不是讲你有啥优势，而是讲你满足了你的目标消费者的哪些需求"。要知道，人们总是基于自己的理由而非你的理由进行购买，所以，首先要找出他们的理由，也就是说，我们要从用户需求出发，讲述目标消费者关注的产品卖点。

人的大脑有自动进行信息筛查的机制，据说，一个产品的卖点，如果能和用户关心的"切身利益"进行绑定（如赚钱、购房、春节抢火车票），或者说与"现在未被满足的某种利益"进行绑定（如肚子饿了、苦寻不得），那么，这些产品的信息就可以逃过大脑的信息筛查，也就是说，你的产品就可以瞬间进入用户的大脑！

比如说，针对全自动洗碗机，用户关心的点是"不用花时间洗碗了"；针对全新珍珠面膜，用户关心的点是"留住美颜，老公早回家"；而对外宣传为"极致私密"的安全手机，用户关心的点是"我有男朋友的事，不能让老爸知道"，诸如此类。如果能把产品属性转化为用户关注的利益，你的产品就可以脱颖而出。

关于提炼卖点，有一个三角研究法，如图4-1所示，我们可以从"自己的优势、对手的不足、用户的需求"这3个方面来提炼产品卖点。

图4-1 卖点三角研究法

自己的优势，指的是自己擅长什么。当然，表述出来的时候，一定要做"FA/BV"转换，把自己的优势转换为用户的受益和价值，这包括：原产地、制作工艺、包装材质、形象、服务等。

对手的不足，可以理解为"我们做得更好的地方"。或者说，对手能做但没有说、内行忽略但外行不懂的地方。

比如，乐百氏在行业内率先推出了"27层净化"的概念，成功从众多饮用水品牌中脱颖而出。27层净化是什么？是其他纯净水厂家达不到的工艺吗？当然不是，这正是内行忽略但外行不懂的地方，大家都能做，但是没说，我先说，先抢占用户心智，当然就变成了我的卖点。

最后，要从用户的需求来提炼卖点。目标用户很关心、愿意为此多付钱的点，大体上有如下6个方面：安全、性能、外观、舒适、经济、耐久。

举个例子来说明一下如何从用户需求出发，提炼卖点。

假如你是一位人事经理，想在6月组织团队的小伙伴来一次杨梅采摘活动，那么，你会想到哪些问题呢？下面做了一个梳理汇总，看看你想到的问题是否在列表之中？

- 【第一类问题】这个地方好玩么？来的人多么？别人评价怎么样？方便开车过去么？开车线路怎么走？好不好停车？
- 【第二类问题】杨梅好吃么，吃杨梅都有哪些好处呢？
- 【第三类问题】怎么采摘？要什么工具？多长时间？小孩能采么？5月的户外采摘热不热？危不危险？能不能现采现吃？都有哪些注意事项？
- 【第四类问题】杨梅是绿色有机的么？是无公害的么？杨梅品种好么？有没有得过奖？
- 【第五类问题】假如自驾的话，过去一趟不容易，除了采杨梅，附近还有什么景点？还有哪些推荐行程？
- 【第六类问题】有优惠么？

第一类问题，显然是活动组织者或自驾者关注的要点，对策是：定位好对象，针对不同的对象，明确他们能得到什么价值，或者能为他们解决什么问题。找到切入点，针对公司可主打团队建设，针对家庭游客可主打亲子活动，动之以情。

第二类问题，是"吃货"们关心的问题，对策是：进行价值塑造，展示图片，诱惑"吃货",动之以情。

而针对第三类问题,则需要我们一一解决客户的疑虑、抗拒和问题,晓之以理。然后,再进一步针对第四类问题,进行公信力展示,证明自己所言非虚。

针对第五类问题,当然是乘胜追击,做关联销售,扩大成交金额,比如,推出景点套票,或者推荐客户7月来采蜜桃、10月再来采摘桔子,给客户一个再来的理由!最后,客户可能还在犹豫不决,所以,针对第六类问题,应该开展促销并引导行动,比如,推出"园内畅吃、免门票采摘"等优惠活动,以引导成交。你看,从用户的角度出发,产品的卖点和宣传页面的内容,水到渠成地就整理出来了!

#### 4.1.1.2 从人性出发找到引爆点

我们说:理性说明产品,感性创造销售。谈完卖点,再来看看人性。我们如何从"人性"的角度来做爆品的价值包装呢?

美国营销专家德鲁·埃里克·惠特曼(Drew Eric Whitman)指出,人类有八大生命原动力,这八大强烈欲望带来的销售额,比其他人类需求带来的销售总额还要多得多。它们是:

- 享受:享受生活、延长寿命、生存;
- 贪食:享受食物和饮料;
- 恐惧:免于恐惧、痛苦和危险;
- 色欲:寻求性伴侣;
- 贪婪:追求舒适的生活条件;
- 虚荣:与人攀比;
- 爱:照顾和保护自己所爱的人;
- 认同感:获得社会认同。

人的本能是追求幸福、逃避痛苦的。比如,某品牌的防螨床罩,就是借助恐惧来进行价值塑造的:

不管你多么频繁地清洗床单,你的床都是昆虫的繁殖场,上面挤满了成千上万可憎的、形如虱子的尘螨,它们气势汹汹地占领你的枕头和床单,在上面产卵,导致你和你的家人长年遭受过敏症的困扰。

当你睡觉时,它们却醒了过来,开始到处跑来跑去,吃你的皮肤碎屑,吸你身体的水分。更糟的是,你知道吗?一个用过两年的枕头,其10%的重量都是那些死去的螨虫以及它们的粪便。这意味着你和你的家人每天晚上都睡在一个相当于昆虫厕所的地方，那里被它们活着和死去的身体，以及它们无所不在的肮脏排泄物所覆盖。

怎么办呢？解决方案是"××牌防螨床罩和枕套可帮你减少与尘螨感染有关的各种过敏症。它们采用特殊纤维制成，编织紧密，阻挡了微小的尘螨进入你的床垫筑巢繁殖，让你的家人可以享受更好的睡眠。"

其实，让恐惧发挥作用的文案是有结构的。第一，你要能把人吓得"失魂落魄"；第二，你要能提供战胜恐惧或威胁的具体建议或解决方案；第三，光你说还不够，还要对方相信才行，也就是说，要让人们相信你的推荐确实能帮他有效解决问题，这就需要做公信力塑造了；第四，引导人们采取行动，也就是让他们相信自己也能够轻松实施你推荐的行为。

与恐惧相对应的是爱。爱，就是照顾和保护自己所爱的人，如果我们在做爆品价值包装时，能找到用户内心最敏感的那根弦，并拨动它，那么你就成功了！

再来看看虚荣。其实，很多互联网产品，如QQ等级、QQ空间的黄钻图标、游戏的等级、网游的排行榜、朋友圈的"晒一晒"等，都利用了人们炫耀、虚荣的心理需求。

除了以上这八大生命原动力，还有九种后天习得的人性需求，也是我们做产品价值包装时可以进行突破的点：

- 获取信息的需求；
- 满足好奇心的需求；
- 保持身体和周围环境清洁的需求；
- 追求效率的需求；
- 对便捷的需求；
- 对可靠性（质量）的需求；
- 表达美与风格的需求；
- 追求经济（利润）的需求；
- 对物美价廉商品的需求。

有一句话是这样说的：人们因为情感而购买商品，并用逻辑证明其正当性。故而要先通过触及人的基本的欲望和需求，来激起情感反应。请想一想，你的爆品的价值包装、价值塑造，要从人性的哪一点来突破呢？

### 4.1.1.3 从差异化出发开创蓝海市场

美国哈佛商学院的波特教授指出，企业的竞争策略有3种：成本领先、差异化、聚焦。

- 成本领先：实际上就是拼价格，力求做到价格比竞争者更低；
- 差异化：就是让你的产品和服务形成与众不同的特色，让顾客感觉到你所提供的价值比其他竞争者更多、更好；
- 聚焦：就是企业致力于服务某一特定的细分市场、某一特定的产品种类或某一特定的地理范围。

对此，极光是这样理解的："实在人"选成本领先策略，进入价格"红海"，但是就如修炼"葵花宝典"一样，欲练神功，必先自宫，即使自宫，未必成功；"聪明人"选差异化策略，开辟"蓝海"；而"偏执狂"多半是选聚焦策略，选一公分宽的领域做到一公里深，"死磕"到底。

其实，顾客永远只买两样东西：

- 一样是"对问题的解决"（Solutions to Problems）；
- 一样是"利益/价值"（Benefits/Value）。

顾客永远会考虑，这项产品和服务能不能解决我的问题？能给我带来多少价值？针对前者，要从用户需求出发，找卖点；而针对后者，则要从竞品的差异化出发，找价值点。

那么，如何找到差异化，让顾客感觉到我们提供的价值是独特的、与众不同的呢？在这里，我们可以使用一个名为"价值曲线"的二维分析图工具来做价值分析。横轴是你的各项竞争要素（或者说，顾客感知的关键要素），纵轴是各要素的量化指标。

我们来看看美国西南航空公司是如何规划它的价值曲线的。如图4-2所示，横轴是竞争要素，分别是：票价、餐饮、候机室、座舱选择、转机接驳、亲切服务、速度、点对点出发班次。

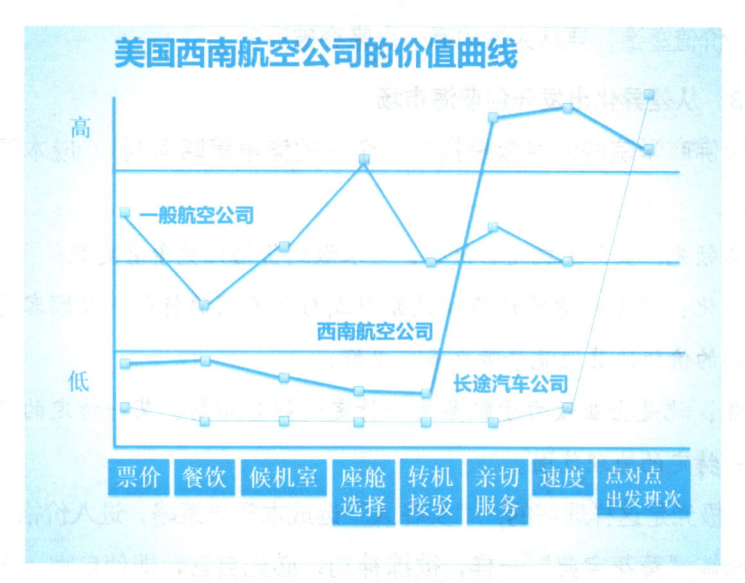

图4-2 美国西南航空的价值曲线

我们可以看到，除了"出发班次"，一般航空公司在所有竞争要素上都高于长途汽车公司，可谓泾渭分明，各有各的目标客户群体！那么，西南航空公司是怎么做的呢？

西南航空公司在经营初期就确定了"低成本、低价格、高频率、多班次"的战略，因此他们的策略是：在"票价、餐饮、候机室、座舱选择、转机接驳"等要素上，略高于长途汽车公司，远低于一般航空公司；但在"亲切服务、速度、出发班次"等要素上发力，做到最好，由此形成了西南航空独特的差异化竞争策略。

具体而言，用行动框架来做分析的话，就是：

- 排除框架：剔除了中转枢纽，代之以点对点直航；剔除了豪华舱等可供选择的多种座舱等级，代之以统一的经济型座舱；
- 降低框架：与传统航班相比，减少了餐饮标准；减少了候机室的档次、规模、面积；
- 提升框架：增加了价值内涵中的亲切友好服务、速度；
- 创造框架：创造了点对点直航的飞行模式。

就这样，西南航空成功地再造了核心价值：经济、快捷；相应地，或剔除、或减少了其他一些非核心元素，如餐饮、候机室、多种座舱等级、中转枢纽；创造了点对点直航模式，降低了成本，提高了便捷性、灵活性，从而开创了美国短途航空业的巨大蓝海，实现了价值飞跃。

#### 4.1.1.4 用结构化思维进行爆品呈现

我们在做爆品的"价值包装"策略时，要考虑3个点：一是从客户需求出发找到卖点，二是从人性出发找到触动人心的引爆点，三要找到产品差异化的价值点。

有了这些素材，下一步，就是以合适的结构，把这些要素组合起来，以合乎逻辑的形式呈现给客户。关于爆品的结构化呈现，有3个原则：

- "成交主张"原则；
- "价值匹配"原则；
- "号召行动"原则。

首先，是"成交主张"原则。客户在购买产品时会受到两个力量的制约，一个是拉力，一个是阻力。拉力就是产品带给客户的收益、价值，阻力就是客户的顾虑、对风险的担心，如图4-3所示。

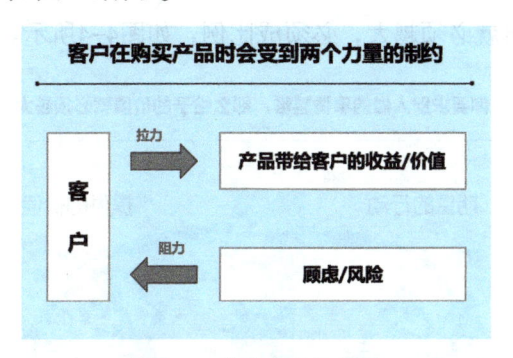

图4-3 成交主张示意图

因此，我们在提出成交主张时，一方面要强调巨大的价值、独特的卖点，并给予超值赠品，这是强化拉力；另一方面要解决用户的疑虑、抗拒、问题，并给予零风险承诺，甚至负风险承诺，这是化解阻力。

什么是零风险承诺呢？零风险承诺的意思是：如果你购买了产品，你只要不喜欢，就可以原价退回，同时赠品你仍然可以保留。

什么是负风险承诺呢？就是收到产品后，只要你不满意，假如产品是99元，我愿意花100元买回来，同时赠品你仍然可以保留。

其次，谈谈"价值匹配"原则。任何营销都要做两件事：一是你要说清楚，你给对方什么东西，你给对方提供什么具体的价值；二是为了得到这个价值，你希望对方采取什么样的行动。

也就是说，呈现爆品的载体，无论是商品详情页、销售信还是带货视频，你都必须清楚地告诉对方，你给予别人的价值是什么？而为了获得这个价值，他需要做什么，是致电我们的400电话预约面谈，还是填写表单在线报名，抑或是立即扫码支付？总之，指令越清楚越好！

对于我们而言，让对方采取怎样的行动，是根据我们的目的而定的。假如是挖掘潜在客户、得到销售线索，那么就意味着我们要提供一个免费的东西，比如高价值的电子书，而别人只需要提供他的姓名、手机号码、微信号就可以了！

但是，假如目的是直接成交，比如让对方立即扫码支付，那么难度比单纯得到线索要高多了。同样，在线成交1千元的产品和成交1万元的产品，难度显然也是不一样的。

这里面就有一个价值匹配的问题：你要求别人做的事情越难，需要的信任越多，那么给予的价值就必须越大，必须成比例，如图4-4所示。

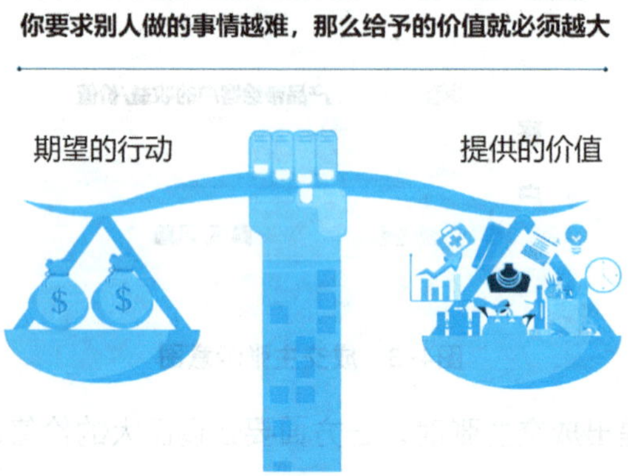

图4-4 价值匹配示意图

要求对方做的动作越难，或者说成交的价格越高，对方需要承担的风险越大，那么，你就要提供越多的超级赠品，以增加成交的拉力；同时，你的零风险承诺就要更有吸引力，以化解成交的阻力。如果价值没有塑造到位，对方不认为得到的价值有那么大，那么，他采取行动的概率就会大大降低。所以，如果你给别人一点点价值，但是要求对方做的动作很难，显然价值不匹配。

还有一点就是，如果你让对方做的动作很简单，却给他很多价值，这也不实际。比如说："你只要把姓名和手机填入下方的表格，我就会立即赠送你1000元钱！"很显然，这既不成比例，别人也不会相信。一般而言，当你要别人做的事情不难时，不要给他太多。我们通常的一个误区就是认为给得越多，别人就越容易接受，而事实却是，别人越容易产生怀疑。

所以，在营销中非常关键的一点就是，给予的价值与期望的行动一定要匹配，既不能太少，也不能过多。

最后，我们再来谈谈"号召行动"原则。

流量从各个渠道来到产品展示页面（也叫着陆页），要想最后达成成交，在页面中要做层层铺垫，来构建成交力。这里面涉及的环节包括：说明产品（价值塑造）；提供专家见证、媒体报道、客户评价（构建公信力）；做出服务承诺、给出超值赠品（解决抗拒）；说明常见问题、讲解订购流程（破解疑虑），如图4-5所示。

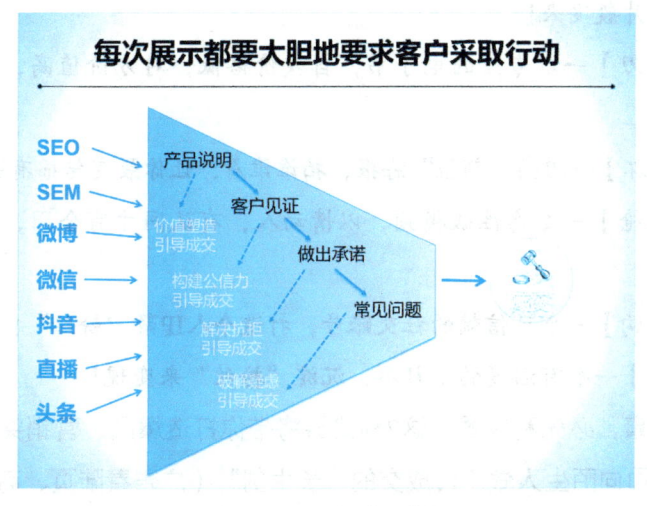

**图4-5　号召行动示意图**

所谓的号召行动，就是每次展示时都要大胆地要求客户采取行动，也就是说，和客户每完成一个互动环节，都要求成交。如果能成交，那么就不用继续；如果还有问题，那么转到下一个环节，继续说服。

那么，在线上如何要求成交呢？可以在每个互动环节后，都放置一个POA[1]以引导成交，POA可以是400电话、在线客服系统、在线表单、购买链接等。

谈完以上3个原则，我们再来看看结构化表达。在私域流量中，文案无处不

---

[1] 全称为Point of Attack，行动点、转化信号。

在，无论是爆款视频、线下活动、合伙人招募、线上裂变，还是广告着陆页、商品详情页、公众号推文，都需要进行有效的结构化表达。

这里推荐两个常用的文案框架，具体内容会在下一节中展开说明：

- 【商品详情页】爆款商品页的4条黄金法则；
- 【公众号推文】用AITDA公式撰写销售信。

### 4.1.2 打造爆品的7种武器

线上营销，不打没准备的仗！你需要：

- 【长生剑】一个具有成交力的广告着陆页（商品详情页），让你的广告投放有高回报！
- 【孔雀翎】一封高转化的销售信，理性说明产品，感性创造销售，让你订单如雪片般飞来！
- 【碧玉刀】一本专业的电子书，自我价格低，对方价值高，引流赠品两相宜！
- 【多情环】一组高"颜值"海报，拍谁谁看，让你裂变传播有腔调！
- 【霸王枪】一支感性微视频，以情动人，有认同才有合同，有合同才有合作！
- 【离别钩】一个可信赖的社交账号，打造个人IP聚"粉丝"！
- 【拳头】一个有温度的小社群，沉淀"粉丝"来变现！

工欲善其事，必先利其器！这7种武器将带你打造爆品、营销突围！这一节为大家拆解一下面向陌生人做广告成交的"长生剑"（广告着陆页、商品详情页）和面向"半熟人"做临门转化的"孔雀翎"（销售信）。

#### 4.1.2.1 爆款商品页的4条黄金法则

如何打造一个具有成交力的爆款商品详情页？我们先从一个鲜花销售网站页面左侧的副导航说起。

如图4-6所示，页面的副导航根据"按用途选花、按花材选花、节日专题"等分类，请问，为什么要这样分类呢？

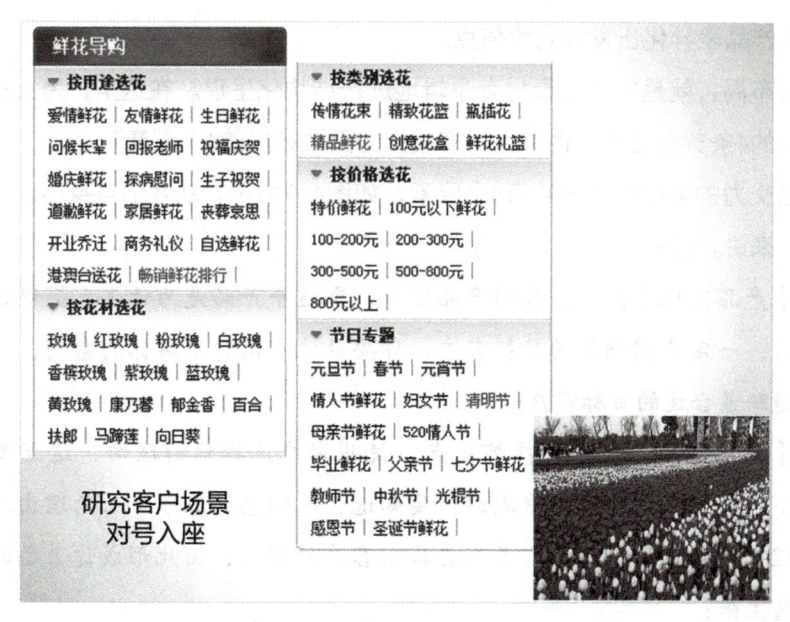

第四章　运营篇：私域流量如何进行商业变现？

图4-6　鲜花网站左侧导航条

先说按用途选花，我们想象一个场景，一个商务人士的好朋友公司搬迁，需要送花篮，于是上网开始预定花篮，结果一看，却六神无主了，乔迁之喜，到底要送什么花呢？这个普通人一般不知道啊！但是在上面的这个案例中，你不懂花也没关系，都按用途为你分门别类地列好了，一看，哦，正好有开业乔迁的场景，这下就没问题了！

至于按花材选花，在批发场景下用得较多，比如一个花店店主，直接下单100支玫瑰，50支康乃馨，20支向日葵……

那么，节日专题呢？实际上是给你一个再来的理由！比如，你现在是因为情人节来到这个网站的，但是你在节日专题中，还看到有母亲节、七夕节等，于是就留了心，到下次相关节日时，自然还会回到这个网站预订。

极光想说的是，所谓成交力，其实是一种思维方式，也就是说，我们要研究客户的使用场景，让用户尽可能对号入座，只有这样，才能提升客户体验和销售转化率！

在线上，一个爆款商品的成交环节当然少不了一个高成交力的商品详情页。要想做出这样的页面，有3个关键步骤：素材整理，页面布局，持续迭代。

所谓素材整理，就是从客户需求出发找到卖点、从人性出发找到触动人心的引

293

爆点、从产品差异化出发找到价值点。

页面布局，就是将以上素材有逻辑地进行结构化呈现。在这里，为大家分享爆款商品页的4条黄金法则，也称为"高成交力页面布局的4个要素"。

高成交力的页面布局一共有4个要素，如图4-7所示，从我们自身出发，用"厂商思维"来讲，就是：

- 【产品定位】第一，表明产品定位，即这个产品是为什么人提供什么服务的，一定要明确你的目标客户，你要让他人清楚了解你的意图，并将其传递给最合适的目标客户；
- 【卖点提炼】第二，提炼卖点，说明客户选择你的理由，这里要强调一下，我们一定要有用户思维！要知道，人们总是基于自己的理由而非你的理由进行购买，所以，首先要找出客户的理由，由此形成你自己的独特销售主张；
- 【公信力塑造】第三，塑造公信力，在构建营销信息时，应当理解消费者不愿轻信、害怕上当的心理，我们要详尽而彻底地排除各种假想，包括疑虑、问题、抗拒等，并利用照片证明自己所言非虚，要知道，一份证明资料胜过100个销售人员的口头介绍；
- 【促销】第四，要求行动，强调一下，每次展示时都要大胆地要求人们采取行动。

**高成交力页面布局的四大要素**

| 甲方（厂商思维） | 乙方（用户思维） |
| --- | --- |
| 产品定位：我是谁，能做什么？ | 为什么要？ |
| 卖点提炼：为什么选择我？ | 产品真的好么？ |
| 公信力塑造：别人都怎么说？ | 你说的是真的么？ |
| 立即行动：促销！ | 拖延一下可以么？ |

图4-7 爆款商品页的4大黄金法则

如果将以上4个要素总结为一句顺口溜，就是：
- 夏天到了，王婆卖瓜（这是产品定位）；
- 王婆卖瓜，自卖自夸（这是卖点提炼）；
- 老张老李，吃了都说好（这是公信力塑造）；
- 买一送一，只限今天（这是要求行动）。

下面，我们针对这4个要素，从客户的角度出发，来逐一展开说明。

### ◆ 01 产品定位

高成交力页面布局的第一个要素就是产品定位。从客户的角度来说，就是："我为什么要？这就是我要的么？"

具体而言，就是要直接明确以下几点：
- 你是做什么的？
- 能给客户带来什么利益？
- 你的核心产品是什么？

### ◆ 02 卖点提炼

高成交力页面布局的第二个要素，就是产品的卖点提炼，从客户的角度来说，他会想："产品是真的好么？"

这时，你要讲述目标客户关注的产品卖点，重点要讲的不是你有啥优势，而是满足了你的目标客户的哪些需求。

具体而言，这个模块可选择的内容是：
- 你的产品可以满足客户的什么需求？
- 产品的卖点和独特价值主张是什么？
- 我们可以结合视频对产品功能、生产工艺进行介绍，通过1~3分钟的小视频讲清卖点，塑造价值，从而对在线转化起到事半功倍的效果。

### ◆ 03 公信力塑造

高成交力页面布局的第三个要素，就是公信力塑造，从客户的角度来说，他会想："你说的是真的么？"

为什么要打造强大的公信力呢？要知道，在互联网上，没有信任就没有购买，销售中80%的时间都要用来建立信任。你必须证明你是一个好人。

那么，如何塑造公信力呢？

- 一是展示自己的实力，提高信任度；
- 二是解决客户购买时的疑虑，打消客户的恐惧。

特别地，结合视频进行客户见证，客户通过1~3分钟的小视频现身说法，有影像有真相，是塑造公信力最直观的表现方法。

具体的策略，用一句顺口溜来说就是：规模证明品质，文化打动人心，承诺摧毁隔阂，成就证明地位和权威。

打造公信力一共有10种方式，这里列举并做如下说明：

- 【专业性】专家团队、服务时间和经验、生产过程、服务过程；
- 【企业规模和实力】资产和规模、设备和场地、优势技术和研发、销售渠道和网点，通过内容呈现来达到"眼见为实"的效果；
- 【企业文化】文化打动人心，有认同才有合同；
- 【服务承诺】承诺摧毁隔阂，可以做零风险承诺甚至负风险承诺；
- 【名人/专家见证】名人代言、明星合影、专家访谈、牛人测评、大咖寄语；
- 【社会证据】行业认可、政府权威认证，其他可以传递权威和信任的事物；
- 【荣誉展示】已经取得的成绩、奖状、奖杯、证书；
- 【成功案例】典型案例、明星客户、客户评价（网店订单的评价、客户朋友圈截图、微信群发言截图、客户见证视频、客户手写的感谢信、赠送的锦旗等）；
- 【权威媒体报道】软文新闻发稿、杂志采访文章、电视采访视频；
- 【常见问题汇总】FAQ库，把客户常见的问题罗列出来，详细回答。

关于客户见证视频，我们可以录制多个、多段见证视频，每个视频只解决一个典型的客户抗拒点即可，让客户自行去对号入座。不要试图把所有的问题点都放到一个视频中，让一个客户来见证所有是不太现实的，一是别人没耐心看完，二是也没法对号入座。

◆ 04 立即行动

高成交力页面布局的第四个要素，就是产品的促销、引导行动，从客户的角度来说，他会想："拖延一下可以么？"

在这一步，我们要做的是分析客户需求，找到能打动他的地方；给客户提供好处，让他立即行动。

具体而言，这个模块可选择的内容是：

- 限时优惠促销信息；
- 超值赠品；
- 其他能让潜在客户立即行动的理由。

以上就是打造爆款商品详情页的4条黄金法则，总之，成交力=理解力+信任力+行动力。

- 理解力：就是定位和卖点要让对方一看就懂，直截了当，简单明了。
- 信任力：就是进行公信力塑造，帮助客户克服决策压力。
- 行动力：就是促销和行动，适度给予成交的紧迫感，比如，"买一送一，只限今天"！

某款减肥瘦身爆品的商品详情页，其成交结构表如图4-8所示，第三方外包公司是没法帮你做这个表的，最了解你业务、生意和客人的，还是你自己。

| 成交结构表 | |
|---|---|
| 产品定位 | 清肠养肠、瘦身代餐 |
| 卖点提炼 | 卖点一：更安全、更快速、更科学　POA1<br>卖点二：快上加快，不留死角 |
| 公信力塑造 | ✓ 权威媒体报道：湖南卫视《百科全说》　　　　　　　　POA2<br>✓ 企业规模和实力（优势技术展示）：3大创新升级科技<br>✓ 名人/专家见证：巴西小姐一举夺魁　　　　　　　　　POA3<br>✓ 企业规模和实力（优势技术展示）：6大优势<br>✓ 名人/专家见证：西木博士的视频见证　　　　　　　　POA4<br>✓ 常见问题汇总：进一步打消疑虑　　　　　　　　　　POA5<br>✓ 成功案例（成功故事）：成功瘦身的真实故事　　　　POA6<br>✓ 成功案例（客户评价）：日本、韩国、台湾疯抢<br>✓ 服务承诺：无效退款 |
| 立即行动 | ✓ 促销政策：现在订购，立省393<br>✓ 进一步打消疑虑，推进行动：客户反馈 + 好评如潮 + 发货通知　POA7<br>✓ 收尾式：对订购流程做进一步解释，让顾客彻底放心 |

图4-8　广告着陆页成交结构表

有了这个表以后，就可以进一步手绘出页面的原型（也可借助Gliffy、Axure等软件画出线框图或高保真原型），然后，再交给外包公司或自己团队的小伙伴，让他们跟进做设计、制作页面即可。

297

需要特别指出的是，在构建高成交力商品详情页时，我们还需要有迭代思维、风控思维。所谓迭代，就是"迅速上线、小批测试、用户反馈、调整产品"。

迭代有两个关键点：一是"微"，二是"快"。

- 微：要从细微的客户需求入手，贴近客户心理，在客户参与和反馈中逐步改进；
- 快：快速地对客户需求做出反应，产品才更容易贴近客户。

史玉柱在谈到他的营销心得时，提到了"二次策划"的概念，其实，这就是一种迭代思维。史玉柱是这样说的：

大多数人第一次是拍脑袋策划，做好后就扔掉忙别的事情去了，可事实上，一次策划就能成功的很少。一次策划只完成三成工作，后面的策划称为"二次策划"，一次策划是序曲，二次策划才是真正的开始。只有基于数据和访谈的第一手材料，坚持迭代更新，成功率才会大幅提升！

所以，向外发布了商品详情页后，还要做好用户访谈和数据监测等后续跟踪工作，并基于此来做页面成交力的持续优化和提升。

除了迭代，还需要指出的是，页面内容的表述一定要合规，或者说，我们要做好风控管理的工作，在营销推广的过程中，不能违反国家的法律法规。

- 【广告法】"国家级、最高级、最佳"等用语不宜在广告中使用，上述词语不仅违反了公平竞争原则，还违背了广告的真实性原则。而"首个""独家""唯一"等用语，如有事实依据且能完整清楚表示，不致引人误解的，可以使用。
- 【反不正当竞争法】页面中如果有数据罗列，可以有效建立公信力，但是一定要有依据，比如，"比市场上同类产品效率高30%~50%"，一旦被竞争对手举报，又拿不出证据证明，那就只能被行政处罚了。
- 【电子商务法】禁止虚假评论、刷单、强制搭售等操作。

### 4.1.2.2 用AITDA公式撰写销售信

说完"长生剑"（广告着陆页、商品详情页），再来说说"孔雀翎"（销售信）。通常，微信推文是推广产品和服务的重要方式，优质的软文可以直接提高商品的转化率、活动的报名率、业务的询盘率。做线上营销，销售信和卖货推文写作是你必须具备的营销技能。

那么，什么是销售信呢？极光认为，就是一篇具有高成交力、高转化的文章，在文中，你和你的目标客户像聊天一样讨论你的故事、产品和服务，通过一对一的对话方式来逐步"催眠"他，最终实现成交。

事实上，所有通过文字来传达信息的广告，没有什么能比一封好的销售信更能让人采取行动的了。销售信是个人与个人之间的交流，更能让顾客回应。在世界各地，很多营销人、营销高手都采取这种形式来销售他们的产品或服务。

和制作"高成交力的商品详情页"一样，要想写出"高转化的销售信"，也有3个关键步骤：素材整理，文字布局，持续迭代。

所谓素材整理，还是从卖点、人性、差异化这3个方面来入手，先把下面的这些问题考虑清楚：

【卖点】
- 你要把产品卖给谁？
- 目标客户最关注的问题是什么？
- 你的客户群体想要或者需要的是什么，你的产品和服务是否满足这些？

【人性】
- 客户购买你的产品的好处或理由都有哪些？
- 你能给客户提供的最重要的好处是什么？是满足享受、贪食、恐惧、色欲方面的需求，还是贪婪、虚荣、爱、认同感？

【差异化】
- 你的产品和竞品的事实清单都列出来了么？
- 你曾经用过的广告或相关资料都列出来了么？
- 想清楚你的产品和服务与众不同的地方是什么？

【成交主张和价值匹配】
- 提供给对方的价值明确了么？为什么这个价值非常巨大？为什么这个价值非常独特？（确定价值，放大成交的拉力）
- 对方为了获得这个价值将面临怎样的风险？我们将怎样一个一个化解这些风险，让他认识到没有风险？（确定风险，减少成交的阻力）
- 想清楚让对方做的具体动作是什么了么？到底是提交表单还是立即支付？（确定行动）

有了这些素材以后，下一步就是有逻辑地进行结构化说服了，这里分享一个撰写销售信的经典五步公式，如图4-9所示。

**撰写销售信的AITDA公式**

A：抓住注意力（Attention）

I：激发兴趣（Interest）

T：让对方相信我（Trust）

D：勾起欲望（Desire）

A：促进行动（Action）

图4-9 销售信的AITDA公式

根据每一步的英文首字母的组合来命名，这个五步方程式也被称为"AITDA公式"。下面，我们来逐一拆解下销售信撰写的这5个步骤。

◆ 01 抓住注意力（Attention）

首先是注意力，怎么吸引注意力呢？就是我们常说的"标题党"。标题通常分为文章的主标题、文章中的引言和副标题3种类型。

主标题的作用是在很短的时间内告诉读者：这是你想要的，这对你很有价值，你应该点击链接进来。

此外，创作标题还有如下3个要点：

- 第一，标题必须抓住读者最重要的、最关键的需求；
- 第二，要激发读者的好奇心；
- 第三，要有新闻性、话题性。

极光总结了主标题的6种写法，分别为：提问式、悬念式、矛盾式、干货式、数字式、名人式，具体内容请参阅3.2.4.4小节的相关内容，这里不再一一赘述。

总之，对于销售信而言，标题是关键。如果标题写得不好，就无法吸引读者点击链接来进一步浏览内容，里面的内容写得再好，也是没有用的。

所以，一则销售信能否成功带来销售，标题是决定因素。一则成功的销售信，除了说清楚前面提到的成交主张和价值匹配，最重要的一点，就是要写好标题。所以，标题是抓住注意力的第一因素，如图4-10所示。

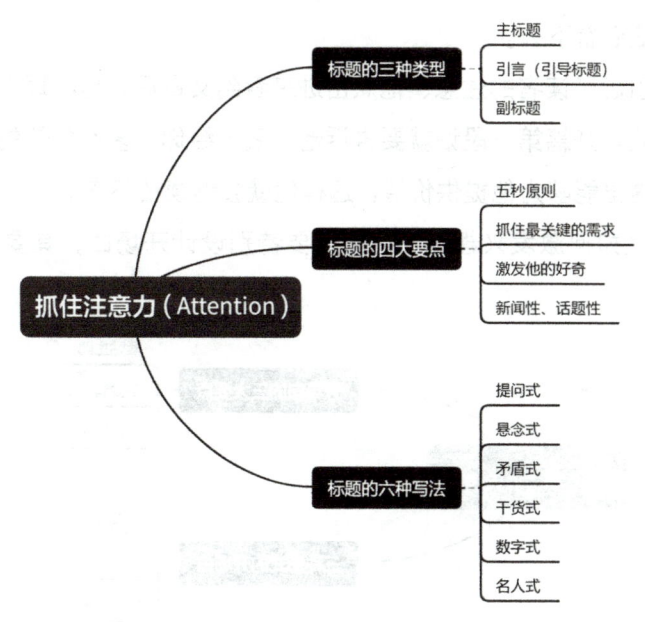

**图4-10 注意力（Attention）**

抓住注意力（Attention）
- 标题的三种类型
  - 主标题
  - 引言（引导标题）
  - 副标题
- 标题的四大要点
  - 五秒原则
  - 抓住最关键的需求
  - 激发他的好奇
  - 新闻性、话题性
- 标题的六种写法
  - 提问式
  - 悬念式
  - 矛盾式
  - 干货式
  - 数字式
  - 名人式

举例说明如下。

【主标题】5位营销大咖，11个爆款商机，2021微营销年会抢票中

【引言】成功还是失败，不在于天赋，不在于勤奋，而在于能否尽早得到高手的指点，并抢占精准的、不为人知商机！

网赢研习社2021微营销年会即将于1月27日在上海举行！5位营销大咖，11个爆款商机！为你指明方向，传授方法，快快来连接，为你2021事业加油！

【副标题】

还有谁，想知道一个"70后"，在一年内，

如何带领8个"90后"，轻松做到1亿元的销售额？

让那些身价不菲却还在苦苦挣扎的老板们，目瞪口呆，羡慕不已？

◆ 02 激发兴趣（Interest）

第一步，我们通过标题已经抓住读者的注意力了，所以他才会往下读你的内容。因此，作为开场白的第一句话一定要开门见山、直奔主题，进一步激发读者的兴趣，千万不要岔开话题去讲其他事情，否则前功尽弃。

第一句话承担激发兴趣的作用，和标题必须有强烈的一致性，也就是要紧贴主

题，匹配标题，不能跑题；另外，最好不要超过两行，这样让人感觉读下去非常容易，读者才有信心看下去。

你的标题引起了读者的注意、他点击进来看到文章后，他心理上还在判断：是去还是留？因此，开篇第一段话就要告诉他：我要给你很多有价值的东西。用简短的语言告诉他这里能够为他提供价值，这样他就会继续留下来。

那么，到底如何激发兴趣呢？这就需要特别设计开场白，其要点如图4-11所示。

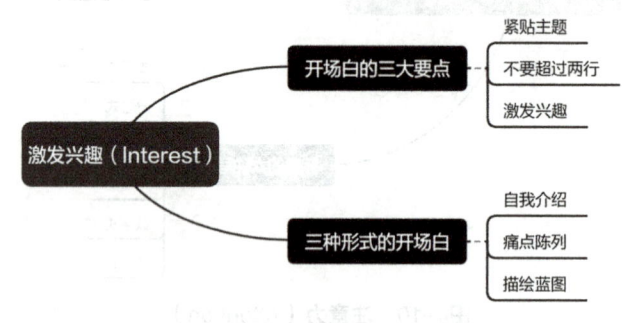

图4-11 兴趣（Interest）

开场白一般有3种形式：
- 自我介绍：独特的自我介绍；
- 痛点陈列：陈列读者的痛点；
- 描绘蓝图：针对读者的需求进行蓝图描绘，引导向往。

【自我介绍】示例

我是小宝老师，从身家千万到负债千万，从数百员工到孤家寡人，一度成为失信被执行人！堪称"人生输家"！为此，失去尊严不说，还几乎失去所有的朋友、失去生计……

【描绘蓝图】示例

2021春节即将到来，如果你想在新的一年做出事业的突破，如果你不想再像刚刚过去的一年一样，毫无方向、毫无方法、毫无建树，如果你想立即"做出改变"，那么，恭喜你！你即将报名的这个活动，将是当下最符合你要求的那个活动。

◆ 03 让对方相信我（Trust）

我们通过标题抓住了读者的注意力，通过开篇第一段话激发了其兴趣，接下来的第三步，就是让对方相信你。

要知道，在互联网上，没有信任就没有购买，那么如何让对方相信你呢？3个字：讲故事！通过有血有肉、情感真实的故事，来触及人的基本的欲望和需求，进而激起其情感反应。

但是讲故事有几个要点：

- 第一，要真实，现在互联网非常透明，一定不能瞎编乱造，要知道，每个人都有精彩的故事，你只要去挖掘就好；
- 第二，节奏要快，一定不能磨磨叽叽，对方现在对你的信任很脆弱，没有很大的耐心听你讲很长的故事；
- 第三，要一环套一环，每个环节都要抓住对方的好奇心，从自己的故事讲到客户见证，层层推进。你要永远让别人觉得，你有更多的东西给他，而不是到此为止就算了，永远让别人有"然后呢？下面呢？"这样的期待；
- 第四，讲故事最重要的，一定是从用户思维出发，否则读者会问，你说的这个和我有什么关系？想让对方耐心看下去，你就得给一个理由，理由很简单：与他相关、对他有利，这样，他就一定会看下去。

信任来自两个方面，一个是人性的方面，所以，要让对方觉得你是个好人，你是个善良的人，你是一个愿意帮助别人的人，你要通过你的故事，让别人看到你可爱的一面。

还有一个方面，就是专业性，让对方觉得你是一个专家。关于专业性的塑造，必须指出来的是，这个时代节奏很快，信息爆炸，所以大家对太复杂的东西都没有兴趣。因此，你要传递给对方的信号是："我们提供的方法很简单，你可以轻松掌握！"不让对方产生畏难情绪，这一点很重要。

"让对方相信我"的要点如图4-12所示。

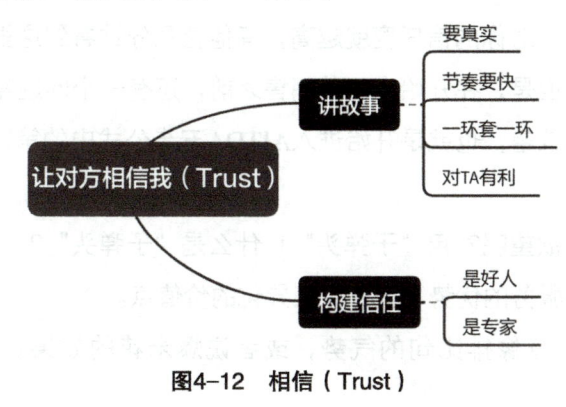

图4-12 相信（Trust）

**【讲故事】示例**

两年，我屡战屡败，屡败屡战，苦苦求索，绝不放弃……

一个偶然的机会，我遇到了极光老师、建峰老师等高人，

是他们，让我感受到连接的力量！圈子的力量！社群的力量！

两年之内，

我不仅还清负债，

还成为营销导师，带领数万合伙人创业，

更成为多家公司营销顾问，

从此，我的人生再次步入了梦想的轨道……

两年，我们是如何做到：

1个月销售13700件××定制衬衫，

3个月帮助××贡献1150万元业绩；

55天为××招募386个加盟店？

两年，我们帮助这些机构做了什么？

帮助券商一年内开户5000户，业绩超过线下19家营业网点总和！

帮助青少年教育机构，半年开出11家直营店，单店月销售过80万元！

帮助化妆品品牌操盘微商，仅8个人，136个直属代理，即实现上亿元的销售额！

两年，让我人生跃出低谷的，

是趋势？是风口取势！

是连接？是社群创富！

### ◆ 04 勾起欲望（Desire）

读者越往下读，对你的信任度就越高，等他花几分钟看到这里，半路放弃的可能性已经不大了。但是，在开始真正的销售之前，还有一个问题需要解决，那就是开始刺激他的购买欲望，也就是开始进入AITDA五步公式中的第四个步骤——勾起欲望。

如何勾起对方欲望呢？用"子弹头"！什么是"子弹头"？"子弹头"，实际上就是你的产品或服务的优势、卖点、差异化的价值点。

"子弹头"有点像排比句的气势，或者说爆米花的效果。每则销售信要用

30~40个"子弹头",用很简短的文字把你的卖点、价值塑造清楚。多个"子弹头"集中打出,给人一种强烈的冲击感。

每个"子弹头"都要尽可能打中对方两点:第一,是刺激对方的渴望和欲望;第二,是进一步激发对方的好奇。

在"子弹头"展示的过程中,只要内容写得好,介绍的是读者想要的东西,一般在看到10个左右时,他已经决定购买了。但是,为什么需要30个"子弹头"呢?这是让他感觉你确实提供了很多的价值。

需要强调的一点就是,千万不要瞎写,没有的东西写成有,迟早会出问题。再就是,可以适当用一些冲击力大的词来渲染文字效果,比如,玩转、再造、开辟等。可以多用"你",来构造一对一交流的感觉;多用"我们",说明大家是站在一边的。

"勾起欲望"的要点如图4-13所示。

图4-13 渴望(Desire)

### 【"子弹头"】示例

在会上,我们将毫无保留,如火山爆发一般地为你分享:
实用、高效的方法、技巧、秘籍和绝招!
为了让你对这些秘籍有更直观的体会,在这里列出一小部分(很小很小的一部分)供你参考:

- 如何从道、法、术、器4个维度布局企业级微信营销,让你轻松降维攻击?

305

- 如何仅仅通过拉新、养熟、成交、裂变等6个步骤，即可让你完美破译微信营销的赚钱密码？
- 如何玩转规则力、运营力、输出力、复制力、产品力，5步让你高效搞定微信社群渠道招商？
- 如何通过内容力、服务力、互动力、文案力，4招打造你的个人品牌，让你成为自明星和意见领袖？
- 如何用顶级微信赚钱思维，通过5300个微信群月销水果上千万元？
- 如何用顶尖文案策划高手永远不愿透露给你的秘密，写出有成交力、高转化的公众号销售文案？
- 如何用价值百万的价值包装秘籍打造高成交力着陆页、高转化销售信、高传播电子书、高"颜值"海报、高感人微视频，最终成就你的微信营销秘密武器？
- 如何让B2B企业守住网络营销的主阵地，掌握定位、网站、推广、运营这四大网络营销系统，完美打造你的自动赚钱机器？

坦白地说，再写上两页都列不完我的秘籍！所谓秘籍，就是大多数人都知道，但只有少数人做到的那个道理，为什么少有人做到？因为缺乏细节。这些秘籍的共同之处都是——

容易操作、见效快速和……不为人知的细节！

在会上，你还将收获怎样的思想盛宴呢？我们会告诉你：

- 为什么说不出现=不存在？
- 为什么说证明你的优秀容易，难在证明你的存在？
- 为什么互联网营销要做大范围传播、低门槛连接、高精度筛选？
- 为什么客户的精准度越高，对价格的敏感度越低？
- 为什么说我们最终要让客户做有限范围内的无奈选择？
- 为什么说当一个商品改变了时间和空间的维度，这个商品的销售将发生质的变化？
- 为什么说社群的竞争变为在线下空间构建有温度的连接之争？
- 为什么说爆品爆的不是爆品本身，而是社群的力量，而是超级IP的信任代理？

第四章 运营篇：私域流量如何进行商业变现？

- 为什么说未来的机会不在超级连接器，而在"互联网+"？
- 为什么说人格化IP不再局限于公众号、社群、自媒体，更多表现为张天一的伏牛堂、李善友的混沌大学、刘文文的创业黑马营、李静所创办的护肤品牌静佳Jplus、李晨和潘玮柏的潮流店NPC？
- 为什么说好的内容正在变成流量获取的重要手段？
- 为什么说我们只要做有1000个"粉丝"的"微名人"即可？
- 为什么说实体门店、平台电商、社群电商将三分天下？
- 为什么说未来要把用户微商化、"粉丝"化、社群化，把运营团队合伙人化，把代理扁平化？
- 为什么说让每个代理学会直营零售技术至关重要？
- 为什么说未来30年将是人类社会天翻地覆的30年？为什么说"电子商务"一词将很快会被淘汰，转而被"新零售"取代？

这些还远远不够，如果你幸运的话，我们还将当众解剖你的企业营销现状，再造你的营销理念，点拨你的个人发展模式，为你的人生和事业开辟出一条属于你的新航道！

### ◆ 05 促进行动（Action）

AITDA一共有5个步骤，我们前面通过"抓住注意力、激发兴趣、构建信任、勾起购买欲望"这4步，已经做了非常好的铺垫，最后一步，就是要做成交了！

如果不做成交，销售信写得再好，也是白费功夫。前面所有的AITD、所有的准备、所有的铺垫、所有的"子弹头"，如果不能让潜在客户在看完这封信后采取你希望他采取的行动，那就都是失败的！

成交环节有一些比较重要的技巧，总结为4类组合拳，分别是：

- 组合拳1：核心产品+独特卖点+超级赠品+零风险承诺；
- 组合拳2：价格对比+价值换算；
- 组合拳3：稀缺性+行动指令；
- 组合拳4：特别提醒。

先说说组合拳1：核心产品+独特卖点+超级赠品+零风险承诺。把所有的"子弹头"都射出来后，要转向成交；而想做成交，你得过渡到产品，就好像"水落石出、拨云见日"一样，你终究要让人知道，你要卖什么产品，价格是多少。

在说出价格之前，你必须塑造产品的价值，要知道，如果没有价值，再低的价格都显得太高。如何塑造价值呢？一是强调产品的独特卖点，二是提出你的成交主张。如何提出成交主张？一是提供超级赠品，放大成交的拉力；二是给出零风险承诺，减少成交的阻力。

所以，抛出核心产品、强调独特卖点、提供超值赠品、给出零风险承诺，这几步组合成了成交的"第一拳"，具体细节前文已经分别详细讲过，这里就不再赘述。

再来说说组合拳2：价格对比+价值换算。通常，一般人在没有明了一个产品的价值之前，就受到这个产品价格的冲击，他一定觉得贵、非常贵。所以，一个很重要的技巧，就是做比较。

结合潜在客户的生活经验，给他提供一个参照系，能帮助他很好地理解你提供的价值。具体的做法，一是可以做价格对比，和同行比、和竞品比、和自己的同类产品比。总之，做到有理有据、不吹不黑，也就是说，既不过分吹嘘自己，也不要随意诋毁对手。

还有一种做法就是做价值换算，你的产品最终能帮潜在客户省多少钱或者赚多少钱，直接算给他看！

【价值换算】示例

网赢研习社线下三天两夜的"微营销总裁班"收费为12 800元/人，毫不夸张地说，这回5位导师联袂出场，浓缩为一天的精华分享，收取3 000元/人也毫不为过！

我究竟……应该怎样定价呢？

我想问你一个问题："假如我们能够让你的事业，提前一年做到营销业绩突破，你愿意投资多少？"

暂且不算你的时间成本，不论你为无尽的挣扎和失望所要付出的情感代价，也不计你一年的学习费用，单就提前一年，让你的网络营销业绩实现突破，你所获得的商业价值将轻而易举地超过100 000元！

假如我们抽取你增值部分的10%，至少我们应该分得10 000元！但是，我们不会收你10 000元！

我们深知，未来社群的玩法，一定是大范围、低门槛、高精度的连接！所以，最终定价是300元的结缘价！即使如此，这个价格还包括活动当天的精致午宴！

组合拳3：稀缺性+行动指令。需要指出来的是，从"子弹头"部分以后，所有内容唯一的目的，就是要促成对方采取行动。

所以在这里可以做两个动作，一是给出一个非常具体的行动指令，比如：报名方式是拨打电话还是填写报名表单；付款方式，给出支付二维码或者下单链接。二是，还可继续塑造稀缺性，强化紧迫感，让潜在客户采取行动的可能性更大些、速度更快些！

【稀缺性】示例

如果你真的渴望在2021年做出改变，实现营销业绩突破，这将是你不可多得的机会，因为我们所揭秘的微营销秘籍，你不可能在任何地方（以任何价格）得到，更因为这个机会只对100位有缘的朋友开放！

【行动指令】示例

点击本页面右下角"我要报名"，即可立即成为本次"微营销年会"精英听众！为营销喝彩，为新的一年加油！

组合拳4：特别提醒。最后，就是进一步地特别提醒了，因为特别提醒可能是潜在客户与你的销售信接触的最后一瞬间，所以在特别提醒这个部分，要干脆、果断，在最后关头，给他最后的助推，让他快速采取行动。

你可以以全新的方式总结一下你给予他的价值，或者把稀缺性再塑造一下，紧迫感再描绘一下，目的就是让对方采取行动。一般不建议写太多的特别提醒，两三个即可。

【特别提醒】示例

特别提醒1：报名后加微信2168211，即可额外获赠价值299元网赢研习社直播课程优惠券一张！

特别提醒2：本活动仅面向企业决策者和经营者、创业者，需具有强烈变革意识；为确保私密学习与沟通效果，报名资格经"网赢研习社"审核通过后方预留席位，仅100席，报满即止，谢绝空降；课程当天请携带名片进行签到。

促进行动的4套组合拳归纳如图4-14所示。总之，销售信要像对话一样、像聊天一样，就像你坐在桌子的对面跟读者聊天。但是要注意，文字要尽量简洁，不能太啰唆，否则，你可能瞬间失去别人的注意力。所以，要把握好文字的节奏感，AITDA的每个环节层层递进，在对的时间说对的话。

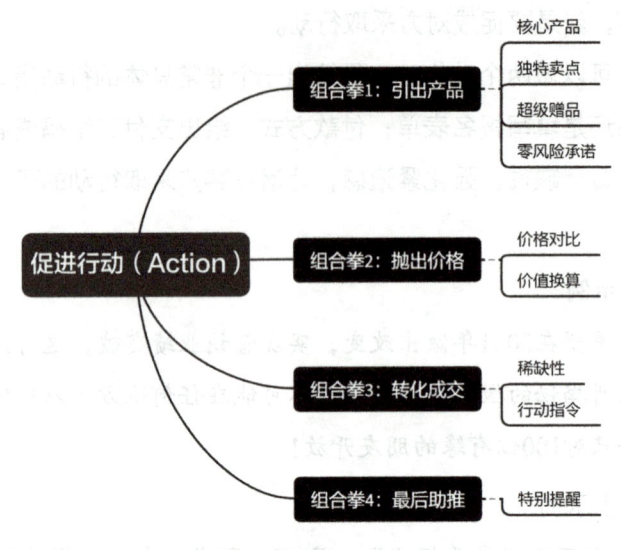

```
促进行动（Action）
├── 组合拳1：引出产品 ── 核心产品
│                      ── 独特卖点
│                      ── 超级赠品
│                      ── 零风险承诺
├── 组合拳2：抛出价格 ── 价格对比
│                      ── 价值换算
├── 组合拳3：转化成交 ── 稀缺性
│                      ── 行动指令
└── 组合拳4：最后助推 ── 特别提醒
```

图4-14 行动（Action）

万事开头难，无论如何，先写出你的第一篇销售信，然后在实践中不断地去优化、去迭代；同时，也不断地去感悟营销、感悟人性，只有这样，你的销售信才会越写越好！

再就是，平时要多收集各类优秀的销售信，研究它们的结构和行文节奏，先模仿，后创新，也不失为一个快速成长的好方法。

最后，需要特别指出来的是，无论是销售信还是卖货推文，都只是成交环节最后的临门一脚，只有在自己的用户社群里、自己的私域流量池中，对已经培育得差不多的半熟用户使用这些成交工具，才会有较好的成交转化效果。如果你直接发送给完全陌生的客户，对方都不知道你是谁，对你没有价值认同，也就不会有你所希望的买单行动。

## 4.2 微信直营零售

你卖的不是货，是情感和信任，是生活方式！

——极光

在创业大环境日趋艰难、创业成本激增、互联网流量红利尽失的今天，并没有多少创业星光大道摆在眼前任君挑选。"性价比"较高的"微信直营零售"技术，仍是小微创业者进军微电商行业的不二法宝。

另外，从动销方程式——动销=内容+IP+社群+爆品——来看，IP解决了"粉丝"拉新的问题，社群解决了"粉丝"沉淀和培育的问题，而爆品解决了转化和成交的问题。但是，具体如何做成交呢？答案是：向内，做好爆品的价值包装；向外，玩转微信直营零售。

这一节，我们从如下两个方面来聊聊微信直营零售技术：

- 如何用微信直邮引爆销售；
- 如何用活动引爆门店成交。

## 4.2.1　如何用微信直邮引爆销售

在私域流量中，我们都知道，相比朋友圈、微信群、公众号，私信的触达率最高，但是，你要是直接私信给对方发广告，结果多半是被拉黑或被删除。即使这一次没有被删除，你多骚扰几次，等你在对方处所存的社交货币为零时，估计也就是你被删除之时。

一方面是触达率高，另一方面是被删除的概率大，那么有没有解决办法，让鱼和熊掌兼得呢？答案是肯定的，那就是微信直邮，又称序列发售。

所有的新思路、新技术，都不是一蹴而就的，而是有脉络沿袭的，都是基于过往的历史，逐步发展和沉淀出来的，比如，微信直邮之于短信营销、直播带货之于电视购物。

营销可以分为被动营销和主动营销。所谓被动营销，在线上，就是你做一个SEM[1]，或者做一个SEO，做好后，等着别人来搜索你、向你询盘。

而主动营销呢，在微信出现之前，是发短信，是邮件营销（Email Direct Marketing，EDM），是邮寄直邮（Direct Mail，DM）广告，是打电话，是上门推销。

当然，发邮件广告是需要被用户许可的，不经过用户订阅的动作，你主动发过去，那就是"垃圾邮件"。所以，合理合法的EDM，才叫"许可性邮件营销"。

微信直邮，就是在DM、EDM和短信营销的基础上发展出来的。现在，我们先分别谈谈DM和短信营销，然后，再对比着看微信直邮，可能你会有不一样的想法。

---

1　全称为Search Engine Marketing，搜索引擎营销。

### ◆ 01 DM

首先，我们来看一下什么是DM。DM是英文Direct Mail的缩写，直译为"直接邮寄"，即通过邮寄、赠送等形式，将宣传品送到消费者手中、家里或公司所在地。

DM的主要发送方式如下：

- 邮寄：按会员地址邮寄给在过去若干时间内有消费记录的会员；
- 夹报：夹在当地畅销报纸中进行投递；
- 上门投递：组织员工将DM投送至生活水准较高的社区居民家中；
- 街头派发：组织人员在车站、十字路口、各类市场附近进行散发；
- 店内派发：快讯上档前2日，由客服部门组织员工在店内派发。

简单来说，DM就是直接接触客户，直接将广告信息传递给精准的受众，而其他广告形式，只能将广告信息笼统地传递给所有受众，而不管对方是不是广告信息的精准受众。

把DM的直邮模式搬到移动互联网上，就是"微信直邮"。但微信直邮模式不是直接通过微信向客户发送销售广告，而是通过多次、多个序列的方式进行持续的价值贡献，最终让成交自然发生。

DM广告是一种打猎思维的营销模式（详见3.2.3.1小节"农耕思维"的相关内容），如果你的产品是人们日常需要的刚需产品，直接针对客户发送广告，就会直接成交。我们的日常生活中，常见的DM广告有：沃尔玛的商品快讯、宜家的《家居指南》宣传册（迄今为止，已累计发行28.5亿册，仅次于《圣经》的发行量）。

而微信直邮采用的是农耕思维营销模式，也就是"先种后收、先育后成"，通过持续输出价值来培育用户、获得信任。为了更详细地说明"微信直邮"的打法，我们来看看之前的"短信直邮"模式是怎么操作的。

### ◆ 02 短信直邮

之前，手机短信直邮模式是这样做的：

- 第一步：收集客户的手机号列表；
- 第二步：在第一条短信里提供某种免费信息，让客户确认回复；
- 第三步：连续发出7~21条短信，强化客户信任；
- 第四步：在短信里销售产品，货到付款。

第四章　运营篇：私域流量如何进行商业变现？

就这么简单四步，这里面的关键要点有三，下面来逐一展开说明一下：

第一，要做"财务模型测算"。举例说明，假如你收集到了300个客户的手机号，向他们发送短信，发送第一条短信后，回复确认率约30%，你将得到90个意向客户；而一条70字的短信花费0.1元，300个客户，300条短信，成本为30元。对这90个客户进行信任培育，每人每天发一条"极具价值"的长短信（200字内，0.3元/条），连续发10天，成本为270元。

在第十天进行短信销售，货到付款365元，成交率约2%。即：90个客户×2%×365元=657元销售收入。

总成本=短信费30元+短信费270元+货品成本100元+快递费20元+代收货款服务费10元=430元，相应地，毛利润=销售收入657元−总成本430元=227元。

当你把流程跑通，并确认了这些成交数据后，你要做的事情是：复制、放大。放大10倍，毛利就是2270元，放大1000倍，毛利就是22.7万元。

第二，要做"A/B测试"。在第一条短信里提供某种免费信息，让客户确认回复。至于这条短信要发些什么内容，可以创作多条备选文案，先做小规模测试，然后在保证客户精准度的前提下，选回复确认率最高的那条，进行大规模地发送。

要注意的是，并不是回复确认率越高越好，而是先要保证目标客户的精准度。举例说明如下。

- 【A文案】你好，接下来10天，我将每天免费发给你一个非常巧妙的营销赚钱案例。回复"确认"即可开启订阅，祝好！
- 【B文案】你好，《实战微营销365案例》精美纸质版，现在回复"收货人姓名、手机、地址"即可订购，299元货到付款，7天无理由退货；或回复"试读"，免费阅读10个案例，祝好！

A文案短信与B文案短信的回复率差别很大，比如，将A发给100个新客户后，回复确认的是90人（回复确认率90%）；而将B发出后，回复的只有30人（回复确认率30%）。你会选哪条文案呢？

其实，B文案由于有明确的销售意图，因此，只有那些订购欲望强的客户才会回复，这样就可以筛选掉那些低欲望的客户。那么，在这之后，你持续培育客户、和客户沟通的成本就会大幅降低。

第三，要通过持续贡献价值以"养熟用户"，测算好财务模型、做好了文案的

A/B测试，下一步，就是连续发出7~21条短信，以强化客户信任。

据统计，要与一个客户成交，你需要与其接触7~14次。你很难在第一次接触客户时就向他销售产品。因为他对你没有信任，而信任是需要靠互动来建立、且需要时间来培育的。

这就是短信直邮模式，可"批量覆盖、信息直达、有效监控"，这是其优势所在。不过，随着运营商的监管越来越规范，再加上微信的横空出世，导致短信直邮模式逐渐退出江湖，但是，这套打法背后的思路，并没有过时。

### ◆ 03 微信直邮

理解了"短信直邮模式"，那么，对于"微信直邮模式"就很好理解了！具体做法同样是4步（以互动6+1模式举例）：

- 【拉新建联】用微信和客户建立联系，做好用户标签备注的工作；
- 【确认回复】在第一条微信中提供某种免费信息，让客户确认回复；
- 【信任培育】连续发6天微信，提供经过组织的、序列化的高价值资讯，强化客户信任；
- 【发起成交】经过6天的高质量互动、贡献价值，在第7天发起促销，即通过微信销售产品给客户。

这就是"微信直邮"，也称为"序列发售"，具体而言，可以设计为：

- 6天播种1天收成（互动6+1模式）；
- 21天播种1天收成（互动21+1模式）；
- 4天播种1天收成（互动4+1模式）；
- 3天播种2天收成（互动3+2模式）……

其实，无论演绎为哪种模式，都是农耕思维的体现。总之，用"微信直邮"的互动方式跟客户沟通，会出现两种情况：第一，客户会更相信你，因为你能持续给他有价值的东西；第二，你会筛选掉不想跟你产生连接的客户，留下的客户黏性更强，也是更需要你提供服务的客户。

以下是几个执行环节的细节：

- 【"确认回复"环节】把用户按标签分组，用户越精准，后期持续培育的运营成本就越低；
- 【"信任培育"环节】每天发送的文案、图片或小视频，都要进行精心编排（可参考本书2.3.1.3小节"朋友圈IP呈现的4种形式"的相关内容）；

- 【"发起成交"环节】可以提供一个入门型的产品，做递进式成交；也可以设计一个促销活动，比如拼团、秒杀，来提升转化；关于成交文案的撰写，可以参考本书2.3.1.4小节"朋友圈IP打造的四力模型"之"收钱文案"的相关内容；

- 【"销售转化"环节】准备好用于成交的微店商品链接（如果开通了平台担保或者商品历史销量高，用户会更放心下单）；准备好私聊成交话术和异议应对话术（可参考2.3.1.4小节"朋友圈IP打造的四力模型"中"用户维系"之"私聊"的相关内容）。

◆ 04 提问操控

和微信直邮相配套的，是"提问操控"技术。以"互动6+1"模式举例，前6天贡献价值，在第七天做成交，这时势必会转向私聊，如果你会"提问操控"，就可以有效提升你的私聊转化率。

所谓"提问操控"，就是把你的价值衡量标准植入客户脑海，让客户接受。一旦客户接受了你的衡量标准，无论客户走到哪里，最终都会回到你这里。

一般来说，其对话结构是这样的：

- 第一步：引出对方的标准；
- 第二步：你给对方一个标准；
- 第三步：建立共识，达成成交。

举个在微信中卖茶叶的例子，来说明一下如何用"提问操控"技术写私聊成交话术。

**问问题，引出对方标准**

商家：请问，是买来自己喝还是送人？

顾客：自己喝！

商家：平时是喝绿茶还是其他？

顾客：绿茶。

商家：是喜欢喝龙井还是铁观音？

顾客：铁观音。

商家：那你平时是用茶具还是直接用杯子冲泡着喝呢？

顾客：用杯子冲泡着喝。

商家：平时喝什么价位的铁观音呢？

顾客：300元一斤左右的。

商家：都是哪里产的呢？

顾客：好像是杭州的……

**给对方一个标准**

商家：杭州产的铁观音不适合以这样的方式来冲泡，因为杭州产的铁观音常年处于云雾之中，茶分子含量较小，很容易被破坏，而且越贵的铁观音泡出来的茶越苦，喝不到清甜的味道！而那种价格相对较低的茶，茶分子较大，易泡，味道好！

因为用杯具冲泡的茶需要长时间的高温浸泡，所以，大部分适合用杯具冲泡的茶叶有几个标准：

- 第一，地势比较高的地方产的茶叶比较好；
- 第二，茶叶叶片相对一般的茶叶要大出20%左右；
- 第三，茶叶湿度必须在3.8%左右；
- 第四，茶叶的色泽必须是绿中带点微黄；
- 第五，茶叶闻起来要有股青涩的味道，在开水中20秒之内必须能完全散开；
- 第六，这种茶叶的产地一般不会是江浙一带，闽东地区的更合适一些；
- 第七，这种茶叶的价格通常不超过240元一斤，而且160元左右的茶最好喝，超过240元就是买贵了！

**建立共识标准，达成成交**

顾客：你这里有合适的吗？给我推荐一下吧！

商家：有一种龙岩产的铁观音就十分合适，价钱比你之前喝的要便宜很多，而且泡出来的茶味道要好很多。要是有条件，这种茶用山泉水泡的话口感会更好，香味也更浓！要不给你来一斤？如果品后感觉不好喝，可以随时寄回来，我给你原价退掉！

### 4.2.2 如何用活动引爆门店成交

说完线上的微信直邮，我们再来说说线下的门店应该如何做好微信直营零售。以极光的咨询客户某连锁烘焙企业为例，在新的经济形势下，该企业面临三大困惑：

- 经营增长不佳：表现为新客户获取困难、原有的经营方法失灵；

- 成本持续上升：人工、房租、营销成本越来越高；
- "互联网+"的倒逼：外卖平台及诺心、21Cake等新兴品牌相继出现。

该企业在转型新零售的过程中，有如下三大痛点。

- 不知道如何做线上线下联动：线下门店如何用微信拉新？线上活动如何为门店引流？
- 平台佣金高：美团、饿了么等平台佣金较高，想自建私域流量池，但又不知道该如何搭建会员体系。
- 不知道怎么玩转社交电商：微信卡券、拼团秒杀、直播带货、合伙分销、入驻线上分销市场，适合它的营销玩法应该是什么？同时，微店、裂变小程序、分销系统、抖音小店等五花八门的IT工具也令其无所适从。

经过调研，针对线上新零售体系的搭建，极光提出了3个突破方向：

- 第一，做好线上线下联动，设计好线下拉新流程，做好线上活动运营，为门店快速引流；
- 第二，搭建微信环境下的会员储值体系，把服务号、线上微店、会员储值、门店二维码全部打通，自建私域流量池；
- 第三，发起百人拼团，做好用户裂变。

下面着重谈谈如何通过线上线下联动，用活动来引爆门店销售。

**从预热到复购，线上大促玩法引爆门店销售**

××烘焙企业创办已20多年，在江苏有数百家连锁直营门店。其产品特点是：中等价位、购买频次低、有复购需求。本次线上大促的时间选在了中国传统的节日——农历七月初七的"七夕节"当天。

整个营销活动分为3个环节来推动：布局—造势—搞定。

第一步是【布局】，这个环节设计了三重好礼：

- 限时秒杀：线上商城、线下门店同步进行，13.14元秒杀甜蜜套餐，7.7元购原价12~18元的爆款产品（每人限购7个）；
- 幸运大抽奖：在线上商城下单支付后，还能参与幸运大抽奖活动，有机会赢取精美公仔手办一个（送完即止）；
- 最佳情话评选：7月24日到31日，这8天为情话提交期；8月1日到7日（七夕当天），这7天为投票期，选出"十佳情话"，设一等奖1名（奖iPad Mini

一台），二等奖2名（奖1000元蛋糕券），三等奖3名（奖品牌烤箱一台），鼓励奖5名……

第二步【造势】，让更多的人知道这个活动：

- 线下预热：客户扫码进群；在门店购物小票上写上一句话情话，拍照发到群中；加客服微信，即可得到线上商城优惠券（可参阅3.2.6.2小节，了解微信群裂变的相关流程，目的是把客户沉淀到线上，关键是设计好店内的海报和引导流程）；
- 线上造势：把各个群中的情话汇总，精选出50条情话，做成公众号推文发送；同时生成投票页面，把投票H5链接或小程序转到各群中去拉票；
- 广告跟进：定向投放朋友圈广告，选择各门店周边3公里内的家庭主妇和中老年人群进行投放，开展"七夕线上拼团+到店自提"的活动，为门店引流。

第三步【搞定】，主要是做好客户的留存：

- 七七蛋糕券：在七夕节当天，全场蛋糕7.7折，仅限线上下单、线下门店自提，支持年内取货，为门店持续导流；
- 中秋超值预购券：七夕节期间，开抢中秋线上商城超值预购券，券分两档，一档为"77元抵扣100元券"，另一档为"777元抵扣1000券"，为一个月后的中秋节（农历八月十五）大促做好预热和铺垫。

整个活动的关键要点有四：一是设定好营销规则，跑通闭环流程；二是选好IT系统，让信息顺畅流转，对活动形成有力支撑；三是要有营销预算，只有先投入才能后产出，零预算的心态要不得；最后，要协调好各门店、各部门之间的工作，只有"力出一孔"，才能"利出一孔"！

最后特别说明一下，在私域流量的成交环节，我们一定要娴熟地组合运用各种营销玩法来有效提升转化率。这些玩法可以借助各类IT工具来实现，包括但不限于：

- 优惠券：向客户发放店铺优惠券；
- 优惠码：向客户发放店铺优惠码；
- 优惠券礼包：用户一次获得多张优惠券；
- 裂变优惠券：客户下单后获得优惠券分享给好友；

## 第四章 运营篇：私域流量如何进行商业变现？

- 团购返现：提升复购的利器；
- 订单返现：客户下单后获得返现奖励；
- 限时折扣：对商品进行限时打折促销；
- 秒杀：特价秒杀，引导顾客快速抢购；
- 支付有礼：客户付款后引导参与营销互动；
- 赠品：提供赠品，回馈客户；
- 满减/送：购满一定金额或件数享受优惠；
- 优惠套餐：创建商品套餐让客户购买；
- 打包一口价：冲销量神器，吸引消费者多买几件；
- 多人拼团：引导客户邀请朋友一起拼团购买；
- 周期购：一次性卖出一年的业绩；
- 降价拍：玩心跳的新型卖货法，引流提销量；
- 找人代付：让客户可以邀请朋友代付款；
- 我要送礼：让客户可以购买商品送给朋友；
- 心愿单：把喜欢的商品放进心愿单，让朋友来帮助实现；
- 刮刮卡：通过刮开卡片进行抽奖；
- 疯狂猜：回答问题，按答题情况给奖励；
- 生肖翻翻看：通过翻卡片进行抽奖；
- 幸运大抽奖：常见的转盘式抽奖玩法；
- 摇一摇：让客户摇一摇，进行抽奖；
- 好友瓜分券：好友瓜分优惠券，带来更多流量；
- 砍价0元购：邀请好友砍价后低价购买；
- 0元抽奖：拼团成功即可获得抽奖机会；
- 定金膨胀：预售定金翻N倍，大促预热利器；
- 加价购：加N元可以换购指定商品，提升客单价和销量；
- 第二件半价：清库存、提销量的销售利器；
- 趣味测试：趣味小测试，互动吸粉；
- 好评有礼：引导电商买家关注服务号，参与"好评有礼"活动。

## 4.3 运营实战分享

凡成事，先布局、再造势、后搞定！

——极光

在本书的最后，为大家分享两个实战商业案例。案例一《如何开启品牌的微营销之路》，是从营销方法论的角度，谈如何提升私域流量营销的"运营性效率"。案例二《如何打造高绩效微营销团队》，是从营销战略创新的角度，谈如何改善私域流量营销的"结构性效率"。这两个案例中，公司、人物均为化名，请勿对号入座，特此说明。

### 4.3.1 如何开启品牌的微营销之路

**01 楔子**

上海的夜色是鎏金色的，尤其璀璨，一盏盏灯光仿佛镶嵌在城市角落的一颗颗宝石，溢彩流光。御皇参集团的董事长老郑和培元堂的掌门人老邹坐在车内，虽无心看景，但看到高架桥上车流划出的漂亮弧线，两人不由得舒了口气。

披星戴月地驱车几百公里，这两位企业一把手连夜赶到上海的主要目的，就是找极光老师的营销团队，寻经问道。一番寒暄过后，老邹就充满期待地问道："极光老师、希希老师，我是真急啊，马上就要到冬虫夏草最好的采摘季节了，我们也想试试线上营销，眼看着对手越来越强，你看，我们应该从哪里开始啊？"

老邹看上去也就50岁刚出头，身形清瘦修长，瘦长的脸上戴着一副黑框眼镜，紧闭的嘴唇透着一丝严谨刚毅。老邹家族的培元堂，耕耘中医药行业已经整整三代人了，秉持"炮制虽繁必不敢省人工，品位虽贵必不敢减物力"的诚信经营理念，几十年下来，其一贯的货真价实、童叟无欺，赢得了不少客户和合作伙伴的青睐，在市场上也略有名气。去年，好友老郑的集团公司也开始涉足大健康行业，两人一拍即合，决定共同出资，以"御皇参"为品牌名，继续开疆拓土。

当下这时节，正是每年最好的时候，晚春四月，春意盎然，和风拂面，顶适合三两好友品茶论道，谈古论今。可两人的状态却和这天气不太相符，显得有点忧心忡忡和焦虑……

老郑打开记事本介绍道，御皇参对标的企业是老字号八珍堂，其早在多年前就十分重视互联网营销，半年前又开始尝试打造自己的微信私域流量池，经过一段时间的努力和用心运营，其打造的用户社群收获了不小的战果。

通过优秀的社群运营和线上裂变，八珍堂吸引了一批忠实的线上用户，遍布全国各地。客人们只要想购买产品，直接在微店线上下单就好，根本不用辗转去八珍堂的门店；而且，社群中的老用户还能享受到秒杀、拼团、限时特价、节假日优惠券等福利；更有老中医专家坐堂在线义诊、指导大家调理身体……

这样一来，客户的复购和转介大幅上升，八珍堂的获客成本也因此持续下降，而线上的销售额也稳步增长！尝到了甜头，八珍堂决定，今年要将社群营销进行到底！

说到这里，老郑的眼光从记事本上收了回来，用手摩挲着那只他走到哪儿都随身带着的紫金小茶杯，带着些许令人不易察觉的懊恼，轻声道："对于新媒体、新营销，御皇参不是没有留意，只是当时生意做得顺风顺水，可能也是太顺了，总觉得传统行业靠人脉、靠关系就能行走江湖，还真没有把所谓的'用户运营''社群商务'放在眼里，总以为是年轻人玩儿的东西，没有足够重视，就这样错失了先机吧。"

## 02 从何开始？

"无论如何，好在我们已经认识到问题所在了，现在我们内心的感受是，迫切想补上这块短板！我们决心很大，也准备了充足的预算，可就是不知道，应该从哪里开始？"说完，老郑嘴角微微抿起，眼神坚定有力地环视了大家一圈。老郑这人，虽然说起话来温文尔雅，但从他的言语之间很容易感觉到，他平时的作风应该是"坚韧执着、杀伐果决"。

有决心、有干劲、有资源、有预算，还是一把手亲自抓，资源要素倒是都齐备了，想到这里，希希老师说道："郑总，提个建议哈，我们可以利用这次御皇参去青藏高原收购冬虫夏草之际，搞一个'500藏民齐直播、高原挖草健康行'的活动，以此为契机，把咱们的线上用户社群搭建起来，然后在群内看直播、玩预售，现挖现卖鲜虫草……"

"太好了，就这么干！希希老师，你说怎么做，我们就怎么做，你布置任务吧！"老郑兴奋得一拍大腿，两只眼睛闪闪发光。

"别急啊，老郑，要想项目成功，你得先进行整体布局，然后再造势，最后才能顺利搞定！这一环扣一环的，其中的细节，我们得好好地讨论讨论！"极光老师将茶杯凑近鼻子，闻了闻岩茶独有的香气，抿了一小口带有兰花香气的茶汤，不缓不急地对大家说道。

"明白，极光老师，你说的对！我们做企业也几十年了，深知冰冻三尺非一日之寒，冰化三尺也非一日之暖，要想做好一件事情之前，就要有付出时间和精力的准备，这点觉悟我们还是有的！"老郑连忙表明了自己的态度，明显是经过深思熟虑后下的决心，说起话来，充满了自信和笃定。

"一个营销项目能否成功，最重要的是布局。具体而言，就是看你能不能把上游、下游、价值链上的所有利益相关者串联起来，"极光接着说，"目前看起来，要基于社群，完成这样一个鲜虫草的线上预售活动，可以在源头的采摘采购环节，生产独特内容来吸引用户；中间的社群运营环节，持续输出价值来培育用户；后端的成交环节，玩秒杀拼团来裂变用户。也就是说，我们可以在这三个维度来展开布局……"极光走到白板前，画了一个三角形，三条边上分别写着以下内容：

- 【内容】前方采摘直播环节布局；
- 【运营】线上社群运营环节布局；
- 【转化】预售转化电商环节布局；

极光老师为大家分析起这次线上活动的布局框架来，老郑和老邹一边认真地聆听，一边若有所思地频频点头……

### 03 前方采摘直播环节布局

"要想做好线上预售这个项目，就要把互联网思维带到每个细节之中，先聊聊咱们这次的产品冬虫夏草吧！以往的采购环节都是怎么做的，邹总能不能说说看？我们来看看在哪些个细节上，可以做得更好？"希希老师拿起笔打开笔记簿，向三代中医药世家传人老邹问道。

别看老邹平时淡定从容，言语不多，但只要一聊起中医药，他就能滔滔不绝地把产品的前世今生讲个透，果然是干一行、爱一行、钻一行！

老邹介绍道，冬虫夏草是一种名贵的滋补中药材，具有补肺肾、止咳嗽、益虚损、养精气的功效。在每年的五六月，也就是二十四节气之一的"夏至"前后，青藏高原上的积雪开始融化之时，便是它最佳的采收季节。往年，御皇参都会指派得力的负责人前往青藏高原，和当地藏民一同待上一段时间，以便挑选出最新鲜、品质最上乘的虫草。

"那么，这次有什么不一样？这个采购环节又应该如何布局呢？"老郑和老邹有点迷茫地向两位老师求教。

"对大多数人来说，高海拔地区是神秘的存在，青藏高原的蓝天白云、巍峨雪山、晶莹湖泊、莽莽草甸，无不令人神往；而冬虫夏草，均为野生，产量有限，冬天为虫，夏天为草，如此奇特的形成过程，也令人尤为好奇。

"如果御皇参这次能超越往年，以直播或小视频的方式，让关注御皇参品牌的用户跟随着我们的镜头，身临其境地体验到藏民们寻草、采挖、清洗虫草的全过程，他们是否会有完全不一般的体验呢？"希希老师开始启发大家。

"这个好！就是时代变化太快了，这种方式我们从来没有尝试过，但我现在也觉得必须要换脑筋了，一定要升级、要适应变化，你不是告诉过我们，变，才是唯一的不变吗？"说到这里，老郑自己笑了起来，大家也被他这句话逗乐了，气氛一下子活跃起来。

"同时，前线团队将去青藏高原路途中遇见的人、事、物、景，以Vlog的形式记录下来，并将每天现场拍摄的寻草、挖草照片、视频，发送到微信群、抖音、微视、快手等平台，让消费者实时观看到在高山雪线上鲜虫草艰辛的采挖过程，这种现场的既视感是否会满足用户对新鲜事物的好奇心呢？同时，相信还能够打消用户选择虫草时难辨真假的顾虑吧？"希希老师分析道。

老邹插话道："是啊，用户的顾虑大多就是产品是真是假，有没有保障之类的问题！"

希希老师看了看邹总给的虫草资料，继续说道："御皇参要充分利用这次的青藏高原之行，让用户通过直播看到这样的一手货源，每一根冬虫夏草都产自青海那曲4500米以上的高海拔产区，每一根冬虫夏草都是当日采挖、当日清洗、净草、真空包装、顺丰空运冷链派送！对真正的消费者而言，还有什么，比能感知到鲜虫草的上乘品质，更为重要的呢？可想而知，这样一个特别的御皇参青藏高原之行，会多么让人期待！"

希希老师话音刚落，老邹和老郑的脸上都露出难得的笑容。老郑是个急性子，立马进入了状态，开始畅想起该如何安排前线团队的工作来。

听到这里，一直在喝茶旁听的极光老师插了进来："我补充一下，这次的前线直播，将尤其考验团队的内容生产能力，IP打造这一块，希希老师很专业，看看她怎么说。"

"用视频来呈现采挖的过程，首先要拍摄大量的素材，这些素材不仅得体现一手的、真实的场景，素材画面的质感、美感也非常重要，要能带给人无限遐想的空间，行话就是，将理性和感性完美和谐统一。再就是，团队成员必须要有较强的网感，能拍出大众喜闻乐见的内容，除此以外，还要有熟练的视频编辑技术，能在短时间内交付线上运营所需的素材。"

"没错，希希老师说得对！御皇参要想打开线上的局面，一支精干的团队必须打造起来！就算现在还不够成熟，但从当下开始培养还不算晚！这次活动要挑选公司内部熟悉新媒体的年轻人上！"老郑紧接着讨论的话题，侧过身和老邹说。

"对的，大家可以看到，但凡线上营销做得好的企业，他们都拥有一支战斗力极强、反应极快、并对当下变化十分敏感的年轻化团队，那句话怎么说的？21世纪最贵的是什么？人才啊！"极光老师点了点头，对刚才老郑的一番话表示高度认同，"团队都是要培养的，尤其是现在的'95后'，国外叫作'Z世代'，他们的创造力和想象力都很强，只要给他们舞台和信任，他们成长得会相当快！"

**04 线上社群运营环节布局**

"我们真应该早点来和两位老师聊聊，这不是一拍即合，这是一拍四合啊！"老邹有点兴奋又有点懊恼地自言自语道。

"哈哈，人和人之间讲究个缘分，该相聚的人终究会相聚！"极光笑着说道，继续引导大家："那么第二点呢，就是线上社群的运营。这个环节需要考虑的细节环环相扣，尤为重要，更加需要提前布局。谈到运营，就逃不掉人、财、物、研、产，这包括人员的安排、销售策略的制定、宣传物料的准备等。

"有人说，线上做预售活动，直接开卖就可以了！真是这样的么？"极光老师问了一个问题后，立马开始为大家分析起来："实际上，正因为是在线上做活动，无法和消费者面对面，就更加需要细心筹划、准备，以努力提升用户的体验。

"比如，价格策略的制定，和线下购买一定是不同的，线上下单是否包邮？包邮哪些省市？多买有没有优惠？再比如，渠道的合作方案、让推客来分销的返利体系、要不要进分销市场让更多店铺来分销，都需要提前规划好。

"再来说说物料层面，线上预售，各类物料准备得越充分，活动就推进得越顺畅，比如，产品的卖点、产品的销售信和卖货推文、用于微信朋友圈传播的海报、发到微信群里去的各种IP小视频、卖货的成交话术、常见问题的清单等。

"另外，人员安排也很重要，要定人、定岗、定流程，分工协作。比如，要有一个群主持人，来负责预告活动、引导话题、营造群氛围；还要有客服，来及时响应群内的问题、维护群的氛围；美工和文案则要提供物料支持，配合营销活动完成海报的设计制作……"

极光一口气说出了好多个细节，老郑和老邹似乎从没想过这么多，一下子接受这么多的信息，有点说不过来了，好记性不如烂笔头，老郑一边点头，一边连忙打开电脑做起思维导图，把极光刚才的话记录下来。

"最重要的是，如果想保持社群内的活跃度，输出有价值的内容就是一个必不可少的手段。在这里，可以用微课的形式进行群内分享，那么，请谁来分享、分享什么内容，是语音直播分享还是视频直播分享，也要提前都规划好。"

极光说到这里，笑了笑说："听起来好像很复杂吧，其实只要厘清思路，一项一项地去梳理清楚，就能化繁为简了！希希老师是社群运营的专家，你帮着补充下吧！"

"极光老师说的其实已经很全面了，就补充一点，要提前详细制定出整个线上活动的流程，并把每个环节的文字稿全部都准备好。这包括活动前用的'活动预告、群公告'，活动中用的'活动细则、主持人开场稿、分享嘉宾介绍稿、产品介绍稿等'，活动后用的'结束寄语、总结致辞'等。这样，无论是发文字还是念语音，都是有备而战，自然有序高效！"

希希老师拽过一个靠垫垫在背后，调整了一下坐姿，继续说道："关于活动流程及配套的人员安排方面，我这里都有参考模板，到时候安排运营人员灵活运用就可以了。另外，价格和分销策略、产品的价值包装、微课分享的安排等，这些内容是需要提前规划和确定好的！"

老郑若有所思，仿佛有所触动，缓缓而柔和地说："我原本知道这是专业的事情，但没想到有这么多细节！也是，我们现在相当于在爬坡，背负着重压向上，这个过程必定是具有挑战性的。但我相信,只要御皇参攻克了这个困难,回过头再看看,这么点小崎岖就不算个事!"他说话的时候,给人一种壮志豪情的感觉。

**05 预售转化电商环节布局**

"刚才说了采购环节和活动运营环节的布局,那你说的第三个布局,预售环节的布局,应该怎么理解呢?"老邹把靠背椅往前拉了拉,急切地问道。

极光笑呵呵地看了老邹一眼,说:"前面做好采购环节和线上活动运营环节的布局,最终的目的,不就是为了最后的成交环节么?

"《三国演义》中说,'万事俱备,只欠东风',到这里,还欠缺什么呢?那就是可以让用户下单购买鲜虫草的微商城系统!

"我们想象一下,当用户在活动群内已经充分了解到鲜虫草的优点、功效、品质以后,特别心动,那怎么才能购买呢?此时,我们需要开通一个微商城,提前设计好产品详情页,并将要预售的商品上架。当群内启动预售时,运营人员就可以把相关的购买链接发到群里,指导用户来下单购买了。"

"我补充一下,产品的详情页要能充分消除用户的疑虑、抗拒和困惑,充分而完整地将产品特性、卖点、功效等说明清楚,页面要有成交力,终极目的就是提升用户的下单转化率,我们把这叫作'视觉营销'。"希希老师解释道。

"另外,在这个环节还需要做好营销活动的策划,比如,马上要到5月了,我们可以做'五一'大促,母亲节、520网络情人节也是非常适合做活动的时点。活动内容可以是预售、限时特价、拼团、秒杀等,怎么拼、怎么秒,都要拿出个章程出来!"希希老师继续补充道。

"哦,难怪!我们平时在京东或天猫购物时,看到的那些商品介绍,都讲得很清楚,原来是针对消费者用心设计过的!"老邹忽然冒了一句出来。

"没错!如果微商城还带有分销功能,那么,当用户注册成为分销员后,分享了产品的购买链接到他的朋友圈或者微信群,只要他的朋友点击链接,进行购买后,将会按照你预先设定好的佣金分配比例将佣金分账到他的账户,作为他分享的奖励金。这也是一个分享裂变的玩法。"极光喝了口茶,总结道:"总之,在这个环节,一是做好微商城的系统选型,二是上线产品详情页,三是抓住节假日借势做促销,企划要拿出具体的活动方案。"

## 06 借势和造势

言谈之间，已经到了晚餐时间，常去的那家网红餐厅早已座无虚席，老板看到熟客进来，连忙招呼进一间预留的包间，众人边用餐边继续往下讨论。

极光继续分享道："《孟子·公孙丑上》中记载，齐人有言曰：'虽有智慧，不如乘势；虽有镃基，不如待时。'意思是说，即使有智慧，也不如很好地运用形势；就算是有好的犁锄，也不如等待农时再耕作。这两句话都是强调抓住时机的重要性，我们可以理解为借势。

"而造势，则是思考如何能通过媒介节点把信息传递出去，并触达到更多的人！很多成功品牌在推广的过程中，都用到了'借势'和'造势'这两种方式。"

"对的，这个借势和造势的意思，我是理解的，就像我们做生意，也不是什么时候都能赚钱的，要等时机，时机不到，就蛰伏起来潜心修炼内功。可我们应该如何借势、造势呢？"老邹有点茫然，一头雾水地问。

"借势一般会利用一些特别的日子，造势则会制造些特别的事件。至于利用哪些日子，希希老师前面已经说过了！"极光老师笑着说道。

老郑拍了下大腿，兴奋地大声说道："御皇参这次的预售活动，五一节估计是来不及了，但是在母亲节之前，我想，赶一赶，相信还是能完成极光老师所说的这些布局任务的。我觉得，母亲节并不局限于康乃馨和团圆饭，给母亲送健康，也是一个既走心又有创意的做法，非常适合我们'借势'做节日营销！"

"正是如此！母亲节，为母亲送健康，推广鲜虫草再合适不过了！"极光老师点头表示赞同。

"再来说说造势，前线团队去藏区，在青海玉树海拔4500米以上的冬虫夏草产区，一路采风、直播、搜集素材，路途遥远、舟车劳顿，如果想让这样的付出获得最大的关注度和影响力，是不是可以给这次的活动冠个名？"极光老师继续引导大家思考起来。

"这样的话，我们可以联合青海当地企事业单位和合作伙伴，一起搞个'中国首届冬虫夏草鲜草节'！你们觉得怎样？"老郑思索了一会，身体前仰，手一挥，略带兴奋地回答道。

极光竖起大拇指，笑着道："老郑果然厉害，'中国首届冬虫夏草鲜草节'，师出有名了！下一步，就是以鲜草节的名义在线上做宣传，这就叫创建自己的品牌活动日！"

希希老师补充道："线上的宣传，可以精心挑选50~100家新闻平台同时发布相关主题新闻稿。特别要注意的是，一定要在文章标题和文章段落内加上关键词，为搜索优化打好基础。当用户打开搜索引擎去搜索御皇参等品牌相关关键词时，看到的会是我们铺天盖地的新闻，这样一来，一是搜索结果霸屏，对外响亮地发出了我们的声音，活动效果不至于悄无声息；二是通过媒体背书，也能有效提升我们的公信力，这就是造势。这些新闻发布平台的通路我这里也都有！"

"太好了，希希老师，这正是我们御皇参欠缺的啊！"老郑似乎看到了经过努力后获得的成果，摩拳擦掌地说！

"嘿嘿，我们这不是'三个臭皮匠，顶个诸葛亮'嘛，哦，不对，是四个……"极光打趣道。

### 07 准备充分，向市场要结果

母亲节前夕，御皇参总部大楼内，顶楼大会议室的玻璃门虚掩着，门上张贴了一张纸，走近一看，纸上写着三个大字"作战室"，有好事者凑近往里一瞧，会议室内好一番热火朝天的景象，希希老师正在为整个线上运营团队做御皇参私域流量的内训辅导，以备战母亲节大促活动。

由一组在企业内部精选出来的年轻人组成的线上运营小分队认真地边听边记录着，有人发现，这个小分队除了在会议室里学习，居然连工作都在会议室里。原来，这是按照希希老师的建议，将项目的主要团队成员集中到一个地方办公，帮助他们更顺畅有效地沟通和聚焦工作，这是敏捷项目管理的一种方式。

会议室里的白板上密密麻麻写满了字，其中一块白板上贴着一张运营执行表，其中清晰地列出了小分队中每位成员的任务和分工，如图4-15所示。

值得一提的是，这次前线拍摄小分队一行4人，由老邹的公子带队。小邹总喜爱摄影，又曾去过青藏高原鲜虫草基地，希希老师和他交流后，为其精心设计了一个个人IP"鲜草小王子"。

这个IP的人设定位为"'90后'、有梦想、有情怀、热爱生活、吃苦耐劳、拥有中医药专业知识和健康理念的企业接班人，他不仅努力工作，还喜欢用相机为大家记录美好时刻"。

## 运营执行表

| 类别 | 任务板块 | 任务分工 | 执行人 |
| --- | --- | --- | --- |
| 素材 | 视频相关 | 前方短视频拍摄、编辑、直播 | 小王子前线团队 |
| 物料 | 视觉设计 | 海报、图片、商品详情页 | Tank |
|  | 文案撰写 | 卖点提炼、海报文案、推文、FAQ整理、养生小贴士 | 璐璐 |
|  | 活动策划 | 策划社群话题、营销活动 | 璐璐 |
| 社群互动 | 主持人 | 群内活动预热、预告、话题引导、氛围打造 | 小徐 |
|  | 客服（群小助手） | 发布和维护群规、响应群内问题、整理互动答疑内容 | 小徐 |
|  | 客服（促单转化） | 发送产品成交链接、成交文案、促销政策 | 小徐 |
|  | 群内促活 | 参与话题讨论、烘托气氛、表情包促活 | 所有团队成员 |
|  | 群管理员（掌柜） | 及时响应客户咨询、汇总数据报表、协调外部资源 | 小沈 |
| 后台支持 | 财务相关 | 收款登记记录、物流信息查询确认 | 财务 |

图4-15 御皇参社群项目运营执行表

"小王子"以中医药世家第三代传人的身份，在青藏高原上对鲜虫草的点点滴滴，用Vlog视频的形式为大家娓娓道来。与此同时，团队在路途中也拍摄了很多好玩的花絮，剪辑成小视频发到后方，为社群运营提供了有力的内容支持。他们边学边做，边做边进步，在实践中积累了很多经验，并迅速成长。

前方团队素材产出稳定了，后端运营团队也紧锣密鼓地张罗起来：撰写了多篇成交型文案用于微信公众号推文、在100多个平台发布了新闻稿、设计了30多张店铺二维码海报和微信朋友圈海报，同时，微店商品详情页的设计制作、整理FAQ库等工作，也围绕母亲节大促有条不紊地逐步展开。

## 08 新起点、新征程，击掌再出发

母亲节大促后的项目复盘庆功会上，桌面上摆满了各种水果和小点心，大家围坐在会议桌旁，气氛热烈，每位成员都将自己此次参与项目的感想，与大家做了分享。

有的人因为加班熬夜做出来的文案、设计获得了用户的认同而高兴不已；有的人因为收获了自己从未接触过的新理念、拓展了自己的边界而激动；有的人对感受到的团队凝聚力而感慨；有的人因为这次负责社群运营和"粉丝"互动，无心插柳柳成荫，找到了自己新的岗位方向……

作为项目的负责人，希希老师也走到触屏电视前，画下了一张复盘图，如图4-16所示，送给运营团队。她说道："这次的活动，送给大家3个关键词，IP、调频、门槛。所谓IP，就是组建社群，一定要有IP坐镇，有IP和没有IP的社群，感觉是完全不一样的。相信大家也感受到了，有IP的社群，用户更有归属感！

"而调频，就是要通过促活来破冰、通过价值输出来培育信任，只有大家都了解到我们卖的不是货，是解决方案；我们的目的，也不是只盯着钱，而是提供优质商品、为大家的美好生活做贡献，这样，大家才能放下戒备，愉快玩耍！"

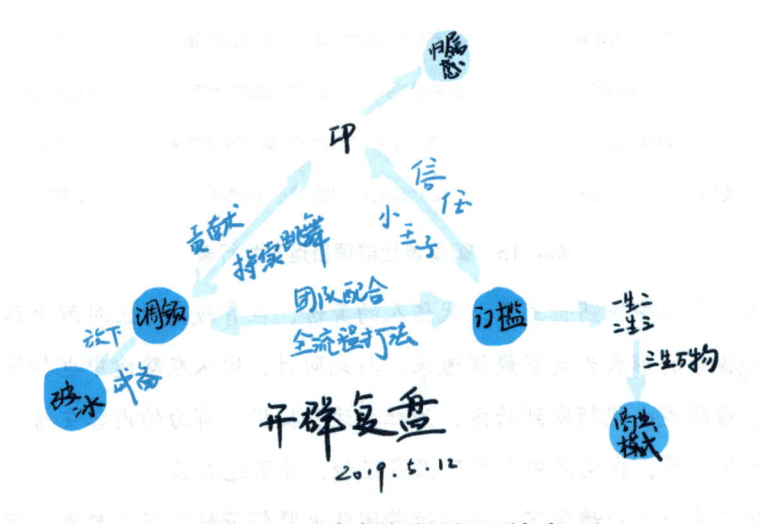

**图4-16　御皇参社群项目开群复盘**

希希老师继续说道："至于门槛，我们也看到了，这次活动有数万人在近百个群中沉淀了下来，有的是初期免费扫码进来的，有的是后期付费听微课进来的；有的是冲着IP来的，有的是冲着虫草来的，还有的就是凑个热闹，用户质量良莠不齐。这就需要我们在后期逐步设立门槛、层层筛选，对用户进行分层运营。用户越精准，我们的运营成本就越低，转化效率就越高！都说'物以类聚、人以群分'，只有用户精准了，才能'一生二、二生三、三生万物'。只要我们有一定数量的高质量用户沉淀在社群，就能形成御皇参独具一格的'社群商务'的新模式。

"最后，希望大家再接再厉，做好用户运营，真正把用户放在心上，尽全力为用户提供完美的购物体验。无论再好的社群运营思路、再精妙的IP打造、再完美的微信个人号朋友圈互动，都是建立在有用户的基础上，离开了用户去谈运营技巧，那都是空中楼阁，镜中花、水中月。要想真正打造好自己的私域流量，并没有所谓的捷径，只有脚踏实地的坚持、迭代和不断前行，才是王道！各位，加油！祝大家的工作越做越好！"在大家的掌声中，希希老师的视线转向了老邹。

老邹站起来，无比感慨地说：“在此之前，我们是个传统得不能再传统的企业，谁能想象得到，做中医药的企业还能这样运用线上社群运营开展活动，来做营销呢？这次母亲节的大促活动，时间紧迫，从零开始冷启动到设立作战室，虽然只有短短一周不到的时间，但是我们收获很大，我们的鲜冬虫夏草，比往年同期的销量增长了30%，同时建立起了数万人的用户社群，这给了我们巨大的信心和动力，也对后续的分销和裂变的玩法有了更大的期待，我们一定要把线上的运营做深、做透！请大家继续加油！"话音刚落，大家就热烈地鼓起掌来，老邹推了推鼻梁上那副黑框眼镜，抑制不住内心的激动，转向了老郑。

和老邹严谨客观、用数字说话的风格不同，老郑首先对所有团队成员表示了感谢，对还在前线坚守的小分队，通过视频的形式向他们表达了肯定和表扬。接下来，他说：“虽然母亲节大促活动结束了，但我们御皇参的线上运营工作才刚刚开启，今天，不仅是个庆功会，还是开工会，它意味着我们御皇参从此刻开始，才真正迈入移动互联时代，我始终记得极光老师说过的那句话：只要方向正确，路再远，也终有到达的那一天！"

从那一天起，御皇参正式启动了线上社群的运营之路，开始着力打造自己的私域流量池，全力转型新零售。

庆功宴结束后，回到办公室，极光慢慢踱步到窗边，远眺窗外灯火阑珊，心中默想："这世界总有很多人夸夸其谈，但也有很多人埋头实干。终有一天，你会发现，你是你的机会，你也是你的瓶颈；你是你的问题，你也将是你的解决之道！生命其实是一段精彩的旅程，等待我们去开启！"

本案例送给所有的前行者和奋斗者，请坚守你们的梦想！加油！

御皇参的案例，就讲到这里，整体的打法，总结为一张思维导图，如图4-17所示。下面，从"拉新、养熟、成交、裂变"4个维度，分享一下御皇参社群项目"母亲节大促"的执行细节。

◆ **01 拉新**

运营团队为本次母亲节大促活动精心设计了5类海报共30多张，分别是：

- 【店铺二维码海报】用于店铺内张贴，把线下客户导流到线上；
- 【产品介绍系列】产品信息、产品优势、产品鉴别、营养价值、虫草存储、食用方法、发货流程、价格体系、顺丰冷链、干鲜货对比、为什么现在买、五大优势、选择"我们"的四大理由；
- 【卖点系列】按人群：商务人士、中老年群体、中高考学生；按功效：亚健康、免疫差、备孕；
- 【活动系列】母亲节预售、拼团、秒杀，5月上鲜季；
- 【微课系列】十多场微课，每个微课做一张海报，持续拉新、持续养熟。

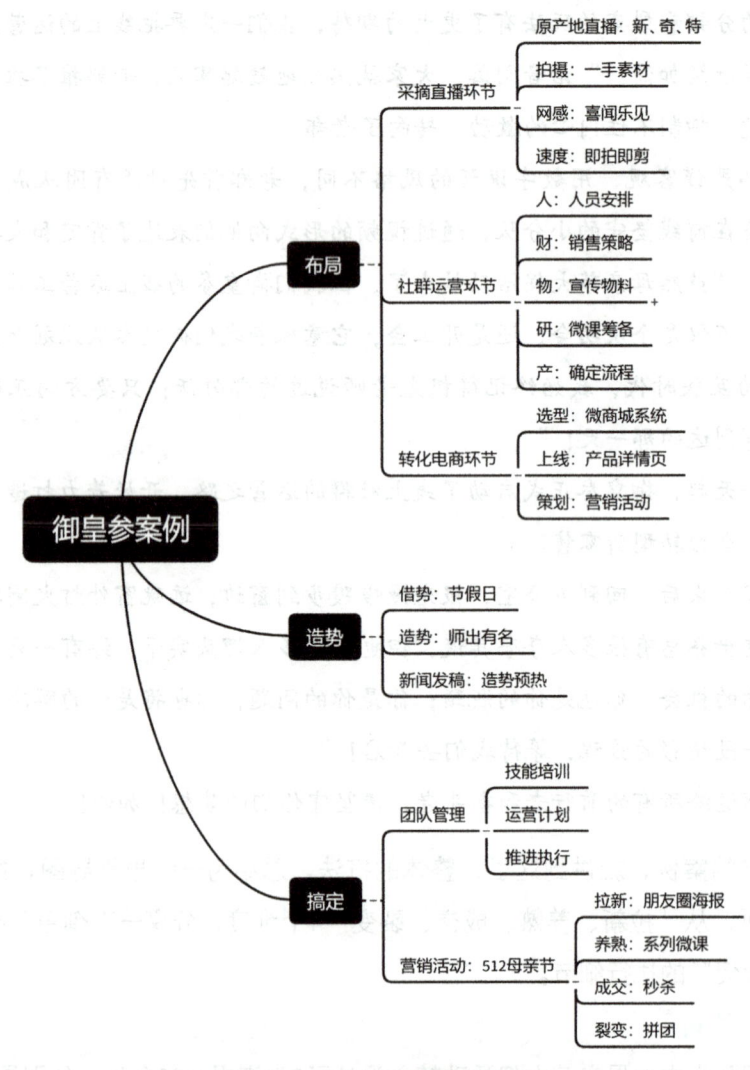

御皇参案例
- 布局
  - 采摘直播环节
    - 原产地直播：新、奇、特
    - 拍摄：一手素材
    - 网感：喜闻乐见
    - 速度：即拍即剪
  - 社群运营环节
    - 人：人员安排
    - 财：销售策略
    - 物：宣传物料
    - 研：微课筹备
    - 产：确定流程
  - 转化电商环节
    - 选型：微商城系统
    - 上线：产品详情页
    - 策划：营销活动
- 造势
  - 借势：节假日
  - 造势：师出有名
  - 新闻发稿：造势预热
- 搞定
  - 团队管理
    - 技能培训
    - 运营计划
    - 推进执行
  - 营销活动：512母亲节
    - 拉新：朋友圈海报
    - 养熟：系列微课
    - 成交：秒杀
    - 裂变：拼团

图4-17　御皇参社群项目布局图

这些物料配合事先准备好的入群二维码（活码），附上"利益点"（如进群领取优惠券、赠品等），分别在线下门店入口、公众号、企业官网、微信朋友圈、企业用户群、合作方资源群内进行分享传播，预热活动，吸引对养生、对健康感兴趣的人扫码入群。

同时，公司实施"全员营销"，大家按照素材号发布的内容，同步发布朋友圈。由于搭建了分销体系，每个员工都是分销员，系统可溯源、可自动结算佣金，大家的积极性、参与度也都比较好。

需要特别说明的是，不同类型的海报可以放不同的群活码，把所引流的客户导入不同的系列群，这样可以保证同一个系列群的人的诉求差异较小。比如，被母亲节系列海报吸引入群的人，一般都是有孝心、热爱家庭的人士。再比如，从门店来的客户，可以打上"线下场景"的标签，特别建立"门店1群"（100人）、"门店2群"（100人）……

在这些系列群内，群成员有了共同点，运营人员就可以有针对性地进行互动，促进社群氛围的营造。总之，我们要根据用户人群标签的不同，做到社群的个性化、差异化运营。

【预售朋友圈文案】示例

高海拔玉树【头茬鲜草】，老朋友都知道，采挖前期，刚露头的鲜草才是最为肥嫩的【头茬鲜草】，预售期限量供应，只供老客户，错过等明年；群内直播+特价预售，老客户扫码进群，速来！

【母亲节朋友圈文案】示例

母亲节到了，每个妈妈都该享用一盒鲜冬虫夏草，为亲爱的母亲大人奉上一份爱！群内现场直播寻草、挖草、刷草全过程，预售期特价，名额有限，速来！

【微课朋友圈文案】示例

每个企业家都要有个懂养生的朋友……这样一位非物质文化遗产传承人、三代中医药世家，可能就是你健康生活方式的"引路人"！回复"1"邀你进群认识他（配微课海报）。

◆ 02 养熟

导入了用户，接下来要考虑的就是和用户建立信任。方法有二，一是做好社群日常的运营和促活，包括激发参与感、进行话题引导、营造社群氛围等；二是通过持续的微课进行价值输出。

总的来说，就是定好流程，在由近百个微信群形成的社群内，利用早、中、晚3个高峰期，进行日常的、全天化的运营。

- 早上7:00~10:00，高格调维护：发布养生小贴士、音乐等，保持与群内"粉丝"的日常互动；
- 中午11:00~14:00，高温度维护：把前方"小王子"团队拍摄的藏民采摘鲜虫草的小视频及各种有意思的花絮发到群内，并解答用户的问题，保持群内的活跃度，要求运营人员用心、真诚、有态度；
- 晚上19:00~22:00，高黏性维护：在群内做养生知识竞赛、晒照片等互动活动，以及邀请重量级的专家做价值输出，并准备一些店铺优惠券、小礼物作为奖励，送给活动中表现突出的用户，培养社群黏性。

这里着重谈一谈如何通过一系列高频的社群互动活动，来激发用户的参与感，拉近和用户之间的关系。

首先，我们要找到互动的切入点。其实，站在用户的角度去思考，首要的出发点，不是"我想得到什么"，而是"用户想得到什么"，在这次母亲节大促中，亲情、分享、陪伴、健康、炫耀等都是御皇参可以切入的点。

其次，基于找到的切入点，来设计互动活动。比如，可以设计一个"和妈妈的合影"的互动活动，示例如下：

【母亲节晒照片】活动示例

大家好！

我是今天的群主持人：鲜草燕子，很高兴认识大家！

你走来，我走来，我们走到一起来，相识是一种缘分，我们应该珍惜这样的缘分！

先爆个料哦，接下来的环节可以说是超暖心、超有趣了，请大家千万不要错过！大家有没有很期待呢！

明天就是母亲节了，本群会组织全员分享你和妈妈之间最感人、最特别、最难忘、最有趣的事（可发语音也可发文字）。你也可以把与母亲的合照（各个年龄段均可）发送到群里，我们会将本次互动结果做成图片墙，将我们这个群的温暖力量传递下去！

第四章　运营篇：私域流量如何进行商业变现？

另外，鲜草燕子提醒大家：请将这份感恩与温情带到线下，对妈妈说声"我爱你"，并抱抱妈妈，好吗？期待大家的分享！

"和妈妈的合影"这个活动一推出，大家纷纷晒出自己儿时和母亲的合影，合影的氛围或温馨、或和睦、或调皮、或文静。还有的用户，看到其他人的照片，翻遍自己的图库，却找不出一张与母亲的合影，懊恼不已，表示这就去对母亲说一声："妈妈，我爱你！"

### ◆ 03 成交

社群的运营是套组合拳，前线直播+互动活动+价值输出，这样的互动持续在社群内进行着，当社群的氛围和温度到达顶点时，就是成交最好的时机。

此时，适时地推出促销活动，运用好微商城中的营销工具，设计如满减、第二件半价、限时抢购、秒杀、多人拼团、优惠券等营销活动，将"粉丝"导流至微商城下单购买。

特别地，在大促前夕，每天准备一款特价秒杀商品发布在群内，引导"粉丝"进入微商城购买下单，不仅营造了购物氛围、提升了社群温度、增强了"粉丝"黏性、还带动了其他产品的销售。

除了引导客户直接在微商城下单，还可以由客服引导他们在群内依次做订单接龙，比如，接龙格式可以是"序号+收货名字+购买数量"，接龙的人越多，越能引发从众效应，激发其他人的购买欲望。

### ◆ 04 裂变

御皇参此次的母亲节大促活动，其用户裂变的方式，主要是用多人拼团的玩法，带动原有的客户或"粉丝"进行传播和裂变。

在拼团裂变的活动设计上，有4个小攻略：

- 精准选品：选择畅销品或体验装，控制投入产出比；
- 适度定价：提前核算活动成本，预估单个有效"粉丝"的沉淀成本；
- 传播推广：留出活动预热传播时间；与其他拥有超过1万"粉丝"的相关公众号合作，增加活动的曝光度；通过微信群和短信向老客户推送拼团活动信息；
- 成交转化：可以开启模拟拼团来提升拼团成功率，或者，针对当天没拼团成功的"粉丝"，将其订单导出，向其发放优惠券，促进销售转化。

借助这次的活动，运营团队把整体流程全部跑通，并且进行标准化处理以后，下一步就是在以下4个方面（4P）进行优化，以进一步展开工作：

【产品（Product）】

- 打造引流爆款、持续上新；

【价格（Price）】

- 设计各种有趣的营销活动，以节假日的促销来拉动销售；

【渠道（Place）】

- 复制母亲节大促活动的经验，再建100个微信群；
- 启动商务合作，向各大商协会的群、健康养生的群做模式输出，实现共赢；
- 入驻分销市场，让更多的店铺来分销；
- 分销体系在全员营销的过程中得到了检验，下一阶段将全面铺开；

【推广Promotion】

- 引导客户晒单，形成二次传播和裂变；
- 付费进行朋友圈广告推广、大V公众号推文推广、抖音推广。

关于御皇参社群项目"母亲节大促"的执行细节，就分享到这里。需要指出来的是，社群运营是一个PDCA循环，每一次活动的结束既是终点，又是新的起点，这不，你看，小伙伴们精神饱满、整装待发，即将投身"520网络情人节大促"的战斗，加油！

### 4.3.2 如何打造高绩效微营销团队

对于企业而言，私域流量的成功，不仅取决于方法论，还取决于团队运营。下面这个案例将从管理的层面，来探讨如何提升"微营销"团队的绩效。

2014年，是巩云帆进入青少年音乐教育领域的第16个年头，作为曾经A公司的创始人和总经理，他曾一手创建并带领A公司成为该行业翘楚，目前已成功在上海、北京各建立了9家直营校，并在全国发展了近百家加盟校。

然而，他所从事的教育行业，也是一个古老的、传统的行业。2013年，BAT不约而同地闯入了他的地盘，做起了在线教育。同时，新东方在线、学而思、VIPKID、精锐教育等品牌，也开始强势布局抢滩在线教育。仿佛是一夜之间，在线教育机构如潮水般地涌来，成为行业的新星、资本的宠儿、人才的热土。

巩云帆知道，他已经无法按原有的思维和模式守住他的地盘了。在这一年的公司五周年庆典上，所有人都在庆祝，可他却陷入了焦虑和痛苦中，因为他知道，用5年时间发展起来的A公司，未来的路，真是不好走。过去的成功跟未来的成功没有多大关系。

2015年年初，让所有人惊讶的是，巩云帆离开了自己亲手创立的A公司，另起炉灶建立了全新的B公司。他思考得最多的是，如何构建新的商业模式，重塑B公司的基因，以实现面向互联网的全面转型和升级。他认为："更换基因这个坎儿过不去，基本上就要死。不是增长还是不增长，而是生存还是死亡。能不能拥抱互联网，成了生死问题。"同时，他始终对自己有高度的自信，认为就没有他巩云帆做不起来的事，他信奉"企业要当儿子养、当猪卖"，养它个5年10年的再卖掉，自己也可以退休养老过过安逸日子了。

可是，新公司刚开始营业没多久，巩云帆就在营销上碰到了不小的挑战。巩云帆深知，当下是互联网的时代，他了解到同在教育行业的C公司的业绩十分依赖互联网营销，有的直营校仅通过互联网渠道每月就能实现80多万元的业绩；一些优秀的旗舰店，单店线上年成交业绩能超过1000万元。这一次，巩云帆当然不能放弃这个战场，可他对于互联网这个新兴事物，总感觉有些力不从心。同时，他心里也十分清楚，传统企业的"互联网+"转型，也是一项系统工程。他用了最大的诚意，终于请来了C公司的互联网营销顾问——知名网络营销专家云天老师——帮助他在互联网营销上布局筹谋。

这天早上，巩云帆很早就到了公司。因为，这是云天老师初次到公司指导，他安排了负责网络推广的小章，还有几位校区校长，一起开个会。

## 01 "B公司"的第一天

云天的工作特别忙碌，平时要管理两家公司，为企业做顾问这件事，只是为了在能听到枪声的第一线，验证他的理论框架在大多数不确定环境下的确定性。这次要不是巩云帆表达出的"一定要做出一番事业的雄心"打动了他，并设计了颇富吸引力的利益分配机制，再加上云天对青少年教育行业的看好，否则他是不会随便介入其他公司运营环节的。

云天心中非常清楚，无论是对于互联网企业，还是对于传统企业而言，这都是一个大变革时代。在众多创业者纷纷涌入互联网大潮之时，很多先知先觉的传统企业也已经开始布线上。但是，传统企业要想转型成功，可不是仅仅是在淘宝上开个店，或者做个微博、微信营销，这些都只是转型的"皮"而已。转型是否能够成功，确实有太多决定因素了。云天这次到访，也是想先了解一下B公司的情况和团队。

大会议室中非常干净，桌面是雪白的，一面墙的白板上满是字迹，大会议桌前一台52英寸大屏幕的乐视彩电连接着电脑作为投影使用。云天运用促动技术，通过ORID聚焦式会话法和大家做了一上午的沟通。一了解吓一跳，公司第二季度营收不佳，虽说新公司刚起步，校区分布还未形成网络，但招生就这么难么？

上午的会议结束后，小章趁几位校长和巩云帆不在，就开始跟云天诉苦："云天老师，我这边每个月创造出的有效名单都按KPI达成了，给到销售部后，却总是有大部分不能成交，销售部还怪我的名单不精准！现在，老板也觉得就是我的问题，评估绩效时我也拿不到满分。我感觉不公平，我觉得根本问题就是给过去的名单，他们销售那边完全不珍惜。"

云天笑笑，说："小章，完全理解，这叫'崽卖爷田不心疼'。你很了解，每一个名单都是真金白银烧出来的啊！不过你有没有想过，虽然你这边'提供咨询名单'的指标达成了，但公司整体的目标并没有达成，你觉得给你拿100%绩效奖金是否合适？既然大家是一个团队、一个整体，就少些抱怨，多想些办法。把问题解决，是否更重要？"

小章陷入了沉思，云天踱着步子自己去茶水间倒了一杯速溶雀巢咖啡。到了每家公司，他都喜欢观察一下公司内部的氛围，这几乎已经成为他的一种习惯了。

经过销售部的门口时，云天听见里面有个大嗓门在说话，应该是对身边的其他销售人员抱怨诉苦："……我前天那个客户都快成了，结果你猜怎么着？她本来定了咱们13000元的课程产品，当场都付了3000元订金，结果回家上网硬说在大众点评上没看到我们的评价信息，而且说既没有找到我们的微博，也没有找到我们的公众号。你看，不放心了，昨天下午又过来，把这单取消了。你说倒霉不倒霉……"

看到云天回来，还没容云天开口，小章继续抢着时间说话："云天老师，还有一个问题，巩总应该也听过您的课，他回到公司就让我负责做一些更有成交力和公信力的着陆页。我是计算机应用专业出身，管管推广账户没问题，但我弄这些文案真的力不从心。我列了一些需要重新撰写的点和所需的市场活动照片，这些都需要巩总和各部门给予支持，可是到现在也推进不下去，大家各忙各的都不给我反馈，巩总反而觉得是我推进不力，能力有问题，我觉得有些无力感，我从来没觉得这么累过，真不知道我还能坚持多久。"

**02 执行力测试**

天下武功，唯快不破。时至今日，在互联网领域，速度就是生命。互联网时代就是快鱼吃慢鱼，而不是大鱼吃小鱼。有互联网精神的企业就是一群嗷嗷叫着往前冲的"野蛮人"，没有积极进取的心态，在互联网时代的竞争中就会慢人半拍，处处陷于被动挨打的局面。快是一种力量，团队有没有这种力量？云天决定先做个执行力测试。

什么是真正的用户体验？很多人把这个词挂在嘴边，却鲜有人真正研究过。云天通过用户角色分析工具，判断B公司的潜在客户多为"80后"父母，极有可能在晚餐后空闲下来的时间段上网搜索子女教育的相关信息，且搜索工具多为移动设备。据此，云天拟定了相应的策略：广告投放时间相应延长，并同步增加了非工作时间的在线客服值班时段，试运行一周。

在布置任务的会议上，云天特意仔细观察了在座的每一个人，巩总低着头坐在长长会议桌的一头，双手在键盘上敲打着，似乎非常忙碌地与人聊天沟通，听他说过最近忙着物色收购新的校区。除了小章积极响应，其他人似乎都有些为难地最终接受了这个任务。

一周以后，云天得到了最新统计出的数据：

- 有效询盘数提升了38%（这意味着原来一周获得100个客户名单，现在获得138个）；
- 双休日晚上的有效询盘率达到了8%，比工作日白天5%的询盘率高出3个百分点。

这个数据着实让大家感到惊讶和兴奋，可让云天不满意的是，会议上原本说好大家一起轮流值班，最后只有小章和实习生小秦承担了这项任务。另一个问题是，咨询客户名单的增加，似乎并没有带来销售额的增加，新组建的销售团队并不稳定，导致名单不能及时处理，积压得很厉害！

接下来他们会怎么办？这项制度会坚持下去吗？会制定出相应的调休排班制度或激励机制来激活团队战斗力吗？后端销售转化问题能否快速得到解决，这才是考验一个团队执行力的关键。两周以后，B公司原来的销售总监顶不住业绩压力，自已辞职了。

### 03 和谷总监的初次见面

此次会议仍旧是在B公司会议室，巩云帆向云天引荐了新来的运营总监谷建明。这位总监是他通过猎头公司从另一个知名教育品牌挖来的，谷总监年轻有为，教育背景好，口才棒，巩云帆似乎特别信任他。由于巩云帆即将去美国考察2个月，在美期间，他让谷建明全权负责公司所有运营，并和云天对接网络营销的相关事宜。

会上，云天作为外部顾问提出了3点意见，希望谷总监尽快对接落实：

- 第一，尽快进行全渠道布局，大众点评网、微博、公众号、知乎、百度知道等渠道都要安排专人负责，尽快启动起来；
- 第二，目前通过线上营销获得客户名单的环节没问题，但是销售转化不了，当务之急是要对销售进行强化训练；
- 第三，对客服值班工作尽快做出制度设计或制定出激励机制，将其固化下来。

### 04 僵局

时间过得飞快，在巩云帆去美国的这段时间，云天指导小章和相关企划人员从定位、运营、网站、推广4个维度全面优化了线上运营体系：

- 【定位】重新定义了用户画像；
- 【运营】设计了全套在线话术和FAQ库；
- 【网站】制作了全新的营销视频，录制了6个客户见证视频，上线了更具成交力的PC版和手机版着陆页；
- 【推广】改进了SEM竞价广告的投放策略，增加了信息流广告的投放渠道，百度知道、百度经验等口碑营销工作也在稳步推进中。

经过大家的努力，广告流量和询盘转化率节节上升。美中不足的是，谷总监似乎很忙，一次网络营销的会议都没有出席。

这天，云天接到了小章的电话："现在网络推广产生的客户名单每天都有很多，可是销售部人手不足，来不及跟进。我曾经跟谷总监反映过几次，可总监的意思是等新人到岗后再行跟进；现在意向名单都没人处理，总监怕浪费，让我先把SEM投放停掉了！非工作时间值班的事，现在也不了了之。公司刚开始运营，很多地方都不太完善，我也能理解的，可是把SEM推广停掉了，我觉得他们就是怕到考核时，指标不好看吧？"小章非常信任云天老师，竹筒倒豆子似的把情况说了一遍。

云天找到谷总监询问相关事宜，得到的答复是，目前工作的重点是把一批新的电话销售名单（TMK名单）处理好，没有那么多人手跟进网络推广客户名单。

通常，线上的获客成本远低于电话销售的，现在停掉网络推广，比起小章说的怕考核指标不好看，云天更愿意相信是路径依赖问题。谷总监过去可能依靠电话销售取得了成功，也许是想以过去的成功经验来快速证明自己？

但是，无论如何，网络推广的名单在源源不断地产生，这些名单都是有时效、有保鲜期的，销售人员虽然离职，可其他人员如总监、校长、教务不是都还在么，为什么不能"立即、马上、现在"就处理呢？等到新的销售人员到位，黄花菜也凉了吧？在云天的要求下，谷总监承诺这批电话销售客户名单处理完后，最迟两周内重启网络推广。事情似乎得到了妥善解决。

可消息还在源源不断地传来，小章诉苦道："谷总监开始着手调整产品结构，他认为现在客户的进入门槛偏高，将核心产品从1万元的套餐调整为3000元的套餐。我这边从线上获取的有效客户给到销售部门，原来平均1万多元的客单价，现在每个客户只能成交2000~3000元了，业绩不升反降啊！我都要哭晕了！"

其实，调整产品结构为递进式成交体系，降低进入门槛，让客户先进来，然后通过提供优质服务让客户再追加买单，这是无可厚非的。可谷总监刚上任，在还没有对新公司产品进行深入了解的情况下，就急于大刀阔斧地调整价格体系，让云天开始隐隐担忧起来。

小章继续说道："云天老师，还有一件事，您看能不能等巩总回来后提一下，就是关于我们业绩指标的事。我刚进公司的时候，大概4月份吧，巩总说现在是新品牌冷启动，而且只有一个校区，今年剩下的8个月，线上成交的业绩只要做到400万元就可以了。可是现在才过去几个月，巩总和谷总监说另外3个校区马上要开出来了，就把网络推广的指标一下子调整到1000万元。虽说是4个校区的总指标，但是新校区这不是还没影么，眼看着时间一天天过去，这让我们怎么完得成啊！"

谷总监的工作一如既往地拼命，马不停蹄地调整产品线、招募实习生、面试和招聘销售人员，并把考核压力全面压到第一线。可是3个月过去了，局面毫无改观，事情似乎陷入了僵局。

## 05 破局

云天很清楚，目前线上营销方面，前端的流量推广和询盘转化都已经做得很好，问题就是出在后端的销售成交上，只要针对性地解决这个问题，在线营销的效果就会立竿见影。

当然，更深层次的问题，还在于对接层面。网络营销是"一把手工程"，如果一个企业的企业家没有意识到互联网转型的迫切性与重要性，没能完成自身互联网思维的转换，那么这个企业要想成功转型互联网，基本是不可能的。云天认为，对于网络营销，老板一定要重视，如果自己不能亲自对接，也要安排一个专职副总或总监积极对接网络营销。

不能再等下去了，必须和巩云帆好好谈一下。

最终，谷建明调到其他部门，负责教学和产品研发去了，接替他的是新来的销售总监小丁。在云天的建议下，小丁迅速重整了销售队伍，进行了通关考核和技能大比武，并逐一进行了陪同辅导，网络成交瓶颈没有了，业绩果然在短期内大幅提升。而业绩提升了，就有了更多的预算用于投放在线广告；更多的广告，又促生了更多的业绩。团队越来越有信心，运营能力稳步提升，久违的笑容又回到了巩云帆的脸上！

### 06 企业的轨道

回家的立交桥上异常拥堵，昏黄的灯光下，一辆辆汽车的尾灯划出漂亮的荧光轨迹，云天的思绪也随着纷繁浮动。

在云天看来，结构效率（营销战略架构）大于运营效率（营销方法论）。巩云帆面临的问题，好像是运营效率层面的问题，可如果结构效率得不到提升，运营效率就很难改善。

传统企业的互联网转型绝不仅仅是在天猫开个店、在微信开个公众账号那么简单，而是基于互联网影响下的产业发展和消费者行为变迁，对整个企业商业模式的重新思考，对内部管理体系、业务流程的再造和升级。这是一项系统工程，这也是一场新商业与旧商业的博弈。

总之，对于切切实实做生意的企业，挽起袖子动手去干就好了。这个世界上，评论家多于实干家，如果B公司能用实干的态度来对待互联网，它的未来，一定是可展望的！

好了，故事就先讲到这里，先不说当下各类流行的互联网营销技术，就单纯从管理的角度，你看到了什么？

因为工作的关系，极光经常会为企业负责人就网络营销人员的聘任提供决策建议。比如，网络营销总监到底是互联网行业出身的好，还是业务出身的更合适？你觉得呢？

其实，相比懂互联网，极光认为，懂业务、懂生意、懂客人更为重要！因为这样的人能创造出更好的客户体验、更棒的消费场景！

营销界未来的明星是什么？是CMT[1]！他需要兼具技术、营销和战略制定3个方面的能力，终极目标是提高消费者的体验，巩固和发展用户与品牌的关系，从而使品牌业务得以持续增长。

实际上，不管是线上营销、网络营销还是所谓的数字营销，其实都是三轮驱动：

- 【技术轮：实操打法和营销工具】比如，极光总结的私域流量三三打法、营销兵器谱，解决的是"操作性效率"；
- 【营销轮：营销方法论】比如，私域流量动销方程式、私域流量六脉神剑，解决的是"运营性效率"；
- 【战略轮：营销战略】比如，转型社群商务新模式、进行营销管理创新，解决的是"结构性效率"。

从营销战略和结构性效率的角度来说，无论是微营销团队还是私域流量运营团队，抑或是网络营销团队，其绩效都取决于如下5个要素：

- 产品和服务设计；
- 模式和渠道策略；
- 组织设计和分工；
- 网络营销团队管理；
- 一线人员能力提升。

下面，我们结合巩云帆的案例，简单聊聊影响微营销团队绩效提升的这5个要素。

◆ 01 产品和服务设计

首先，我们需要基于互联网思维、社群思维来规划好产品体系和服务体系。这始于SWOT分析，终于产品的梯度设计，推出新的产品，既要创新，又要谨慎。我们来看看巩云帆的公司在这个环节有什么问题。

---

[1] 全称为Chief Marketing Technologist，首席技术营销官。

……小章诉苦道："谷总监开始着手调整产品结构，他认为现在客户的进入门槛偏高，将核心产品从1万元的套餐调整为3000元的套餐……"

◆ 02 模式和渠道策略

其次，我们要进行营销模式的创新和全网营销渠道的布局。营销模式的创新有4个层面，这包括：

- 【传播层面的互联网化】通过互联网工具，实现品牌展示、产品宣传等功能，比如，SEM、SEO、EDM、微博营销、微信营销、短视频营销；
- 【销售层面的互联网化】通过互联网渠道实现产品销售，比如，在天猫、京东、拼多多等平台开店，搭建分销体系，启动社交电商，开辟跨境电商，拥抱新零售，试水直播带货；
- 【业务层面的互联网化】通过C2B模式，让消费者参与产品的设计、研发、销售等环节，比如，团购、定制化生产、工厂直销；
- 【企业层面的互联网化】最后是用互联网思维重新架构企业，这包括组织、流程、经营理念的全面互联网化，比如，拥抱"互联网+"、转型社群商务新模式、用户"粉丝"化、员工合伙人化、渠道扁平化等。

另外，还需要进行全网全渠道的营销布局。不同的渠道有不同的功效，你要根据企业的战略来选择适合你的渠道，排出优先级，按照先后次序稳步推进即可，如图4-18所示。

图4-18 全网全渠道营销布局

- 【搜索营销渠道】对B2B的企业帮助最大，用来做线上展示、线下成交，如SEM、SEO；
- 【内容营销渠道】重在提升品牌曝光率，如百度知道、百度百科、百家号、头条号、喜马拉雅、知乎等；
- 【社会化营销渠道】就是我们常说的"两微一抖"，用来打造IP、和"粉丝"互动以及沉淀和运营"粉丝"，如微博、微信、抖音等；
- 【主动销售渠道】实际上就是平台电商，目的是多出货，如天猫、京东、拼多多、苏宁易购等；
- 【新零售渠道】让我们风口取势抓红利，如社交电商、三级分销、直播带货等；
- 【O2O渠道】主要是提升口碑、引流、聚客，如：美团、大众点评、饿了么、口碑网、百度糯米、携程网、同程网等；
- 【被动销售渠道】追求的是渠道覆盖率，就是说，你在任何平台都能找到我，购买到我的产品和服务，如唯品会、小红书、蘑菇街、当当、一号店、聚美优品等。

在这个环节，巩云帆的公司都有哪些问题呢？

"……我前天那个客户都快成了，结果你猜怎么着？她本来定了咱们13 000元的课程产品，当场都付了3 000元订金，结果回家上网硬说在大众点评上没看到我们的评价信息，而且说既没有找到我们的微博，也没有找到我们的公众号。你看，不放心了，昨天下午又过来，把这单取消了。你说倒霉不倒霉……"

### ◆ 03 组织设计和分工

谈完产品设计、渠道策略，再来说说营销团队的组织设计和分工。这通常涉及4个方面的问题：

- 第一，销售、市场的分工；
- 第二，区域、渠道的分工；
- 第三，开发、维护的分工；
- 第四，销售、服务的分工。

细节就不展开讲了，需要指出来的是如下3点：

- 老板的支持很重要，线上营销是"一把手工程"；
- 要做好营销团队基础岗位的架构和规划，厘清岗位职责，明确岗位胜任能力；
- 要注重线上营销部门和其他部门的配合协调问题。

在此，极光特别强调，要想提升营销团队的绩效，必须在部门和部门之间、部门内的员工和员工之间，建立起共同的目标，并激发出大家协同的意愿，只有"力出一孔"，才能"利出一孔"！

在日常的工作中，线上营销部门和其他部门常见的不配合、不协调的问题，经常表现为：目标不共享、利益冲突、沟通不畅、流程标准不统一、内部社交不足、职责不清或者过清、考核不力、山头主义、价值观不一致。

在这个环节，巩云帆的公司有哪些问题呢？我们从3个方面来点评一下：

第一，销售和市场分工：小章的网络推广没问题，但是销售人员转化有问题，个人KPI达成而团队KPI没达成，那么，小章能不能拿100%绩效奖金？

第二，"一把手工程"：老板要高度重视，如果自己不能亲自对接，一定要安排一个专职副总或总监对接网络营销。那么，巩云帆出国考察期间，全权交由谷总监运营，可是网络营销会议谷总监一次都没有出席，是否合适？再来看，一把手关注问题以后，新招了销售总监小丁，迟迟得不到解决的问题得到了解决，团队运营也进入了稳步成长期，这充分说明了老板的重视很重要，线上营销真的是"一把手工程"。

第三，岗位胜任能力问题：有时效性的询盘名单在源源不断地获取，可是销售人员离职，新人还在招聘中，谷总监非要等新人到岗后再处理，而不是安排现有的人或他自己亲自去联系客户，对此，你怎么看？

其实，用人，不光要看他是否有从事当前岗位工作的意愿、特质、资质和相关经验，还要看他对当前岗位工作的思路、目标和计划的有效性，更要看其在执行过程中积极解决问题、化解矛盾的能力。

◆ 04 网络营销团队管理

影响营销团队绩效提升的第四个要素，是营销团队管理。这分为两部分，一是管人、二是理事。

【管人】

- 了解员工；
- 合适的人放在合适的位置；
- 必要的考核体系；
- 用心对待，帮助员工成长；
- 建立激励机制；

【理事】

- 制定计划体系；
- 明确职责、分工、配合、沟通方式；
- 跟进检查体系；
- 完善运营流程。

我们从管人和理事的角度，对巩云帆的这个案例做个点评：

第一，考核体系的问题：来不及转化新的询盘名单，为了KPI更好看，干脆停止投放广告两周，你怎么看？

第二，激励机制的问题：说好大家一起值班，最后只有小章和实习生小秦执行，试推行一周后，有效询盘数提升38%，可是没有后续机制安排，导致值班制度无疾而终，你觉得应该怎么办？

第三，计划体系：线上营销部门的年度业绩指标，从单校区的400万元调整到4个校区共1000万元。那么，关于计划指标，我们应该是进行精密测算，还是拍脑袋决定？如果是精算，有没有计算模型？

其实，模型是有的，8个月400万元的指标，分解到每个月就是50万元，按1万元的客单价计算，就是50单/月。按销售漏斗模型反推下来，就是每月推广获得3333个有效流量，167个询盘（按5%的询盘转化率），100位到店体验（按60%的邀约到店率计算），50个订单达成（按50%的体验课成交率计算），如图4-19所示。

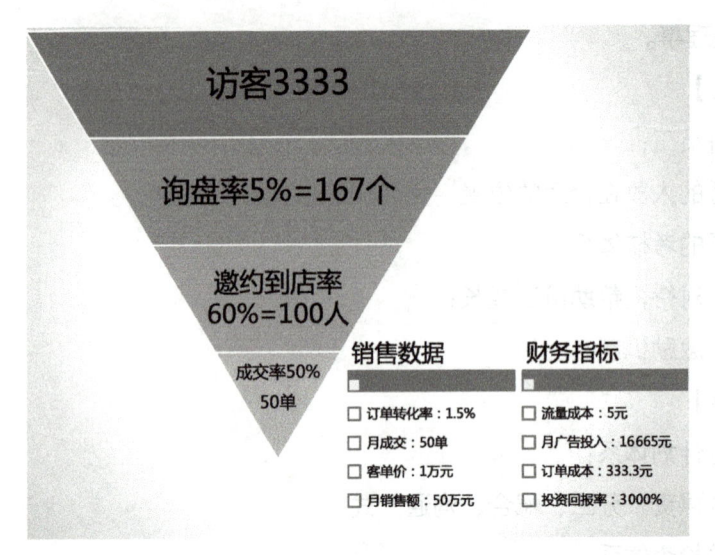

```
       访客3333

    询盘率5%=167个

   邀约到店率
   60%=100人

   成交率50%   销售数据        财务指标
   50单
              □订单转化率:1.5%  □流量成本:5元
              □月成交:50单     □月广告投入:16665元
              □客单价:1万元    □订单成本:333.3元
              □月销售额:50万元  □投资回报率:3000%
```

图4-19　流量的销售漏斗模型

互联网的魅力正在于可放大，如图4-19所示，投入16 665元可达成50万元的销售额，如果追加10倍、100倍投放呢？理论上，只要内部运营体系能有效支撑，外部市场还有空间，就能一直放大下去。

相应地，流量和推广投放相关；询盘率和流量的精准度、广告着陆页的成交力、客服的专业度以及态度相关；邀约到店率和销售相关；成交率和产品本身、现场体验相关；而现场体验又和服务流程、服务态度、校区环境、教师水平等要素息息相关。

看指标、看数据说话，哪块不好，就优化哪块，团队能力不够就培训，态度不行就考核，刺激不到位就奖励，这就是数据化运营！

第四，明确职责和分工：关于着陆页的成交力优化，小章自己写不出来文案，又无法协调推进下去，老板把板子又打到小章身上，请问，到底是谁的问题？

◆ 05 一线人员能力提升

最后，我们来谈谈"一线人员能力提升"的问题。要知道，运营是简单的事情按照标准重复做，而一线操作人员是直接创造价值的利润之源。请思考，如何提升一线人员的操作能力呢？

从这个角度出发，巩总的公司，又存在什么问题呢？

……在云天的建议下，小丁迅速重整了销售队伍，进行了通关考核和技能大比武，并逐一进行了陪同辅导，网络成交瓶颈没有了，业绩果然在短期内大幅提升。

而业绩提升了，就有了更多的预算用于投放在线广告；更多的广告，又促生了更多的业绩。团队越来越有信心，运营能力稳步提升……

要知道，后端成交能力弱，业绩就得不到提升，广告就做不到循环投入，导致恶性循环，越没业绩，就越不会投放广告。而帮助一线营销人员提升实操能力，能让企业抓住更多的营销机会，让企业更具竞争力。

以上，我们从产品设计、渠道策略、组织分工、团队管理、员工能力5个维度谈了营销团队绩效提升的核心关键要点，这些都无关技术，只和管理相关。

## 本章小结

事实上，极光想和大家说的是，我们运作私域流量，固然要玩转微信、试水直播、拥抱抖音、尝试分销、搞定群控，娴熟使用各种营销玩法，流畅操作各类IT工具，但是，这些实操技能，都只是提升你的"操作性效率"。

我们运作私域流量，固然要打造好IP、运营好社群、塑造好爆品、干好拉新、搞好养熟、做好成交、玩好裂变，但是，这些营销方法都只是在提升你的"运营性效率"。

私域流量不只是技术、营销，我们要站在更高的维度来思考和解决问题，这包括：对"社群商务"商业模式的思考、对"营销管理"的优化，这些才能给我们带来"结构性效率"的提升。

总之，私域流量营销，没有秘诀，《道德经》说："非以其无私邪，故能成其私"，只要我们秉持一颗"正念利他、成人达己"的心，去构建"企业-客户"的关系，去和客户交朋友，你就将获得一种市场的力量，这就是私域流量的魅力所在！

管理大师汤姆·彼得斯说："在当今的商业社会里，我们最重要的工作，就是打造那个叫作'你'的品牌！"

营销大师西奥多·莱维特说："一位顾客就是一份资产，它通常比资产负债表上的有形资产更加珍贵。"

现代管理学之父彼得·德鲁克说："企业的目的只有一个，就是创造顾客价值！"

在此，极光想对大家说：愿大家都能打造你的个人品牌，构建你的用户流量池，经营你的用户资产，早日获得这种"挟用户以令'诸侯'"的市场力量！祝本书的所有读者都能风口取势、抓住红利、社群创富、转型制胜、营销突围！

感谢大家耐心看完本书，全书完。

# 后 记

后疫情时代，企业应该如何营销破局？接到电子工业出版社编辑老师的约稿邀请，极光心想，这不就是我平时在做的事么？简单！把日常工作中的所作所为、所思所想，点点滴滴记录汇总下来，写我所做、做我所写，不就好了？

可是，几个月的时间下来，感觉码字创作并不是这么简单。我们常说，教学相长，可以说，写作有着同样的功效。写着写着，感觉反而把自己给写"通"了，可见，写作的过程，就是一个自我成长、自我思考、自我完善的过程。写作也是一种人生的修炼。

在写作的过程中，极光感悟良多，和大家简单分享三点：精勤、立言、求是。

一是精勤。每天工作之余，再忙也坚持抽出时间写上那么一点点，数月下来，回头一看，哦，原来已经写了20余万字。可见真的是"积跬步以至千里、积怠惰以致深渊"，古人诚不我欺！

二是立言。有时候，我会想：在这样的一个信息爆炸的时代，我们是能刷短视频就不看图片，能看表情包就不看大段字，能看微动态就不看长文章，而且信息的获取，即搜即得，那么，书的意义在哪儿呢？

一番写作下来，我了然到，一种方法论是有其内在逻辑的，的确是需要进行系统阐述、完整呈现的，这绝非碎片化的表达所能比肩。网络上的文章只是我们的信息来源，而对我们建立起一个理解、分析的框架，其实帮助不大。所以，作者沉下心来写，把经过自己理解的、经过自己组织的，对某件事物的认知系统地表达出来；而读者静下心来看，享受阅读的愉悦与思想的交流，我想，这就是书的功效和意义所在吧！

三是求是。很多内容，貌似我们都很熟悉，习以为常，可真要落笔写下来，就需要更严谨地进一步探究了。比如裂变环节，涉及三级分销，这在国内真的合法么？法律是怎么具体规定的？你看，就需要去研究一下法律条款！谈到多方互动参与时提到的网文《诡秘之主》，我们都知道它是现象级的网文，但是究竟有多红？你看，就需要去查找数据！

最终，本书中的每个知识点，都力求有出处；本书中的每个数据，也都力争有精准的来源。查询数据、核实知识点，做人做事，都要"严谨、求是"，这是写作带给我的全新体验。当然，鉴于认知所限，如果存在些许谬误，还请大家不吝指正、批评交流。

本书的出版得到了众多朋友的大力支持。作为IP打造、社群运营专家及网赢研习社的COO，胡希琼女士（希希老师）撰写了本书中IP篇、社群篇的相关内容，她还制作了书中上百幅插图和所有的视频，感谢希希老师的辛勤付出。

还要感谢的是：新儒商书院院长海述博士、企业效能教练陈彬老师，他们分别为本书撰写了序言，前者是极光的良师，后者是极光的益友，从他们身上，极光学到了很多，受益匪浅，在此，感谢两位老师的支持。

当然，还要感谢电子工业出版社的编辑王斌老师，她也是这本书的责任编辑，没有她的邀约和鼓励，这本书暂时还不会面市。

最后，想和大家说的，还是极光经常说的那句话：未来，连接，一定能打败不连接；多连接，一定能打败少连接！

所以，欢迎大家和极光进行连接，可以通过微信加我为好友（微信号：2167936）、抖音加关注（抖音搜索"极光老师"）。同时，作为上海交通大学"新媒体与网络营销总裁高管研修班"项目主任，极光也欢迎大家来到线下，来到交大的总裁班课堂，来感受百年交大"严谨、务实、求是"的教学氛围。

感谢大家看到这里，此处，既是本书的终结，也是新的开始，让我们继往开来，不忘初心，一起加油向前跑！愿大家在移动互联时代，都能转型制胜、营销突围！

极光 2020年5月

于上海交通大学法华校区

# 反侵权盗版声明

电子工业出版社依法对本作品享有专有出版权。任何未经权利人书面许可，复制、销售或通过信息网络传播本作品的行为；歪曲、篡改、剽窃本作品的行为，均违反《中华人民共和国著作权法》，其行为人应承担相应的民事责任和行政责任，构成犯罪的，将被依法追究刑事责任。

为了维护市场秩序，保护权利人的合法权益，我社将依法查处和打击侵权盗版的单位和个人。欢迎社会各界人士积极举报侵权盗版行为，本社将奖励举报有功人员，并保证举报人的信息不被泄露。

举报电话：（010）88254396；（010）88258888

传　　真：（010）88254397

E-mail：　dbqq@phei.com.cn

通信地址：北京市万寿路 173 信箱
　　　　　电子工业出版社总编办公室

邮　　编：100036